Wolfgang Lecher, Uwe Optenhögel (Hrsg.)
Wirtschaft, Gesellschaft und Gewerkschaften
in Mittel- und Osteuropa

Europahandbuch für Arbeitnehmer
Herausgegeben von Wolfgang Däubler, Wolfgang Lecher
und Rudolf Welzmüller

Die Bände der Reihe

Band 1
Wolfgang Däubler/Wolfgang Lecher (Hrsg.)
Die Gewerkschaften in den 12 EG-Ländern

Band 2
Rudolf Welzmüller (Hrsg.)
Marktaufteilung und Standortpoker in Europa

Band 3
Reinhard Bispinck/Wolfgang Lecher (Hrsg.)
Tarifpolitik und Tarifsysteme in Europa

Band 4
Bruno Köbele/Karl-Heinz Sahl (Hrsg.)
Die Zukunft der Sozialkassensysteme der Bauwirtschaft
im Europäischen Binnenmarkt

Band 5
Wolfgang Lecher/Hans-Wolfgang Platzer (Hrsg.)
Europäische Union – Europäische Arbeitsbeziehungen?

Band 6
Wolfgang Lecher/Uwe Optenhögel (Hrsg.)
Wirtschaft, Gesellschaft und Gewerkschaften in Mittel- und Osteuropa

Wolfgang Lecher
Uwe Optenhögel (Hrsg.)

Wirtschaft, Gesellschaft und Gewerkschaften in Mittel- und Osteuropa

Bund-Verlag

Die Deutsche Bibliothek – CIP-Einheitsaufnahme

**Wirtschaft, Gesellschaft und Gewerkschaften
in Mittel- und Osteuropa /**
Wolfgang Lecher; Uwe Optenhögel (Hrsg.). – Köln: Bund-Verl., 1995
(Europahandbuch für Arbeitnehmer; Bd. 6)
ISBN 3-7663-2617-1
NE: Lecher, Wolfgang [Hrsg.]; GT

© 1995 by Bund-Verlag GmbH, Köln
Lektorat: Hans-Josef Legrand, Peter Manstein
Herstellung: Heinz Biermann
Umschlag: Kalle Giese, Overath
Satz: Dörlemann Satz, Lemförde
Druck: satz + druck gmbh, Düsseldorf
Printed in Germany 1995
ISBN 3-7663-2617-1

Schnellübersicht

Inhalt

Teil 2: Querschnittsanalysen

Teil 3: West–Ost: Positionen und Politik

Anhang

Vorwort

Sechs Jahre nach dem Zusammenbruch des »Realsozialismus« in den mittel- und osteuropäischen Staaten beginnen sich die neuen ökonomischen und sozialen Strukturen dieser Länder zu verfestigen. Zugleich haben sich Ansätze zu neuen Arbeitsbeziehungsstrukturen zwischen Staat, privaten und staatlichen Unternehmen und den Gewerkschaften herausgebildet. Angesichts der schwierigen Ausgangslage dieser Länder verläuft der Konsolidierungsprozeß zumindest in Mitteleuropa relativ schnell. Dabei müssen gleichzeitig drei Aufgaben gelöst werden: Eine neue Wirtschaftsordnung, eine neue Rechts- und Verfassungsordnung sowie neue Regeln der sozialen Integration und der Arbeitsbeziehungen stehen auf der Tagesordnung der mittel- und osteuropäischen Staaten (MOE-Staaten).

Dabei kann die Stabilisierung von Wirtschaft, Politik und Gesellschaft nur gelingen, wenn zugleich mit Marktwirtschaft und Demokratie auch genügend weitreichende soziale Sicherungen eingerichtet werden. Die Bürger haben zwar die politische Freiheit gewonnen, aber ihre individuelle und kollektive Sicherheit verloren. Angesichts der Transformationsprobleme besteht ein großer Bedarf an sozialer Sicherheit. Dem kann das konkrete Angebot an entsprechenden Sozialleistungen aufgrund der wirtschaftlichen Restriktionen aber nicht gerecht werden. Hinzu kommt, daß die Orientierung am Wohlstand und dem relativ guten Sozialsystem der EU in Kontrast steht zur deprimierenden Erosion dieses Systems in den Nachfolgestaaten der Sowjetunion. Strukturell gesehen geht es für die MOE-Staaten darum, die zunehmend disfunktionale vorsorgende Sozialpolitik des alten realsozialistischen Systems zu einer effizienten nachsorgenden Sozialpolitik (erst die Arbeit und dann die daraus resultierenden Transfers) umzugestalten. Entscheidend für das Gelingen dieser Aufgabe ist aber nach westlicher Erfahrung neben der Wirtschaftsleistung die Entwicklung eines funktionierenden Arbeitsbeziehungssystems mit den drei entscheidenden Akteuren Staat, Kapitalträger (Unternehmer und Unternehmensverbände) und Gewerkschaften.

Im ersten Teil dieses Buches werden die wichtigsten MOE-Staaten nach gemeinsamen Kriterien analysiert und beurteilt. Solche Kriterien sind die wirtschaftliche Entwicklung, die Entwicklung von Sozialpolitik und Sozialstaat sowie Stand und Perspektive der Arbeitsbeziehungen unter besonderer Berücksichtigung der Rolle der Gewerkschaften. Dabei können die Länder in vier Gruppen unterteilt werden. Die in ihrer ökonomischen und politischen Transformation am weitesten fortgeschrittenen »Visegrad-Staaten« Tschechische Republik, Slowakische Republik, Ungarn und Polen bilden die erste Gruppe. Die zweite Gruppe besteht aus Slowenien und Estland als Vertreter zweier neu entstandener Staaten (bei früherer Zugehörigkeit zu den heute nicht mehr existierenden Staaten Jugoslawien bzw. Sowjetunion), die mit den besonderen Schwierigkeiten ihrer jungen Autonomie zu kämpfen haben. Die dritte Gruppe umfaßt Bulgarien und Rumänien, wo die Verankerung der pluralistischen Demokratie wie auch die Effizienz des wirtschaftlichen Wandels wesentlich größere Sorge bereiten als in den beiden ersten Gruppen. Es fehlt vor allem an eindeutigem Reformwillen über die Grenzen der verschiedenen Parteien hinweg. Insbesondere in Rumänien scheint sich Mitte der neunziger Jahre ein roll-back anzukündigen. Die letzte Gruppe beschreibt die Situation in zwei der drei europäischen Nachfolgestaaten der Sowjetunion bzw. der GUS: der Ukraine und Rußland selbst. Hier finden sich Referenzdaten, die das enorme wirtschaftliche und soziale Gefälle innerhalb der alten RGW-Staaten bestätigen und damit die vorgenommene Gruppeneinteilung als sinnvoll ausweisen.

Im zweiten Teil werden vergleichend Querschnittsprobleme der MOE-Staaten thematisiert und auf ihre jeweilige Bedeutung für die wirtschaftliche, soziale und gesellschaftliche Entwicklung der untersuchten Länder befragt. Dabei handelt es sich um grundsätzliche Übergangsprobleme:

- Privatisierung als entscheidende ordnungspolitische Voraussetzung der Marktwirtschaft,
- Tripartismus als das in der Transformationsperiode wichtigste arbeitsbeziehungspolitische Elemente,
- Migration als die individuelle »exit-Option«,
- Ausmaß und Einfluß west-östlicher Joint-Ventures und
- vielleicht am wichtigsten: Probleme von »Sozialdumping« aufgrund unterschiedlicher Arbeitskostenniveaus in Ost- und Westeuropa.

Mit diesen Themengebieten werden die Hauptprobleme der Entwicklung von Wirtschaft, Gesellschaft und Arbeitsbeziehungen in den MOE-Ländern erfaßt, ihr jeweils nationaler Stellenwert beschrieben und die daraus sich ergebenden mittelfristigen Zukunftsperspektiven geschildert.

Der dritte Teil ist der West-Ost-Perspektive gewidmet. Der einführende Beitrag befaßt sich mit den Zukunftsprogrammen der EU für die MOE-Staaten, in den übrigen Beiträgen werden Positionen der Deutschen Gewerkschaften, des Europäischen Gewerkschaftsbundes und ausgewählter Internationaler Berufssekretariate der Gewerkschaften vorgestellt. Das Ziel dieser Positions- und Perspektivenbeschreibungen ist es, dem Leser ein aus unterschiedlichen Facetten zusammengesetztes Bild über Anspruch und Wirklichkeit westlich-gewerkschaftlicher Politik zu Mittel- und Osteuropa zu vermitteln.

Auf der Grundlage dieses Informationspakets (Länderstudien, Querschnittsanalysen, EU- und Gewerkschaftsperspektiven) sollte es möglich sein, einen »vernünftigen Diskurs« über den weiteren Auf- und Ausbau der Kontakte zwischen Ost und West zu führen. Dem Buch liegt daher letztlich eine »Dialogstruktur« zugrunde, die mittel- und osteuropäische Autoren sowie westliche Autoren zu Wort kommen läßt. Es hätte sein wichtigstes Ziel erreicht, wenn es nicht nur Informationen zwischen West und Ost vermittelt, sondern zugleich zu einem tieferen gesamteuropäischen Verständnis beiträgt. Denkanstöße dazu gibt vor allem das Einführungskapitel.

Die inhaltlichen Kriterien für die Niederschrift der Ländermonographien wurden zu Beginn des Jahres 1994 in einer zweitägigen Konferenz gemeinsam mit Autorinnen und Autoren der Visegrad-Staaten erarbeitet und für die anderen Texte verbindlich gemacht. Um die gemeinsame Grundstruktur dieser Texte zu betonen, wurde hier auf eine differenzierte Gliederung zugunsten einer optischen Hervorhebung der jeweiligen Schlüsselbegriffe verzichtet. Danken wollen wir abschließend unseren Kolleginnen Margret Gohr und Sonja Stadie, die mit viel Sorgfalt die technische Redaktion der zum Teil sehr divergent geschriebenen Manuskripte besorgten.

Wolfgang Lecher   Uwe Optenhögel

15

Einführung

Geregelte Deregulierung –
der steinige Weg zum Vereinten Europa

Wolfgang Lecher/Uwe Optenhögel

Hält man in einer Fernperspektive die Integration West- und Osteuropas nicht nur auf ökonomischem, sondern auch auf sozialem und gesellschaftlichem Gebiet für erstrebenswert, dann sind Kriterien zur Beurteilung der Integrationsfähigkeit dieser neuen Mitglieder der Gemeinschaft unerläßlich. Angesichts des unterschiedlichen gesellschaftlichen Entwicklungsniveaus werden dies »weiche« Kriterien sein, da sich dieser Bereich nicht in ähnlicher Weise quantifizieren läßt, wie dies über die bekannten Konvergenzkriterien einer europäischen Wirtschafts- und Währungsunion (jährliche Neuverschuldungsrate, Zinssatz auf längerfristige Staatstitel, Inflationsrate) möglich ist. Die ehemals realsozialistischen Länder Mittel- und Osteuropas haben seit 1989 unterschiedliche Fortschritte bei der Konsolidierung von Demokratie und Marktwirtschaft gemacht. Auch ist inzwischen innerhalb dieser Region ein klares West-Ost-Gefälle auszumachen. Es ist deutlich geworden, daß die Staaten, die die anstehenden Reformen entschieden angepackt haben (Tschechische Republik, Polen, Slowenien, Estland), heute nicht nur ökonomisch, sondern auch sozial wesentlich besser dastehen als Länder, die dies nicht taten (Rumänien, Ukraine, Rußland).

Dabei haben es die MOE-Staaten mit einer Reihe von Voraussetzungen zu tun, die in ihrer Schwierigkeit einmalig sind. Dies gilt nicht nur für die Transformation vom Plan zum Markt. Hinzu kommt ein radikaler außenpolitischer Paradigmen-Wechsel für die mitteleuropäischen Staaten. Sie avancierten über Nacht von einer entwickelten Peripherie der Sowjetunion zur unterentwickelten Peripherie der Europäischen Union, was von der Bevölkerung und den Reformeliten erst einmal realisiert und verdaut werden mußte. Angesichts der Globalisierung von Produktion und Märkten können erprobte Konzepte nachholender Industrialisierung, wie sie in Entwicklungs- und auch westlichen Industrieländern nach dem 2. Weltkrieg zur Anwendung kamen, kaum noch taugliche Bezugspunkte abgeben. Gleichzeitig entspricht die ökonomische Erfolgsgeschichte nachholender Entwicklung aus jüngerer Vergangenheit (insbesondere in Südostasien) nicht den sozialen und demokratischen Ansprüchen, denen sich die mitteleuropäischen Reformeliten historisch und kulturell verpflichtet fühlen. Die westeuropäischen Staaten in der EU dagegen gelten zwar als sozial erstrebenswertes Modell, befinden sich aber ökonomisch ihrerseits auf dem Weltmarkt derart unter Druck, daß die sozialstaatliche Komponente ihrer Gesellschaften selbst eines Umbaus bedarf, weil sie längerfristig nicht mehr finanzierbar ist.

Im Kontext dieser Widersprüche soll im folgenden der bisherige Prozeß der Deregulierung, insbesondere seine sozialen Komponenten und die Entwicklung der Arbeitsbeziehungen in den Reformstaaten betrachtet werden. Dazu greifen wir zunächst auf Deskriptoren zurück, die als solche an beliebige Systeme von Arbeitsbeziehungen angelegt werden können. Diese sind Solidarität und soziale Gerechtigkeit, die Verhandlungskultur und Rolle der Gewerkschaften als intermediäre Organisationen und Strukturen des gesellschaftlichen Interessenausgleichs. In einem zweiten Schritt unternehmen wir dann den Versuch, strategische Handlungsfelder gewerkschaftlicher Politik zu beschreiben, auf denen unseres Erachtens am ehesten eine umfassende Modernisierung der Arbeitsbeziehungen in der Region zu erreichen wäre und zugleich die Chance der MOE-Integration in ein zukünftiges Vereintes Europa maximiert würde. Diesen Weg wollen wir den Weg der »Geregelten Deregulierung« nennen.

Vor dem Hintergrund der Artikel dieses Buches ziehen wir daher zunächst eine Zwischenbilanz der Transformation in MOE-Ländern. Dabei werden Kernelemente der sich herausbildenden Strukturen von Arbeitsbeziehungen und hier insbesondere die Position der Gewerkschaften, ihr Potential und ihre Defizite herausgearbeitet. Abschließend wird gefragt, welche Bedeutung diese Strukturen für das Verhältnis zu den westeuropäischen Ländern haben und welche Entwicklungslinien im Falle einer Integration Gesamteuropas durch den eingeschlagenen Weg im Osten verstärkt bzw. konterkariert werden.

1. Die gesellschaftliche Ausgangslage

In den MOE-Staaten ist durchgängig eine abnehmende gesamtgesellschaftliche Solidarität und ein Zuwachs an sozialer Ungleichheit zu beobachten. Mit der Akkumulation von privatem Kapital und der Einführung der Marktwirtschaft entsteht eine stark differenzierte Gesellschaft. Die neue gesellschaftliche Schichtung hat einschneidende Folgen für die Organisationsfähigkeit und Reichweite von Interessenvertretungsverbänden, insbesondere für die Gewerkschaften.

Ausgangspunkt des Wandels in der Region war die realsozialistische Reduktion von Gesellschaft auf die Dichotomie einer privilegierten Nomenklatura und der großen Bevölkerungsmehrheit, die rechtlos, machtlos und hinsichtlich der Einkommen und Vermögen weitgehend gleichgestellt war. Diese Dichotomie kam in den Umstürzen des Jahres 1989 deutlich zum Ausdruck: Es handelte sich um politische oder nationale, nicht aber soziale Revolutionen, in denen die Forderung nach Demokratie die Bevölkerung vereinte. Inzwischen ist deutlich geworden, daß die Menschen zwar politische Freiheitsrechte gewannen, der Transformationsprozeß aber für weite Teile der Bevölkerung massive kollektive und individuelle Unsicherheiten mit sich bringt. Auf der politischen Ebene spiegelt sich die sozio-strukturelle Differenzierung im Zerfall der Oppositionsbewegungen aus der Umbruchszeit. Es hat sich ein politisches Spektrum gebildet, das in seiner Breite – von der Sozialdemokratie über den Liberalismus, nationale Populismen bis hin zum Krypto-Faschismus – über den demokratischen Konsens westlicher Industriegesellschaften hinausreicht. Eine Folge davon ist die andauernde politische Instabilität während der Übergangszeit, die aber auch – und vielleicht in noch stärkerem Maße – von der Ineffizienz und Unberechenbarkeit des politisch-administrativen Systems abhängt. Auch sechs Jahre nach dem Umbruch ist die Zivilgesellschaft nur schwach ausgeprägt, es gibt nur wenige sozialverantwortlich aggregierte Interessenvertretungsorganisationen.

In diesem Kontext sind Gewerkschaften die einzigen fortexistierenden, strukturierten intermediären Organisationen. Sie leiden allerdings auch in ganz spezifischer Weise unter den Erblasten der realsozialistischen Vergangenheit. Das alte Regime hatte eine extrem homogene Arbeiterschaft hinterlassen. Ein hohes Beschäftigungsniveau, eine egalitäre Einkommensverteilung, geringe Lohn- und Statusdifferenzierungen, große, zum Teil gigantische Betriebe, eine Arbeitsorganisation, die über den Fordismus nicht hinausgekommen ist, die zentrale Rolle des Betriebs bei den Sozialleistungen und homogene soziale Milieus im Reproduktionsbereich. Damit hatte der Staatssozialismus nahezu in Perfektion das geschaffen, was linke Theoretiker als gesetzmäßige Perspektive des Kapitalismus vorhergesagt hatten, was dort aber so nie eingetreten ist: ein homogenes Proletariat als überwältigende Mehrheit der Bevölkerung.

Eben diese soziale Homogenität, gekoppelt mit der Dominanz der fordistischen Form der Arbeitsorganisation, wird unter den Transformationsbedin-

21

gungen zur größten Belastung für eine konstruktive und vorausschauende gewerkschaftliche Politik. Dabei gründete auch in den westlichen Industrieländern die Macht der Gewerkschaften seit dem Beginn der Industrialisierung bis in die siebziger Jahre unseres Jahrhunderts auf der Homogenität der Arbeiterschaft. Erst mit der dritten technologischen Revolution und dem Ende des Fordismus hat sich diese Basis in den entwickelten Industriestaaten zu zersetzen begonnen. Macht und Einfluß der Gewerkschaften und was heute noch davon übrig geblieben ist, gründeten aber auf der solidarisierenden Wirkung, die relativ gleiche Arbeits- und Lebensbedingungen in den klassischen Industriesektoren während der Industrialisierung geschaffen hatten. Nach dem gleichen Muster beruht die Stärke neuer Gewerkschaftsbewegungen in den Schwellenländern der Dritten Welt (z. B. Brasilien, Südafrika, Mexiko) auf der Solidarität einer neuen Arbeiterschaft. Diese war im Zuge nachholender Industrialisierung in den fordistisch organisierten Konsum- und Verbrauchsgüterindustrien sowie den für die Entwicklung strategischen Dienstleistungssektoren (Banken) entstanden. In diesen Ländern ging die Solidarität schnell über den Produktionsbereich hinaus und nahm antikapitalistische Züge an. Aufgrund der engen Verflechtung der Unternehmerschaft mit den autoritären Staaten wurden die Gewerkschaften zu Schlüsselorganisationen des politischen Kampfes gegen die Diktaturen. Arbeitersolidarität entsprang hier gleichermaßen der Unterdrückung durch das kapitalistische Produktionssystem wie der Repression im politischen System.

2. Gewerkschaftliches Rollenspektrum

Keine der skizzierten Entwicklungskonstellationen, die den Arbeitnehmerorganisationen zu unterschiedlichen Zeiten an unterschiedlichen Orten maßgebenden Einfluß auf die Gestaltung ihrer Gesellschaften ermöglicht hatten, kann als Referenz für die MOE-Gewerkschaften dienen. Sie stehen vor einer gänzlich anderen und ungleich schwierigeren Situation. Bereits in ihrer Gründungs- und Auf- bzw. Umbauphase sind sie mit einem komplexen Prozeß der Fragmentierung und Differenzierung ihrer Basis konfrontiert. Wesentliche Aspekte dieses Prozesses sind:

- Arbeitslosigkeit als gesellschaftliches Phänomen überhaupt und hierbei Massenarbeitslosigkeit, wobei deren Auswirkungen auf die gewerkschaftliche Verhandlungsmacht bekannt sind. Arbeitslosigkeit wird zudem immer häufiger in Verbindung mit Arbeitskräfteknappheit auf Teilarbeitsmärkten auftreten, die quantitativ begrenzten Beschäftigungsgruppen eine hohe Verhandlungsmacht einräumt – ein Faktor, der weiter entsolidarisierend wirkt.

- Die klassischen Industriesektoren, die auch im Westen Kernbereiche gewerkschaftlicher Organisierung ausmachten, waren das Rückgrat der staatssozialistischen Volkswirtschaft. Genau dies sind aber die Bereiche, in denen international wie auf den Binnenmärkten Überkapazitäten bestehen und die aufgrund ihrer niedrigen Produktivität im Zuge der Transformation unter den stärksten Rationalisierungsdruck geraten. Dabei steht auch sechs Jahre nach dem Umbruch die »Große Privatisierung«, d. h. die Umstrukturierung der staatlichen Konglomerate und Großbetriebe, immer noch bevor.

- Im neu entstehenden Privatsektor, der teilweise bereits mehr als 50 % der Wertschöpfung leistet und einem entsprechenden Anteil der Erwerbsbevölkerung Beschäftigung bietet, sind die Gewerkschaften nur schwach oder gar nicht vertreten.

- Frauen, die infolge ihrer starken Integration in die Produktion einen vergleichsweise hohen gesellschaftlichen Status genossen, werden zunehmend aus der Berufstätigkeit herausgedrängt.

Die ererbte Homogenität der Arbeitnehmerschaft, die langfristige soziale Sicherheit, wenngleich auf niedrigem Niveau, garantiert hatte, erweist sich damit für die Gewerkschaftsbewegungen in der Region als schwere Hypothek. Bereits heute ist deutlich, daß die Gewerkschaften im Rahmen der transformationsbedingten gesellschaftlichen Differenzierung ganz überwiegend Transformationsverlierer repräsentieren. Die postsozialistischen Gesellschaften weisen extreme soziale Ungleichgewichte auf. Auch dabei ist ein deutliches West-Ost-Gefälle zu verzeichnen. So verfügen in der Tschechischen Republik 40 % der Beschäftigten über mehr Einkommen als 1989, 30 % haben ihre Position gehalten, und ca. 30 % geht es schlechter als vor 1989 (Fisera/Rusnok). In Ungarn gibt es eine bereits ausgeprägtere Tendenz zur Verarmung. Rund 40–45 % der Bevölkerung leben am oder unter dem Existenzminimum (Galgoczi/Reti). In Rußland ist die Entwicklung noch erheblich krasser. 20 % geben an, daß es ihnen besser geht als vor dem Wechsel, 80 % dagegen geht es schlechter (Hoffer). Das geht in Ländern wie der Ukraine so weit, daß Teile der Bevölkerung auf vorindustrielle, quasi feudale Beziehungsmuster rekurrieren müssen, um das Überleben zu sichern (Wittkowsky). Breite Schichten der Bevölkerung, die die größten Belastungen der Transformation tragen müssen, haben keine Lobby und fallen ganz aus dem offiziellen Sektor heraus (Rentner, Arbeitslose, Großfamilien,

Alleinerziehende, junge Leute). Diese große Gruppe der Transformationsver-lierer, die das neue wirtschaftliche Steuerungssystem mit so großen Erwar-tungen begrüßt hatte, dürfte die Realität kaum als sozial gerecht empfinden.

Sollten die mittel- und osteuropäischen Gesellschaften über längere Zeit auf einem ausgesprochen niedrigen sozialen Niveau verharren, so zeichnen sich für die Zukunft Szenarien ab, wie man sie von den Negativbildern aus Entwicklungsländern kennt (Dauderstädt/Meyer-Stamer). Für Gewerkschaf-ten bliebe in derart gespaltenen Gesellschaften im günstigsten Fall die Interessenvertretung von Arbeitsplatzbesitzern im formellen Sektor. Das wären unter solchen Vorzeichen aber lediglich privilegierte Minderheiten.

In der alltäglichen Transformationspraxis stellt die skizzierte gesellschaft-liche Entwicklung die Gewerkschaften vor schwierige Entscheidungen. Ab-gesehen davon, daß die dynamischen Aspekte des Wandels weitgehend an den Arbeitnehmerorganisationen vorbeilaufen, finden sich diese häufig in einem Dilemma. Selbst ausgesprochene Reformbefürworter (Solidarnosc in Polen, die neue Bergarbeitergewerkschaft NPG Rußlands, Podkrepa in Bulgarien) können es sich in einem Umfeld des gewerkschaftlichen Plura-lismus kaum leisten, ihre Mitglieder lediglich auf die langfristigen Vorteile des Transformationsprozesses hinzuweisen. Eine zu enge Bindung an radi-kale reformpolitische Ansätze der jeweiligen Regierung hat ihren organisa-torischen Preis, wenn die positiven Resultate der Reform ausbleiben. Diese Gewerkschaften verlieren dann schnell an Attraktivität, ihre Mitglieder begin-nen, sich an radikalere bzw. populistische Organisationen zu halten oder scheiden ganz aus den Gewerkschaften aus. Häufig sind die Gewerkschaf-ten deshalb unter dem Druck der Situation gezwungen, kurzfristige Ziele anzupeilen, die langfristig nicht transformationskonform sind. Dies führt sie in den Konflikt mit den Regierungen, die dann wiederum dazu neigen, die Arbeitnehmerorganisationen aus der Umgestaltungspolitik so weit wie möglich herauszuhalten. Im Extremfall bedeutet dies, daß Gewerkschaften politisch-strategisch ziellos agieren und sich etwa an der Seite ehemaliger Fabrikdirektoren und Branchenlobbyisten in mittel- und langfristig perspek-tivlosen Auseinandersetzungen um den Erhalt »falscher« Produktionsstruk-turen – wie z. B. in Rußland – verschleißen (Hoffer).

3. Zwischenbilanz der Reformversuche

Der skizzierte Prozeß der gesellschaftlichen Differenzierung und abneh-menden Solidarität konditionierte zum einen die Handlungsmöglichkeiten der Gewerkschaften. Zum anderen mußten für die Begleitung des Prozesses völlig neue, angepaßte Konfliktregelungsstrukturen geschaffen werden, da die alte Konstellation zwischen Partei–Staat–Gewerkschaft obsolet geworden war.

Mit Ausnahme von Solidarnosc in Polen verfügten die MOE-Gewerkschaften über keinerlei Erfahrung und Tradition mit autonomer Interessenvertretung im Rahmen von Verhandlungen oder Arbeitskämpfen. Außerdem ist die klassische Schutzfunktion der Arbeitnehmerorganisationen bis heute schwach, da der Übergang vom Plan zum Markt gravierende Strukturveränderungen bei der Beschäftigungs- und Einkommensstruktur notwendig macht. Im Kernbereich gewerkschaftlichen Handelns, in ihrer ökonomischen Funktion, können die MOE-Gewerkschaften ihren Mitgliedern deshalb wenig bieten. In allen Ländern der Region sind die Reallöhne beträchtlich gefallen (vgl. die Länderstudien). Dabei betrifft die Schwäche gewerkschaftlicher Interessenvertretung nicht nur die Frage der Einkommen, sondern auch die Arbeitsplatzsicherheit. Der wirtschaftliche Umbau ist von wachsender Arbeitslosigkeit begleitet, deren Höhepunkt noch nicht erreicht ist, da die »Große Privatisierung« noch bevorsteht (Galgoczi). In eine defensive Position wurden die Gewerkschaften außerdem auf dem Gebiet der über den Betrieb verwalteten Sozialleistungen gezwungen. Hier lag in den realsozialistischen Regimen ihr Tätigkeitsschwerpunkt als halbstaatliche Sozialagentur. Im Zuge der Transformation wurden diese Leistungen aus dem Betrieb auf neue freie Träger ausgelagert. Soziale Sicherheit wird damit nicht mehr über den von den Gewerkschaften kontrollierten Platz in der Warteschlange, sondern über den Preis reguliert. In ihrer Schutzfunktion geschwächt wurden die Arbeitnehmerorganisationen schließlich auch in Fragen der Arbeitsbelastung. Mit steigender Konkurrenz unter Marktbedingungen steigt auch der Produktivitätsdruck ehemals weniger belastender Arbeitsbedingungen.

Der strukturelle Handlungsrahmen der Gewerkschaften wird von zwei Polen markiert. An einem Ende versuchen die gewerkschaftlichen Dachverbände globale Rahmenbedingungen wie nationalen Mindestlohn und Lohnleitlinien mit dem Staat zu verhandeln, am anderen Ende fragmentieren sich Verhandlungen über Lohn-, Arbeits- und Sozialbedingungen auf der Ebene der Betriebe. Dabei haben in vielen Ländern die Betriebsgewerkschaften die gleichen Rechte, Tarifverträge abzuschließen, wie regionale oder Branchenorganisationen. Da man auch angesichts der Eigentumsstrukturen und der mangelnden Präsenz der Gewerkschaften im bislang eher kleinen industriellen Privatsektor kaum über eine strukturierte andere Tarifpartei –

die Unternehmer – verfügt, kann man bis dato von Tarifautonomie westlicher Prägung in Mittel- und Osteuropa kaum sprechen. Die für die Arbeitsbeziehungen in den meisten EU-Ländern (noch) typischen Branchentarife, die einen berechenbaren Faktor in der Einkommenspolitik dieser Länder darstellen und von den westlichen Gewerkschaften auch im strategischen Bewußtsein ihrer gesamtwirtschaftlichen Wirkung ausgehandelt werden, gibt es in Mittel- und Osteuropa bislang kaum. Die wenigen Fälle, in denen MOE-Gewerkschaften ihre Schutzfunktionen in den genannten Bereichen, vor allem aber beim Lohn, erfolgreich wahrnehmen konnten, sind in strategischen Wirtschaftsbereichen zu finden. So gelang es Bergarbeitern, Piloten, Fluglotsen, Lokomotivführern und Krankenhauspersonal in einigen Fällen, ihre Forderungen durchzusetzen (Hoffer; Wittkowsky). Erfolge solcher Berufsgruppen mit starker Verhandlungsposition haben aber innerhalb der Gewerkschaftsbewegung durchaus problematische Effekte. So wird den Interessenvertretungen dieser Berufsgruppen von anderen Gewerkschaften oft – und durchaus mit Recht – vorgeworfen, daß sie ihre Forderungen auf Kosten anderer durchsetzen. Das gilt insbesondere dann, wenn auf nationaler Ebene ein Gesamtlohnvolumen vereinbart bzw. oktroyiert wurde. In jedem Fall trägt auch dieser Prozeß zur weiteren Differenzierung der Beschäftigten bei.

Angesichts der Schwäche der gewerkschaftlichen Schutzfunktionen im Bereich autonomer Tarifpolitik suchten die Akteure einen zusätzlichen Regelungsmechanismus, der die Beteiligung der Interessenverbände an der Transformation gewährleisten sollte. Als positive Referenz dafür dienten die »Runden Tische« aus der akuten Phase der Systemtransformation Ende der achtziger, Anfang der neunziger Jahre. Hier hatte eine Beteiligung aller relevanten Akteure fraglos Konsens ermöglicht und maßgeblich zu einem friedlichen Systemwandel beigetragen. Anknüpfend daran wurden in allen Ländern der Region drittelparitätische Interessenabstimmungsräte ins Leben gerufen. Der Tripartismus wurde damit zu einem Strukturmerkmal der sich neu bildenden Arbeitsbeziehungen in Mittel- und Osteuropa (Hethy).

Die Initiative dazu wurde in der Regel von staatlicher Seite ergriffen. Man versprach sich von einer so institutionalisierten Form der Zusammenarbeit mit den Interessenverbänden eine Ergänzung zu den parlamentarischen Prozessen. Diese waren in der Anfangsphase der Reformen angesichts der Labilität und geringen Verankerung der Parteien in der Bevölkerung durch Instabilität und geringe Berechenbarkeit gekennzeichnet. Außerdem bot dieser Versuch korporativer Politiksteuerung den Regierungen die Möglichkeit, die Lohnpolitik mit anderen Politikfeldern abzugleichen und vor allem die Gewerkschaften zur Abfederung unpopulärer einkommens- und sozialpolitischer Maßnahmen in die Pflicht zu nehmen. Die Regierungen konnten bei ihren Bemühungen zum Aufbau tripartiter Strukturen auch auf internationale Unterstützung zählen. Namentlich die Internationale Arbeitsorganisation (IAO), die einzige drittelparitätisch zusammengesetzte UN-Organisation, förderte die Einführung des Tripartismus in Mittel- und Osteuropa als ein konsensorientiertes Steuerungsmodell.

Die Leistungen des Tripartismus bei der Transformation sind von Land zu Land allerdings unterschiedlich und umstritten (Hethy). Bei genauerer Betrachtung und angesichts erfolgreicher Korporatismuserfahrungen aus den entwickelten Industrieländern (z. B. in Spanien, Österreich, Belgien) sind die Voraussetzungen für korporative Arrangements in der Region prekär. Zwar wurde der Tripartismus von allen Akteuren grundsätzlich begrüßt, da er in einem Umfeld schwach entwickelter Demokratieerfahrungen zusätzliche Legitimation verhieß. Aber bereits der Start in die neue Struktur war von gewaltigen Disparitäten zwischen den drei Parteien gekennzeichnet, was deren Ressourcen, Strukturen und Erfahrungen betraf. Die folgende knappe Analyse der drei Akteure zeigt dies (vgl. dazu die Abschnitte zu den Arbeitsbeziehungen in den Länderstudien).

Unternehmer

Am deutlichsten werden die Differenzen bei der Vertretung der Unternehmerseite. Autonome Organisationen der Arbeitgeber gab es zu Beginn der Reform nicht. Und die bisherige Entwicklung hat auch hier eher zu internen Gegensätzen als zu einheitlichen Positionen geführt. Eine wichtige Trennlinie verläuft zwischen den Verbänden der ehemaligen »roten Direktoren« aus realsozialistischen Zeiten und Unternehmern aus dem neu entstehenden Privatsektor, der von kleinen und mittleren Firmen geprägt ist. Letztere sind am Tripartismus wenig interessiert, da ihre Betriebe weitgehend gewerkschaftsfrei sind und häufig in einer Grauzone zwischen formellem und informellem Sektor arbeiten. Hinzu kommt, daß es auf den neuen Märkten zu Verteilungskämpfen um Anteile unter den jungen Unternehmen geht, so daß gemeinsame Positionen kaum entstehen können. Im Falle der Unternehmerverbände ehemaliger Direktoren, die im Zuge der Transformation Kapitaleigner geworden sind, ist das Interesse differenzierter. In den Großbetrieben der Krisenbranchen suchen die Unternehmen die Gewerkschaften als Verbündete gegen die Regierung, z. B. im gemeinsamen Bemühen um die Fortsetzung von Subventionen. Hier findet sich die Regierung in den tripartiten Räten auf der Anklagebank wieder. In den profitablen Großunternehmen dagegen sind die Direktoren-Unternehmer nicht auf drittelparitätische Strukturen angewiesen, da sie in ihren Betrieben weitgehend schalten und walten, wie sie möchten. Solange sie auf der Betriebsebene nicht durch Gewerkschaften herausgefordert werden, besteht für sie keine Veranlassung, sich in starken Arbeitgeberverbänden zusammenzuschließen. Die geringe Homogenität und der geringe Organisationsgrad der Unternehmerschaft sind deshalb eher Ausdruck ihrer betrieblichen Stärke als ihrer gesellschaftspolitischen Schwäche. Folglich werden auch die tripartiten Strukturen gar nicht oder allenfalls selektiv genutzt.

Regierungen

Die Regierungen waren in den zurückliegenden Jahren sicherlich der relativ stärkste Partner in der Struktur, dabei aber im Vergleich mit dem Westen immer noch schwach. Erstens wurde ihnen die Einnahme einer klaren Position in den Räten durch die Doppelfunktion als politische Exekutive einerseits und größter Arbeitgeber andererseits erschwert. Zweitens war ihre administrative Basis noch wenig entwickelt. Institutionen, die die Routineauseinandersetzungen einer Marktwirtschaft regeln, wurden erst aufgebaut. Drittens standen viele Regierungen auf politisch schwachen Grundlagen: Die regierungstragenden Parteien bedurften noch der eigenen Profilierung. Meistens gingen sie aus der Oppositionsbewegung gegen das alte Regime hervor, die ihre Daseinsberechtigung in dem Augenblick verlor, in dem das kommunistische System abgetreten war. Die Beziehungen zwischen politischen Parteien und sozialen Interessen haben sich nur langsam stabilisiert, und die Parteienlandschaft befand sich in den ersten Jahren nach dem Umbruch in starker Bewegung. Hinzu kam – mit Ausnahme Polens –, daß die führenden Parteien der ersten Welle demokratischer Regierungen kaum eine gewerkschaftliche Basis hatten, über die die Reformdebatte mit den Arbeitnehmern hätte kanalisiert werden können.

Gewerkschaften

Auch die Gewerkschaften gaben in der Dreigliedrigkeit keinen starken Partner ab. Organisatorisch betrachtet stellte sich ebenso wie bei den beiden anderen Akteuren die Frage nach ihrer Repräsentativität. Bedingt durch den gewerkschaftlichen Pluralismus in allen Ländern, mit Ausnahme der CSFR, traten sie nicht mit einheitlichen Positionen in den Räten auf. Darüber hinaus war und ist der Einfluß der Dachverbände auf die Mitgliedsorganisationen gering, und sie verfügen kaum über Sanktionsmöglichkeiten. Trotz dieser organisatorischen Defizite versuchten die Gewerkschaften, die dreigliedrigen Gremien aktiv für ihre Ziele zu nutzen. Angesichts der wirtschaftlichen und sozialen Ausgangsposition blieb ihnen keine andere Möglichkeit, als zu versuchen, ihre wirtschaftliche Schwäche gegen politischen Einfluß zu tauschen: Ihre Bereitschaft zur Flankierung der Transformation wollten sie sich durch Rechte zur Mitgestaltung der Wirtschafts- und Sozialpolitik honorieren lassen. Hinzu kam, daß der Tripartismus angesichts einer fehlenden parteipolitischen Lobby im Parlament zum zentralen Instrument bei der gesamtpolitischen Gestaltung wurde. Zumindest in diesem Kontext gelang es den Gewerkschaften, auch in den Medien präsent zu bleiben. So betrachtet erfüllte die Beteiligung in der Tripartität in vielen Fällen eine Ersatzfunktion für noch nicht bestehende Strukturen autonomer Tarifpolitik.

Angesichts dieser gravierenden Defizite der beteiligten Akteure sind die Ergebnisse global-dreipoliger Arbeitsbeziehungen bescheiden. Wir stimmen deshalb der Einschätzung Hethys zu, daß es sich bei Tripartismus um die »am wenigsten schlechte Variante« der Interessenregulierungen handelte. Auch war die Konstellation in der Praxis eher bipolar (Staat–Gewerkschaften) als wirklich dreigliedrig. Insgesamt spiegelt sich im Tripartismus die gemeinsame Schwäche der Akteure als entscheidende Ausgangsbedingung. Die Ausnahme, die hier die Regel bestätigt, ist Polen, wo es bis 1993 keine tripartiten Strukturen gab, da mit Solidarnosc als Gewerkschaft und politischer Bewegung zunächst ein hegemoniales Gesellschaftsprojekt bestand. Die begrenzte Wirkung der korporativen Steuerungsversuche in den anderen Ländern hatte ferner ihre Gründe darin, daß zumindest zwei der drei Akteure (Staat, Unternehmer) ein vorwiegend kurzfristiges instrumentelles Interesse an dieser Struktur offenbarten. Die Gewerkschaften ihrerseits erreichten nur in sehr begrenztem Umfang die von ihnen anvisierten Ziele. So gelang es ihnen zwar, eine gewisse Mitsprache auf der verteilungspolitischen Seite der Transformation, der Sozialpolitik, durchzusetzen. Auf die zentralen ökonomischen Determinanten des Prozesses, wie die Privatisierung, die Einkommens-, Steuer- und Industriepolitik, ließ sich dagegen über die Tripartität kein Einfluß gewinnen. Diese Schlüsselfragen der Transformation entschieden die Regierungen ohne die Gewerkschaften und oft gegen sie.

Tripartismus erweist sich damit als der Konfliktregelungsversuch einer Übergangszeit, der nicht notwendigerweise den Weg zu dauerhaft korporativen Strukturen des Interessenausgleichs in der Region weist. Für einen funktionsfähigen Korporatismus wird auch in absehbarer Zukunft, wie schon in der kurzen demokratischen Vergangenheit, die korporative Tauschhypothese – materielle Zugeständnisse für politische Rechte – nicht funktionieren. Weder ist dafür der ökonomische Verteilungsspielraum in Sicht, noch die politische Bereitschaft der Regierenden, noch die Konsolidierung der Akteure selbst, die sicherlich eine längere Zeit braucht. Zu fragen wäre weiter, ob angesichts der politischen Vergangenheit der Länder verfestigte korporative Strukturen der jungen demokratischen politischen Kultur tatsächlich förderlich wären, bergen derartige Konfliktregelungsmechanismen doch immer die Gefahr eines neuen Etatismus in sich. Weiter fragt sich, ob man schadlos die Phase der Konfliktregelung auf der Grundlage starker autonomer Interessenverbände überspringen kann und lückenlos vom autoritären Korporatismus des Staatssozialismus zu einer wie auch immer gearteten neokorporativen Variante übergehen kann.

4. Strategische Handlungsfelder geregelter Deregulierung

Für viele Bürger Osteuropas dürfte der Mythos von Marktwirtschaft, Massenwohlstand und Demokratie, der einer der sozialpsychologischen Motoren des Umbruchs von 89 war, schnell zerstört worden sein. Bereits heute ist klar, daß die Länder der Region die historische Phase des keynesianischen Wohlfahrtsstaates westeuropäischer Prägung werden überspringen müssen. Was sie statt dessen an gesellschaftlicher Solidarität und sozialer Sicherheit aufzubauen in der Lage sind, wird originär sein müssen. Verharren die Übergangsökonomien sehr lange im Transformationsstadium der nachholenden privaten Akkumulation von Kapital bei gleichzeitiger Vernachlässigung des Aufbaus eines befriedigenden sozialen Sicherungssystems, kann dies zu einem entscheidenden Handicap der gesellschaftlichen Stabilisierung und des Aufbaus eines funktionierenden Arbeitsbeziehungssystems werden. Nicht auszuschließen ist dann auch, daß sich hier negative westeuropäische und osteuropäische Tendenzen gegenseitig verstärken und es zu einem konkurrierenden Wettlauf sozialer und damit auch gesellschaftlicher Destabilisierung kommt.

Diese Abwärtsspirale ist im übrigen nicht nur auf das System der Sozialen Sicherung beschränkt. Verharren die ökonomischen West-Ost-Beziehungen weiterhin auf einem Abhängigkeitsverhältnis von östlichen Werkbank-Tätigkeiten zum technologisch und arbeitsorganisatorisch hochentwickelten westlichen Zentrum, so wird das daraus resultierende Lohngefälle auch die Entwicklung in den EU-Staaten negativ beeinflussen. Entfällt die »Lohnpeitsche« in den führenden Industrieländern, entfällt auch der wichtigste interne Anreiz zur ständigen Optimierung der eigenen Wettbewerbspositionen auf dem Weltmarkt. Dies ist angesichts der globalen Vernetzung der heutigen Weltwirtschaft und insbesondere der stark exportorientierten Position Deutschlands ein nicht zu unterschätzendes Gefährdungspotential.

Schon heute sind also sowohl sozial wie auch ökonomisch die EU- und die MOE-Staaten in ihrer Entwicklung miteinander verkoppelt. Aus der Perspektive der Arbeitsbeziehungen und der uns hier insbesondere interessierenden Gewerkschaften sind vier Konvergenzlinien auszumachen, die für den Westen und Osten Europas gemeinsame Problemfelder identifizieren, wo – sicher auf unterschiedlicher Grundlage, aber mit gleichem Ziel – ein enormer Handlungsdruck besteht:

– die Ablösung des fordistischen Arbeitskonzepts durch systemische Rationalisierung,

– die Notwendigkeit des Umbaus des Sozialstaats mit der Perspektive einer breiten Grundsockelung und darauf aufbauend spezifischen Risikoabsicherungen,

– eine Verschiebung des Gewichts von zentral orientierter zu betrieblich orientierter Gewerkschaftspolitik,

– die Umorientierung der Gewerkschaften von ihrem klassischen Rekrutierungspotential hin zu den neuen hochqualifizierten und tendenziell individualisierten Arbeitnehmergruppen.

Wir wollen den Weg, der dafür eingeschlagen werden muß, den Weg der »Geregelten Deregulierung« nennen. Dies auf der einen Seite in deutlicher Abgrenzung zu Konzepten eines zentralen Korporatismus, wie er beispielsweise auch in der Konzeption der »Runden Tische« im Rahmen tripartistischer Veranstaltungen in Osteuropa vorgeschlagen und mit meist nur mäßigem Erfolg praktiziert wurde und wird (Hethy). Auf der anderen Seite wollen wir hier nicht der markt-libertären Ideologie einer totalen und möglichst raschen und umfassenden Deregulierung des alten Systems das Wort reden.

Nötig sind nach unserer Auffassung – und dabei werden wir sowohl von den hier vorgelegten Länder- als auch insbesondere von den Querschnittsanalysen bestätigt – intelligente, zukunftsorientierte Wege einer west-osteuropäischen Zusammenarbeit, die imstande ist, aus den gemeinsamen Herausforderungen zu lernen, entsprechende Gestaltungskonzepte zu entwickeln und – wo immer gegenseitig unterstützend – zu realisieren (Dauderstädt/Meyer-Stamer). Dabei handelt es sich auf ökonomischem Gebiet um eine Industrie-, Struktur- und Technologiepolitik, die bewußt auf den Ausbau von marktorientierter Kleinserienfertigung in den fortgeschrittenen ökonomischen und technologisch anspruchsvollen Bereichen setzt. Hier wären insbesondere Joint-ventures in entsprechend definierten »Entwicklungskorridoren« in west-östlicher Kooperation zu nennen (Alter/Tergeist). Die bisher vorliegenden Erfahrungen (insbesondere in Ungarn) zeigen, daß solche Kooperationen möglich und wichtig sind, daß andererseits aber noch ein großer Bedarf an entsprechendem westeuropäischen Engagement besteht. Angesichts der hohen formalen Qualifikation der Beschäftigten in den meisten MOE-Ländern und einer aufgrund des existentiellen Drucks als hoch zu veranschlagenden Bereitschaft, sekundäre Arbeitstugenden (prozeßunspezifische bzw. extrafunktionale Qualifikationen) zu entwickeln, ist eine solche Kooperationsperspektive nicht unrealistisch.

Gekoppelt ist aber eine solche Perspektive unauflöslich an ein neues Konzept sozialer Sicherung, das in der Lage ist, die mit den modernen Produktionsmethoden einhergehenden Rationalisierungsprozesse und technologisch/arbeitsorganisatorisch bedingten Freisetzungsprozesse auch sozialpolitisch aufzufangen. Angesichts der desolaten sozialen Situation in den meisten MOE-Staaten ist dafür eine integrierte Armuts- und Sozialpolitik nötig. Zur Zeit kann sich das soziale System in Mittel- und Osteuropa aufgrund der nur geringen ökonomischen Erträge und des allenfalls stagnierenden, in den meisten Ländern aber noch immer rückläufigen Reallohnniveaus nicht am westlichen Standard orientieren. Es kommt deshalb insbesondere darauf an, die neuen und alten Armen nicht in einer Randgruppe zu marginalisieren, sondern Armutspolitik in die allgemeine Sozialpolitik zu integrieren. Eine solche Politik könnte auf Ideen einer Sockelung und allgemeinen Grundsicherung zurückgreifen, wie sie bereits in den achtziger Jahren in der westeuropäisch-kritischen Öffentlichkeit diskutiert wurden. Sie müßte aber auch darüber hinausgehen, indem sie der Vielfalt der Problemlagen und der Hilfen in einer sich rasch wandelnden Gesellschaft Rechnung trägt. Was nicht möglich sein wird – und wo auch die entwickelten westeuropäischen Gesellschaften gefordert sind – ist ein keynesianisches Sozialstaatsmodell der Jahrhundertmitte, das von Vollbeschäftigung und ökonomischem Wachstum ausgeht (Kohl/Reibsch). Nötig ist vielmehr insbesondere im Osten (aber auch tendenziell im Westen) ein Konzept, das den gesellschaftlich und kulturell erreichten Entwicklungsstand über eine Mindestsicherung (Sockelung) an Sozialleistungen garantiert und damit einer schädlichen Überdifferenzierung der Gesellschaft vorbeugt. (Relative) Soziale Gerechtigkeit ist zwar sicher ein utopisches Ziel, doch ist sie für die Bereitschaft einer Gesellschaft, sich innovatiosbezogen und umstellungsorientiert zu verhalten, eine unerläßliche Voraussetzung. Gerade unter den Bedingungen schnellen Wachstums ist das Vertrauen in einen existenzsichernden Mindeststandard an sozialen Leistungen die Voraussetzung für die Tolerierung und Unterstützung dieses Wandels.

Die dritte Schiene der »Geregelten Deregulierung« betrifft den Betriebsansatz bei den Arbeitsbeziehungen. Auf betrieblicher Ebene werden die für »Arbeit« entscheidenden Umstellungen vorgenommen. Neue Formen der Arbeitsorganisation, ein neues betriebliches Arbeitsbeziehungssystem zwischen den Polen Gewerkschaft, Management und zunehmender direkter Partizipation der Arbeitenden, institutionelle Absicherungen durch neue, meist arbeitsgesetzlich verankerte repräsentative Betriebsratsrechte und der außenorientierte Charakter exemplarischer Arbeitsbeziehungen, z. B. in west-östlichen Joint-ventures, werden das Gesicht produktionsorientierter und dienstleistender Arbeit in den MOE-Ländern verändern. Diese Effekte sind mittel- und langfristig wichtiger als neue »sozialpartnerschaftliche Arrangements« etwa auf zentral-tripartiter Ebene oder auch die neue Erfahrung des Gewerkschaftspluralismus. Die Gewerkschaften wären daher gut beraten, wenn sie ihr Augenmerk stärker auf die betriebliche als auf die dachverbandliche Ebene richten würden. Das Aufnehmen der zahlreichen betrieblichen Unruhen und ihre Kanalisierung in eine bipartit-autonome Tarifpolitik mit den neu gebildeten und noch zu bildenden Arbeitgeber- bzw. Managementstrukturen sollte das vorherrschende Ziel der neuen (und alten) Gewerkschaften sein. Hierbei käme es dann aber vor allem darauf an, auf der bisher sträflich vernachlässigten Branchenebene Steuerungs- und Koordinierungsfähigkeiten zu entwickeln und diese als einen programmatischen Eckpunkt zukünftiger Gewerkschaftspolitik festzuschreiben. Auf diesem Weg könnte es gelingen, zukunftsfähige Arbeitsbeziehungsstrukturen zu entwickeln und sich nicht in der Verteidigung der verkrusteten klassischen Großindustrien, oft noch mit der alten, gewendeten Nomenklatura an der Spitze, zu verschleißen. Diese Betriebs- und Branchenorientierung sollte also – auch hier den modernen westlichen Konzeptionen analog – mit einer Rahmengesetzgebungs-Kompetenz der Gewerkschaften (sei es tariflich, sei es lobbyistisch in der Beeinflussung entsprechender Gesetze, sei es schließlich auch korporativ, wenn entsprechende Institutionen Nutzen versprechen) verbunden werden.

Der vierte und letzte Baustein des Konzepts betrifft die Umstrukturierung der eigenen Mitgliedschaft und hängt natürlich aufs engste mit den drei bisher besprochenen Problemfeldern zusammen. Nichtfordistische Ökonomie- und Arbeitsstrukturen, die Entlastung der Gewerkschaften von einer Überstrapazierung ihrer lohnpolitischen Funktionen durch eine staatliche Transfergarantie von sozialer Mindestsockelung und der Betriebs- und Branchenansatz bei den Arbeitsbeziehungen münden konsequent in die Erschließung neuer Mitglieder für die Organisation. Eine Schlüsselrolle werden hier die Beschäftigten in den Joint-ventures spielen, weil hier die größte Wahrscheinlichkeit für neue Arbeitstätigkeiten besteht und es für die Modernisierung der Arbeitsbeziehungen geradezu unerläßlich ist, daß solche »Inseln« der Modernisierung nicht nur regional, sondern auch in der intermediären Organisation der Gewerkschaften selbst eine Katalysatorrolle einnehmen. In einem positiven Sinn könnten die Arbeitnehmer in solchen Unternehmen zu einer »neuen Elite« der Arbeitnehmerschaft werden, die ihre Erfahrungen in die gewerkschaftlich-kollektive Arbeit einbringt. Bei entsprechender Offenheit der Gewerkschaften und bei der Bereitschaft dieser Avantgarde, ihr Know-how über die neuen Arbeitsorganisations- und Arbeitsbeziehungsformen an die Organisation weiterzugeben, könnte ein wertvoller Multiplikatoreffekt entstehen.

Voraussetzung für eine solche kaskadenartige Entwicklung der Entstehung und Übernahme neuer Arbeitsbeziehungsmuster ist aber zunächst und vor allem die Bereitschaft – nicht nur der neuen, sondern insbesondere auch der wiedererstarkten Nachfolgeorganisationen der ehemaligen Staatsgewerkschaften –, sich mit solchen neuen Mitgliedergruppen und ihren arbeitsorganisatorischen und arbeitsbeziehungsorientierten Erfahrungen auseinanderzusetzen und von ihnen zu lernen. In diesem Sinn kann die Kooperation mit westlichen Gewerkschaften hilfreich sein. Da diese aber oft noch selbst große Probleme mit der Übernahme entsprechender Arbeitsbeziehungsmuster (z. B. das Verhältnis von direkter und repräsentativer Vertretung zwischen betrieblicher und Arbeitsplatzebene) haben und die Rekrutierung dieser neuen potentiellen Mitglieder nur schleppend in Gang kommt, dürfte der Wert einer Erfahrungsvermittlung West–Ost hier zur Zeit noch ziemlich begrenzt sein. Auf eine mittlere Zukunft nicht auszuschließen ist, daß aufgrund der größeren Bereitschaft und des größeren Drucks, neue Arbeitsbeziehungen in Mittel- und Osteuropa zu entfalten, es durchaus zu einer gegenseitigen Befruchtung kommen könnte (Dauderstädt/Meyer-Stamer).

Fassen wir zusammen: An der Front neuer ökonomischer und sozialer Entwicklungen – Industrie-, Struktur- und Technologiepolitik, soziale Mindestsockelung, Verbetrieblichung der Arbeitsbeziehungen bei gewerkschaftlicher Rahmenkoordinierung und der Rekrutierung neuer Mitgliederschichten für die Gewerkschaften – sind die objektiven Voraussetzungen für die Gewerkschaften in der EU und den MOE-Ländern tendenziell identisch, auch wenn sie diese neuen Herausforderungen aus unterschiedlichen, historisch gewachsenen Positionen ansteuern müssen. Zwar können die Gewerkschaften und der überwiegende Teil der Beschäftigten in der EU die Umstrukturierung auf einem wesentlich weicheren Polster von Einkommen und sozialer Sicherung angehen, doch muß dies auf Dauer gesehen nicht unbedingt ein Vorteil sein. Der größere ökonomische, politische und nicht zuletzt auch individuelle Existenzdruck in den MOE-Staaten könnte die Bereitschaft zu radikaleren und damit möglicherweise auch kürzeren Wegen wirtschaftlicher, sozialer und damit gesamtgesellschaftlicher Neugestaltung eröffnen.

Hier liegt aber auch eine Gefahr für die MOE-Staaten. Aufgrund der mehrfach gebrochenen historischen Tradition industriegesellschaftlicher Entwicklung in diesen Ländern (schwierige Herausbildung einer nationalen Identität, Auseinandersetzungen mit verschiedenen totalitären Regimen und Gesellschaftsstrukturen bis in die jüngste Vergangenheit, oligopolitische Arbeitsteilung im RGW) könnte es durchaus zu einer autoritären Entwicklung kommen. Marktwirtschaftliche Konzeptionen würden dann eher durch die Herausbildung einer neuen Nomenklatura der Zentralen in Regierung, Gewerkschaften und Kapital-Repräsentanten entstehen. Eine solche Entwicklung hätte letztlich natürlich nicht nur gesellschaftspolitische Konsequenzen. Die Restabilisierung autoritären Potentials in diesen Staaten könnte die Annäherung von EU und MOE-Staaten und deren perspektivische Integration in ein Vereintes Europa insgesamt erschweren. Auch deshalb darf es nicht bei der nur wirtschaftlichen Anstrengung zur Integration der beiden Teile Europas bleiben, sondern Sozial- und Gesellschaftspolitik und das über ihre Qualität mitentscheidende Gelenk der Arbeitsbeziehungen werden die europäische Integrationsperspektive entscheidend mitdefinieren. Danach stellt sich die Frage der Verbreiterung der EU versus ihrer Vertiefung als eine Scheinalternative. Die Einbeziehung der MOE-Staaten in eine Gesamtperspektive der Europäischen Union auf der Grundlage eines gemeinsamen Konzepts der »Geregelten Deregulierung« hat sicherlich tiefergreifende und kreativere Auswirkungen auf die Zukunft der europäischen Region in der Triade EU, USA, Japan, als sie von einer Föderalisierung weniger westeuropäischer Kleinstaaten je ausgehen könnte.

Teil 1
Länderstudien

1. Tschechische Republik

Jan Fisera/Jiri Rusnok

1.1 Wirtschaftliche Grunddaten

Zu Beginn der Reformen setzte die Regierung einen Rückgang der realen Wirtschaftsleistung voraus und gewann dafür auch die Zustimmung eines großen Teils der Gesellschaft. Das Problem der tschechischen Transformation besteht jedoch darin, daß die wirkliche Entwicklung von den Regierungsprognosen beträchtlich abwich, und zwar in eine negative Richtung.

Tabelle 1:

Entwicklung des Bruttoinlandsprodukts (BIP), Erwartungen der Regierung und die Wirklichkeit

Jahr	BIP-Wachstumstempo, in % gegenüber vorherigem Jahr	
	Regierungsprognose*	Realität**
1991	−5 bis −10	−14,2
1992	−3 bis − 6	− 6,6
1991−92	−8 bis −15	−19,9
1993	+1 bis + 3	− 0,3
1991−93	−7 bis −12	−20,1

Quellen:
* 1991: Memorandum für den internationalen Währungsfonds (Internationaler Währungsfonds, IMF), 1992 und 1993: Grundbericht zum Vorschlag des Staatsbudgets
** Tschechisches Amt für Statistik

Im Jahre 1990 kam es zu einer realen **Senkung des Bruttoinlandsprodukts** gegenüber dem Jahr 1989 um 1,2 %. Nach vier Jahren der Wirtschaftstransformation sank die Gesamtleistung der tschechischen Wirtschaft um mehr als ein Fünftel (21,1 %). Dies bedeutet, daß die gesamte Wirtschaftsleistung ungefähr auf das Niveau Mitte der siebziger Jahre zurückging. In einer Zeitperiode von vier Jahren sank die Gesamtproduktion in der tschechischen Industrie um mehr als 36 % gegenüber dem Jahr 1989.

Doch viel ernster war die Tatsache, daß es bei einer solch umfassenden Produktionsbeschränkung weder gelang, die **ungünstige Produktionsstruktur** aus der Vergangenheit zu ändern (der Rückgang in der Verarbeitungsindustrie war stärker als in den Rohstoffbranchen), noch verzeichnete man größere Fortschritte im Prozeß der Firmenregenerierung und -restrukturierung. Im Gegenteil, es verschlechterte sich allmählich die finanzielle Situation eines Großteils der Industrieunternehmen.

Tabelle 2:

Entwicklung der Industrieproduktion in ausgewählten Branchen
(1989–1993 in konstanten Preisen; 1989 = 100)*

Branche	1990	1991	1992	1993
Energiegewinnung	97	94	91	86
Brennstoffindustrie	92	89	78	73
Metallurgie	98	73	59	55
Maschinenbau und Elektrotechnik	97	68	50	45
Chemie und Gummiindustrie	93	72	69	65
Holzindustrie	98	74	66	59
Glas, Keramik, Porzellan	100	73	73	67
Textilien, Kleider, Leder	99	64	55	49
Lebensmittelindustrie	97	80	75	71

* Im Jahr 1991 Unternehmen mit 100 und mehr Beschäftigten, seit 1992 Unternehmen mit 25 und mehr Beschäftigten
Quelle: Statistisches Jahrbuch der Tschechischen Republik; CSU – Aktualitäten 1993 – Dezember (2. Teil) und eigene Berechnungen

Im Sektor der **Dienstleistungen** war die Entwicklung sehr differenziert. Vereinfacht kann man jedoch sagen, daß der Rückgang in diesem Bereich wesentlich geringer war als in Industrie, Landwirtschaft und im Bauwesen. Mit Ausnahme des Verkehrswesens und einiger kleiner Dienstleistungsbereiche kam es in den meisten Branchen dieses Sektors zu einem Leistungswachstum, vor allem im Finanz- und Versicherungswesen, im Tourismus, im Bereich der Software und im Handel.

Während noch 1989 im **Privatsektor** kein einziges Prozent des Bruttoinlandsproduktes erwirtschaftet wurde, waren es Ende 1993 schon mehr als 50 %. Es fand also eine radikale Eigentumstransformation der Struktur des Nationaleigentums statt, deren Geschwindigkeit vor allem durch die Verwendung der neuen Kouponmethode vorgegeben wurde. Wie jedoch die bisherigen Erfahrungen zeigen, muß eine formelle Änderung der Eigentumsrechte noch nicht die Entstehung authentischer, engagierter Eigentümer bedeuten.

Eine restriktive **Fiskalpolitik** trug in der CR (bzw. in der ehemaligen CSFR) zur Erhaltung des makroökonomischen Gleichgewichts bei, einschließlich eines relativ niedrigen Ausmaßes der Staatsverschuldung. Ende 1993 erreichte ihre Höhe mit rund 160 Mrd. CZK rund 17 % des erwirtschafteten BIP. Es handelt sich um eine der niedrigsten Verschuldungen in ganz Europa.

Gemeinsam mit der Preisliberalisierung war die Liberalisierung des **Außenhandels** und die damit zusammenhängende Einführung der inneren Konvertibilität der Krone die radikalste und riskanteste Maßnahme der Wirtschaftsreform. Die Entwicklung in den Jahren 1991–1993 bewies eine bedeutende Fähigkeit der tschechischen (bzw. bis 1992 tschechoslowakischen) Wirtschaft, sich auch den veränderten Bedingungen der äußeren Umwelt, z. B. dem Zusammenbruch der Ostmärkte und dem Zerfall der Föderation anzupassen. Die Auslandsverschuldung der Föderation blieb bis Ende 1992 praktisch unverändert auf dem Niveau von 9,5 Mrd. US $ (d. h. 26 % des BIP, deutlich weniger als in Ungarn und Polen). Im ersten Jahr der Selbständigkeit stieg die Auslandsbruttoverschuldung der CR um ca. ein Viertel. Dieser Zuwachs war jedoch gleichzeitig niedriger als der Zuwachs der Devisenreserven. Das Ergebnis der Handelsbilanz im Jahre 1991 (nach ihrem Abschluß gab es Aktiva in Höhe von ca. 1 Mrd. US $) und vor allem die Zahlungsbilanz waren günstiger als man erwartete. Das laufende Konto der Zahlungsbilanz in den konvertiblen Währungen registrierte einen Überschuß in Höhe von ca. 350 Mio. US $ und in den nicht konvertiblen Währungen von ca. 590 Mio. US $. Es gelang, die geringeren Handelsbilanzdefizite aus den Jahren 1992 und 1993 im Rahmen des laufenden Kontos der Zahlungsbilanz durch Überschüsse der Dienstleistungs- und Transferbilanzen auszugleichen.

Ein ernstzunehmendes Problem der ökonomischen Außenbeziehungen im bisherigen Verlauf der Transformation liegt unserer Meinung nach in einer ungünstigen Entwicklung der **Warenstruktur**, wobei der Anteil der Maschinen, Verkehrsmittel und anderer fertigen»non food products« am Gesamtexport von ca. 54 % im Jahre 1989 auf ca. 40 % im Jahre 1993 sank. Der Anteil der Brennstoffe und Halbfertigwaren nahm von ca. 39 % im Jahre 1989 auf ca. 53 % im Jahre 1993 zu. Nach dem Zusammenbruch der ehemaligen RGW-Märkte gelang es zwar, einen großen Exportteil auf dem anspruchsvollen Westmarkt unterzubringen, angesichts der technologischen Rückständigkeit der verarbeitenden Industrie beinhaltete jedoch dieser Export einen relativ niedrigen Mehrwertanteil.

Der Zufluß der **direkten Auslandsinvestitionen** in die Tschechische Republik war bis heute nicht sehr stark und blieb z. B. hinter Ungarn zurück. 1994 kam es sogar noch zu seiner Verlangsamung, nur Auslandskredite und Portfolioinvestitionen erhöhten sich.

Seit Beginn der Wirtschaftstransformation im Dezember 1990 stiegen die **Verbraucherpreise** bis Ende März 1994 um 106,4 %, am schnellsten bei den Dienstleistungen (146,9 %), gefolgt von den Preisen für Industriewaren (119,6 %) und den Preisen in der Gastronomie (109,6 %). Auffällig langsam erhöhten sich dagegen die Preise von Lebensmitteln um nur 68,8 %. Es ist offenkundig, daß der bestimmende Faktor für die Preisentwicklung die **Abwertung** im Herbst 1990 um ca. 80 % war. Ein weiterer bedeutender Faktor waren manche Preisverschiebungen der bisher regulierten Preise vor allem im Bereich der Dienstleistungen und die Einführung eines neuen Steuersystems (der Übergang zur Mehrwertsteuer) inklusive des Beitragssystems zur Sozialversicherung seit 1. 1. 1993. Das restliche Wachstum war dann nur mehr ein Ergebnis eines normalen Wachstums der liberalisierten Preise.

Einer der wichtigsten komparativen Vorteile der tschechischen Wirtschaft in der Transformationsperiode bleibt **ein niedriges Lohnniveau** im Vergleich mit den hochentwickelten Ländern, aber auch im Vergleich mit Ungarn und Polen. Der durchschnittliche Nominallohn in der Volkswirtschaft war im Jahr 1993 gegenüber 1989 um 86 % höher, real war er aber immer noch um ca. 20 % niedriger als 1989. In Dollar ausgedrückt kam es in den letzten drei Jahren angesichts des stabilen Kurses der CZK zur Aufwertung der Durchschnittslöhne. Doch im Vergleich mit den hochentwickelten westeuropäischen Ländern sind sie um das ca. Zehnfache niedriger. Lohn- und andere Personalkosten machen nur 13 % der gesamten Produktionskosten aus. In diesem Zusammenhang ist die Tatsache wichtig, daß der offizielle Kurs der CZK gegenüber freien Währungen sich stets bedeutend von dem an der Kaufkraftparität gemessenen Kurs unterscheidet. Laut verschiedener Quellen bewegt sich der gegenwärtige ERDI (Exchange Rate Deviation Index) im Intervall zwei bis drei.

Der Kapitalmarkt in der Tschechischen Republik befindet sich noch am Anfang seiner Geschichte. Seit der Herausgabe der Aktien aus der ersten Welle der Kouponprivatisierung Ende 1992 wird auf der Prager Börse mit einigen Hunderten Emissionen der privatisierten Betriebe gehandelt. Doch leidet der tschechische Kapitalmarkt unter vielen Kinderkrankheiten, vor allem besteht ein großer Mangel an langfristig freiem Kapital. Auch gibt es nur ungenügend öffentlich zugängliche Informationen über die am Markt

Beteiligten, und zahlreiche technische und legislative Hindernisse stehen einer reibungslosen Geschäftsabwicklung im Wege.

1.2 Soziale Grunddaten

Im Jahre 1989 waren in der Volkswirtschaft der CR ca. 5,4 Mio. Personen beschäftigt, d. h. rund 52 % der gesamten Bevölkerung und mehr als 90 % der Bevölkerung im erwerbsfähigen Alter. Bis Ende 1993 sank die Anzahl der Beschäftigten um ca. 660 000 Personen. Aus der Sicht der formalen **Berufsqualifizierung** ist die Schulausbildung und der Anteil der Absolventen verschiedener Lehrgänge auf gutem europäischen Niveau. Durch den Generationswechsel sind auf dem Arbeitsmarkt mehr und besser qualifizierte Jahrgänge junger Leute tätig.

Tabelle 3:

Qualifikationsstruktur der Beschäftigten
(Angaben in %)

	1989	1993
Beschäftigte insgesamt	100,0	100,0
davon mit der Ausbildung:		
– Hochschulen und Universitäten	8,2	10,7
– vollständige Schulausbildung mit Abitur	23,4	30,4
– Schulausbildung ohne Abitur und Lehrgänge	43,2	45,8
– Grundausbildung	25,2	13,1

Quelle: Tschechisches Amt für Statistik

Im Durchschnitt wurden im Jahre 1993 in der CR 160 000 **Arbeitslose** gezählt, was einer Durchschnittsrate von 3,1 % entspricht. Es kam zu einem Rückgang der Erwerbsbevölkerung wegen Pensionierung, und die Anzahl der Frauen im Haushalt stieg. Es gibt ein relevantes Ausmaß der nicht erfaßten Arbeitslosigkeit, und die Schattenwirtschaft wächst. Den Umfang der hier versteckten Beschäftigung schätzen einige Quellen auf mindestens 250 000 Personen.

Im Laufe der letzten drei Jahre verließen den Staats- und Genossenschaftssektor mehr als 2 Mio. Personen, doch nur ein sehr kleiner Teil wurde arbeitslos. Der **Arbeitsmarkt** in der CR weist – für die Verhältnisse einer sich transformierenden Wirtschaft – eine beträchtliche Anpassungsfähigkeit auf. Das gilt für die Nachfrage genauso wie für das Angebot. Dies ist bedingt einerseits durch einen ziemlich großen Spielraum für die Entwicklung der Privatunternehmen, andererseits durch eine gewisse Universalität der Arbeitskraft, die offensichtlich zu kreativen, anpassungsfähigen Reaktionen auf die veränderten Bedingungen fähig ist.

In der nächsten Zukunft ist allerdings ein beachtlicher Anstieg der Spannungen auf dem Arbeitsmarkt zu erwarten, was mit der fortschreitenden Privatisierung und der allmählichen Beschleunigung des Prozesses einer realen Restrukturierung besonders in der Industrie zusammenhängt. Es wird erwartet, daß im Jahre 1994 die Arbeitslosenrate auf ca. 5 % steigt und Ende 1995 wahrscheinlich ca. 7–8 % erreicht. Die Arbeitslosigkeit in der CR liegt bei einer relativ niedrigen Inflationsrate (im Vergleich mit anderen sich transformierenden Wirtschaften) zur Zeit sogar unter europäischem Durchschnittsniveau.

Tabelle 4:

Entwicklung der Arbeitslosigkeit in der CR 1990–1994

Monat	Arbeits-losen-zahl	Arbeits-losen-rate (in %)	Arbeits-losenrate bei Frauen (in %)	Arbeitslose mit Arbeits-losengeld (in %)	freie Arbeits-stellen	Arbeits-lose pro Arbeits-stelle
12/1990	39 379	0,73	0,76	–	–	–
12/1991	221 749	4,13	4,81	74	48 402	4,6
12/1992	134 788	2,57	3,00	76	79 422	1,7
12/1993	185 216	3,52	4,10	50	53 938	3,4
3/1994	184 466	3,50	4,02	50	66 310	2,8

Quelle: Ministerium für Arbeit und Soziales, CR

An der Gesamtzahl der durch die Arbeitsämter im Jahre 1993 erfaßten Bewerber waren in einem bedeutenden Ausmaß junge Leute bis 29 Jahre beteiligt. Ihre Anzahl ebenso wie ihr Anteil an der Gesamtzahl der Arbeitslosen stieg im Laufe des Jahres von 44,6 % auf 45,9 % an. Die Arbeitslosenrate dieser Gruppe war überdurchschnittlich und erreichte Ende 1994 6,1 %.

Ein Dauerproblem bleibt die Arbeitsvermittlung der Bewerber ohne Ausbildung oder nur mit einer Grundausbildung, die sich auf einen Anteil von 37,5 % an der Gesamtanzahl der Arbeitslosen beläuft. Ein weiterer negativer Faktor war das Wachstum der Anzahl der Bewerber, die schon länger als zwölf Monate arbeitslos waren: Im Laufe des Jahres 1993 stieg ihre Anzahl um 18,6 %. In dieser Gruppe überwiegen Bewerber ohne jegliche Qualifikation, Bewerber mit Behinderung und Frauen mit kleinen Kindern.

Ein weiteres ernstes Problem der tschechischen Arbeitslosigkeit ist ihr **Regionalaspekt**. Die nach 1990 erfolgte Wirtschaftsentwicklung konzentriert sich im Grunde nur auf größere Städte. Es gibt aber weite Gebiete, die aus der Vergangenheit einseitig profiliert und an monokulturelle Kapazitäten gebunden sind, wie z. B. Elektrotechnik in der Walachei, Kohlenbergbau bei Ostrava und Zacler sowie Metallurgie in Ostrava. Auch befinden sich Gebiete mit überwiegender Landwirtschaft und einer schwachen Industriestruktur in einer sehr schwierigen Arbeitsmarktsituation. Auf diese Weise entstehen tendenziell deindustrialisierte Gebiete mit einer geringen Wirtschaftsaktivität, die für das Kapital nur von minimalem Interesse sind, da eine kauffähige Nachfrage fehlt.

Im Jahre 1989 war die offiziell anerkannte **Grenze des Lebensminimums** für eine vierköpfige Familie mit zwei Kindern im Alter von zehn bis fünfzehn Jahren auf eine Höhe von 3 700 CSK monatlich festgesetzt, was damals 44 % des Durchschnittseinkommens einer Arbeitnehmerfamilie entsprach. Im Juli 1990 wurde diese Summe durch die Einführung der Kompensierungen nach der Aufhebung der Dotationen in Lebensmittelverbraucherpreisen (der sogenannte Staatsausgleichsbeitrag) auf 4 360 CSK (45 % des Durchschnitts) erhöht. Das Lebensminimumsgesetz hat für diesen Typus der Familie am Ende des Jahres 1991 5 400 CSK monatlich (48 % des Durchschnitts) festgesetzt. Diese Summe wurde im März 1993 auf 6 320 CZK erhöht, und im Februar 1994 hat sie sich auf 7 060 CZK eingependelt. Zur Zeit deckt diese Summe weniger als 40 % des Durchschnittseinkommens eines Arbeitnehmerhaushalts. Die Tschechische Republik hat sich in Europa unter die Länder mit einem relativ niedrigen Niveau des offiziellen Lebensminimums eingereiht.

Die Erhebungsstatistiken der Bezirksamts-Sozialreferate ermöglichen es nicht, die Anzahl der Haushalte festzustellen, denen Hilfe geleistet wird, weil sie sich unter dem Lebensminimum befinden. Daher sind wir bei der Feststellung des Anteils der als »arm« definierten Bevölkerung auf Modellrechnungen angewiesen. Danach befinden sich derzeit unter der offiziellen **Armutsgrenze** nur ca. 2–3 % der Haushalte, davon 5 % aller Familien mit Kindern. Ein Einkommen, das nur um maximal 20 % diese Grenze überschreitet, hatten weitere 9 % der Familien mit Kindern. Wenn man die reale Kaufkraft aus dem Jahr 1989 zugrunde legt, befinden sich also 14 % aller Familien mit Kindern unter dem Lebensminimum. Ein bedeutender Teil der Rentner (mehr als 25 %) hat ein Einkommen, welches maximal um nur 10 % höher ist als die jetzige Minimalrente. Insgesamt also liegen nach den

Kriterien von 1989 unter der offiziellen Armutsgrenze 500 000 Haushalte, d. h. mehr als jede achte Person.

Das gesamte finanzielle **Einkommen** der Bevölkerung entwickelte sich in den letzten vier Jahren abhängig von dem realen Rückgang der Wirtschaftsaktivität, besonders aber von der schnellen Inflationsbewegung und von einigen Änderungen im Bereich der sozialen Transfers für die Bevölkerung.

Tabelle 5:

Finanzielles Einkommen der Bevölkerung und Transfers

	1989	1990	1991	1992	1993
Gesamtes finanzielles Einkommen der Bevölkerung (in Mrd. CZK)	330,2	357,8	421,2	495,6	632,1
Transfers (in Mrd. CZK)*	65,3	76,5	101,8	105,7	118,0
Anteil der Transfers am Gesamteinkommen (in %)	19,8	21,4	24,2	21,3	18,7
jährliche Durchschnittsinflation (in %)	1,5	9,6	56,6	11,1	20,8
reales finanzielles Einkommen der Bevölkerung (1989 = 100)	100,0	98,9	74,3	78,7	83,1
reale Transfers zur Bevölkerung (1989 = 100)	100,0	106,9	90,8	84,9	78,4
BIP in laufenden Preisen (in Mrd. CZK)	524,5	567,3	716,6	803,3	923,1
Anteil der Transfers am BIP (in %)	12,4	13,5	14,2	13,2	12,8

* Einkommen der Bevölkerung aus der Sozialversicherung, 1990–1993 plus Staatsausgleichsbeitrag
Quellen: Statistisches Jahrbuch der CR 1993, Praha CSU, 1993; CSU Bulletin – Dezember 1993, Prag März 1994; CSU – aktuelle statistische Informationen, Schätzung des BIP – Bildung und Verwendung, 4. Quartal 1993, Prag März 1994

Während die Durchschnittsanzahl der ausgezahlten **Alterspensionen** nur gering anstieg (von 1 713 000 auf ca. 1 766 000, d. h. um rund 3,1 %), erhöhte sich die ausgezahlte durchschnittliche Alterspension in der gleichen Zeit um mehr als 70 % nominal, doch real sank ihr Wert um ca. 26 %. Die Position der Rentner, die kein anderes Einkommen haben, verschlechterte sich auch im Verhältnis zum durchschnittlichen Arbeitnehmereinkommen. Wenn im Jahre 1989 eine durchschnittliche Alterspension 53,5 % eines durchschnittlichen Bruttoeinkommens in der Volkswirtschaft betrug, waren es im Jahre 1993 nur noch 49 %.

Durch Gesetz wird ein maximaler Umfang der **Wochenarbeitszeit** festgesetzt, welcher 42,5 Stunden beträgt (inklusive einer halbstündigen Pause pro Tag). Die Arbeitgeber haben die Möglichkeit, diese obere Grenze zu unterschreiten. Dies geschieht aus technologischen Gründen in Mehrschicht-

Betrieben, aber heute sehr oft auch in Dienstleistungsbranchen (z. B. im Finanzwesen), wo die Wochenarbeitszeit bei 40 Stunden liegt. Die tatsächliche Länge der Arbeitswoche pro Arbeiter in der Industrie wurde in den letzten Jahren herabgesetzt. Unserer Schätzung nach erreichte sie 1993 ca. 39,5 Stunden und war damit um rund 5 % kürzer als im Jahre 1989.

Laut der zur Zeit gültigen Fassung des Arbeitsgesetzbuches beträgt der maximale Umfang der Überstundenarbeit 150 Stunden jährlich. Nach einem zwischen den Gewerkschaften und dem Ministerium für Arbeit und Soziales abgeschlossenen Abkommen ist es aber möglich, dieses Limit zu überschreiten. Gemäß einer selektiven, im Herbst 1993 durch das CSU durchgeführten Untersuchung belief sich die Durchschnittsanzahl der Überstunden auf 2,2 Stunden (d. h. rund 5 %) der gewöhnlichen Länge einer Arbeitswoche.

Die gesetzliche **Urlaubslänge** wurde abhängig von der Anzahl der Dienstjahre auf drei bis vier Wochen (bis fünfzehn Dienstjahre drei Wochen) festgelegt. Nach der letzten Novelle des Arbeitsgesetzbuches vom April 1994 kann der Arbeitgeber diesen Anspruch verlängern. Gegenwärtig geschieht das meistens um eine Woche. Im Jahre 1989 gab es zehn bezahlte Feiertage, was sich bis heute nicht geändert hat.

Die **Altersgrenze** für die Pensionierung ist bei Männern auf 60 Jahre und bei den Frauen auf 57 Jahre festgesetzt. Bei Frauen, die Kinder erzogen haben, sinkt nach der Kinderanzahl die Altersgrenze bei einem Kind auf 56 Jahre, bei zwei Kindern auf 55 Jahre und bei drei und mehr Kindern auf 54 Jahre. Zur Zeit bereitet die Regierung einen Vorschlag zur Gesetzesnovellierung vor, in dem eine allmähliche Verlängerung der Altersgrenze für die Pensionierung bei Männern bis auf 62 Jahre und bei Frauen auf 61 Jahre vorgesehen ist.

1.3 Arbeitsbeziehungen und Gewerkschaften

1.3.1 Gewerkschaften

Die Erneuerung der demokratischen Gewerkschaften in der Tschechischen Republik nahm ihren Anfang im Jahre 1989. Schon im Januar dieses Jahres konnte man auf den Sitzungen der **Revolutionären Gewerkschaftsbewegung (ROH)** Kritik an dem damaligen Regime besonders im Zusammenhang mit den brutalen Eingriffen gegen Demonstrationen hören. Nach der Studentendemonstration im November 1989 gründeten die Gewerkschafter Streikkomitees, aus denen dann schnell der Verband der Streikkomitees der

Industriebetriebe gebildet wurde. Dieser organisierte größtenteils gemäß dem Aufruf des Bürgerforums den Generalstreik am 27. November 1989. Im Januar 1990 entstand ein gemeinsames tschechisches und slowakisches **Koordinationszentrum der Gewerkschaften (KOC)**. Aus den Grundorganisationen wurde das Aktionskomitee der Revolutionären Gewerkschaftsbewegung verdrängt, welches sich um die Erhaltung der Struktur der ehemaligen kommunistischen Gewerkschaften bemühte. Im März 1990 fand der außerordentliche Allparteien- und Allgewerkschaftstag der tschechoslowakischen Gewerkschaftsverbände statt, der formal die Tätigkeit der kommunistischen Gewerkschaftszentrale der Revolutionären Gewerkschaftsbewegung abschloß und ein neues Spitzenorgan der Gewerkschaftsverbände unter dem Namen **Tschechoslowakische Konföderation der Gewerkschaftsverbände (CSKOS)** bildete. Ihre Tätigkeit wurde im November 1993 nach dem Zerfall der CSFR in die Tschechische und die Slowakische Republik beendet.

Im Rahmen der Tschechoslowakischen Kammer der Gewerkschaftsverbände entstand im April 1990 als Gegengewicht die **Konföderation der Gewerkschaftsverbände der Slowakischen Republik (KOZSR)** sowie die **Böhmisch-Mährische Kammer der Gewerkschaftsverbände (CMKOS)**, welche heute die größte Gewerkschaftszentrale in der Tschechischen Republik darstellt. Sie ist Mitglied des Internationalen Bundes Freier Gewerkschaften (IBFG) und auch in dessen Führungsgremien vertreten. CMKOS hat den Beobachterstatus im Europäischen Gewerkschaftsbund, ist Mitglied des tripartiten Organs des **Rates der wirtschaftlichen und sozialen Verständigung der Tschechischen Republik**. Diese Gewerkschaftskammer vereinigt ca. 3 500 000 Mitglieder, was nach einer nüchternen Abschätzung neunzig Prozent aller Gewerkschafter in der Tschechischen Republik sind.

Die CMKOS ist eine Konföderation von 38 Gewerkschaftsbünden. Zu den größten gehören der Gewerkschaftsbund Kovo (Metall) mit mehr als 820 000 Mitgliedern, der Böhmisch-Mährische Gewerkschaftsbund der Beschäftigten im Schulwesen mit 250 000 und der Gewerkschaftsbund der Beschäftigten im Handel mit mehr als 220 000 Mitgliedern. Die kleinsten Bünde haben sechshundert bis einige tausend Mitglieder.

Bis zum ersten Kongreß der CMKOS im April 1994 hatten alle Gewerkschaftsverbände bei Entscheidungen eine Stimme unabhängig von ihrer Größe. Danach lösten die Delegierten den Rat der CMKOS auf und bildeten einen Senat (»Parlament«), welcher heute ca. 150 Delegierte hat. Die Stimmenanzahl ist hier durch die Anzahl der Mitglieder jedes Bundes bestimmt.

Damit auch kleinere Bünde die Möglichkeit haben, sich an den Senatsentscheidungen zu beteiligen, besitzen alle Organisationen das Recht, in den Senat zumindest einen Delegierten zu entsenden.

Ein Teil der Organisationsstruktur sind **Regionalkammern der Gewerkschaftsverbände**, die von den regionalen Untergliederungen der Gewerkschaftsverbände und Grundorganisationen gebildet werden. Ihr Ziel ist es, im Rahmen einer bestimmten Region mit anderen Sozialpartnern zu verhandeln. Anfang des Jahres 1994 gab es fünfzehn solcher Territorialvereinigungen.

Zur Zeit ist in der Tschechischen Republik eine ganze Reihe von weiteren **selbständigen Gewerkschaftszentralen** und Organisationen tätig, die nicht der CMKOS angehören. Es handelt sich dabei um meist kleinere Berufs- oder Lokalorganisationen, wie z. B. die Föderation der Maschinisten, den Gewerkschaftsbund der Beschäftigten in Verlags- und Buchgeschäften in Böhmen und Mähren oder den Gewerkschaftsbund der Fahrer der öffentlichen Verkehrsmittel.

Die bedeutendste selbständige berufsständische Gewerkschaftszentrale ist die **Kunst- und Kulturkonföderation (KUK)**, in der sechzehn Gewerkschaftsverbände und Berufsvereinigungen integriert sind. Diese Zentrale ist Anfang des Jahres 1990 als Ausdruck der Unvereinbarkeit der »Interessen der Produktions- und Nicht-Produktionssphäre« entstanden. Im Jahre 1993 hatte sie ca. 73 000 Mitglieder. Die Kunst- und Kulturkonföderation ist Mitglied des Rates der wirtschaftlichen und sozialen Verständigung der Tschechischen Republik. In ihrer Gewerkschaftspolitik betont diese Zentrale gemäß interner Dokumente »mehr den Einsatz für legislative Normen und Systemmaßnahmen, die Raum und notwendige Finanzquellen für bestimmte Tätigkeiten (d. h. für Kunst und Kultur) sicherstellen, als für eine übertriebene soziale Sicherheit der Beschäftigten in dieser Sphäre«.

Die **Gewerkschaftsvereinigung von Böhmen, Mähren und Schlesien** wird für eine politische Alternative zu CMKOS und KUK gehalten. Sie entstand im November 1991. In ihrem Programm vom Dezember 1993 charakterisiert diese Vereinigung sich selbst dadurch, daß sie »im Unterschied zu CMKOS und KUK mit diesem asozialen, ökonomisch und moralisch diskreditierten System« (gemeint ist das gegenwärtige System in der Tschechischen Republik) nicht verbunden ist. Diese Gewerkschaftsvereinigung hat ihre Vertretung im Abgeordnetenhaus in der Fraktion der Kommunistischen Partei Böhmens und Mährens. In ihrer Auslandspolitik orientiert sie sich am Weltgewerkschaftsbund. Sie zählt ca. 115 000 Mitglieder. Diese Gewerkschaftsvereinigung strebt unter anderem die Durchsetzung gerechter und sozialverträglicher Privatisierungsbedingungen von Gemeindewohnungen, das Einbeziehen des Nationaleigentumsfonds zur Finanzierung der Sozial- und Krankenkassenversicherung und die Abhaltung eines Referendums zur Rentenversicherung der Bürger nach dem Jahre 2006 an.

Eine weitere politisch orientierte Zentrale ist die **Christliche Gewerkschaftskoalition (CR)**, welche den Schutz ihrer Mitglieder nach den Prinzipien der christlichen Soziallehre betreibt. Diese Organisation zählt etwa 7 000 Mitglieder. Sie ist Beobachter bei dem Weltverband der Arbeit (WVA) und kooperiert mit christlichen Gewerkschaften West- und Osteuropas.

Das umfangreiche **Vermögen** der kommunistischen Gewerkschaften wurde durch die Entscheidung des Allgewerkschaftskongresses im März 1990 auf die sogenannte Vermögens-, Verwaltungs- und Delimitationsunion der Gewerkschaftsverbände übertragen, der rechtliche Vermögensnachfolger der Revolutionären Gewerkschaftsbewegung (ROH). Sie stellte die Übertragung auf die einzelnen Nachfolgegewerkschaftsbünde sicher. Das Vermögen wurde nach dem Republikenprinzip geteilt, und die neueste Entwicklung führte zur Einigung der Gewerkschaftsverbände über eine Aktiengesellschaft, die ihr gemeinsames unbewegliches Vermögen verwaltet.

Der **Organisationsgrad** der alten kommunistischen Gewerkschaften der Revolutionären Gewerkschaftsbewegung vor November 1989 näherte sich 100 %. Nach 1989 kam es zu einem Rückgang der Quote. Ein Beispiel für den Mitgliederverlust (Pensionäre inbegriffen) ist die Entwicklung der Mitgliedsbasis der CMKOS. Im September 1991 hatte diese größte Zentrale 4 390 000 Mitglieder, zwei Jahre später nur noch 3 500 000. Laut wissenschaftlichen Untersuchungen waren Ende 1993 noch rund 54 % aller Arbeitnehmer gewerkschaftlich organisiert. Nach Angaben des tschechischen Meinungsforschungsinstituts Anfang April 1994 sind unter den ökonomisch aktiven Personen 53 % Gewerkschafter. Stärker organisiert sind Arbeiter (60 %), Arbeitnehmer in den Staatsbetrieben (67 %) und in Betrieben mit mehr als 500 Beschäftigten (80 %). In den Betrieben mit weniger als 500 Arbeitnehmern liegt die Mitgliedschaft in den Gewerkschaften dagegen bei 38 % und in den Privatbetrieben bei nur 22 %.

1.3.2 Arbeitsbeziehungen

Das Prinzip des **Runden Tisches** als Instrument zur Lösung der Arbeitskonflikte in der Tschechischen Republik hat sich nicht konsolidieren können. Es gibt jedoch eine Reihe von Diskussionszusammenhängen, und vor allem in den Regionen treffen sich die Gewerkschafter mit den Unternehmern und Vertretern der Staatsverwaltung.

Die Erneuerung der Demokratie und der demokratischen Gewerkschaften ist zwar mit dem erfolgreichen Generalstreik vom 27. November 1989 verbunden, seitdem ist der **Streik** jedoch eher eine Ausnahmeform der Konfliktlösung geworden. Ende 1990 und Anfang 1991 drohte ein Streik der Arbeitnehmer der Prager U-Bahn und der öffentlichen Verkehrsmittel. Weiter ist es zu einem Warnstreik im Busverkehr und zu zwei kurzen Streikaktionen im Eisenbahnverkehr gekommen. Die direkte Konfrontation mittels Streik wurde jedoch in der Regel durch Verhandlungen und Kompromisse vermieden.

Die Verabschiedung des Gesetzes über **Kollektivverhandlungen** (Nr. 2/1991) hat eine neue Situation im Bereich der Arbeitsbeziehungen geschaffen. In den meisten Gewerkschaftsbünden entstanden professionelle Teams, welche sich mit der Vorbereitung der Kollektivverträge und der Unterstützung der Kollektivverhandlungen befaßten. Die Kollektivverhandlung ist ein wichtiger Faktor auch bei der Privatisierung, weil sie die Grundrechte, Ansprüche und Anforderungen der Arbeitnehmer sicherstellt. Es handelt sich vor allem um Themen wie die Stellung der Gewerkschaftsorganisation gegenüber dem Arbeitgeber, materielle Bedingungen für ihre Tätigkeit, Schutz der Gewerkschaftsfunktionäre, Arbeitszeitregelungen, Urlaubslänge, Arbeitsbedingungen im Ausland, Arbeitssicherheit, Bildung des Sozialfonds, Stellung der Lehrlinge, Frauen und Arbeitnehmer mit einer niedrigen Arbeitsaktivität. Ein Problem sind die Branchenkollektivverträge und ihre Ausweitung auf andere Arbeitnehmer. Das Ministerium für Arbeit und Soziales kann zwar laut Gesetz einen Kollektivvertrag ausweiten, die Regierung nimmt jedoch zu diesen Branchenkollektivverträgen einen dauerhaft abweisenden Standpunkt ein.

Die entscheidende Veränderung gegenüber dem früheren System brachte die Verabschiedung des Gesetzes Nr. 1/1992 über Lohn, Belohnung für Arbeitseinsatz und Durchschnittsgehalt. Der Arbeitnehmer hat jetzt die Möglichkeit, den Lohn mittels **Individualvertrag** oder mit Hilfe von Kollektivverhandlungen zu vereinbaren. Wenn die Löhne nicht im Kollektivvertrag geregelt sind, ist der Arbeitgeber verpflichtet, den Arbeitnehmer in einen der zwölf Tarife einzuordnen und ihm so mindestens einen Lohn in Höhe des minimalen Lohntarifs sicherzustellen. Die minimalen Lohntarife werden jedoch so gering veranschlagt, daß sie heute nicht mehr den Arbeitnehmer schützen, sondern eher dem Arbeitgeber von Nutzen sind. Da die Regierung den Minimallohn und seine Tarife nicht in Relation zur Inflation regelt, ist sie offensichtlich an der Diskreditierung des Minimallohnsystems interessiert.

Eine der typischen Streitigkeiten der Gewerkschaften mit der Regierung ist die Frage der Lohnregulierung. Die Regierung hat in der ersten Hälfte des Jahres 1993 im Widerspruch zu dem Generalabkommen mit den Arbeitgebern und Gewerkschaften die Lohnregulierung beschlossen. Diese Lohnregulierung wird sehr oft durch Arbeitgeber mißbraucht, die Kollektivverträge und Kollektivverhandlungen ablehnen. Ein besonderes Problem ist die Entwicklung der Belohnung der staatlichen Arbeitnehmer und der Beschäftigten im öffentlichen Dienst. Obwohl bisherige Gesetzesnovellierungen eine vernünftigere Gehaltsdifferenzierung ermöglichen, gelang es nicht, die Senkung der Reallöhne bei vielen Arbeitnehmergruppen zu verhindern.

Der **Rat der wirtschaftlichen und sozialen Verständigung der Tschechischen Republik** entfaltete sich als ein freiwilliges Verhandlungs- und Initiativorgan der Regierung, Gewerkschaften und Arbeitgeber. Sein Hauptziel ist es, mit Hilfe von Dialog und direkter Kommunikation zwischen den sozialen Partnern den sozialen Frieden zu erhalten und zu festigen. Er besteht aus drei Delegationen mit je sieben Vertretern der Regierung, Arbeitgeber und Gewerkschaften. Im Rahmen der **tripartiten Verhandlung** auf dieser höchsten Ebene wurde bis jetzt jedes Jahr ein Generalabkommen unterzeichnet. Dieses wird jedoch von Jahr zu Jahr allgemeiner formuliert und durch die Regierung auch nicht voll eingehalten. Die Gewerkschaften versuchen, mit Abgeordnetenklubs zu verhandeln und an Besprechungen der Parlamentsausschüsse hinsichtlich von Gesetzesvorschlägen und deren Grundsätzen teilzunehmen. Ein Teil des Systems der tripartiten Verhandlung ist die Zusammenarbeit der gemeinsamen Fachleutegruppen. Diese Verhandlungen erleichtern das Zustandekommen eines Abkommens. Seit ihrer Gründung behandelte der Rat der wirtschaftlichen und sozialen Verständigung der Tschechischen Republik etwa 320 Gesetzesvorschläge, Bestimmungen, Informationen, Analysen, Anordnungen und Konzeptionen. Er konzentrierte sich dabei vor allem auf die Fortschritte der Wirtschaftsreform, die Schaffung des Arbeitsmarktes und auf das Wachstum der Lebenshaltungskosten und der Löhne.

Obwohl die Gewerkschaften von Anfang an das Bürgerforum und die neue demokratische Vollzugsgewalt unterstützten, kamen zwischen ihnen und den Föderationen sowie dann auch mit der tschechischen Regierung Spannungen auf. Im Jahre 1990 drohten die Gewerkschaften mit einem Generalstreik, falls es zu einem Vorschlag zu einem Versammlungsgesetz kommen sollte. Zu Konflikten mit der Regierung kam es auch bei deren Versuchen, das Gewerkschaftseigentum unter ihre eigene Kontrolle zu bringen und ein Streikgesetz durchzusetzen, das einen Streik praktisch unmöglich machte. Nach den Wahlen 1992, welche die Rechtskoalition eindeutig gewann, war die Erhaltung der tripartiten Verhandlung ein sehr wichtiger Faktor des sozialen Friedens. Die gegenwärtige tschechische Regierung besitzt die Tendenz, sich von dieser Einrichtung zu entfernen und sie letztlich zu verlassen. Bis jetzt hat sie diese Absicht nur deswegen nicht realisiert, weil Privatisierung und Wirtschaftstransformation noch nicht vollendet sind. Die Regierung würde die Gewerkschaftstätigkeit gerne auf Verhandlungen in den Betrieben beschränken.

Seit September 1990 wurden in einzelnen Regionen der Tschechischen Republik Beratungszentren der CMKOS-Gewerkschaften errichtet, die Rechtshilfe für Mitglieder bieten. Diese Zentren leisteten den Gewerkschaftern im Jahre 1993 in 27 000 Fällen **Rechtshilfe**; sie ist für die Mitglieder kostenlos.

Die Frage der **Partizipation** der Arbeitnehmer an den Entscheidungen in Betrieben wurde vor allem im Zusammenhang mit der Privatisierung thematisiert. Keinen Erfolg hatte die Gesetzesinitiative des damaligen Gewerkschaftsbundes der Arbeitnehmer im Dienstleistungsbereich und des Gewerkschaftsbundes der Arbeitnehmer im Handel, welche eine erweiterte Teilnahme der Arbeitnehmer an der sogenannten kleinen Privatisierung ermöglichen sollte. Bei der sogenannten großen Privatisierung konnten die Gewerkschaftsverbände zumindest bei einem Teil der Privatisierungsprojekte ihre Vorstellungen einbringen. Die Gewerkschaften stoßen dabei aber auf ein nur geringes Interesse seitens des Staatsapparats. Die in der CMKOS vereinigten Gewerkschaftsverbände unterstützen die Bildung von Betriebsräten nicht. (Diese Forderung wurde zuletzt von der Gewerkschaftsvereinigung von Böhmen, Mähren und Schlesien formuliert.) Die Interessenvertretung der Arbeitnehmer und ihre Partizipation an Entscheidungen findet deswegen überwiegend mittels Kollektivverhandlungen statt. Genausowenig wird eine im November 1991 festgelegte Möglichkeit genutzt, wonach das Handelsgesetzbuch den Aktiengesellschaften mit mehr als 50 Arbeitnehmern vorschreibt, ein Drittel des Aufsichtsrates mit von den Arbeitnehmern gewählten Vertretern zu besetzen. Das Gesetz legt jedoch nicht fest, wie diese Vertreter gewählt werden.

Die Arbeitsbeziehungen und die Stellung des »Faktors Arbeit« in der Tschechischen Republik hängen also vor allem von der Kraft der Gewerkschaften und ihrer Fähigkeit ab, sich bei Kollektivverhandlungen – vor allem in den Betrieben – und bei tripartiten Verhandlungen mit der Regierung und den

Arbeitgebervertretern durchzusetzen. Die Zukunft wird zeigen, ob ein solches System nicht zu anfällig ist und ob es nicht im Interesse des Arbeitnehmerschutzes und des sozialen Friedens wäre, dieses System um eine gesetzlich garantierte Teilnahme der Arbeitnehmer an betrieblichen und Unternehmensentscheidungen und um eine unabhängige Arbeitsinspektion zu ergänzen.

Literatur:

Fassmann, M./Fisera, I./Rusnok, J., 1994: Bohemia in the Year 2000 – Risks and Hopes (A Trade Unions View), in: Pohledy, Nr. 2/3

Hrdlicka, O., 1993: Zur Geschichte der Gewerkschaftsbewegung in Böhmen, Mähren und in der Slowakei, Friedrich-Ebert-Stiftung, Prag

Illner, M., 1993: Czech Republic – Transformation after 1989 and Beyond: Scenario of Change until the Year 2005. Institute of Sociology Academy of Sciences of the Czech Republic, Prague

Myant, M., 1993: Czech and Slovak Trade Unions, in: The Journal of Communist Studies, Nr. 4

Vlachova, K., 1994: Trade Unionist in the Period of the Post-Communist Transformation – viewed by the Czech Public, in: Pohledy, Nr. 2/3

2. Slowakische Republik

Vlado Spanik

2.1 Wirtschaftliche Entwicklung

Im Jahre 1989 begann in der Slowakei der Transformationsprozeß zu einer Marktwirtschaft. Die Slowakei startete mit einer niedrigen Inflationsrate, einer niedrigen Verschuldung, einer relativ gut entwickelten Infrastruktur und einem hohen Ausbildungsniveau der Beschäftigten (im landesweiten Durchschnitt höher als etwa in Ungarn). Hinzu kommt die gemeinsame Grenze mit Österreich, die zumindest auf die West-Slowakei positiv ausstrahlt. Allerdings erbte die Slowakei auch eine Industriestruktur, die diesen relativen Vorteilen entgegenwirkt, einen schwachen Bankensektor und ein ineffizientes Sozialsystem.

Tabelle 1:

Entwicklung des Bruttoinlandsprodukts in Mrd. SK (Festpreise)

	1989	1990	1991	1992	1993
in Mrd. SK	219,1	227,0	194,0	179,6	172,2
in %		96,5	85,5	92,5	95,9

Index: gleicher Zeitraum des Vorjahres = 100 %

Tabelle 2:

Einnahmen und Ausgaben des Staatshaushaltes in Mrd. SK, Inflationsrate

	1989	1990	1991	1992	1993
Einnahmen	91,4	95,3	115,3	115,6	150,3
Ausgaben	92,8	95,8	126,1	165,9	173,4
Inflationsrate in %	1,3	10,4	61,2	10,0	–

Index: gleicher Zeitraum des Vorjahres = 100 %
Quelle: SA SR (Statistisches Amt der SR), Wirtschaftsministerium der SR

Heute lassen sich folgende **ökonomische Problemfelder** ausweisen:

– hohe Inflationsrate (2–3 % monatlich),

– wachsendes Haushaltsdefizit,

– wachsende Arbeitslosigkeit,

– sehr niedriges Investitionsniveau im öffentlichen und Industriesektor,

– Defizit bei der Zahlungsbilanz und Anwachsen der Außenverschuldung,

– schwacher Privatsektor, u. a. bedingt durch einen Privatisierungsstopp in den Jahren 1992 und 1993,

– Zunahme der Insolvenzen.

Erfolge sind dagegen im Bereich der Exporte (trotz der Schwierigkeiten im Handel mit der Tschechischen Republik) zu verbuchen. Dies führte zu einem Anwachsen der Devisenreserven. Nach einer ersten Abwertung konnte auch der Kurs der Slowakischen Krone stabil gehalten werden. 1994 war erstmals ein Wachstum beim BIP zu verzeichnen. Deutliche **Wachstumsraten** zeitigte auch die Industrie- und Bauproduktion. Insgesamt erweist sich der Zustand der slowakischen Wirtschaft als besser als von vielen Experten bei der Teilung der Tschechoslowakei befürchtet.

Die **Außenhandelsbeziehungen** der Slowakei entwickelten sich bis 1992 innerhalb der damaligen Tschechoslowakei. Der slowakische Export machte 1992 ungefähr 29 % des Exportumfangs der ehemaligen CSFR aus.

Tabelle 3:

Entwicklung des Außenhandels (Mrd. CZK/SK)

Jahr	Umsatz	Import	Export	Saldo
1985	105,576	49,569	57,007	+ 7,438
1989	114,964	56,696	58,268	+ 1,572
1990[1]	113,290	61,258	52,032	– 9,226
1990[2]	186,136	100,647	85,489	–15,158
1991	196,425	104,439	91,986	–12,453
1992	217,600	108,310	109,300	+ 1,000
1993	361,100	193,900	167,200	–26,700

1 Gemäß der für das Jahr 1990 gültigen Methodik nach der CS-Staatsbank.
2 Seit dem 1. 1. 91 geht die statistische Auswertung des Außenhandelsumsatzes vom System der Zollstatistik aus, und ist daher nicht mit dem für die Zeit bis 1990 erhobenen Daten vergleichbar, da bis dahin mit einer anderen Methodik gearbeitet wurde. Der Anteil des Exports am gesamten BIP ist seit 1991 kontinuierlich zurückgegangen.

Die Slowakische Republik bemüht sich, ihren Handel in Richtung OECD-Staaten zu orientieren. Das **Spektrum des slowakischen Exports** beherrschen auch weiterhin Stahl- und Hüttenerzeugnisse, andere Metall- sowie Zement-, Holz- und Papierprodukte, Maschinen und Geräte, auf die zusammen etwa 60 % des Gesamtexports entfallen. Der **Import** setzt sich hauptsächlich aus Mineralbrennstoffen, Maschinen und Geräten zusammen.

Für das **Bankensystem** der Slowakei ist ein noch immer hoher Marktanteil der staatlichen Banken charakteristisch. Diese Dominanz wurde nur partiell mittels der Vergabe von Lizenzen verringert, die die Anzahl der Banken von zwei im Jahre 1990 auf 16 im Jahre 1993 ausweitete und dabei den Marktanteil der privaten Banken erhöhte. Der vorwiegende Teil des Aktiengeschäfts wird außerhalb des organisierten Marktes abgewickelt. Bei diesen Geschäften sind der Öffentlichkeit weder der Preis noch die Anzahl der gehandelten Aktien bekannt. Das ist mit ein Grund, warum der slowakische Aktienmarkt als wenig transparent und kaum liquide angesehen wird. An diesen Geschäften beteiligen sich in hohem Maße Kleinaktionäre, die durch die Kuponprivatisierung an ihre Aktien gelangten. Der organisierte Kapitalmarkt, repräsentiert durch die **Wertpapierbörse** und die Optionsbörse Bratislava, weist noch einen relativ geringen Geschäftsumfang auf. Ausgesprochen schwach entwickelnt sich auch das Wertpapiermanagement und die Bankenaufsicht. Auch das slowakische Konkursrecht ist zwar de jure in Kraft, wird aber bislang kaum angewendet.

Ende Dezember 1993 gab es in der Slowakei 5 361 Unternehmen mit ausländischer Beteiligung. **Ausländische Investoren** legten in der Slowakei 366,2 Mio. US $ an. Die meisten Investoren kommen aus **Österreich**, die zwischen 1990 und 1993 87 Mio. US $ in 1 141 Gesellschaften investierten. An zweiter Stelle stehen **deutsche** Investoren mit 77 Mio. US $ in 743 Unternehmen, dann die aus den **USA** mit 47 Mio. US $ in 161 Unternehmen und die aus der **Tschechischen Republik** mit 40 Mio. US $ in 666 Unternehmen. Wichtig ist die ungleiche regionale Verteilung des ausländischen Kapitals, wobei 56,0 % von Bratislava absorbiert werden, während die nachfolgenden Distrikte Poprad nur noch 9,6 %, Humenne 8,8 % und Nitra 5,5 % erhalten. Die Regionen mit der höchsten Arbeitslosigkeit zeigen auch die niedrigsten Werte bei der Investition ausländischen Kapitals.

2.2 Soziale Grunddaten

Das durchschnittliche **Ausbildungsniveau** der Arbeitskräfte ist vergleichsweise hoch. Das äußert sich im hohen Anteil von Fachmittelschulen mit technischer oder gewerblicher Ausrichtung. Allgemein gesehen ist die Qualität der Ausbildung und der fachlichen Vorbereitung relativ hoch. Zu den schwerwiegendsten Problemen gehört:

- Die Fachausbildung und Berufsvorbereitung beginnt zu früh und ist zu spezialisiert, so daß sich später ein Mangel an Flexibilität und Beweglichkeit bei der Arbeitsplatzsuche bemerkbar macht.

- Die unsichere finanzielle Lage der meisten Unternehmen führte zu einem Zusammenbruch der Unternehmensprogramme zur fachlichen Berufsvorbereitung von Lehrlingen.

Tabelle 4:

Ausbildungsniveau slowakischer Arbeitskräfte 1993
(Angaben in %)

Grundschule od. darunter	Lehre	Mittelschule	Hochschule
13,5	41,5	32,4	12,6

Quelle: SA SR

Da in der Slowakei viele **Arbeitslose** Arbeit auf andere Weise als über das Arbeitsamt suchen oder gar nicht dort registriert sind, führt dies zu einer Unterbewertung der wirklichen Arbeitslosenquote. Eine weitere wichtige Quelle für eine zu niedrige Schätzung der Arbeitslosenzahl ist die **versteckte Arbeitslosigkeit** in Form überschüssiger Arbeitskräfte in Unternehmen, die langsam die Zahl der Beschäftigten reduzieren, um sie der während der Umstrukturierung gedrosselten Produktion anzupassen.

Das Sinken der Beschäftigungsrate betrifft praktisch alle Bereiche. Besonders betroffen sind die Sektoren Landwirtschaft, Industrie und Bauwesen. Dagegen wuchs die Zahl der Beschäftigten im Dienstleistungsbereich und näherte sich der Zahl der in der Industrie und im Bauwesen Beschäftigten an. Die Hauptgründe für diese Entwicklung sind in der Konversion der Rüstungsindustrie zu suchen sowie in der Erhöhung der Einfuhrgebühren für die von den Rohstoffen und Materialien her anspruchsvollen Produkte.

Die Arbeitslosigkeit wurde erstmals Anfang 1990 sichtbar. Ende 1990 erreichte sie 300 000. Zum 28. 2. 1994 waren bei den Arbeitsämtern 376 030

Beschäftigungsanwärter registriert. **Arbeitslosenunterstützung**, die während der ersten drei Monate 60 % und der nächsten drei Monate 50 % des monatlichen Durchschnittseinkommens beträgt (die obere Grenze ist dem 1,5fachen Mindestlohn gleich), wurde ab Dezember 1990 ausgezahlt, wobei der Umfang bis Ende 1991 ständig zunahm, dann jedoch stark fiel.

Tabelle 5:
Anzahl der Arbeitslosen

Jahr	1989	1990	1991	1992	1993
in Tsd.	–	39,6	301,9	260,3	368,1
in %	–	1,6	11,8	10,4	14,4

Quelle: SA SR und Daten des MfASF SR (Ministerium für Arbeit, Soziales und Familie der SR)

Die am häufigsten vertretene **Altersgruppe** unter den Arbeitslosen wurde 1993 von den 18–24jährigen gebildet (31,3 % der Gesamtarbeitslosenzahl), gefolgt von der Altersgruppe 30–39 Jahre (27,2 % der Gesamtzahl).

In bezug auf die **Dauer der Arbeitslosigkeit** überwogen 1993 diejenigen, die weniger als ein Jahr arbeitslos waren. Ihr Anteil an der Gesamtquote betrug 68,3 %. Längerfristig Beschäftigungslose (länger als ein Jahr) hatten einen Anteil von 31,7 % an der Gesamtquote.

Regionale Unterschiede bei der Arbeitslosigkeit bewegen sich im Bereich zwischen 4 % und 24 % (Vergleich der Bezirke Bratislava – Hauptstadt und Rimavska Sobota – Südslowakei). Das Andauern größerer Unterschiede in der Arbeitslosenquote ist ein Symptom der mangelnden Mobilität von Arbeitskräften. Sie ist oftmals das Ergebnis eines unbeweglichen Wohnungsmarktes. Außerdem wird diese Immobilität auch von den regionalen Arbeitsämtern mitbewirkt, die nur über freie Stellen in der näheren Umgebung informieren.

Der **Sozialhaushalt** macht 37 % des Regierungsbudgets aus und damit etwa 25 % des BIP. Seit Januar 1993 sind Arbeitgeber und Arbeitnehmer verpflichtet, Beitragszahlungen in den neuen Versicherungsfonds für Rentenversorgung, Gesundheitsfürsorge, Krankenversicherung und Arbeitslosenunterstützung zu leisten. Zusammen betragen diese Aufwendungen 50 % des **Grundgehaltes**, wobei der Arbeitgeber 38 % und der Arbeitnehmer 12 % beizutragen hat. Die **Krankenversicherung** zahlt dem Arbeitnehmer während der ersten drei Tage seiner Arbeitsunfähigkeit 70 % des Lohnes, und 90 % im Falle einer länger andauernden Arbeitsunfähigkeit.

Das Krankentagegeld beträgt zur Zeit höchstens 180 SK (de facto 162 SK). 1990 betrug die durchschnittliche Anzahl von Tagen der Arbeitsunfähigkeit 20,0, bis 1992 war sie auf 23,7 Tage angestiegen.

Die soziale Lage in der Slowakei ist vor allem durch die seit 1990 drastisch **steigenden Lebenshaltungskosten** gekennzeichnet. Wenn wir uns der Untersuchung der **Preisentwicklung** zuwenden, stellen wir einen ständig steigenden Trend fest, der in zwei Preisschocks gipfelte. Ursächlich für den ersten war vor allem die Preisfreigabe Anfang 1991. Bis Ende 1990 waren 85 % der Preise staatlich reguliert, nach der Preisfreigabe im Januar 1991 betrug dieser Anteil 15 % und reduzierte sich bis Ende 1991 auf 6 %. Nach dieser plötzlichen Steigerung des Preisniveaus am Anfang des Umgestaltungsprozesses und der darauf folgenden, bis Ende 1992 andauernden Beruhigung der Preisentwicklung stellte sich der zweite Schock 1993, im Zusammenhang mit dem neuen Steuersystem, der 10%igen Abwertung der Slowakischen Krone, der Einführung von Importzöllen und einer Mehrwertsteuer ein. Allein im Januar 1993 stiegen die Preise um 8,9 %, im weiteren Verlauf des Jahres stabilisierte sich die durchschnittliche monatliche Steigerung auf 1–2 %.

Dabei muß auch bedacht werden, daß die Tschechoslowakische Krone noch 1990 um 50 % abgewertet worden war. Insgesamt hatte somit die Preissteigerung zur Folge, daß 100 CZK im Jahre 1989 nur noch 41,40 SK im Jahre 1993 wert waren.

Tabelle 6:

Lebenshaltungskosten und Verbraucherpreise
(Angaben in %)

Jahr	Lebenshaltungskosten	Verbraucherpreise
1989	100,00	100,00
1990	110,00	110,40
1991	173,36	178,30
1992	192,96	196,10
1993	252,30	259,00

Quelle: Eigene Berechnungen auf der Grundlage von Daten des SA SR und MfASF SR

1990 kam es zu einer Freigabe der Löhne. Gegenwärtig werden die Löhne in den meisten Unternehmen im Rahmen der Kollektivverhandlungen festgelegt. Außerdem gibt es vom Arbeitsministerium festgelegte Minimaltarife für die einzelnen Berufe und Ressorts sowie einen **Monatsmindestlohn** von zur Zeit 2 450 SK (75 US $). Grundsätzlich liegen die Reallöhne weiter-hin unter dem Niveau, auf dem sie vor dem Beginn des Transformationspro-zesses waren (um ca. 29 %), die Nominallöhne liegen ca. 80 % höher. Der Wert der menschlichen Arbeitskraft beträgt in etwa ein Zehntel des Wertes in OECD-Staaten und die Hälfte des in dieser Hinsicht »billigsten« europäi-schen OECD-Mitglieds, Griechenland. Die menschliche Arbeitskraft bildet im Hinblick auf ihr hohes Qualifizierungsniveau und ihren niedrigen Preis einen wesentlichen Wettbewerbsvorteil für die Slowakei.

Tabelle 7:

Löhne

Jahr	Löhne (%) Nominalindex	Löhne (%) Realindex	Löhne (SK) Entwicklg. der durchschn. Löhne
1989	100,00	100,00	3 161
1990	105,60	96,00	3 338
1991	123,60	71,29	3 906
1992	156,90	81,31	4 960
1993	179,70	71,22	5 680

Quelle: Eigene Berechnungen auf der Grundlage von Daten des SA SR und des MfASF SR

Die **Altersrente** erhöhte sich im Zeitraum seit 1989 von 1 432 SK auf 2 367 SK, d. h. um 65,5 Prozentpunkte. Das Wachstum der Renten blieb daher im Durchschnitt hinter dem der Arbeitslöhne zurück. Das Gesetz legt die Angleichung der Renten fest bei einer Steigerung der Lebenshaltungs-kosten seit der letzten Rentenerhöhung um über 10 % oder wenn sich der Durchschnittslohn um 5 % erhöht hat. Jedoch müssen seit der letzten Rentenerhöhung mindestens drei Monate vergangen sein.

Tabelle 8:

Durchschnittliche monatliche Rentenauszahlungen (in SK)*

	1989	1990	1991	1992	1993
Altersrente	1 432	1 550	1 884	2 058	2 367
Invalidenrente	1 310	1 413	1 705	1 940	2 247
Waisenrente	562	587	678	715	751

* ohne Erziehungsbeihilfen und erhöhte Beiträge für Behinderte
Quelle: MfASF SR 1992, SA SR 1993

Gegenwärtig erhalten 724 000 Personen **Altersrente**. Ein Anrecht auf Altersversorgung hat man nach 25 Arbeitsjahren und ab einem Alter von mindestens 55–60 Jahren bei Männern, je nach Art der Beschäftigung. Bei Frauen liegt das vorgeschriebene Alter zwischen 53 und 57 Jahren, je nach Anzahl der von ihnen erzogenen Kinder. Seit neuestem gibt es auch die Möglichkeit des außerordentlichen (frühzeitigen) Ruhestandes. Dem Arbeitnehmer dürfen dabei bis zum Erreichen des Rentenalters nicht mehr als zwei Jahre fehlen.

Für die Definition der **Armutsgrenze** wurde ein 35- bzw. 40prozentiger Satz des Durchschnittslohns angenommen. Diese Definition der Armut und der Armutsgrenze ermöglicht nur ungefähre Schätzungen angesichts der sich ausweitenden Armut. Trotzdem ist das Ausmaß der Veränderung in den letzten Jahren auch aufgrund dieser Definition zu ersehen:

Tabelle 9:

Geschätzter Anteil der unterhalb der Armutsgrenze lebenden Bevölkerung
(Angaben in % für 1989–1992)

Armutsgrenze/ Soziale Gruppe	1989	1990	1991	1992
35 % des Durchschnittslohns 1989				
– Haushalte	7,1	7,1	14,2	18,3
– Kinder	9,0	9,1	19,7	25,7
40 % des Durchschnittslohns 1989				
– Haushalte	8,5	8,9	28,2	30,2
– Kinder	10,9	11,2	35,6	41,3

Die **Arbeitszeit** beträgt höchstens 43 Wochenstunden (inklusive einer halbstündigen Mittagspause pro Tag). Arbeitnehmer unter 16 Jahren dürfen höchstens 33 Wochenstunden arbeiten. Jeder hat Anrecht auf drei Wochen Urlaub. Nach mindestens 15 Jahren Arbeitszeit stehen dem Beschäftigten vier Urlaubswochen zu. Es ist möglich, den Urlaubsanspruch kollektivvertraglich um eine Woche über den angegebenen Zeitraum hinaus zu verlängern. In mehrere Branchenkollektivverträge hat dies bereits Eingang gefunden.

2.3 Gewerkschaften und Arbeitsbeziehungen

2.3.1 Gewerkschaften

Die wichtigste Organisationseinheit slowakischer Gewerkschaften ist die **Grundorganisation** auf Betriebsebene. Sie organisiert die Gewerkschaftsmitglieder, handelt den Kollektivvertrag für das Unternehmen aus und vertritt die Beschäftigten gegenüber dem Arbeitgeber. Die Grundorganisationen, ausgestattet mit ähnlichen Mitbestimmungsrechten wie die Betriebsräte in Deutschland oder in Österreich, bilden somit das Rückgrat der slowakischen Gewerkschaftsbewegung. Sie erhalten 60 bis 80 % der Mitgliedsbeiträge (in der Regel 1 % des Nettolohnes).

Die Grundorganisationen sind nach **Branchen** gegliedert in 44 **Gewerkschaftsverbänden** organisiert. Diese bilden den Gegenpart zu den Arbeitgeberverbänden, formulieren eine eigenständige Verbandspolitik, verhandeln über den Branchenkollektivvertrag, kümmern sich um die gewerkschaftliche Bildungsarbeit usw. Sowohl die betrieblichen Grundorganisationen als auch die Gewerkschaftsverbände sind juristische Personen.

Die Gewerkschaftsverbände sind in der **Konföderation der Gewerkschaftsverbände der Slowakischen Republik** (KOZ SR) vereinigt. Die KOZ SR bemüht sich, eine unabhängige Gewerkschaftspolitik gegenüber staatlichen Organen, der kommunalen Selbstverwaltung, Arbeitgebern, politischen Parteien und Bewegungen sowie anderen politischen und gesellschaftlichen Institutionen zu betreiben. Außerdem vertritt sie die Gewerkschaftsverbände in den internationalen gewerkschaftlichen Organisationen (im IBFG und EGB – in dem sie einen Beobachterstatus innehat).

Das höchste Organ der KOZ SR ist der alle vier Jahre stattfindende **Kongreß**. Auf diesem Kongreß wird der fünfzehnköpfige Vorstand der KOZ SR gewählt sowie der Präsident und vier Vizepräsidenten. In der Zeit zwischen den Kongressen ist das höchste Organ die **KOZ-Versammlung**, in der alle Gewerkschaftsverbände, meist durch den jeweiligen Vorsitzenden, vertreten sind. Jeder Gewerkschaftsverband hat bei Abstimmungen in der KOZ-Versammlung eine Stimme, unabhängig von der Zahl seiner Mitglieder.

Im Jahre 1991 begann in den Regionen die spontane Bildung der Assoziationen der gewerkschaftlichen Grundorganisationen aus unterschiedlichen Industriesektoren, die sich nach und nach in die **Regionalen Gewerkschaftsvereinigungen (ROZ)** verwandelten. Diese Regionalstrukturen können nicht in die Kompetenzen der Gewerkschaftsverbände eingreifen. Gemäß den Statuten der KOZ SR sind sie aber Bestandteil derselben. In der

Delegiertenversammlung der ROZ werden drei Sprecher gewählt, die an der KOZ-Versammlung mit beratender Stimme teilnehmen. Die gegenwärtig existierenden 32 ROZ haben eigene Statuten, die sich an den Musterstatuten des Dachverbandes orientieren.

Abgesehen davon suchen einzelne Branchenorganisationen als Reaktion auf die voranschreitende Privatisierung bei Klein- und Mittelbetrieben nach Möglichkeiten, **individuelle Interessenten** an einer Mitgliedschaft durch die Bildung von sogenannten örtlichen Gewerkschaftsorganisationen an sich zu binden. Deren Tätigkeitsfeld liegt außerhalb der Betriebe in den Kommunen. Bisher sind diese Versuche aber nur in wenigen Fällen erfolgreich.

Die genaue **Mitgliederstruktur** der Gewerkschaften ist nicht bekannt. Diesbezüglich ist das Informationsnetz der KOZ SR noch im Aufbau. Etwas mehr Informationen gibt es über den **Organisationsgrad**. Dieser wird mit durchschnittlich 70 % angegeben, wobei er in Großunternehmen der klassischen Industriesektoren (Metall, Chemie etc.) noch über 80 % beträgt. Demgegenüber sind die im Zuge der Transformation neu entstehenden, privaten und überwiegend kleineren Unternehmen kaum gewerkschaftlich organisiert. Laut Gesetz besteht die Möglichkeit, sich innerhalb eines Unternehmens in mehreren Gewerkschaften zu organisieren. Dieses Gesetz regelt die Beziehungen der einzelnen gewerkschaftlichen Organisationen untereinander und ihr Verhältnis zum Arbeitgeber ebenso wie den Verhandlungsmodus von Kollektivverträgen auf Unternehmensbasis.

Auf Dachverbandsebene gibt es in der Slowakei, formal gesehen, zwar einen **Pluralismus**, doch bei starker Dominanz eines Dachverbandes. Daher ist es möglich, von einer tendenziell einheitlichen Gewerkschaftsbewegung zu sprechen.

Mit Abstand die größte Organisation ist die KOZ SR, die mehr als 1,5 Millionen Gewerkschaftsmitglieder in 44 Verbänden hat (Metall: 229 000, Bau: 97 000, Gesundheitswesen: 137 000, Erziehung und Wissenschaft: 190 000 Mitglieder) und ungefähr 10 000 Grundorganisationen vereinigt.

Die **Konföderation für Kunst und Kultur (KUK)** vereinigt einen Teil der in diesem Bereich Beschäftigten. Sie arbeitet eng mit der KOZ SR zusammen und ist auch in der Tripartität vertreten. Die Mitgliederzahl bewegt sich zwischen 2 000 und 6 000.

Seit dem ersten Halbjahr 1994 sind auch die **Unabhängigen Christlichen Gewerkschaften der Slowakei (NKOS)** zunehmend in der Öffentlichkeit aktiv. Sie zählen etwa 3000 Mitglieder, vor allem Eisenbahner und Lehrer. Einige von ihnen haben jedoch eine doppelte Gewerkschaftsmitgliedschaft.

Auf der außerordentlichen Gewerkschaftskonferenz am 2. 3. 1990 in Prag wurde aufgrund der Forderungen der Mitgliederbasis der alten **Revolutionären Gewerkschaftsbewegung (ROH)** eine Resolution über die Auflösung aller Organe der ROH verabschiedet und alle ihre Befugnisse auf die nachfolgenden neuen Gewerkschaftsorganisationen übertragen.

Auch die Frage der **Vermögensverteilung** wurde auf der Konferenz gelöst. Die Konferenz überführte

– das Vermögen, über das der Betriebsausschuß der ROH verfügungsberechtigt war, in das Eigentum der Grundorganisationen;

– das Vermögen, über das die Gewerkschaftsverbände der ROH verfügungsberechtigt waren, auf die Nachfolgeorganisationen;

– das in den vorangegangenen Punkten nicht aufgeführte Vermögen der ROH auf die **Vermögens-, Rechts- und Delimitationsunion der Gewerkschaftsverbände.** Dieses Vermögen wurde entsprechend der Mitgliederzahl zum 31. 12. 1989 unter den einzelnen Gewerkschaftsverbänden aufgeteilt.

Es wurde als wichtig erachtet, **das gewerkschaftliche Gesamtvermögen** unangetastet zu lassen. Aufgeteilt wurde nur das Finanzvermögen. Die bewegliche und unbewegliche Habe verblieb unter der Verwaltung der Vermögensunion, und den einzelnen Gewerkschaftsverbänden wurde Stimmrecht entsprechend ihrem Vermögensanteil zugesichert.

Nach der Entstehung der Böhmisch-Mährischen Kammer der Gewerkschaftsverbände und der KOZ SR kam es zur Aufteilung dieses Vermögens nach dem Territorialprinzip und zur Gründung von zwei Vermögensunionen, einer für die Tschechische und einer für die Slowakische Republik. Das Vermögen unter slowakischer Verwaltung mußte daraufhin noch im Hinblick auf das neue Handelsgesetz umdisponiert werden. Den jeweiligen Tätigkeitsfeldern entsprechende Handelsgesellschaften wurden gegründet.*

Diese Gesellschaften sind im **Einheitlichen Vermögensfonds**, einer Interessengemeinschaft aller Gewerkschaftsverbände, vereinigt. Jedes Mitglied

---

* Die Gesellschaft zur Verwaltung von Freizeitanlagen und Hotels – SOREA, der Verlag PRACA, die Tageszeitung PRACA, die Wochenzeitung ODBORARSKE SPEKTRUM, verschiedene gewerkschaftliche Kulturzentren und das Bildungsinstitut in Sladkovicovo.

hat Anrecht auf einen seiner Größe proportionalen Anteil am Vermögen und am Gewinn. Die KOZ SR und ihr höchstes Organ, die KOZ-Versammlung, haben jedoch keinen direkten Einfluß auf die Tätigkeit des Vermögensfonds und auf das von ihm verwaltete Vermögen. Da transparente Kontrollmechanismen nach wie vor fehlen, bleibt die Verwaltung des Gewerkschaftsvermögens ein nicht unerhebliches Problem. Immer wieder tauchen in diesem Zusammenhang Spekulationen über Korruption und unkorrekte Machenschaften auf.

Programmatisch bekennen sich die slowakischen Gewerkschaften zur Transformation der Wirtschaft in Richtung Marktwirtschaft. Gleichzeitig bestehen sie darauf, daß die sozialen Folgen dieser Prozesse nicht aus dem Auge verloren werden. Die Sicherung der Arbeitsplätze, ein aktiver Beitrag zur Entwicklung eines Arbeitsmarktes, der jedem Bürger die freie Wahl des Arbeitsplatzes, einen angemessenen Lohn und eine adäquate Lebensweise ermöglicht sowie ein wirksamer Arbeitsschutz haben daher für die slowakischen Gewerkschaften oberste Priorität. Ferner wird die Absicherung der **Tarifautonomie** gefordert, d. h. die Festlegung des Vertragsspielraums und die Stärkung der Bedeutung von Kollektivverhandlungen im neuen Arbeitskodex. Ebenso wird die Verabschiedung eines Statuts für staatliche und kommunale Angestellte sowie der bessere Schutz der Beschäftigten im privatwirtschaftlichen Bereich im Falle eines Konkurses angestrebt. Generell wollen sich die slowakischen Gewerkschaften für den Auf- und Ausbau eines staatlichen Systems der sozialen Sicherung einsetzen.

Im Verhältnis zum Staat und seinen Organen liegt die Priorität in folgenden Bereichen:

– Einfluß der KOZ auf den Inhalt gesetzgeberischer und normbildender Tätigkeit, die die Gewerkschaftsmitglieder und ihre Interessen betrifft;

– Mitbestimmungsrecht bei der Festlegung des Mindestlohns, des Existenzminimums und anderer Lebens- und Arbeitsbedingungen sowie das Recht, mit den staatlichen Organen über diese Fragen Verträge abzuschließen;

– Beteiligung an Entscheidungen über Strukturveränderungen in verschiedenen Bereichen des wirtschaftlichen und gesellschaftlichen Lebens.

Im Verhältnis zur regionalen staatlichen Verwaltung und der kommunalen Selbstverwaltung streben die slowakischen Gewerkschaften die Schaffung einer funktionsfähigen regionalen **Tripartität** sowie die Durchsetzung einer aktiven Beschäftigungspolitik und einer gleichmäßigen Wirtschafts- und Sozialentwicklung der Regionen an. Was die internen Strukturen betrifft, so sollen sich die Anstrengungen der slowakischen Gewerkschaften gemäß ihrem Programm auf den Erhalt und Ausbau der Mitgliederbasis konzentrieren. Die Ausarbeitung eines umfassenden Systems gewerkschaftlicher Bildungsarbeit soll zur Aufklärung über die Wichtigkeit der Gewerkschaftsmitgliedschaft beitragen. Weitere Ziele sind die Schaffung von Voraussetzungen für eine wirksame Gewerkschaftsarbeit in den Regionen sowie der Aufbau eines Informationssystems und eines Servicenetzes zur Unterstützung der Einzelgewerkschaften.

Die hier aufgeführten – z. T. ambitionierten – Zielsetzungen lassen sich jedoch nur teilweise in die Realität umsetzen. Das hat seine Ursache vor allem in den noch immer ungelösten **internen Problemen**. Nach wie vor existiert ein Widerspruch zwischen der unterschiedlichen Größe der Gewerkschaftsverbände und dem Prinzip der Stimmengleichheit dieser Verbände innerhalb der KOZ SR: Die großen Verbände fühlen sich im Dachverband nicht genügend repräsentiert. Einzelne Gewerkschaften aus der Produktionssphäre halten deshalb ihre Beiträge für den Dachverband zurück und drohen sogar mit ihrem Austritt.

Die meisten Gewerkschaftsfunktionäre halten eine große Dachorganisation für selbstverständlich, ohne zu bedenken, daß diese sich durch einen **effektiven Beitrag** behaupten muß, und suchen statt dessen die Anerkennung ihrer eigenen Unverzichtbarkeit bei anderen Institutionen. Das ist mit ein Grund, warum die Gewerkschaften seit 1989 keine eigene Initiative und schon gar keine Konzeption für Veränderungen in der Gesellschaft hervorgebracht haben. Andererseits weist der Apparat des Dachverbandes deutlich **professionelle Unzulänglichkeiten** auf. Seine Experten sind für die neuen Aufgaben unzureichend qualifiziert, und die Mitgliederzahlen sind noch immer rückläufig. Insbesondere im **privaten Sektor** der slowakischen Wirtschaft sind die Gewerkschaften nur **schwach vertreten**. Versuche, diesen Trend durch den Aufbau sogenannter örtlicher Organisationen, die die Beschäftigten auch dann gewerkschaftlich erfassen sollen, wenn keine betrieblichen Grundorganisationen vorhanden sind, umzukehren, blieben bisher weitgehend erfolglos. Diese Entwicklung verschlechtert aber die Finanzsituation und untergräbt den Vertretungsanspruch der Gewerkschaften. Rückläufig ist auch die Zahl der betrieblichen Grundorganisationen. Zudem orientiert sich in vielen Fällen die betriebliche Gewerkschaftsarbeit noch immer an der Rolle der Gewerkschaften zu Zeiten des kommunistischen Systems. Demgemäß funktionieren Gewerkschaften nach wie vor als eine Art Quasi-Sozialversicherung, die wie eh und je entsprechende Sozialleistungen (Ferienplätze, Ausflüge, Kredite, Weihnachtsgeschenke etc.) verteilt. Oft wissen die Beschäftigten nicht einmal, daß die Gewerkschaft einen Kollektivvertrag abgeschlossen hat. Daran werden deutliche **Mängel der betrieblichen Gewerkschaftsarbeit** vor Ort in der Information der Mitglieder und in der Wahrnehmung der originär gewerkschaftlichen Aufgabe – Interessenvertretung der Arbeitnehmer – sichtbar.

Die in der KOZ SR vereinigten Gewerkschaften haben **keine klar definierte politische Orientierung**. Die politischen Meinungen der Mitglieder sind ebenso vielfältig wie die der Bevölkerung insgesamt. Im allgemeinen läßt sich sagen, daß die Mitgliederbasis an der **Überparteilichkeit** der Gewerkschaften festhält und eher gegen die Verbindung der Gewerkschaften mit bestimmten politischen Parteien ist. Dies ist wohl auf negative Erfahrungen in früheren Zeiten zurückzuführen. Allerdings muß auch im Verhältnis zu den politischen Parteien für die slowakischen Gewerkschaften das Fehlen einer klaren politischen Linie konstatiert werden.

2.3.2 Arbeitsbeziehungen

Das **Arbeitsrecht** ist im Arbeitskodex aus dem Jahre 1965 festgelegt. Seit 1989 dienen verschiedene Novellen zur Anpassung des Arbeitsrechts an gesellschaftliche und wirtschaftliche Veränderungen. Auch der juristische Status und die Stellung gewerkschaftlicher Organisationen und Organe wurden neu geregelt.

Die arbeitsrechtlichen Beziehungen in Privatunternehmen werden bis zur Verabschiedung einer geplanten Novelle des Arbeitskodexes durch eine eigene Rechtsvorschrift geregelt. Diese Novelle soll arbeitsrechtliche Regelungen für alle Arbeitgeber, Privatunternehmer inbegriffen, vereinheitlichen.

Zur Zeit ist dieser **neue Arbeitskodex** in Vorbereitung. Dabei ist die Frage der gesetzlichen Stellung der Gewerkschaften Gegenstand einer ausführlichen Diskussion. So drängte etwa die alte Regierung auf Initiative des damaligen christdemokratischen Arbeitsministers auf die **Einführung von Betriebsräten**. Die Gewerkschaften standen diesem Vorhaben mehr als reserviert gegenüber, haben doch bislang die betrieblichen Grundorganisationen ähnliche Kompetenzen, wie sie später auf die Betriebsräte übergehen sollen. Da nach geltendem Gesetz die Gewerkschaften im Betrieb zur Zeit Kollektivverträge für alle Beschäftigte aushandeln, besteht die Befürchtung, daß vor diesem Hintergrund die Betriebsräte die Gewerkschaften überflüssig machen könnten.

Die wichtigsten, den Gewerkschaften im Arbeitskodex zugestandenen Rechte sind folgende:

Mitbestimmung: Um bestimmte rechtliche Schritte zu unternehmen oder Maßnahmen zu ergreifen (wie z. B. Kündigung eines Mitgliedes des Gewerkschaftsorganes während seiner Amtszeit und bis zu einem Jahr danach, Erstellung einer Betriebsordnung oder eines Urlaubsplans, Nachtarbeitserlaubnis für Frauen), ist die Zustimmung bzw. eine Vereinbarung mit dem Gewerkschaftsorgan notwendig.

Konsultation: Verpflichtung des Arbeitgebers, das Gewerkschaftsorgan von einer bevorstehenden Veränderung in Kenntnis zu setzen und um eine Stellungnahme zu bitten. Die Konsultation hat stets im voraus stattzufinden, z. B. zu grundlegenden Fragen der Arbeitnehmerfürsorge; Verbesserungsmaßnahmen von hygienischen Voraussetzungen am Arbeitsplatz; Vorkehrungen, die eine größere Anzahl von Beschäftigten betreffen; Beschlüsse zur Wochenarbeitszeit; Einsatz an einem anderen Arbeitsplatz als dem im Arbeitsvertrag vorgesehenen, vorausgesetzt, der Arbeitnehmer stimmt dieser Umsetzung nicht zu; Kündigung.

Information: Der Arbeitgeber hat das Gewerkschaftsorgan über grundlegende Fragen der Unternehmensentwicklung sowie über die Bilanz und die weiteren Perspektiven zu informieren. Zur Konsultation und Information stellt das Unternehmen dem Gewerkschaftsorgan die notwendigen Unterlagen zur Verfügung und berücksichtigt soweit möglich dessen Stellungnahme. Die konkrete Vorgehensweise kann im Unternehmens-Kollektivvertrag ausgehandelt werden.

Kontrolle: Das Gewerkschaftsorgan hat das Recht, die Einhaltung arbeitsrechtlicher Vorschriften, Hygienevorschriften und Vorkehrungen zur Arbeitssicherheit wie auch Löhne und Vergütungen zu kontrollieren.

Aufgrund der oben beschriebenen Defizite in der betrieblichen Gewerkschaftsarbeit werden diese Rechte aber in der Praxis oft unzureichend genutzt.

Offen ausgetragene Arbeitskonflikte gibt es erst seit Ende 1989. Zu diesem Zeitpunkt begannen sich in den Betrieben **Streikkomitees** zur Durchsetzung gesellschaftlicher Veränderungen zu bilden (unter anderem hatten sie den Wechsel in den Unternehmensleitungen auf ihre Fahnen geschrieben). Aus den Streikkomitees kristallisierten sich später die neuen Vorstände der Grundorganisationen heraus. Sie bildeten die Grundlage für eine neue Sozialpartnerschaft auf Unternehmensebene.

Streiks fanden in der Slowakei mit Ausnahme des kurzen Zeitraumes vom November 1989 bis zur Bildung neuer Gewerkschaften nicht statt (vor 1989 konnte es offiziell keine Streiks geben). Später wurden »meetings« organisiert, um die Ablehnung der Wirtschafts- und Sozialpolitik der Regierung zu verdeutlichen. Die Möglichkeit zum Streik ist heute grundsätzlich an die Auseinandersetzung über einen Kollektivvertragsabschluß gebunden.

Kollektivverhandlungen zwischen Gewerkschaftsvertretern und Arbeitgebern (unter eventueller Beteiligung des Staates als Vermittler oder Schiedsperson), deren Ziel der Abschluß eines **Kollektivvertrages** ist, sind durch ein entsprechendes Gesetz geregelt. Gegenstand der Kollektivverhandlungen kann alles sein, was für die Vertragsparteien von Interesse ist. Die Vertragsparteien können auch Verpflichtungen eingehen, die über den Rahmen der gesetzlichen Vorschriften hinausgehen. Es ist jedoch nicht gestattet, im Kollektivvertrag z. B. die Liste möglicher Kündigungsgründe zu erweitern oder Bedingungen bzw. Form der Kündigung abweichend zu regeln. Inhaltliche Schwerpunkte sind vor allem Löhne, arbeitsrechtliche Ansprüche, Arbeitsbedingungen im weitesten Sinne, Regeln zur Mitbestimmung im Unternehmen, die Form der Zusammenarbeit zwischen Gewerkschaften und Arbeitgebern, Beziehungen der Vertragsparteien untereinander und Sozialleistungen auf Betriebsebene.

Laut Gesetz gibt es zwei Arten von Kollektivverträgen, den auf Branchenund den auf Betriebsebene, wobei erstere den letzteren nicht übergeordnet sind. Das Ministerium für Arbeit, Soziales und Familie kann die Verbindlichkeit des Kollektivvertrags auf Branchenebene auf Nichtmitglieder des Arbeitgeberverbandes erweitern. Trotz des Drängens der Gewerkschaften ist aber von dieser Möglichkeit bisher noch nicht Gebrauch gemacht worden.

Ihre Zielvorgaben versucht die KOZ SR vorwiegend über den **Tripartismus**, im sogenannten **Rat der wirtschaftlichen und sozialen Einigung (RHSD)**, durchzusetzen. Der RHSD wurde im Jahre 1990 gegründet. Sein Vorsitzender ist der für soziale Fragen zuständige stellvertretende Premierminister. Die Gewerkschaften stellen sieben von der KOZ-Versammlung gewählte Delegierte. Die Arbeitgeber werden durch Beauftragte der Assoziation der Arbeitgeberverbände vertreten. Im RHSD wird über Gesetzesvorlagen, sozialpolitische Projekte sowie über Maßnahmen zur Regelung von Steuern, Löhnen, Sozialabgaben, Existenzminimum usw. diskutiert und verhandelt.

Jedes Jahr wird ein sogenannter **Generalvertrag** ausgehandelt. Es handelt sich dabei um ein politisches Dokument, das keine gesetzliche Wirkung hat. Gleichwohl ist die Tripartität für die slowakischen Gewerkschaften nach wie vor die einzige Möglichkeit, auf den Transformationsprozeß in Wirtschaft und

Gesellschaft gestaltend Einfluß zu nehmen. Da die tripartiten Sitzungen auf regelmäßige Resonanz in den Medien stoßen, bietet dieses Dreier-Gremium den Gewerkschaften auch die Möglichkeit, in einer nicht gerade gewerkschaftsfreundlichen Öffentlichkeit von den Mitgliedern als eine einheitliche und relevante Kraft wahrgenommen zu werden.

Obwohl sich die Gewerkschaften von Anfang an zur Transformation der slowakischen Gesellschaft in Richtung Demokratie und Marktwirtschaft bekannten, kam es im **Verhältnis zur Regierung** immer wieder zu Spannungen. Daß es dabei seit 1989 mehrmals zu einem Regierungswechsel kam, hatte kaum Einfluß auf die Haltung der Gewerkschaften. Die schärfsten Vorwürfe gegen den Verlauf der Transformation gab es in den Jahren 1992 bis 1994 während der zweiten Amtszeit von Premierminister V. Meciar. Zwar trat die Regierung zunächst mit gewerkschaftsfreundlichen Positionen an die Öffentlichkeit, zeigte sich dann aber in den Verhandlungen als äußerst unflexibel. Vorwürfe wurden von seiten der Gewerkschaften vor allem in folgenden Punkten erhoben:

– Die Regierungspolitik sei konzeptionslos in Fragen der sozialen Transformation (keine Zielvorgaben, keine ausgearbeitete Vorgehensweise).

– Die Schaffung der Zentralversicherungsanstalt sei ein unverantwortlicher Versuch, Sozial- und Krankenversicherung zu verbinden.

– Bei der Beschäftigungspolitik fehle eine Konzeption.

Darüber hinaus ist die Beziehung zwischen der Regierung und den Gewerkschaften dadurch geprägt, daß mehrere führende Gewerkschafter der Jahre 1989/90 begannen, sich in politischen Parteien zu engagieren und früher oder später führende Partei- oder Regierungsfunktionen übernahmen. Von der Beibehaltung einer gewerkschaftsfreundlichen Haltung in ihren neuen politischen Funktionen war dann allerdings wenig zu spüren.

3. Polen

Tadeusz Chroscicki/Stanislawa Golinowska

3.1 Wirtschaftliche Entwicklung

In den achtziger Jahren war Polen von einer tiefen wirtschaftlichen Depression betroffen, die zum Ende des vorangegangenen Jahrzehnts begonnen hatte. Unter dem Druck der politischen Opposition wurden Reformen eingeleitet, die der niedrigen Produktivität in der Wirtschaft entgegenwirken sollten. Es handelte sich dabei um Reformen, die in erster Linie auf eine Änderung des Instrumentariums der zentralen Planung abzielten, was ausdrücklich im Planungsgesetz von 1982 festgeschrieben wurde. Durch die Einführung der **Arbeitnehmer-Selbstverwaltung** in den Betrieben wurden die staatlichen Unternehmen selbständiger. Im Preisgesetz von 1982 wurde ein beachtlicher Freiraum für die Preisgestaltung gewährt, was angesichts fehlender marktwirtschaftlicher Mechanismen und einer starken Monopolstruktur der Wirtschaft einen ständigen Anstieg des Preisniveaus zur Folge hatte, was wiederum durch Erhöhungen amtlich festgesetzter Preise beschleunigt wurde.

Diese Regelungen ließen eine Situation entstehen, in der die bisherige Ordnung zwar zerfiel, aber marktwirtschaftliche Mechanismen noch nicht funktionierten. Das Bewußtsein über die Notwendigkeit radikaler Reformen wurde immer stärker. Dies wurde auch durch die Ausarbeitung eines Programms seitens der wachsenden politischen Opposition gefördert. Dennoch waren institutionelle Veränderungen in der damaligen Phase wirtschaftlicher Reformen bis auf das Gesetz über Unternehmen unerheblich.

Polen hatte allerdings an der Schwelle zu marktwirtschaftlichen Reformen eine andere **Eigentumsstruktur** als die übrigen Länder des real existierenden Sozialismus. Neben privater Landwirtschaft, auf die knapp 80 % der gesamten Nutzfläche und ein entsprechender Anteil an der Wertschöpfung des Agrarbereichs entfielen, gab es auch privaten Handel sowie private Handwerksbetriebe.

Eine intensive Periode institutioneller Veränderungen begann in Polen in den Jahren 1988/89. Ihr Ausdruck waren vor allem das Gesetz über die freie Ausübung wirtschaftlicher Tätigkeit, das Vereinsgesetz und ein neues Gesetz über Gemeinschaftsunternehmen. Ferner wurden Reformen im Bankensystem sowie eine weitere Liberalisierung der Preise (Freigabe der Nahrungsmittelpreise) eingeführt.

Eine wesentliche Zäsur in der polnischen Wirtschaftspolitik war die Einführung (1990) eines **Stabilisationsprogramms**, das als **Balcerowicz-Plan** bekannt wurde. Die wichtigsten Elemente dieses Planes waren die interne Konvertibilität des Zloty, die Liberalisierung des Außenhandels, die weitere Liberalisierung der Preise und die Einleitung des Privatisierungsprozesses (Gesetz über die Privatisierung staatlicher Unternehmen – 1990). Der Plan enthielt zugleich Elemente einer restriktiven Finanzpolitik, wie z. B. die Kontrolle des Lohnanstiegs, investitionsfreundliche Zinssätze und einen festen Wechselkurs des Zloty.

In erster Linie wurde damit die **Inflation** reduziert. Sie ist zwar nach wie vor höher als in den hochentwickelten Ländern (1993 betrug sie 35,3 %), aber noch im Jahre 1990 lag die jährliche Preissteigerungsrate bei über 580 %. Im Wirtschafts- und Sozialprogramm für die Jahre 1994–1997 wird davon ausgegangen, daß die Inflationsrate gegen Ende dieser Periode einstellig sein wird.

Durch die Einführung der internen **Konvertibilität** wurde der Zloty gleichwertiges Zahlungsmittel im Verhältnis zu frei konvertierbaren Währungen. Im Vergleich zu Devisen-Spareinlagen stieg das Volumen der Zloty-Spareinlagen beachtlich. Zum Jahresende 1993 betrugen Zloty-Einlagen privater Haushalte 167 Billionen Zloty und Devisen-Einlagen (umgerechnet) 160 Billionen Zloty. Noch zu Beginn 1990 überstiegen die Devisen-Einlagen fast um das Vierfache die Zloty-Einlagen.

Zum ersten Mal hörte die Wirtschaft Polens auf, eine Mangelwirtschaft zu sein. Das Bild des Einzelhandels hat sich total geändert, und die Versorgungslage der Bevölkerung hat sich verbessert, dazu gehört auch die Versorgung mit importierten Gütern.

Dynamisch wächst der Anteil des **Privatsektors** an allen Bereichen der wirtschaftlichen Tätigkeit. Im privaten Sektor arbeiteten 1993 bereits etwa 57 % der Erwerbsbevölkerung, die knapp 50 % des Bruttoinlandsprodukts erwirtschafteten (zum Vergleich: 1989 waren es 28,4 %). Den größten Anteil hat der Privatsektor am Einzelhandel (88 %), an der Bauwirtschaft (86 %) und an der Landwirtschaft (81 %). Am niedrigsten ist sein Anteil an der

Industrie (37 %). In den Jahren 1990–1993 wurden mehr als 1,0 Million **neue kleine Unternehmen** gegründet, die häufig mit geringem Kapital ausgestattet, aber dennoch sehr aktiv waren.

Durch die Einführung marktwirtschaftlicher Mechanismen in die Wirtschaft werden unrentable Unternehmen und eine nicht konkurrenzfähige Produktion allmählich eliminiert. In den ersten zwei Jahren der Transformation führte dies zu einem vorübergehenden **Produktionsrückgang** in der Industrie und im Bauwesen. Bereits 1992 wurde aber ein Wachstum der Industrieproduktion von 3,9 % verzeichnet und 1993 betrug die Wachstumsrate 6 % – ein Rekordergebnis unter den europäischen Ländern. Im Bausektor hatte der Aufschwung früher begonnen und vollzog sich noch schneller: 1991 wuchs der Sektor um 12,1 %, 1992 um 8,0 % und 1993 um 8,6 %.

Nach einem starken Rückgang im Jahre 1992 verbesserte sich 1993 auch die Wirtschaftslage in der Landwirtschaft deutlich. Infolge günstiger klimatischer Bedingungen sowie der vermehrten Nutzung von Mitteln zur Ertragssteigerung lagen die Erträge aller wichtigen Produkte erheblich höher als im Vorjahr. Die Getreideernte stieg um 17 %, die von Kartoffeln um 55 %, von Zuckerrüben um 41 %, von Gemüse um 30 %, von Obst um 13 %. Die gesamte landwirtschaftliche Produktion erreichte ein Niveau, das um 2,2 % höher lag als das von 1992. Als erstes Land in Mittel- und Osteuropa stoppte Polen den Niedergang des **Bruttoinlandsprodukts**. Prognosen für die Jahre 1994–1997 gehen von einem durchschnittlichen Wachstum des BIP von ca. 5 % aus.

Es wird geschätzt, daß das Bruttoinlandsprodukt pro Kopf im Jahre 1993 mehr als 2 200 US $ betrug. Unter Berücksichtigung der Kaufkraftparitäten entspricht dies etwas mehr als 5 000 US $.

Als Folge der Öffnung der polnischen Wirtschaft ist ein Wachstum der **Außenhandelsumsätze** zu verzeichnen. Die Zahlungsbilanz weist Steigerungen der Exporterlöse um 7,6 Mrd. US $ im Jahre 1989 auf 13,6 Mrd. im Jahre 1993 aus. Zugleich erhöhten sich die Zahlungen für Einfuhren von 7,3 auf 15,9 Mrd. US $ im Jahre 1993. Die Zahlungsbilanz war in den Jahren 1990–1992 positiv (2,2 Mrd. US $ im Jahre 1990, 51 Mio. 1991 und 0,5 Mrd. 1992). 1993 war der Saldo negativ und betrug 2,3 Mrd. US $. Dies war begründet durch die anhaltende Rezession in den hochentwickelten Ländern, die zunehmenden protektionistischen Maßnahmen und die fehlende Anpassung der Struktur und Qualität polnischer Exporte an die Nachfrage in diesen Ländern. Mehr als 88 % der Ausfuhren entfallen inzwischen auf Länder mit entwickelten Marktwirtschaften. Niedriger war auch die Nachfrage

Abbildung 1:

Entwicklung des Bruttoinlandsproduktes
(Vorjahr = 100)

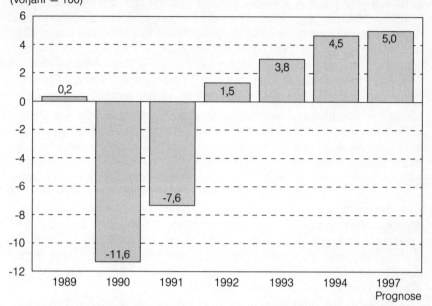

nach polnischen Erzeugnissen von seiten der mittel- und osteuropäischen Länder sowie der Entwicklungsländer, deren Anteil am Außenhandel Polens stark zurückgegangen ist.

Die wirtschaftliche Entwicklung Polens wird durch eine hohe **Auslandsverschuldung** belastet. Sie betrug zum Jahresende 1993 47,2 Mrd. US $, das waren 6,4 Mrd. mehr als 1989. Im Laufe des Jahres 1993 wurden 1,8 Mrd. US $ an Zinsen und Tilgung gezahlt, was 13,2 % der Einnahmen aus den Exporterlösen ausmachte. In den Jahren 1981–1993 wurden 23,5 Mrd. US $ zurückgezahlt, dennoch stieg die Verschuldung weiter um 21,2 Mrd. US $ an.

In einer Situation, in der man versuchte, tiefgreifende strukturelle Änderungen durchzuführen und die technische Ausstattung der Wirtschaft zu erneuern, kam es zu einer deutlichen Abschwächung der **Investitionsbereitschaft**. Bedingt war dies durch die immer schwächer werdende Akkumulationsfähigkeit der Unternehmen (hauptsächlich in den Jahren 1990–1992). Dies war eine Folge des Zusammenbruchs der Binnennachfrage, des Wegfalls der Ostmärkte, der rapide zunehmenden Konkurrenz durch Importe sowie der starken Steuerbelastung. Angesichts der beachtlichen Zinsbelastung bei Kreditfinanzierungen mieden die Unternehmen teure Investitionskredite und stützten ihre Entwicklungstätigkeit weitgehend auf Eigenmittel. Hinzu kam die Krise der öffentlichen Finanzen, die maßgeblich zur Knappheit auf dem polnischen Kapitalmarkt beitrug. Auch die Veränderungen in den Eigentumsstrukturen belebten die Investitionsbereitschaft umgewandelter Unternehmen nicht. Allzu hohe administrative Barrieren begrenzen nach wie vor die Akkumulations- und Investitionsbereitschaft.

Hinter den Erwartungen blieb auch der Zufluß ausländischen Kapitals zurück. Polen wird weiterhin als ein Land mit hohem Investitionsrisiko eingestuft. Dies resultiert aus der unsicheren sozialen und politischen Lage, der beachtlichen Verschuldung und der Tatsache, daß Polen von den einschlägigen Agenturen als Risikostandort ausgewiesen wird. Der Marktwert polnischer Schuldentitel betrug zum Ende Februar 1994 45 Cents für einen US $ des Nennwertes. Hinzu kommen weitere Faktoren, wie eine schwach entwickelte Infrastruktur, ein noch nicht voll funktionierender Finanz- und Bankensektor und eine unzureichende Mobilität der Arbeitskräfte (fehlende Wohnungen oder zu hohes Mietniveau). Bis Ende Februar 1994 haben ausländische Firmen in Polen lediglich 3,5 Mrd. US $ investiert, was etwa 3 % des Bruttoinlandsprodukts entspricht.

Eine Folge dieser Rahmenbedingungen war der Rückgang der Investitionen (1993 im Vergleich zu 1989 um 13 %). Der Anteil der Investitionen am BIP, der 1990 22,2 % betrug, ging 1993 auf 20,5 % zurück, während er für ein Wirtschaftswachstum von 5 % pro Jahr etwa 25 % betragen müßte. Daß das BIP in diesem Ausmaß wächst, ist wiederum notwendig, um das Beschäftigungsniveau zu erhöhen und den Zuwachs der Arbeitslosigkeit zu begrenzen.

Die genannten Faktoren zusammengenommen führten zu einer Überalterung des Industrieparks, mit dem heute überwiegend Produkte geringer Qualität hergestellt werden, die international nicht konkurrenzfähig sind. Zugleich werden sie bei einem relativ hohen Arbeits-, Kapital-, Rohstoff- und Energieaufwand (die Energieintensität der Wirtschaft Polens ist dreimal so hoch wie die der hochentwickelten Länder mit vergleichbaren klimatischen Bedingungen) und einem hohen Grad an Umweltverschmutzung produziert. Es wird geschätzt, daß mehr als 80 % der genutzten Produktionsanlagen vor 1987 aufgebaut worden sind.

Immer tiefer wird die Krise der öffentlichen Finanzen, die vor allem durch eine ungünstige Ausgabenstruktur gekennzeichnet sind. Hierbei spielen die fixen Kosten eine immer größere Rolle. Diese setzen sich hauptsächlich aus dem Schuldendienst und den Zuschüssen zur Sozialversicherung zusammen. Der Anteil dieser Aufwendungen an Ausgaben insgesamt wird für 1993 auf 41 % geschätzt gegenüber 33,3 % im Jahre 1992 und 22,3 % 1991. Die Zunahme »fixer« Kosten erzwang angesichts der Schwierigkeiten bei der Finanzierung des Haushaltsdefizits eine Begrenzung sonstiger Ausgaben. Dies führte zur Steigerung überfälliger Verbindlichkeiten gegenüber dem öffentlichen Sektor, was dessen Rückstand zu anderen Wirtschaftssektoren vergrößerte und insgesamt zur Verringerung des Kreditvolumens auf dem Kapitalmarkt beitrug.

Die größte Gefahr für den Staatshaushalt stellen die rasch wachsenden Bedienungskosten der inneren Verschuldung dar (für die Bedienung dieser Schuld waren 1993 fast um 90 % mehr Mittel als 1992 vorgesehen). Dies ist eine potentielle Quelle für die Rückkehr zu einer hohen Inflation.

Abbildung 2:

Änderungen in der Beschäftigtenzahl 1990–1993
(Rückgang in Tsd.)

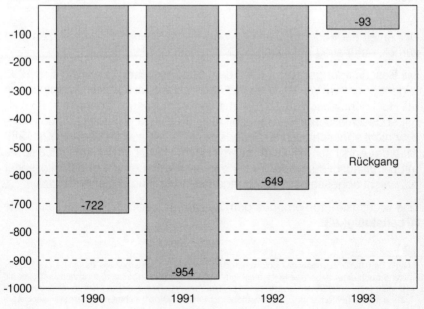

Die Rezession hatte auch einen beachtlichen Rückgang der Nachfrage nach Arbeitskräften zur Folge, was zu einer Erhöhung der **Arbeitslosigkeit** führte. Dabei gab es in den ersten drei Jahren nach dem Umbruch einen drastischen Beschäftigungsrückgang, der sich 1993 abschwächte.

In den Jahren 1990–1993 verringerte sich die Beschäftigtenzahl in der Volkswirtschaft um mehr als 2,1 Millionen oder 12,4 %, wobei sie im Privatsektor um knapp 0,9 Millionen stieg und im staatlichen Sektor um ca. 3 Millionen zurückging.

Trotz der rückläufigen Beschäftigtenzahl unterlag die **sektorale Verteilung der Beschäftigung** in den Jahren 1989–1993 nur relativ geringen Verschiebungen:

Tabelle 1:

Sektorale Verteilung der Beschäftigung
(Angaben in %)

	primärer Sektor	sekundärer Sektor	tertiärer Sektor
1988	30,6	33,4	36,0
1993	28,0	30,2	41,8

Der Anteil der in der Industrie bzw. im Transportwesen Beschäftigten ging zurück, dafür stieg der Anteil der Mitarbeiter des Handels.

Die Beschäftigungsstruktur nach dem **Bildungsstand** gestaltete sich 1992 folgendermaßen: Von den Beschäftigten insgesamt machten Arbeitnehmer mit Hochschulabschluß 12,7 %, mit abgeschlossener Oberschule 33,9 %, mit abgeschlossener Berufsausbildung 30,3 % und mit abgeschlossener bzw. nicht abgeschlossener Grundschule 23,1 % aus. Im Vergleich zu 1989 stieg der Anteil der Arbeitnehmer mit Hoch- und Oberschulabschluß sowie mit Berufsausbildung, der Anteil der Arbeitnehmer mit abgeschlossener bzw. nicht abgeschlossener Grundausbildung ging dagegen zurück.

Das wichtigste Problem, das den Transformationsprozeß begleitet, ist die **Arbeitslosigkeit*.**

---

* Nach den Bestimmungen des polnischen Arbeitsrechts gilt als arbeitslos derjenige, der auf der Suche nach einer Arbeitsstelle ist, nicht lernt, im zuständigen Arbeitsamt registriert und älter als 18 Jahre (aber unter 60 Jahren bei Frauen bzw. 65 Jahren bei Männern) ist, nicht pensionsberechtigt ist und nicht Eigentümer eines Agrarbetriebes ist. Ein Arbeitsloser ist berechtigt, Arbeitslosengeld in

Bereits 1990 betrug die Arbeitslosenquote 6,1 % der Erwerbsbevölkerung, um dann auf 11,8 % (1991), 13,9 % (1992) und 15,7 % (Ende 1993) zu klettern. In den letzten zwei Jahren wurde zwar die Dynamik der Zunahme der Arbeitslosigkeit gestoppt (in den Jahren 1990–1992 stieg die Zahl der Arbeitslosen im Jahresdurchschnitt um knapp 1,1 Mio., in den Jahren 1992–1993 nur noch um etwa 370 000 Personen), dennoch waren zum Jahresende 1993 bereits 2 890 000 Arbeitslose registriert, darunter 1 507 000 Frauen. Gleichzeitig gibt es eine hohe versteckte Arbeitslosigkeit, die ihre Wurzeln in der Überbevölkerung auf dem Lande sowie der Politik der vorzeitigen Pensionierung hat. In den Jahren 1990–1993 war der Anstieg der Zahl der Rentner und Pensionäre fast fünfmal höher als der Anstieg der Zahl der Bevölkerung im Rentenalter.

Für die Arbeitslosigkeit in Polen ist ihre starke **regionale Differenzierung** charakteristisch. Eine relativ niedrige Arbeitslosenrate (unter 10 %) hatten (Ende 1993) Wojwodschaften, in denen die größten Industriezentren liegen, d. h. Katowice, Krakau, Poznan und Warschau. Regionen mit der höchsten Arbeitslosenquote (mehr als 20 %), deren Niveau allgemein als kritisch betrachtet wird, sind dagegen Wojwodschaften im Norden Polens, wie Elblag, Koszalin, Slupsk und Suwalki. Die »Hauptquelle« der Arbeitslosigkeit in diesen Regionen sind die staatlichen Agrarbetriebe, die nur mit Mühe den Anschluß an die marktwirtschaftlichen Bedingungen finden. Von der Gesamtzahl der Arbeitslosen blieben 44,8 % mehr als ein Jahr ohne Arbeit und 63 % waren im Alter von weniger als 35 Jahren. Die Struktur der **Arbeitslosigkeit nach dem Bildungsstand** ist folgende: Arbeitslose mit Hochschulabschluß: 1,8 %, mit Oberschulabschluß: 26,8 %, mit Berufsausbildung: 39,1 % und mit Grundausbildung und weniger: 32,3 %.

In der Folge wachsender Dauerarbeitslosigkeit tauchte ein neues gesellschaftlich signifikantes Problem auf: Mehr als 1,5 Millionen Menschen, d. h. 52 % aller Arbeitslosen, sind nicht mehr berechtigt, Arbeitslosengeld zu beziehen.

Höhe von 36 % des durchschnittlichen Lohns zu erhalten, wenn er in den 12 Monaten vor der Registrierung mindestens 180 Tage lang gearbeitet hat. Arbeitslosengeld wird ein Jahr lang gezahlt. Diejenigen, die nicht mehr zum Empfang von Arbeitslosengeld berechtigt sind, können eine »temporäre Arbeitslosenunterstützung« von der Sozialhilfe bekommen. 1993 betrug sie 28 % des durchschnittlichen Lohns. Diese Unterstützung können auch diejenigen beantragen, die ein Arbeitslosengeld beziehen. Um erneut zum Empfang des Arbeitslosengeldes berechtigt zu sein, ist es notwendig, mindestens 180 Tage gearbeitet zu haben. Arbeitslose Schulabsolventen sind ab drei Monaten nach der Meldung bezugsberechtigt.

Unzureichend sind die Formen und der Umfang der Maßnahmen zur Begrenzung der Arbeitslosigkeit. Für Vorhaben im Rahmen **aktiver Arbeitsmarktpolitik** wurden 1993 aus dem Arbeitsfonds nur etwa 11 % der Mittel aufgewendet. Aus dem Rest wurden Arbeitslosengelder finanziert. Die Mittel, die für Programme zur Bekämpfung der Arbeitslosigkeit vorgesehen sind, sind mehr als zehnmal niedriger als in Ländern mit entwickelten marktwirtschaftlichen Strukturen, und 1993 erreichte man damit lediglich 4 % der Arbeitslosen.

Abbildung 3:

Steigerung der Arbeitslosenzahl
(Angaben für 1990-1994 in Tsd.)

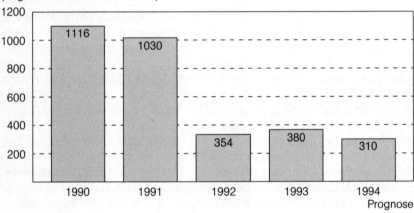

Man kann erwarten, daß die Arbeitslosigkeit in den Jahren 1994–1995 zwar noch zunehmen wird, aber langsamer als bisher. Denn trotz eines Anstiegs des BIP wird die Zahl neuer Arbeitsplätze nicht deutlich steigen, was mit der weiteren Rationalisierung der Beschäftigung im öffentlichen Sektor und mit der Begrenzung der versteckten Arbeitslosigkeit in diesem Sektor sowie mit einer geringen Nachfrage nach neuen Arbeitnehmern im privaten Sektor zusammenhängt, der eine Verbesserung wirtschaftlicher Kennziffern durch die Modernisierung der Produktions- und Dienstleistungsprozesse und die Begrenzung der Beschäftigtenzahl anstrebt. Zugleich wird die Zahl der Personen im Rentenalter steigen (im Jahresdurchschnitt um etwa 150 000 Personen).

3.2 Soziale Lage

Als Folge des Produktionsrückgangs, der Reduzierung der Beschäftigung sowie der restriktiven Finanz- und Lohnpolitik (Einführung einer Strafsteuer auf Lohn- und Gehaltserhöhungen) verschlechterte sich die Lage privater Haushalte binnen kurzer Zeit beachtlich.

Von 1990–1992 verdoppelte sich die Zahl der Personen, die mit einem geringen Einkommen auskommen mußten. Unter dem **Sozialminimum**, einer Kategorie, die in Polen 1981 eingeführt wurde, lebten 1992 etwa 34 % der Bevölkerung. Würde die Kategorie des Sozialminimums für die Armutsgrenze stehen, würde der Anteil der Bevölkerung, der unterhalb dieser Grenze lebt, etwa 10 Prozentpunkte weniger betragen. Von geringen Einkommen müssen vor allem kinderreiche Familien, alleinstehende Mütter bzw. Väter mit unterhaltspflichtigen Kindern sowie Familien, in denen der Haushaltsvorstand arbeitslos ist, leben. Von der Armut wurden in größerem Maße Bauern- und Arbeiterfamilien aus Regionen mit wenig Industrie betroffen, die früher hauptsächlich für den Markt der ehemaligen Sowjetunion produziert haben.

Die Tatsache, daß nicht nur Familien, die von Sozialleistungen leben, sondern auch Arbeitnehmerfamilien von der Armut betroffen sind, resultiert aus einem drastischen Rückgang der **Reallöhne**. 1993 betrug der Wert eines durchschnittlichen Reallohns nur 72 % seines Wertes von 1989. Familien mit Kindern bekamen viel stärker als sonstige die Abschaffung der Zuschüsse zu Lebensmitteln, Wohnungen, Lehrbüchern, Kinderbekleidung, Sportgeräten und Ferienerholung zu spüren.

Demgegenüber waren Ruhegehälter und **Renten** durch die Einführung eines automatischen Indexierungssystems besser vor der Entwertung geschützt als Löhne und Gehälter. Und obwohl deren Realwert innerhalb der letzten vier Jahre um etwa 12 % zurückging, betrug das Verhältnis der Ruhegelder bzw. Renten zum Durchschnittslohn im Jahre 1993 60,7 %, während es 1989 nur 47,9 % waren. Mit dem Schutz der Rentenleistungen ging ein besonders starker Anstieg der Zahl der Leistungsempfänger einher. In den Jahren 1990–1993 stieg die Zahl der Ruhegehaltsempfänger und Rentner um 1,9 Millionen Personen oder knapp 28 %. 1993 bezogen etwa 8,7 Mio. Personen Rentenleistungen, was knapp 23 % der Landesbevölkerung entsprach (1989: 18,1 %). Zugleich verschlechterte sich die Relation Arbeitnehmer/Rentner, was in der folgenden Tabelle veranschaulicht wird:

Tabelle 2:

Verhältnis Arbeitnehmer/Rentner

	1989	1990	1991	1992	1993
Werktätige (in Tsd.)	17 130	16 511	15 601	14 974	15 000
Rentner (in Tsd.)	6 827	7 104	7 944	8 495	8 730
Werktätige/Renter	2,5	2,3	2,0	1,8	1,7

Quelle: Eigene Berechnungen aufgrund der Angaben des Statistischen Hauptamtes (GUS) und der Sozialversicherungsanstalt (ZUS)

Diese problematische Relation war das Ergebnis rechtlicher Regelungen in den Jahren 1989 und 1990. Seinerzeit wurde für Personen, die infolge der Liquidation bzw. der Umstrukturierung ihrer Betriebe durch Entlassung bedroht waren, die Möglichkeit geschaffen, sich vorzeitig in den Ruhestand versetzen zu lassen. Auf diese Weise wurde ein Teil der Finanzierung der Arbeitslosigkeit durch das Sozialversicherungssystem übernommen.

Das Alter von Personen, die in Pension bzw. Behindertenrente gingen, sank. Zum Ende der achtziger Jahre betrug das Durchschnittsalter, in dem Arbeitnehmer sich pensionieren ließen, 62,7 Jahre, in der zweiten Jahreshälfte 1993 nur noch 57 Jahre. Ein ähnlicher Prozeß ist im Bereich der Behindertenrenten zu beobachten. Das Durchschnittsalter, in dem sich die Arbeitnehmer in die Behindertenrente versetzen ließen, betrug im Jahre 1989 49 Jahre, und in der zweiten Jahreshälfte 1993 ging es auf 46 Jahre zurück.

Neue soziale Probleme wie die Arbeitslosigkeit und die Armut bedingten, daß sich die Sozialausgaben des Staates auf Bereiche konzentrierten, die die Bevölkerung vor der totalen Entwertung ihrer Leistungen schützen sollten. Von den Leistungen des Staates stiegen in den Jahren 1990–1993 die Ausgaben für Zuschüsse zur Sozialversicherung und zum Sozialfonds, aus dem Arbeitslosengelder und Projekte der aktiven Arbeitsmarktpolitik finanziert werden. Außerdem stiegen die Ausgaben für Sozialhilfe, aus der Geldzuwendungen für Arme (in Höhe der Mindestrente) und Sachzuwendungen (vorwiegend in Form der Pflegedienste für bettlägerig Kranke und Alte) gezahlt werden.

Die Ausgaben für Gesundheitsfürsorge, Volksbildung, Kultur und Erholung schrumpften zusammen. Als Folge der Kürzung öffentlicher Mittel an Institutionen, die in den vorgenannten Bereichen aktiv sind, begann ein Kommerzialisierungsprozeß, der sich sowohl legal als auch in einer halblegalen Grauzone vollzog.

Für die einkommensschwächeren Bevölkerungskreise besonders unzumutbar sind die Gebühren, die für verschiedene Dienste im Gesundheitswesen zu entrichten sind, sowie die Kürzungen von Zuschüssen und die Erhöhung der Preise für Medikamente. Aus diesem Grund wurde in der letzten Zeit ein Hilfsprogramm für den Kauf von Medikamenten für Arme gestartet, die auf die Leistungen der Sozialhilfe angewiesen sind. Insgesamt stieg der Anteil der Sozialausgaben am Bruttoinlandsprodukt in den Jahren 1989–1992 um 7 Prozentpunkte.

Der Anstieg der sozialen Kosten wird in der Phase der gesellschaftlichen Transformation zusätzlich durch die relativ vielen sozialen Konflikte begünstigt. Einer der Gründe dafür ist die wachsende Einkommensdifferenzierung. Im Vergleich zu anderen Staaten der Region sind die Einkommen in Polen am stärksten differenziert. Und eine Zehnereinteilung der Einkommenspyramide zeigt, daß die Einkommen in den Jahren 1990–1992 in neun von zehn Gruppen zurückgegangen waren und nur in einer Gruppe – der obersten – ein beachtlicher Anstieg zu verzeichnen war (*Public Policy* 1993).

3.3 Gewerkschaften und Arbeitsbeziehungen

In Polen gibt es seit den achtziger Jahren die ausgeprägte Traditon eines politischen Gewerkschaftsverständnisses, im Rahmen dessen die Organisationen nicht nur die wirtschaftlichen und sozialen Interessen der Arbeitnehmer wahrnehmen. Dies hat nach dem Umbruch dazu geführt, daß einer der Sozialpartner, die Gewerkschaften, im Verhältnis zu den Arbeitgeberverbänden ein deutliches Übergewicht besitzt.

Die freie Gewerkschaft **Solidarnosc** entstand 1980 noch unter den Vorzeichen des real existierenden Sozialismus. Trotz eines durch die Ausrufung des Kriegsrechts verhängten Verbots gewerkschaftlicher Tätigkeit bildete die Solidarnosc Untergrundstrukturen und führte ihren Kampf von dort gegen die damaligen Machthaber weiter. Drei Jahre nach der Verhängung des Kriegsrechts ließ die Regierung schließlich die Bildung legaler gewerkschaftlicher Strukturen zu. Vor diesem Hintergrund wurde die **OPZZ (Polnische Gewerkschaftsallianz)** gegründet, eine Organisation, die aus den staatlichen Zwangsgewerkschaften der siebziger Jahre hervorging. Die OPZZ betrieb ihre Tätigkeit auf einer Rechtsgrundlage, die 1982 vom Sejm verabschiedet worden war. Dieses Gewerkschaftsgesetz war für damalige Zeiten sehr liberal. Es gewährte den Arbeitnehmerorganisationen einen großen Freiraum für ihre Tätigkeit. Die neuen liberalen Rechtsnormen waren ein direktes Ergebnis des Kampfes von Solidarnosc, die jedoch bald für illegal erklärt wurde. Die von Staatsseite unterstützte OPZZ nutzte dagegen den geschaffenen Freiraum und erlangte dadurch eine gewisse Legitimität auf betrieblicher Ebene.

Wirtschaftliche Reformen zu Beginn der achtziger Jahre trugen dazu bei, daß in den staatlichen Unternehmen Organisationen der Arbeitnehmerbeteiligung an der Administration und der **Arbeiterselbstverwaltung** geschaffen wurden. An der Arbeiterselbstverwaltung wirkten vor allem Mitglieder der Solidarnosc aktiv mit. Dies erklärt, daß sich trotz unterschiedlicher Tätigkeitsbereiche ein Konkurrenzverhältnis zwischen den Gewerkschaften und den neu gebildeteten Organen der Arbeiterselbstverwaltung entwickelte. Als Solidarnosc 1989 wieder zugelassen wurde, setzten die bisher im Untergrund Wirkenden ihre Tätigkeit legal in den Betrieben fort. Dadurch entstand ein weiterer Akteur auf der ja bereits durch Konkurrenz unterschiedlicher Organe der Arbeitnehmerbeteiligung gekennzeichneten betrieblichen Ebene. Die Zustände, die sich damals in den Betrieben herausbildeten, wurden wegen ihrer destruktiven Folgen für die Unternehmenspolitik als »Bermudadreieck« bezeichnet. Die Regierungen versuchten deshalb im Zusammenhang mit der Kommerzialisierung staatlicher Unternehmen nach der Wende '89, die Institutionen der Arbeiterselbstverwaltung allmählich zu schwächen und auszuschalten.

Im Zuge der Entwicklung entstanden in den Betrieben miteinander **rivalisierende Gewerkschaften**, die sich aber durch die negativen sozialen Folgen der restriktiven Stabilisierungsprogramme der Regierung (Balcerowicz-Plan) zunehmend zu einer Zusammenarbeit gezwungen sahen. Belege für die Kooperation auf Betriebsebene erbrachten nicht nur wissenschaftliche Untersuchungen, sondern auch Berichte in den Massenmedien über zahlreiche lokale Streikaktionen.

In den neuen Betrieben und den bereits **privatisierten Unternehmen** entwickelten sich die Gewerkschaften nicht. In neu gegründeten Firmen kam es gar nicht erst zu Organisationsversuchen, und in den privatisierten Unternehmen lösten sich gewerkschaftliche Strukturen allmählich auf. Dies bedeutet, daß mit der Entwicklung eines Privatsektors in der polnischen Wirtschaft die gewerkschaftliche Basis zu schrumpfen begann.

Auf nationaler Ebene war das Verhältnis zwischen Solidarnosc und der aus den ehemaligen Staatsgewerkschaften hervorgegangenen OPZZ wesentlich angespannter als in den Betrieben. Aber auch innerhalb der Solidarnosc zeichneten sich Meinungsverschiedenheiten ab, die zu Abspaltungen führten. Solidarnosc hatte Schwierigkeiten, den Übergang von einer politischen Massenbewegung zu einer Gewerkschaft zu bewältigen und sich in der neuen Rolle des Siegers und des Reformators zurechtzufinden. Viele führende Köpfe gingen in die Politik und engagierten sich bei der Gründung politischer Parteien. Einige radikale Gruppen dagegen lehnten die Kooperation mit den von den Solidarnosc-Nachfolgeparteien getragenen Regierungen ab. Sie hielten den Versuch der Einführung einer liberalen Marktwirtschaft in Polen für einen Verrat an den ursprünglichen Prinzipien der Solidarnosc-Bewegung und spalteten sich ab (»Solidarnosc 80«).

Auf nationaler Ebene zeichnete sich damit zusehends ein **Gewerkschaftspluralismus** ab, der die Durchsetzungskraft von Arbeitnehmerinteressen schwächte. Rasch wurden weitere Gewerkschaftszentralen gegründet, die ihren Ursprung sowohl in der Solidarnosc als auch in der OPZZ hatten. Basierend auf Angaben aus den Registern der Wojwodschaftsgerichte wird geschätzt, daß es in Polen Mitte der neunziger Jahre mehr als 2 000 gewerkschaftliche Organisationen gibt, die ihre Tätigkeit sowohl auf der betrieblichen wie auf der lokalen und regionalen Ebene ausüben. Landesweit operierende Gewerkschaftsorganisationen gibt es ca. 230. Es sind zur Zeit sechs Gewerkschaftszentralen und Zwischenbranchenvereinigungen registriert. Die größten von ihnen verfügen auch über regionale Strukturen. Der gewerkschaftliche Pluralismus erschwert die Auseinandersetzung mit der Regierung. Die Unklarheit über die Repräsentativität der verschiedenen Gewerkschaftsorganisationen beherrschte die Ausarbeitung von Verfahrensweisen und Strukturen des sozialen Dialogs und trug zu zahlreichen Spannungen unter den Gewerkschaften bei.

Die hohen sozialen Kosten des Transformationsprozesses führten dazu, daß sich die konkurrierenden Gewerkschaften in der ersten Phase des Wandels an vielen Streiks und Massenaktionen beteiligten. Sie ignorierten dabei oftmals die gesetzlichen Regelungen im Tarifgesetz vom Mai 1991. Eine große Streikwelle gab es zunächst 1992.

Zu diesem Zeitpunkt begann die Regierung eine Diskussion um ein Verhandlungssystem zur Konfliktbeteiligung mit den Gewerkschaften. Initiator dieser Debatte war der damalige Arbeitsminister und ehemalige führende Solidarnosc-Vertreter Jacek Kuron, der auch Verhandlungen über die Umgestaltung staatlicher Unternehmen einleitete. Dabei waren die Interessen der Regierungs- und der Gewerkschaftsseite völlig verschieden. Den Reformern in der Regierung ging es um eine Beschleunigung der Privatisierung. Den Gewerkschaften dagegen lag daran, den Rückgang der Reallöhne aufzuhalten. Darauf ging die Regierung nicht ein. Sie bot statt dessen einen anderen Tausch an, und zwar offerierte sie, die Befugnisse der Gewerkschaften hinsichtlich der sozialen und wirtschaftlichen Vertretungen von Arbeitnehmerinteressen unangetastet zu lassen.

Die Verhandlungen mündeten in die Unterzeichnung des **»Paktes über den Staatsbetrieb«**. Daraus resultierten einige Gesetzentwürfe, die dem Parlament zur Abstimmung vorgelegt wurden. Verabschiedet wurden aber nur die durch die gewerkschaftliche Seite vorgeschlagenen Gesetze: das Gesetz über den Schutz der Arbeitnehmerforderungen im Falle der Insolvenz des Arbeitgebers sowie das Gesetz über den betrieblichen Sozialfonds. Diese neuen Rechtsgrundlagen wurden schon durch ein neues Parlament verabschiedet, in dem die Linksparteien (Bauernpartei und Sozialdemokraten) eine Mehrheit hatten. Die Verhandlungen zum Pakt über den Staatsbetrieb führten dazu, daß die bis dato miteinander rivalisierenden Gewerkschaften – wenn auch unabhängig voneinander – mit der Regierung über ein gemeinsames Anliegen verhandelten.

Die negativen sozialen Folgen der verschiedenen restriktiven Wirtschaftsprogramme der Regierungen wurden im Frühjahr 1993 zur Quelle einer neuen **Streikbewegung**. Die Zahl der Streiks war größer als 1992, obwohl sich an ihnen weniger Arbeitnehmer beteiligten (Frieske/Machol-Zajda 1994). Vor allem die Solidarnosc-Gewerkschaften widersetzten sich entschieden der Politik der Suchozka-Regierung. Dies hatte weitreichende Folgen und führte schließlich zu einer Regierungskrise, der Auflösung des Parlaments und zu Neuwahlen. Das Ergebnis der Wahlen im Herbst 1993 brachte eine Koalition aus Sozialdemokraten und Bauernpartei, beides Parteien kommunistischen Ursprungs, an die Macht. Die veränderte Konstellation im Regierungslager führte nun dazu, daß die OPZZ die Rolle der regierungsnahen Gewerkschaft übernahm. Da es zu Beginn den Anschein hatte, daß die neue Regierung den restriktiv-liberalen Reformkurs fortführen würde, initiierte Solidarnosc eine Streik- und Manifestationsbewegung gegen diese Politik. Gefordert wurde in erster Linie die Abschaffung einer Strafsteuer auf über ein bestimmtes Maß hinausgehende Lohnerhöhungen in staatlichen Unternehmen.

Im Laufe der Zeit änderte sich dann aber die Wirtschaftspolitik der Koalitionsregierung, und der Prozeß der marktwirtschaftlichen Reformen wurde verlangsamt. Die Regierung schlug den Sozialpartnern ferner ein Modell von trilateralen Verhandlungen auf nationaler Ebene vor. Das Zustandekommen des Paktes über die Staatsbetriebe hatte bereits auf die Notwendigkeit der Schaffung derartiger Verhandlungsorgane hingewiesen.

Im Februar 1994 wurde auf Beschluß des Ministerrates ein **Trilateraler Ausschuß** für soziale und Wirtschaftsfragen gegründet. In diesem Gremium

86

haben die Gewerkschaften eine Stimmenmehrheit von drei Fünfteln. Die Regierung und die Arbeitgeber verfügen über jeweils ein Fünftel der Stimmen. Diese Stimmenverteilung läßt sich nur durch die Rivalität zwischen den verschiedenen Gewerkschaften erklären. Mit einer Diskussion über Fragen des Haushaltsgesetzes nahm der Ausschuß im März 1994 seine Tätigkeit auf. Danach beschäftigte er sich jedoch hauptsächlich mit den Lohnverhandlungen. Die Regierung hatte nämlich dem Druck der Gewerkschaften in Sachen der Strafsteuer nachgegeben und schlug nun ein neues Gesetz zur Lohnpolitik vor. Dieser Ansatz der Exekutive führte auch in Polen zur Einführung erster Strukturen eines korporativen Modells von Arbeitsbeziehungen. Ob dies ein gangbarer Weg ist, kann nur die Zukunft zeigen.

Auf der Basis der 1989 gewährten Vereinigungsfreiheit bildete sich im selben Jahr die erste **Arbeitgeberorganisation (Polnischer Arbeitgeberverband)**. 1993 umfaßte dieser Zusammenschluß 44 kleinere Vereinigungen. Daneben werden Arbeitgeberorganisationen gegründet, die dem Verband nicht beitreten. In einem Gesetz vom Mai 1991 wird die Tätigkeit dieser Organisationen geregelt. Trotz einer Ausweitung des Privatsektors entwickeln sich die Arbeitgeberverbände aber nur sehr langsam. Das mag auch daran liegen, daß im Privatsektor kaum Gewerkschaften agieren.

3.4 Resümee

Nach Jahren wirtschaftlicher Depression, Mangelwirtschaft und politischer Konflikte begann in den neunziger Jahren eine neue Epoche. Die Transformation von der Plan- zur Marktwirtschaft führte zunächst zu einem weitreichenden Produktionsrückgang. Die Ostmärkte Polens fielen weg, und eine rasche Umorientierung der Wirtschaft auf westliche Märkte erwies sich angesichts der niedrigen Wettbewerbsfähigkeit der polnischen Industrie und angesichts der protektionistischen Politik der westlichen Staaten als schwierig. Eine Folge dieser Konstellation war die abrupte Verschlechterung der sozialen Lage der Bevölkerung. Viele Menschen wurden von Arbeitslosigkeit und Armut betroffen. Die soziale Differenzierung in der Gesellschaft nahm zu.

Trotz Abschaffung der Mangelwirtschaft und Verringerung der Inflation akzeptierte die Bevölkerung die Wirtschaftsreformen zusehends weniger. Streiks und soziale Proteste nahmen zu, was noch zusätzlich durch die Rivalität zwischen den Gewerkschaften kommunistischer Herkunft und der Solidarnosc verstärkt wurde.

Als 1993 Anzeichen einer wirtschaftlichen Belebung sichtbar wurden, nahm die Unterstützung der Belegschaften für Konflikte ab. In der polnischen Volkswirtschaft haben sich inzwischen qualitative Änderungen vollzogen. Der private Sektor beschäftigt mehr als die Hälfte der Erwerbsbevölkerung und erwirtschaftet über 50 % des BIP. Außerdem wurde mit der Einrichtung des trilateralen Ausschusses der Versuch unternommen, eine erste Regelungsagentur für die weiteren Reformen zu schaffen und so die sozialen Konflikte zu beschränken. Mitte 1994 legte die Regierung außerdem ein mittelfristiges Wirtschaftsprogramm »Strategie für Polen« vor und stellte den Antrag auf die Aufnahme Polens in die Europäische Union.

Literatur:

Central Office of Planning, 1993: Economic Situation – The First Half of the Year Including Short Term Forecasts, Warsaw

Frieske K./Machol-Zajda L., 1994: Collective Labour Disputs in Poland 1989–1993, Polish Sociological Review, Vol. 2

Institut für Arbeit und Sozialangelegenheiten (IPiSS) und Friedrich-Ebert-Stiftung, Büro Warschau, 1993: Die Gewerkschaften in Polen. Arbeitnehmervertretungen im Transformationsprozeß. Entwicklung, Strukturen, Programme; Warschau

Public Policy and Social Conditions. Central and Eastern Europe; Unicef, Regional Monitoring Report, No. 1/1993

Social Policy and Social Conditions in Poland: 1989–1993; GUS, IPiSS, Unicef; Occasional Papers IPiSS No. 4/1994, Warsaw

4. Ungarn

Bela Galgoczi/Tamas Reti

4.1 Wirtschaftliche Grunddaten

Ungarn hat mit der Praxis der zentralen Planwirtschaft bereits 1968 gebrochen, als eine durch zentrale Regulatoren geleitete simulierte Marktwirtschaft eingeführt wurde. Zwar wurde der Aufbau eines auf Weltmarktpreise orientierten Preissystems begonnen und ein einheitlicher Wechselkurs für den Forint eingeführt, das Fehlen einer Eigentumsreform ließ jedoch das Experiment im wesentlichen scheitern. Nach 1980 sind die Wirtschaftsreformen beschleunigt worden. Die auf die Eigeninitiative der Bevölkerung gegründete Zweitwirtschaft war offiziell anerkannt und fand Unterstützung. Aber erst 1986 wurde damit begonnen, die Grundlagen der Marktwirtschaft explizit auszubauen. So wurden ein zweistufiges Bankensystem, Elemente eines Kapitalmarktes, ein marktkonformes Steuersystem, das Gesetz über die wirtschaftlichen Gesellschaften, das Gesetz über die Umgestaltung der staatlichen Großbetriebe sowie andere wichtige rechtliche und institutionelle Rahmenbedingungen der Marktwirtschaft eingeführt. Die globale politische Wende des Jahres '89 hat Ungarn also nicht mehr als eine Planwirtschaft getroffen. Eine quasi-organische Umwandlung hatte sich **stufenweise** vollzogen.

Es ist auch wichtig zu betonen, daß parallel mit den oben genannten institutionellen und strukturellen Veränderungen eine »unterschwellige« Umgestaltung in der Eigentumsstruktur der staatlichen Großindustrie begonnen wurde. Im Rückblick erscheinen diese Prozesse als verdeckte Vorbereitungen für die Privatisierung. Industriegiganten mit mehreren Produktionseinheiten wurden aufgegliedert und in Gesellschaften umgewandelt. In den achtziger Jahren ist auch eine ursprüngliche Kapitalakkumulation vonstatten gegangen. Aus den Unternehmen der sogenannten »Zweiten Wirtschaft« sind einige kräftige Kapitalzentren der jetzigen nationalen Bourgeoisie entstanden. Die »Zweite Wirtschaft« hat darüber hinaus als eine Art Trainingsfeld für Managementkenntnisse gewirkt.

89

Trotz der relativ günstigen Startsituation Ungarns vor der Systemtransformation haben sich die Übergangsschwierigkeiten als viel größer erwiesen, als man früher – sogar noch vor einem Jahr – gedacht hatte. Hier nun einige wichtige Merkmale des volkswirtschaftlichen Umfeldes, die die Wirtschaftslage charakterisieren:

Seit 1989 gibt es einen ununterbrochenen **Rückgang des Bruttoinlandsproduktes** (BIP). Das Niveau des BIP lag Ende 1993 bei 81 % des Niveaus aus dem Jahre 1989.

Abbildung 1:

Entwicklung des Bruttoinlandsproduktes
(1989 = 100 %)

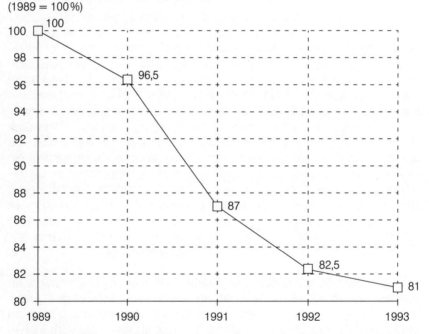

Der **Einbruch der Industrieproduktion** ist noch dramatischer, das Produktionsvolumen der Industrie lag Ende 1992 bei 65 % des Niveaus von 1988. Wir sehen darin auch keine positiven Anzeichen eines Strukturwandels, da der Produktionsrückgang in allen Industriebranchen stattfand. Die **Brutto-Auslandsverschuldung** des Landes wuchs im Laufe des Jahres 1993 von 22 auf etwa 24 Mrd. US $, was in Form von Schuldendiensten eine jährliche Kapitalausfuhr von etwa 1,5–2 Mrd. US $ verursacht. Die Menge der aggregierten Inlandsschulden ist ähnlich hoch, auch dadurch wird das staatliche Eigentum belastet. Obwohl sich die **Inflationsrate** von 35 % im Jahre 1991 auf 23 % im Jahre 1992 vermindert hat, konnte dieser Trend nicht beibehalten werden. Dies hängt vor allem mit dem Haushaltsdefizit in Höhe von 6–7 % des BIP zusammen, was auf der anderen Seite die Geschäftszinsen immer noch auf der Höhe von etwa 30 % hält, wodurch die Investitionen deutlich eingeschränkt bleiben und die Firmen unter ständigen Liquiditätsschwierigkeiten leiden.

Der Wegfall der früheren RGW-Märkte, die ständig sinkende Inlandsnachfrage und die protektionistischen westlichen Märkte lassen die Marktaussichten der meisten Betriebe als wenig zukunftsversprechend erscheinen. In den vergangenen zwei Jahren haben die Unternehmen riesige Verluste ihres Geschäftswertes erlitten. Verbunden mit der instabilen politischen Lage der mittel- und osteuropäischen Länder macht dies die früher angestrebte Ost-West-Vermittlerrolle Ungarns für die ausländischen Investoren weniger attraktiv. Anfang 1994 sind die Wirtschaftsaussichten Ungarns noch düsterer geworden, als es noch ein Jahr zuvor erwartet worden war. Frühere Wachstumserwartungen haben sich als irreal erwiesen, vor Mitte 1995 ist nicht damit zu rechnen, daß sich die Wirtschaft von der Krise erholt. Für 1993 war – nach Regierungsprognosen – ursprünglich ein BIP-Wachstum von 1–3 % vorgesehen. Tatsächlich kam es aber zu einem weiteren BIP-Rückgang von 2 %.

Die **Krisenerscheinungen** sind 1993 wieder deutlicher geworden. Im Mittelpunkt stehen akute Gleichgewichtsprobleme, vor allem das stets zunehmende Staatsbudgetdefizit (etwa 250 Mrd. Forint im Jahre 1993) und – als neue Erscheinung – das dramatisch zugenommene Defizit der Zahlungsbilanz (bis Ende 1993 etwa 3 Mrd. US $). Hinter der defizitären Zahlungsbilanz steckt die rasch sinkende Leistung des früher erfolgreichen Außenhandels (Außenhandelsdefizit für 1993: 3,6 Mrd. US $), die vor allem auf die schrumpfende Ausfuhr (–15 %) und weniger auf die steigende Einfuhr (+6 %) zurückzuführen ist. Die bisher »sorglose« Finanzierung der Defizite scheint gefährdet zu sein, da das Budgetdefizit nicht mehr aus den Ersparnissen und das Zahlungsbilanzdefizit nicht mehr durch Kapitaleinfuhr finanzierbar ist. Als Ergebnis steigt die **Auslandsverschuldung** weiter an (von 22 Mrd. US $ auf 24 Mrd. US $ im Jahre 1993). Jüngste Zinserhöhungen machen eine kurzfristige Belebung der Wirtschaft unwahrscheinlich.

Auf der positiven Seite gibt es nur sehr wenig zu erwähnen, und selbst die positiven Tendenzen sind nicht eindeutig. Einer dieser Faktoren ist die Erhöhung des inländischen Verbrauchs des BIP um 5 %, die seit fünfzehn Jahren nicht vorgekommen ist. Es ist aber weniger positiv, daß dahinter weder die Erhöhung des Verbrauchs der Bevölkerung noch die steigenden Investitionen stehen, sondern vor allem steigende Vorräte. Doch der Zuwachs der **Industrieproduktion** um 4 % im Jahre 1993 ist eindeutig positiv, vor allem aufgrund des darin enthaltenen Zuwachses des Maschinenbaus um 13,7 %.

Abbildung 2:

Volumen der Industrieproduktion
(Ausgangsbasis: Dezember 1988/Januar 1989 = 100)

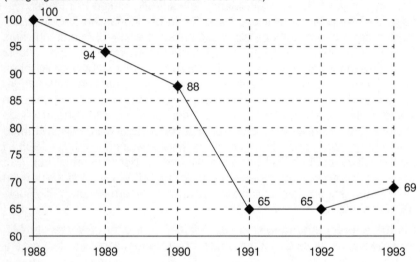

In den ersten zwei Jahren der Transformation vollzog sich der Strukturwandel mit **sinkender Produktivität**, da der Beschäftigungsabbau moderater war als der Einbruch der Produktion. Ab 1992 sieht man jedoch eine steigende Produktivität.

Tabelle 1:

Produktivität in der Industrie
(1988 = 100,0)

1989	100,7
1990	99,6
1991	92,3
1992	103,2
1993	110,0

Quelle: Statistisches Amt Budapest

Nachdem das modifizierte Konkursgesetz (das hauptsächlich die Interessen der Kreditgeber vertritt und nach drei Monaten Zahlungsunfähigkeit ein automatisches Konkursverfahren vorsieht) im April 1992 in Kraft getreten ist, wurde eine Lawine von Konkurs- und Liquidationsverfahren in Bewegung gesetzt, der Tausende von Firmen zum Opfer fielen. Im Jahre 1993 wurden 6 000 Konkursverfahren gegen Firmen durchgeführt, wodurch die gesamte Anzahl der Firmen unter Konkursverfahren auf 16 000 wuchs. Aufgrund dieser negativen Erfahrungen wurde das Konkursgesetz Ende 1993 abgeschwächt.

Die **Privatisierung** läuft in Ungarn im Rahmen eines marktkonformen Prozesses ab. Das heißt, staatliche Eigentumsanteile werden zum Marktpreis verkauft, zumindest wird dies versucht. Die kostenlose Verteilung des staatlichen Eigentums an die Bevölkerung oder an Bevölkerungsgruppen sowie die Reprivatisierung spielen in Ungarn keine Rolle. Es gibt faktisch keine Reprivatisierung, sondern nur eine begrenzte – fast symbolische – Entschädigung für einstige ungarische Eigentümer. Frühere Eigentümer nationalisierten Eigentums erhalten sogenannte Entschädigungswertpapiere, mit denen ein gewisser Anteil ihres früheren Eigentums kompensiert wird. Je größer das frühere Eigentum, desto geringer ist die Entschädigung pro Eigentumsanteil. Für Entschädigungswertpapiere können staatliche Eigentumsanteile, landwirtschaftliche Nutzflächen mit Kultivierungspflicht oder in staatlichem Besitz befindliche Wohnungen erworben werden. Diese Form der Entschädigung dient der politischen Absicht, die Reprivatisierungskräfte zu beruhigen. Zugleich spielt sie bei der Privatisierung aber auch eine katalytische Rolle dadurch, daß die Entschädigungswertpapiere auf der Börse zu 30–40 % ihres nominalen Wertes zugänglich sind. Bei Privatisierungstransaktionen werden sie aber trotzdem zum nominalen Wert veräußert. Der Privatisierungsprozeß läuft parallel auf mehreren Ebenen, da es keinen »Königsweg« der Privatisierung gibt. Die so entstandene Komplexität und Vielfalt ermöglicht es, Privatisierungsziele effektiver und schneller zu erreichen. Die Privatisierung ist natürlich auch politisch beeinflußt, so daß der Prozeß zwischen zwei Extremen – spontane, dezentralisierte und staatlich gelenkte Privatisierung – verläuft.

Während der politischen Wende im Jahre 1990 ist das Pendel in Richtung **Zentralisierung und staatliche Kontrolle** ausgeschlagen. Es gab Beschwerden über den Ausverkauf des Landes, die niedrigen Verkaufspreise und die Übertragung von Wirtschaftsmacht an die Nomenklatura. Damit wurde die Privatisierung deutlich gebremst. Von 1991 an wurde jedoch der Prozeß wieder beschleunigt und neue Privatisierungstechniken ausgearbeitet und angewendet. Das Pendel schlug wieder in Richtung von Spontaneität und Dezentralisierung aus.

Die zentralen Institutionen der Privatisierung sind die **staatliche Vermögensagentur**, die Anfang 1990 noch vor der politischen Wende von der reformkommunistischen »Expertenregierung« gegründet worden war, und die im Jahre 1992 gegründete **Staatsvermögen Holding AG**. Die Staatliche Vermögensagentur ist nicht Eigentümer der Betriebe, sie ist lediglich zuständig für den Privatisierungsprozeß. Sie schiebt Privatisierungsprogramme an und übt Kontrollfunktionen aus. Ihre Zielsetzung ist es, den Verkauf relativ schnell, juristisch korrekt und zum bestmöglichen Preis auf Wettbewerbsebene abzuwickeln. Die Staatsvermögen Holding AG ist in erster Linie zuständig für die Eigentumsverwaltung und Sanierung staatlicher Großbetriebe oder strategisch wichtiger Großunternehmen (z. B. der Infrastruktur), die kurzfristig nicht zu privatisieren oder nicht privatisierbar sind. Darüber hinaus hat die Holding auch Privatisierungsaufgaben.

Für ausländische Investoren gibt es hauptsächlich drei Investitionsmöglichkeiten:

– Kauf staatlicher Vermögensanteile von der Vermögensagentur über Tender,

– Gründung von Joint-ventures mit ungarischen Firmen (oft mit ihren früheren Geschäftspartnern),

– Investitionen auf der »Grünen Wiese«.

Ihre Motive richten sich in erster Linie darauf, neue Märkte zu erschließen und eine dauerhafte Marktanwesenheit zu sichern. Ungarn (und die gesamte Region) ist für sie also vor allem als Absatzmarkt und nicht als Produktionsstandort wichtig – abgesehen von dem Phänomen der sogenannten verlängerten Werkbank, wenn die arbeitsintensiven Produktionsphasen in Billiglohnländern angesiedelt werden. Es sind auch oft Investoren, die niedrige Verkaufspreise nutzen, um die Immobilien der Betriebe zu erwerben. Es gibt eine Reihe von »marktfeindlichen Akquisitionen«, wo der Investor den Konkurrenten aufkauft, um ihn aufzulösen. Neben dem ungünstigen makroökonomischen Umfeld verringern sich die Wettbewerbsvorteile Ungarns gegenüber anderen Zielländern auch dadurch, daß die ungarischen Löhne und Arbeitskosten in der Region am höchsten liegen.

Trotz all dieser negativen Tendenzen hat Ungarn noch einige Wettbewerbsvorteile, wie politische Stabilität, qualifizierte Arbeitskräfte, geographische Lage, relativ gute Infrastruktur und das von allen osteuropäischen Ländern am weitesten entwickelte Bankensystem, wodurch es trotz viel härterer Wettbewerbsbedingungen immer noch das meiste Auslandskapital in der Region anzieht.

Tabelle 2:

Wichtigste makroökonomische Indikatoren
(Veränderung gegenüber dem Vorjahr in %)

	1990	1991	1992	1993	1994
BIP	− 3,2	−11,7	− 4,3	− 2,3	3
Industrieproduktion	− 9,2	−19,2	− 9,8	4,2	4–6
Lebensmittelindustrie	−13,7	−10,7	− 4,1	−10,2	5–6
Bauindustrie	−13,9	−15,1	− 4,7	− 3,9	10–12
Verbrauch der Bevölkerung	k. A.	− 2,5	− 2,4	1,4	1–2
Investitionen	k. A.	k. A.	−10	− 0,7	15–20
Verbraucherpreise	28	35	23	22,5	19
Ausfuhr	− 4,1	− 4,9	1,0	−13,5	13–16
Einfuhr	− 5,2	5,5	− 7,6	11,6	14–17
Realeinkommen der Bevölkerung	− 2	− 8	− 4	1	3–5
Handelsbilanz (Mio. US $)	940	−1600	−1100	−2900	−3500
Zahlungsbilanz (Mio. US $)	−1450	267	324	−3455	−3700
Budgetdefizit (Mrd. Ft)	− 1,5	− 114	− 198	− 300	− 330

Quelle: Zentrales Statistisches Amt, Finanzministerium Budapest

4.2 Grunddaten zur sozialen Lage

Seit mehreren Jahrzehnten hat die ungarische Wirtschaft eine rigide **Arbeitsplatzstruktur**, die noch dazu durch ein unflexibles Bildungssystem verstärkt wird. Die stürmischen Prozesse der Transformation in den letzten Jahren haben hunderttausende von Arbeitsplätzen gekostet. Der Mangel an zur technischen Entwicklung nötigem Kapitel hat aber zur Folge, daß eine neue Produktions- und Arbeitsplatzstruktur sich noch immer nicht entfaltet.

Wenn man die Frage stellt, ob es in Ungarn um eine strukturelle Arbeitslosigkeit oder um eine zyklische Rezessionsarbeitslosigkeit geht, muß man feststellen, daß die jetzige Phase der Arbeitslosigkeit in Ungarn und auch in den anderen mittel- und osteuropäischen Ländern eine **Transformationsarbeitslosigkeit** ist, was sich nicht so einfach in die klassischen Kategorien der etablierten Marktwirtschaften einordnen läßt. Deren wichtigste **Merkmale** sind:

- Die ungarische Arbeitslosigkeit ist von tiefer Rezession hervorgerufen, nicht aber als zyklisch zu kennzeichnen.

- Die Rezession löst den Zusammenbruch der alten Produktionsstrukturen aus, die Belebung ist aber nur in einer grundsätzlich erneuerten Struktur vorstellbar – eine automatische Belebung ist nicht zu erwarten.

- Die Umstrukturierung erfolgt unter viel ungünstigeren Bedingungen als bei ähnlichen Prozessen in den westlichen Ländern, weil die Wirtschaft durch chronischen Kapitalmangel belastet ist.

- Der ungarische Arbeitsmarkt ist stark segmentiert, sowohl territorial als auch beruflich. Die niedrige Bildungs- und territoriale Mobilität verhindert die Anpassungsfähigkeit, wobei die langsam angelaufene wirtschaftliche Umstrukturierung von der Angebotsseite der Arbeitskraft mit deutlicher Verspätung erfolgt. Damit wird die künftige strukturelle Arbeitslosigkeit auch tiefer und länger, als man aus den Erfahrungen des westlichen Strukturwandels in den siebziger Jahren vermuten würde.

Tabelle 3:

Wichtigste Merkmale der Beschäftigung
(in Tsd., jeweils 1. Quartal)

	1990	1991	1992	1993	1994
Bevölkerung	10374,8	10354,8	10337,2	10310,2	10277
Bevölkerung im arbeitsfähigen Alter	5956,8	5997,4	6031,4	6056,5	6072
Anzahl der Beschäftigten	5471,9	5303,9	4796,2	4352,0	4136
Anzahl der Arbeitslosen	24,2	100,5	406,1	663,0	630,0
Arbeitslosenquote (in %)	0,4	1,9	7,8	13,2	12,0
Arbeitslosenquote für Personen unter 25 Jahren (in %)	–	–	6,6	11,0	k. A.
Arbeitslosenquote für Männer (in %)	0,5	2,2	9,0	15,1	k. A.
Arbeitslosenquote für Frauen (in %)	0,4	1,5	6,6	11,2	k. A.

Quelle: Bericht über den Arbeitsmarkt, Institut für Arbeitsmarktforschung, Budapest, April 1994

Die Anzahl der jährlichen Arbeitstage beträgt im Durchschnitt 260, während die Anzahl der Arbeitsstunden in der Woche bei 40 Stunden liegt.

Tabelle 4:

Struktur der Arbeitslosigkeit gemäß der Ausbildung
(Stand: Juni 1993)

Qualifikation	Anzahl der registrierten Arbeitslosen (in Tsd.)	Verteilung (%)
Grundschule und darunter	291 809	44,4
Fachmittelschule	303 394	46,2
Gymnasium	45 752	7,0
Universität	5 608	0,8
Gesamt	657 331	100,0

Quelle: Bericht über den Arbeitsmarkt, Institut für Arbeitsmarktforschung, Budapest, April 1994

Im Jahre 1993 scheint sich ein positiver Trend auf dem Arbeitsmarkt zu entwickeln. Dies bedeutet aber nicht, daß die Arbeitsmarktlage in Ungarn sich tatsächlich verbessert. An der Oberfläche ist zunächst eine Verbesserung festzustellen, da die Anzahl der registrierten Arbeitslosen von 704 000 im Februar bis zum Jahresende auf 630 000 gesunken ist (dies entspricht einer Arbeitslosenquote von 13,5 bzw. 12,1 %). Dieser positive Trend ist aber vor allem der Tatsache zu verdanken, daß es mehr Personen gibt, die aus der Registrierung herausfallen, als solche, die neu eintreten. Arbeitslose, die keinen Anspruch mehr auf irgendeine Art von Versorgung haben, brechen oft ihre Kontakte mit den Arbeitsämtern ab und werden dadurch »unsichtbar«.

Nach Schätzungen lag die Zahl dieser nicht registrierten und nicht versorgten **Arbeitslosen** am Jahresende 1993 bei etwa 150 000–200 000. Dies würde eine effektive Arbeitslosigkeit von etwa 800 000 (eine Quote von ca. 15 %) bedeuten, d. h. eine Verbesserung auf dem Arbeitsmarkt ist noch nicht zu spüren.

Was die **Dauerarbeitslosigkeit** betrifft, so sind rund 40 % der registrierten Arbeitslosen seit mehr als einem Jahr ohne Arbeit.

Trotzdem sind 1993 einige positive Phänomene auf dem Arbeitsmarkt zu notieren. Die Anzahl der offenen Stellen lag zum Jahresende um etwa 50 % höher (etwa 40 000, d. h. immer noch nur 7 % der Anzahl der Arbeitslosen!) als ein Jahr zuvor. Nach dem Ablauf der Konkurswelle sind die offiziell angemeldeten Kündigungspläne der Betriebe für das erste Halbjahr 1994 wesentlich moderater, als sie es noch 1993 waren. Die jetzige Arbeitsmarktlage könnte man als **widersprüchlich** charakterisieren: auf der einen Seite weniger Neu-Arbeitslose, auf der anderen Seite aber mehr und mehr Personen, die aus dem Versorgungssystem herausfallen und für die Statistik unsicht-

Abbildung 3:
Die Anzahl der registrierten Arbeitslosen 1989–1993
(Angaben in Tsd.; jeweils zum Jahresende)

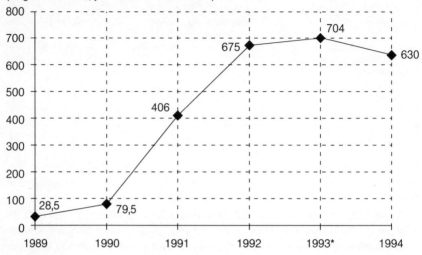

* im Februar 1993

bar werden. Der Grundwiderspruch der ungarischen Arbeitsmarktpolitik liegt zwischen kurz- und langfristigen Zielsetzungen, akutes Krisenmanagement auf der einen Seite, Prävention und arbeitsmarktliche Reintegration auf der anderen. Eine Beschäftigungslage mit einer Arbeitslosenzahl, die fünfzehnmal so hoch ist wie die der offenen Stellen, begrenzt den Spielraum der aktiven Mittel der Arbeitsmarktpolitik. Mit dem dramatischen Anstieg der Arbeitslosigkeit wurde das Gewicht auf die passiven arbeitsmarktpolitischen Mittel gelegt.

Als Basismittel für die Versorgung der Arbeitslosen gilt die **Arbeitslosenrente**, die insgesamt für ein Jahr in Anspruch genommen werden kann. Im ersten Halbjahr der Arbeitslosigkeit werden 70 % des vorherigen Bruttogehaltes bezahlt, aber nicht mehr als das Doppelte des gesetzlich festgelegten Minimallohns. Im zweiten Halbjahr erhält man 50 % des früheren Gehaltes. Arbeitslose Schulabsolventen haben Anspruch auf 75 % des Minimallohns. Dauerarbeitslose, die aus der Grundversorgung herausfallen, erhalten eine Arbeitslosenhilfe, die 50 % des jeweiligen Minimallohns beträgt.

Zwar existieren in Ungarn fast alle Elemente der im Westen eingesetzten Mittel einer **aktiven Arbeitsmarktpolitik**, das Ausmaß ihres Gebrauchs ist jedoch gering. Umschulung wäre eine der wichtigsten Formen der aktiven Arbeitsmarktpolitik, sie wird aber nur bei etwa 5 % der Arbeitslosen angewendet. Umschulungskosten von Arbeitslosen oder unmittelbar von Arbeitslosigkeit Bedrohten werden von den zentralen und dezentralen Quellen des Beschäftigungsfonds finanziert. Arbeitslose erhalten 110 % der Arbeitslosenrente während der Umschulungszeit.

Die Arbeitslosenversorgung – Arbeitslosenrente und die Unterstützung von arbeitslosen Schulabsolventen – beruht auf einer Versicherung bei Garantie durch das Staatsbudget. Beiträge von Arbeitnehmern und Arbeitgebern (2 bis 7 % der Bruttolöhne) werden in einen Solidaritätsfonds gezahlt. Mit der kontinuierlich steigenden Belastung der Bevölkerung spitzen sich die sozialen Spannungen in Ungarn immer mehr zu. Da der Umgestaltungsprozeß schon viel früher angefangen hat als in den anderen Ländern Mittel- und Osteuropas, sind Stagnation und Rückgang des Lebensstandards auch auf diese früheren Zeiten zurückzuführen.

Die ursprünglichen Überlebensstrategien der achtziger Jahre durch die Zweitwirtschaft – mit Zweit- und Drittjobs – wurden in den letzten drei

Abbildung 4:

Entwicklung des Reallohns und des Realeinkommens
(1989 = 100)

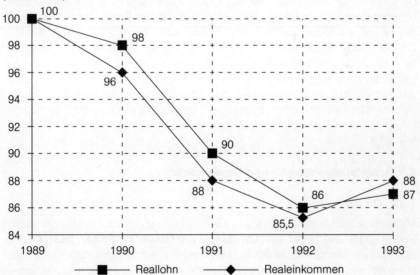

Jahren deutlich eingeschränkt. Dies geschah vor allem durch die Vertiefung der Rezession, durch die zunehmende Arbeitslosigkeit und durch die Eingliederung der zweiten Wirtschaft in die erste (als Privatwirtschaft), in der die Möglichkeiten breiter gefächert und nicht nur auf die Angestellten und Kleininvestoren zugeschnitten sind. Die Suche nach individuellen Strategien ist aber immer noch dominant. Die Schichten mit der größten Belastung (Arbeitslose, Rentner, Großfamilien, junge Leute) haben kaum eine Interessenvertretung, wodurch sich die relative soziale Ruhe des Landes erklärt.

Die **Differenzierung der Gesellschaft** ist in den letzten Jahren enorm beschleunigt worden. Die Neuverteilung des nationalen Eigentums ist nur für eine dünne Schicht zugänglich. Eine weitere Trennlinie bildet sich zwischen dem aktiven und dem nicht aktiven Teil der Bevölkerung. Familien mit Rentnern, mehreren Kindern und Arbeitslosen befinden sich rasch am Existenzminimum. Differenziert werden auch die Gehälter der Angestellten, und Lohnerhöhungen sind unterschiedlich nach Branchen, aber auch nach geistiger und manueller Arbeit. Zwischen dem Management und den übrigen Teilen der Angestellten wachsen die Unterschiede ebenfalls.

Die **Verarmung** der mittleren Schichten nimmt weiter zu. Diese Tendenz bringt eine Ausweitung des Bevölkerungsanteils mit sich, der am Rande des Existenzminimums leben muß. Dies ergibt sich aus der Natur der sozialen Ausgleichsmechanismen. In Ungarn hat es nie eine Indexierung von Löhnen, Renten und sozialen Hilfen gegeben. Die Verteilung der immer spärlicheren Ressourcen der Sozialpolitik ist so gestaltet, daß der Schutz nur in der Nähe des Existenzminimums effektiv wird. Wenn man beispielsweise die Durchschnittslöhne (ca. 470 DM brutto für Angestellte Ende 1993) mit dem Existenzminimum (ca. 230 DM/Kopf in einer städtischen Familie mit vier Personen) vergleicht, sieht man diese Differenz deutlich. Eine Familie von zwei Erwerbstätigen mit zwei Kindern, die ein Durchschnittsgehalt beziehen, lebt (einschließlich Kindergeld) am Existenzminimum. Nach unseren Untersuchungen trifft dies für 40–45 % der Bevölkerung zu.

4.3 Arbeitsbeziehungen und Gewerkschaften

4.3.1 Gewerkschaften

Vor dem politischen Umschwung 1988/90 gab es einen einzigen zentralen Gewerkschaftsverband, den **Landesrat der Gewerkschaften (SZOT)**, dessen Fachverbänden über 90 % der Beschäftigten angehörten. Die Entstehung der von Staat, Arbeitgeber und kommunistischer Partei unabhängigen

Gewerkschaften mit demokratischem Aufbau kann als Reaktion auf die Untätigkeit der staatsparteilichen Gewerkschaft betrachtet werden. Die Gründung der unabhängigen Gewerkschaften resultierte aus der politischen Konfrontation mit der alten staatsparteilichen Machtstruktur sowie der Unzufriedenheit der Werktätigen mit den herkömmlichen Gewerkschaften. Als erste wurde am 18. Mai 1989 die Demokratische Gewerkschaft der Wissenschaftlich Tätigen (TDDSZ) ins Leben gerufen. Ihre Entstehung war vor allem politisch motiviert, zu ihren Gründungsmitgliedern gehörten zahlreiche prominente Oppositionelle. Dem Vorreiter TDDSZ folgten unter anderen die Demokratische Gewerkschaft der Pädagogen und die Gewerkschaft der heilpädagogisch Beschäftigten. All diese Gewerkschaften entstanden mitten im Zerfall des Einparteien-Systems und wirkten bei dessen Liquidierung mit. Zeitgleich mit den Gewerkschaften neuen Typs formierten sich auch die alternativen politischen Bewegungen wie die Jungdemokraten (FIDESZ), das Demokraten-Forum (MDF) und die Freidemokraten (SZDSZ).

Im Dezember 1988 gründeten Vertreter der unabhängigen Gewerkschaften – als eine Art SZOT-Alternative – die **Demokratische Liga Unabhängiger Gewerkschaften (FSZDL)**, deren Mitgliederzahl zwischen 1989 und Anfang 1993 zunahm. 1993 begann die Mitgliederstärke der LIGA zu stagnieren, im Juni 1994, als einige kleine Betriebsverbände austraten und eine neue Konföderation namens Demokratische Liga Freier Gewerkschaften gebildet wurde, schrumpfte sie sogar etwas. Über das Ausmaß der Verbandsaustritte sind zwar keine konkreten Zahlen bekannt, doch es steht fest, daß die große Mehrheit in der ursprünglichen Konföderation verblieben ist.

Der aufkommende politische und gewerkschaftliche **Pluralismus** zwang die alten Gewerkschaften zu Anpassung und Erneuerung. Bei den im Frühsommer 1989 gestarteten Rundtisch-Gesprächen waren die Gewerkschaften noch kein zentrales Thema, dennoch hatten die hier erzielten politischen Ergebnisse eine erhebliche Wirkung auf die Bewegung: Im September 1989 erklärte der SZOT, daß er sich als unabhängig von der Staatspartei MSZMP betrachte, und er akzeptierte die Notwendigkeit, einen politischen Pluralismus zu schaffen. Den SZOT zu reformieren und für seine Legitimation zu sorgen, wurde zu einer Existenzfrage der gewandelten alten Gewerkschaften. Infolgedessen mauserte sich der SZOT im März 1990 zu einer Konföderation unabhängiger Fachverbände. Gegründet wurde der **Landesbund Ungarischer Gewerkschaften (MSZOSZ)** mit 67 Mitgliedsverbänden. An seiner Spitze gab es hingegen kaum personelle Veränderungen: Der zentralen Leitung standen die früheren SZOT-Chefs vor, und im Landesrat saßen die bisherigen Branchen-Oberen. Die Mitgliedsverbände des MSZOSZ stammten überwiegend aus der Industrie und zum Teil aus dem Dienstleistungssektor. Als typisches Phänomen der Branchenstruktur repräsentieren die MSZOSZ-Verbände Krisenbereiche (Bergbau, Hüttenwesen), und in den Krisenregionen sind sie maßgebend präsent.

Einige frühere SZOT-Fachverbände traten dem MSZOSZ nicht bei und bildeten neue Konföderationen. Hierzu gehört die Koordination autonomer Gewerkschaften, deren Kern die Chemiker, Lokomotivführer und Beschäftigten der Elektroindustrie ausmachen. Das **Kooperationsforum der Gewerkschaften (SZEF)** vereinigt die Angestellten des öffentlichen Dienstes und die Pädagogen. Im **ESZT** sind vorwiegend Intellektuelle aus dem Hochschulwesen vertreten. Unter den alternativen Gewerkschaften entstand im August 1989 neben der LIGA der **Landesbund der Arbeiterräte (MOSZ)**, dessen Benennung die revolutionäre Tradition der Arbeiterräte von 1956 fortsetzen sollte. Seine Mitglieder rekrutierten sich vornehmlich aus der Arbeiterschicht, und in den Grundsätzen ging es um die direkte Teilnahme der Werktätigen an der Betriebsleitung, die Arbeiterselbstverwaltung beziehungsweise die Besitzübernahme durch die Belegschaft.

Im Zeitraum 1989 bis Anfang 1994 entfaltete sich eine enge politische Zusammenarbeit zwischen der LIGA und den Arbeiterräten, doch dann lockerte sich ihr Bündnis. Als weitere Konföderation entstand der **Gewerkschaftliche Arbeiterbund Szolidaritas**, der sich anders als die übrigen Konföderationen durch den Ausbau einer individuellen Mitgliedschaft zu einer landesweiten Organisation entwickeln wollte. Doch die Szolidaritas geriet regelmäßig in Konflikt mit den anderen Konföderationen, in erster Linie wegen der gewerkschaftlichen Vermögensteilung beziehungsweise wegen der Taktik gegenüber der Regierung, weshalb sie sich nicht mehr an der Arbeit des **Rates für Interessenabstimmung** beteiligte. Mitte 1994 bedeutete Szolidaritas nur noch die Erinnerung an einige fehlgeschlagene betriebliche Streikaktionen beziehungsweise einen Hungerstreik.

Statistiken zu gewerkschaftlichen Mitgliederzahlen sind mit Vorsicht zu genießen. Dabei geht es nicht nur darum, daß jede Konföderation mehr Mitglieder als die tatsächlichen Beitragszahler vorweisen möchte, um ihre Bedeutung in der Gewerkschaftspolitik des Landes zu steigern. Für die Unzuverlässigkeit der Daten gibt es auch objektive Gründe, namentlich, daß nicht einmal die Konföderationen selbst ihre genaue Mitgliederstärke kennen. Dieses Phänomen hat verschiedene Ursachen: Infolge der ständig wechselnden Eigentumsverhältnisse in der Wirtschaft, der Privatisierung, der Konkurse und Liquidierungen erlebt die gewerkschaftliche Organisation

Tabelle 5:

Gewerkschaftsmitglieder
(Angaben in Tsd.)

	Ende 1990	Ende 1991	Ende 1993
Autonome	374	350	350
ESZT	63	90	90
LIGA	130	250	50–100
MSZOSZ	2683	2000	700–1000
MOSZ	106	45	75
SZEF	557	750	750
Szolidaritas	75	150	o. A.

Quelle: Tények Könyve (Fakten-Buch), Ráció, 1992, S. 812

in Ungarn einen radikalen Einbruch. Der Anteil der organisierten Werktätigen sank zwischen 1989 und 1994 von mehr als 90 % auf schätzungsweise 30–40 %, und diese Quote, die im Vergleich zu mehreren westlichen Ländern noch immer hoch ist, kann weiter sinken. Ein schwerwiegendes Problem für die ungarische Gewerkschaftsbewegung bedeutet auch die Tatsache, daß es im Privatsektor, der rund 50 % des BIP erwirtschaftet, kaum oder gar keine Gewerkschaften auf Unternehmensebene gibt. Während die Arbeitnehmer, die ihren Arbeitsplatz verloren haben, einen Teil ihres Lebensunterhalts durch Jobs in der Schattenwirtschaft decken, hat das wachsende Gewicht der Schattenwirtschaft eine nachteilige Wirkung auf die legale Sphäre und ist dadurch eine Gefahr für die Arbeitsplätze der hier Beschäftigten.

Die alternativen Gewerkschaften nahmen ihre Arbeit unter sehr schlechten materiellen und finanziellen Bedingungen auf, da der MSZOSZ beziehungsweise dessen Fachverbände sowie die ehemaligen SZOT-Einzelgewerkschaften, die dem MSZOSZ nicht beitraten, das **gewerkschaftliche Vermögen** besaßen beziehungsweise verwalteten. Lange arbeiteten die LIGA und die Arbeiterräte ohne grundlegende Infrastruktur, sozusagen auf den Schwingen der Begeisterung und der Entschlossenheit ihrer Mitglieder. Anfangs gab es zwar einen gewerkschaftlichen Runden Tisch, der als Forum für die Zusammenarbeit beziehungsweise für die Regelung strittiger Fragen hätte dienen können, dieser Aufgabe aber nicht gewachsen war. Die Vermögensdebatte fand zu einem Zeitpunkt statt, da die neue Mitte-Rechts-Regierung sich bemühte, den Einfluß und die Bedeutung der Gewerkschaften zu schmälern. Mit den Stimmen der Liberalen und der Regierungsparteien billigte das Parlament dann im Juli 1991 das »Gesetz über den Schutz des gewerkschaftlichen Vermögens sowie die Chancengleichheit bei der Organisierung der Arbeitnehmer und der Betätigung ihrer Organisationen«, das die Gewerkschaften verpflichtete, eine Vermögenserklärung für den Staatlichen Rechnungshof anzufertigen, und gleichzeitig untersagte, die gewerkschaftlichen Immobilien zu veräußern. Bis zur Verteilung des Vermögens, über die durch Gewerkschaftswahlen zu entscheiden sei, wurde zur gemeinsamen Verwaltung des Vermögens eine provisorische Organisation gebildet. Zu den vier Mitgliedern des Direktionsrates gehörten der MSZOSZ, die LIGA, die Arbeiterräte und mit einer Stimme vier weitere Konföderationen aus dem Rat zur Interessenabstimmung. MSZOSZ, ESZT, Autonome und SZEF werteten den Parlamentsbeschluß als Einmischung in ihre inneren Angelegenheiten und als gesetzwidrig, so daß sie sich nicht an der Arbeit der Treuhandorganisation beteiligten und damit im Grunde deren Tätigkeit blockierten.

Das zweite vom Parlament verabschiedete Gesetz »über die Freiwilligkeit der Beitragszahlung an die betriebliche Interessenvertretung« verfügte die Einstellung des automatischen Abzugs der Beiträge am Arbeitsplatz und schrieb vor, daß die Mitglieder eine Vollmacht darüber erteilen müssen, für welche Konföderation der Beitrag automatisch vom Gehalt abgezogen werden darf. Hinter diesem Gesetz steckte die Erwartung, daß die Masse der Arbeitnehmer zu Zeiten des gewerkschaftlichen Pluralismus die alten Konföderationen nicht mit ihren Beitragszahlungen unterstützen werde. Diese Absicht verfehlte aber ihr Ziel, und mehr als eine Million Arbeitnehmer erneuerten ihre Mitgliedschaft bei den MSZOSZ-Gewerkschaften. Die alternativen Gewerkschaften begingen einen schwerwiegenden Fehler, als sie in dieser Angelegenheit nur eine sehr bescheidene Kampagne zur Werbung von Mitgliedern starteten.

Im November 1991 entschied das Parlament die Verteilung des Gewerkschaftsvermögens aufgrund der Ergebnisse der Sympathie-Abstimmung, die binnen eines Jahres unter den gewerkschaftlichen Föderationen abgehalten werden sollte. Die juristischen und finanziellen Voraussetzungen für die Abwicklung der Wahl wurden jedoch nicht geklärt. Seitens der Regierung kam die Antigewerkschaftspolitik immer stärker zum Tragen, die darauf abzuzielen schien, ihnen das Vermögen zu entziehen. Mißtrauen und Feindseligkeit der konkurrierenden Konföderationen, die Zersplitterung der Gewerkschaften und das Interesse einzelner Regierungsmitglieder an der Ausnutzung der Gegensätze brachten die ungarische Gewerkschaftsbewegung in eine gefährliche Lage. Diese Situation manifestierte sich in einem hohen Mitgliederverlust in den alten und in der langsamen Entwicklung der neuen Gewerkschaften. Nur ein Bruchteil der Ausgetretenen erschien jedoch in den jungen Konföderationen. Als die sechs Konföderationen – mit Ausnahme der Szolidaritas – die Gefahr der Lage erkannten, unterzeichneten sie am 10. September 1992 ein Abkommen über die Verteilung des einstigen SZOT-Vermögens. Das zentrale **Immobilienvermögen** im Wert von etwa 4,2 Mrd. Forint wurde nach folgenden Proportionen verteilt: MSZOSZ 47 %, LIGA und Arbeiterräte zusammen 30 %, SZEF, SZT und Autonome 20,6 %, Szolidaritas und eine weitere, achte Konföderation 1,5 %. Auch die Komitatssitze des MSZOSZ wurden anteilsmäßig aufgeteilt: MSZOSZ 40 %, LIGA und Arbeiterräte 35 %, SZEF, ESZT und Autonome 20 %, Szolidaritas 5 %.

Die Verteilung des zentralen Vermögens wirkte sich zwar positiv auf die Zusammenarbeit zwischen den Gewerkschaften aus, aber obwohl sich die Konföderationen an die Vereinbarung hielten, vermochten sie die fundamentalen Meinungsunterschiede und **Spannungen** zwischen den alten und neuen Konföderationen nicht zu lösen. Die Gegensätze ergaben sich aus der Tatsache, daß die Arbeitnehmer die alternativen Gewerkschaften ja gerade ins Leben gerufen hatten, weil sie unzufrieden waren mit dem Interessenschutz und der Interessenvertretung durch den ehemaligen SZOT bzw. des MSZOSZ. Entgegen den Erwartungen der neuen Gewerkschaften strömten ihnen aber die Massen nicht zu. Sie mußten zur Kenntnis nehmen, daß der MSZOSZ trotz radikal sinkender Mitgliedschaft und bedenklicher Finanzprobleme seine führende Rolle in der landesweiten Interessenvertretung bewahren konnte und die politischen Parteien ihn in wachsendem Maße als determinierende Gewerkschaftskraft betrachten. Die anfängliche politische Konjunktur der alternativen Gewerkschaften währte nicht lange, und die entscheidende, aus der Mitgliederzahl resultierende Differenz ließ sich nicht mit Aktivismus und demokratischem Aufbau wettmachen. Die politische Zusammenarbeit, die sich zwischen dem MSZOSZ und der Ungarischen Sozialistischen Partei (MSZP) herausbildete, stärkte den Einfluß der Konföderation auf Landesebene.

Die LIGA verwandelte sich zunehmend in einen Propagandisten der Neutralität gegenüber den politischen Parteien, und auch ihre früheren Verbündeten gaben angesichts der politischen Realitäten zu, daß die alten Gewerkschaften legitim und für die Wahrung des sozialen Friedens wichtig sind. Als historisches Verdienst verblieb den alternativen Gewerkschaften insbesondere die Schaffung und Sicherung des gewerkschaftlichen Pluralismus, was nicht nur den Interessen der neuen, sondern auch der Stärkung der progressiven Kräfte innerhalb des MSZOSZ diente. Neben den positiven Zügen hatte der Wettbewerb zwischen den Konföderationen allerdings auch unliebsame Konsequenzen für die Gewerkschaftsbewegung. Dazu gehören der Kampf um die Senkung der Beiträge, der die Arbeit der Konföderationszentralen gravierend erschwerte, und die starke politische Färbung der Konföderationstätigkeit.

4.3.2 Reform des Arbeitsrechts

Im Zuge des politischen Systemwechsels wurden wichtige Schritte getan für die Schaffung der rechtlichen Voraussetzungen einer echten Interessenvertretungsarbeit. Mit der 1989 erfolgten Modifizierung des alten Arbeitsgesetzbuches entstanden Kollektivverhandlungen und Kollektivverträge gestattende Rechtsregeln, außerdem wurden die Vorschriften der zentralen Lohnregelung gelockert, die Unternehmen erhielten größere Entscheidungsfreiheit bei der Verwendung ihrer Lohnmasse, kollektive Arbeitskonflikte wurden anerkannt und geregelt, und 1989 wurde auch ein als liberal zu bezeichnendes Streikgesetz verabschiedet.

Das 1992 angenommene neue **Arbeitsgesetzbuch (AGB)** folgt formell westeuropäischen Regelungen. Das AGB beruht auf dem deutschen Beispiel, allerdings wurden die Rechte der Gewerkschaften sowie der neu geschaffenen Betriebsräte stark eingeschränkt. Das ungarische AGB geht von der Logik eines marktwirtschaftlichen Modells aus, in dem aufgrund der freien Verhandlung und Übereinkunft von Arbeitgeber und Arbeitnehmer ein Partnerverhältnis entsteht. Dieser Ausgangspunkt ignoriert aber die Lage, in der die Stellung der Arbeitnehmer wegen der starken Senkung der Reallöhne und der schnellen Zunahme der Arbeitslosigkeit außerordentlich schwach ist. Die Traditionen und Voraussetzungen der kollektiven Solidarität am Arbeitsplatz existieren nicht, und auch die Leiter der Unternehmen verfügen nicht über das zu den Kollektivverhandlungen erforderliche Wissen bzw. die Verhandlungserfahrung. Die sich in der Übergangswirtschaft abspielenden schnellen Veränderungen bzw. der schwere Rückfall der Wirtschaft schufen ein hartes, **paternalistisches Arbeitgeberverhalten**, das ungeeignet zur Verwirklichung des im AGB vorgeschriebenen sozialen Partnerschaftsverhältnisses ist. Daneben kam von seiten der Regierung in den Gesetzen auch die politische Absicht zum Ausdruck, die Gewerkschaften am Arbeitsplatz zu schwächen.

Es ist eine wichtige Bestimmung des neuen AGB, daß der Abschluß des Kollektivvertrages auf der Ebene des Arbeitsplatzes für den Arbeitgeber nicht obligatorisch ist, daß er jedoch wegen seiner Zusammenarbeitspflicht mit den Gewerkschaften an den Verhandlungen teilnehmen muß. Der Abschluß des Kollektivvertrages kann letztlich nur durch einen Arbeitskampf erzwungen werden. Eine andere wichtige Neuerung ist die Einführung des Begriffes der **repräsentativen Gewerkschaften**. Das bedeutet, daß der Einfluß der Gewerkschaften abhängig ist von den Wahlergebnissen, die bei den am Arbeitsplatz abzuhaltenden Betriebsratswahlen erreicht werden. Die ungarische Regelung bezieht auch die Gewerkschaften in die Betriebsratswahlen ein. Aufgrund des Wahlergebnisses wird entschieden, welche Gewerkschaften unter welchen Bedingungen einen Kollektivvertrag abschließen können.

Auch die Rechte der Betriebsräte sind außerordentlich eingeschränkt festgelegt worden. In die gemeinsame Entscheidungsbefugnis des Betriebsrates gehören nur die Behandlung sozialer Fragen sowie die Verteilung von Sozialleistungen. Bei den sonstigen die Arbeitnehmer betreffenden Problemen hat er lediglich Informations- und Meinungsrecht erhalten. Was die Gewerkschaftsrechte am Arbeitsplatz anbelangt, so sind sie im Vergleich zur vorherigen Regelung geschwächt.

Hinsichtlich der individuellen **Rechte der Arbeitnehmer** sind zahlreiche Bestimmungen entstanden, die dem Arbeitgeber die Kündigung erleichtern. Die Einführung der Abfindung ist eine neue Regelung, deren Höhe von der Anzahl der am gegebenen Arbeitsplatz verbrachten Jahre abhängt. Entsprechend dem Geist des Gesetzbuches mischt sich der Staat weniger in die Arbeitsbeziehungen ein als bisher und überläßt mehr der Übereinkunft zwischen dem individuellen Arbeitnehmer und dem Arbeitgeber. Mit der Abschaffung der Arbeits-Schiedskommission an den Arbeitsstellen sind die einzelnen Rechtsstreitigkeiten in die Zuständigkeit der Arbeitsgerichte verwiesen worden. Dem neuen Gesetz gemäß kann die Gewerkschaft nur gegen eine Rechtsverletzung Einspruch erheben, sie darf ihr Mitglied nicht vertreten, dieses muß individuell sein Rechtsmittel suchen.

4.3.3 Perspektiven

Die durch die Parlamentswahlen vom Mai/Juni 1994 an die Regierung gelangte sozialistisch-liberale Koalition hat den Interessenvertretungen gegenüber einen Stilwechsel und eine neue Politik versprochen. Im Wahlprogramm der Regierungsparteien ist die Notwendigkeit des Abschlusses eines umfassenden **sozial-wirtschaftlichen Paktes** mit den Organisationen von Arbeitnehmern und Arbeitgebern formuliert. Das Abkommen will die Regierung über eine vierjährige Wirtschafts-, Beschäftigungs-, Lohn- und Sozialpolitik abschließen, es wird aber auch über den Ersatzhaushalt 1994 und den Haushalt von 1995 verhandelt. Die Regierung möchte wegen der schlechten makroökonomischen Lage dem Krisenmanagement und der Verbesserung des ökonomischen Gleichgewichtes durch die Verringerung des Defizits der Haushalts- und Zahlungsbilanz den Vorrang geben. Die wichtigsten Maßnahmen sind auf die Drosselung der Nachfrage im Inland gerichtet.

Die Arbeitnehmerseite befindet sich in einem Dilemma. Die Konföderationen lehnen die von der Regierung für 1995 vorgeschlagene Senkung der Reallöhne um 4,5 % ab und stimmen der Feststellung der Regierung nicht zu, daß im Land ein überhöhter Konsum entstanden sei. Die Gewerkschaften befürchten, daß die Regierung von den Arbeitnehmern neue Opfer verlangt, aber keine Garantien zur Besserung der Lage bietet. In einer besonders schwierigen Lage befindet sich der MSZOSZ, denn neun Landes- bzw. Branchengewerkschaftsführer gelangten bei den Wahlen als Abgeordnete der Sozialistischen Partei ins Parlament. Die Regierung möchte durch das mit den Gewerkschaften zu schließende Abkommen eine Einschränkung des Lohnzuwachses erreichen, da sie hofft, dadurch die Wettbewerbsfähigkeit des Exportes zu verbessern bzw. die Inflation zu senken. Die Regierung ist nicht in der Lage, für die Loyalität der Gewerkschaften eine Kompensation zu gewähren. Es ist sehr zweifelhaft, ob es in dem Abkommen zu einem Tausch von »Arbeitnehmerrechten für wirtschaftliche Opfer« kommt. Die Konföderationen können nur in geringem Maße auf eine gewerkschaftsfreundliche Gestaltung des Arbeitsgesetzbuches hoffen.

Die sechs Gewerkschaftskonföderationen sehen sich im Herbst 1994 einer schwindenden Mitgliederzahl, einer sehr schlechten finanziellen Lage und restriktiven Maßnahmen der Regierung gegenüber. Daneben ist wegen des relativen Übergewichts des MSZOSZ nur ein Bruchteil des gewerkschaftlichen Pluralismus verblieben. Zugleich stoßen die Massen der Arbeitnehmer an die Schranken der individuellen Interessenvertretung, während sich gleichzeitig eine gesicherte Anerkennung des kollektiven Interessenschutzes noch nicht herausgebildet hat.

Literatur:

Backhaus, J. (Hrsg.), 1991: Systemwandel und Reform in östlichen Wirtschaften, Marburg

Borbely, S., 1993: Social Dialogue in Hungary. February, MSZOSZ Information

Bruszt, L., 1994: Die Antall-Regierung und die wirtschaftlichen Interessenvertretungen, in: Regierung auf der Waage, Politikai Kutatások Központja, Budapest 1994

Galgoczi, B., 1991: Structural Change of the Hungarian Economy, in TTT Publications, Helsinki, July

Galgoczi, B., 1992: Privatisierungsstrategien in Ungarn, in: Privatisierung und Partizipation – Ein Ost-West-Vergleich, SAMF e. V., Gelsenkirchen

Giday, A. (Hrsg.), 1994: Bericht über die ungarische Privatisierung 1993, Institut für Privatisierung, Budapest

Hauptabteilung für Lohnabkommen des Ministeriums für Arbeitswesen, 1993: System der kollektiven Lohnabkommen 1992–1993, Budapest

Kolosi, T./Róbert, P., 1991: Soziale Auswirkungen der Systemtransformation, TIRKI, Budapest

Kornai, J., 1990: The Road to a Free Economy – Shifting from a Socialist System: the Example of Hungary, New York, London

Lengyel, L. (Hrsg.), 1993: Bericht aus dem Tunnel, Institut für Finanzforschung, Budapest

MSZOSZ, 1993/94: Lehren und Aufgaben. Forschungsinstitut für Arbeitswesen. Sammlung der Diskussionsmaterialien des mit Unterstützung der ILO entstandenen Expertengremiums, Budapest

Reti, T., 1994: Industrial Relations and Sociel Partnership in East-Central Europe. A Trade Union Perspective. Vortrag, Woodrow Wilson Center Washington D. C., 11. Mai

The Principles of Privatization in Eastern Europe, 1991: Harvard Institute of Economic Research, Discussion Paper 1567, Cambridge

Toth, F. (o. J.), Interessenkampf und/oder Partizipation. Einige Erfahrungen zum Alltag der Betriebsräte, unveröffentlichtes Manuskript, o. O.

5. Slowenien

Heribert Kohl/Zvone Vodovnik

5.1 Aktuelle wirtschaftliche und gesellschaftliche Entwicklung

Wie in den übrigen mittel- und osteuropäischen Ländern brachte der Prozeß der **Umgestaltung** von der früheren sozialistischen »Marktwirtschaft« jugoslawischer Prägung zur »sozialen« Marktwirtschaft erhebliche Erschütterungen der ökonomischen und sozialen Strukturen mit sich. Zwar war der Sprung von der hier leidlich funktionierenden Selbstverwaltungswirtschaft wegen der teilweise schon vorhandenen Erfahrung von Konkurrenz wie auch internationaler Kooperation nicht so abrupt wie der aus einer gänzlich protektionierten Planwirtschaft. Die somit erleichterte Anpassung an die Privatisierung wurde auf der anderen Seite erschwert durch die vielfach erzwungene Suche nach neuen Abnehmern, da infolge des Kriegs auf dem Balkan sehr viele Lieferbeziehungen auf Dauer unterbrochen wurden.

Im fünften Jahr nach dem Systemzusammenbruch 1989 läßt sich allerdings feststellen, daß sich die wirtschaftliche Gesamtentwicklung auf niedrigerem Niveau wieder zu stabilisieren beginnt:

Tabelle 1:

Entwicklung des Bruttoinlandprodukts
(jeweilige Preise in Mio. DM)

		Index
1989	22 227,4	100,0
1990	28 019,8	126,1
1991	20 996,1	94,5
1992	19 256,6	86,6
1993	20 908,8	94,1

Quelle: Statistisches Amt der Republik Slowenien (danach sämtliche Zahlenangaben dieses Beitrags, soweit nicht anders vermerkt)

Zugleich konnte die **Inflationsrate** nach den exorbitanten Sprüngen der Vorjahre ab 1993 wieder auf überschaubare Größenordnungen (1993: 22,9 %; 1994 erwartet: ca. 15 %) zurückgeführt werden. Der Kurs des neu eingeführten slowenischen *Tolars* erweist sich zugleich als vergleichsweise stabil – eine wichtige Voraussetzung für den Export.

Nach einem **faktischen Lohnstopp** 1991 und 1992 mit seinem höchst unzureichenden Ausgleich des hohen Preisauftriebs ist 1993 als Folge mehrerer Unternehmens- und Branchen-Tarifverhandlungen eine von den jeweiligen Umsätzen abhängige Einkommensdifferenzierung in Gang gekommen, die die Kaufkraft 1993 mit +11,2 % (real) stärkte. Dieser Prozeß brachte auf der anderen Seite bestimmte Arbeitnehmergruppen in weniger prosperierenden Wirtschaftszweigen wegen der gleichzeitigen Preissteigerungen bei Grundnahrungsmitteln und Mieten unter bzw. an den Rand des Existenzminimums.

Die wirtschaftliche Wiederbelebung hat andererseits den zunächst stärker als die wirtschaftliche Talfahrt ausfallenden **Personalabbau** schließlich wieder reduziert. 1993 nahm die Beschäftigung nur noch um 1,3 % ab.

Tabelle 2:

Erwerbstätige, Arbeitnehmer und Arbeitslosenrate

	Erwerbstätige (in Tsd.)	Arbeitnehmer (in Tsd.)	Index (1989 = 100)	Arbeitslosenquote (%)
1989	948,5	858,9	100,0	2,9
1990	911,7	820,8	95,6	4,6
1991	867,5	772,6	90,0	8,2
1992	841,0	749,9	87,3	11,4
1993	837,0	740,0	86,2	14,4

Mit 14,4 % hat die **Arbeitslosigkeit** 1993 etwa die Größenordnung anderer mittel- und osteuropäischer Länder sowie auch Ostdeutschlands erreicht. Auffallend ist, daß die Arbeitslosenrate der Frauen mit 13,4 % geringer ausgeprägt ist.

Das hervorstechendste Phänomen der Entwicklung Sloweniens der Nach-Wende-Zeit ist der Bedeutungswandel innerhalb der einzelnen Wirtschaftssektoren, vor allem die erhebliche Zunahme der **Wertschöpfung** des tertiären gegenüber dem sekundären Sektor. Hier sind mittlerweile ähnliche Verhältnisse wie in Westeuropa bereits üblich eingetreten:

Tabelle 3:

**Anteil der Wertschöpfung (W) und der Beschäftigten (B)
in den drei Wirtschaftssektoren**
(Angaben in %)

	1985		1990		1992		1993	
	W	B	W	B	W	B	W	B
Primärer Sektor	7,1	10,1	6,4	9,4	7,3	9,2	6,1	9,0
Sekundärer Sektor	51,4	50,5	41,6	48,3	39,4	45,3	38,1	43,9
Tertiärer Sektor	41,5	39,3	52,0	42,3	53,3	45,5	55,8	47,0

Der **Dienstleistungssektor** hat seit 1990 um rund 5 % zu Lasten des industriellen Sektors erheblich expandiert. Die Erklärung dafür liegt auf der Hand: Slowenien ist nicht länger Hauptproduzent hochwertiger technischer Güter für ganz Jugoslawien, während die Administration in Belgrad angesiedelt ist, sondern baute als eigener Staat seine erforderlichen administrativen Dienstleistungszentren aus. Hinzu kam ein kräftiger Schub privater Service-Angebote.

Ein weiterer Faktor der Gesamtbeurteilung stellt die **Handelsbilanz** dar. 1992 war sie erstmals positiv – selbst unter Ausschluß des Handels mit den Gebieten des seinerzeit auseinandergebrochenen Jugoslawiens. 1993 wiederum erreichten die Exporte nur 94 % der Importe. Letztere waren vor allem Konsumgüter aus den Nachbarstaaten Italien und Österreich, aber auch Maschinenausrüstungen und Transportmittel. Beim Export konnten die Ausfälle aus dem südlichen Balkan zu großen Teilen wettgemacht werden.

Die hauptsächlichen **Außenhandelspartner** sind Deutschland, Italien, Kroatien, Österreich und Frankreich. Die Wirtschaftsbeziehungen mit der Europäischen Union machen in ihrem Volumen derzeit bereits mehr als die Hälfte des gesamten Außenhandels aus. Hauptsächlich werden Fahrzeuge und Kfz-Zulieferteile, Maschinen und Ausrüstungen, Arzneimittel, Bekleidungsartikel und Möbel exportiert. Hinzu kommt der stark gewachsene Export von Dienstleistungen (Transport u. ä.).

Bedeutende **Währungsreserven** in Höhe von 1,2 Mrd. US $ standen 1993 nach Angaben der slowenischen Wirtschaftskammer Auslandsschulden von 1,7 Mrd. US $ gegenüber, wobei die genaue Festlegung der Finanzobligationen aus dem jugoslawischen Schuldenerbe (mit einem Anteil von schätzungsweise 400 Mio. US $) zu diesem Zeitpunkt noch offenbleiben mußte.

Aus einer bereits älteren Tradition vor allem in der chemischen, der Elektro-
und der Automobilindustrie erwuchs in den vergangenen Jahren eine Reihe
neuer Joint-ventures. Ausländisches Kapital floß seit 1990 vor allem aus
Deutschland, Österreich und Italien zu. Eine nicht unwesentliche Rolle
spielte dabei neben den vorhandenen hohen beruflichen Qualifikationen
der Slowenen wohl auch, daß die **Löhne** mit umgerechnet 8 bis 10 DM pro
Stunde vergleichsweise niedrig sind.

Was die **Arbeitskosten** insgesamt betrifft, setzt sich seit 1990 eine bereits
zuvor einsetzende kontinuierliche Abnahme des Anteils der Nettoeinkommen am Bruttoinlandsprodukt (BIP) fort. Zugleich hat sich der Anteil der
Sozialabgaben und des Teils der arbeitsbezogenen Steuern, die vom Unternehmen unmittelbar an den Staat abzuführen sind, in diesem Zeitraum von
24,0 auf 26,4 % erhöht.

Tabelle 4:

**Jeweilige Anteile der Arbeitskosten und der Nettoeinkommen
der Arbeitnehmer am BIP**
(Angaben in %)

	Brutto-entgelt[1]	Netto-einkommen	Sozialbeiträge + Steuern[2]	Summe (Lohnquote)[3]
1986	36,8	32,7	20,8	57,7
1990	36,5	29,4	24,0	59,5
1991	36,5	29,3	26,5	63,1
1992	36,0	27,5	28,9	64,9
1993	34,7	27,7	26,4	61,1

1 Einschließlich zurechenbare betriebliche Sozialleistungen
2 Durch Arbeitgeber
3 Bezogen auf BIP
Quelle: Statisticne Informacije, 25. Juli 1994, Ljubljana

Der Gesamtanteil der Arbeitskosten am BIP und damit die **Lohnquote**
gingen gleichwohl 1993 erstmals spürbar um 3,8 % zurück, u. a. ist dies
auch eine Folge des vorhergehenden Lohnstopps. Die vom Arbeitgeber
aufzubringenden Beiträge für das soziale Sicherungssystem betrugen 1992
nahezu ein Viertel (29,7 %) des jeweiligen Bruttoentgelts.

Das durchschnittliche monatliche Nettoeinkommen der Arbeitnehmer in
Slowenien belief sich 1992 umgerechnet auf 589 DM, 1993 auf 655 DM. Die
vom Arbeitgeber aufzubringenden monatlichen Brutto-Arbeitskosten machen einen ungefähr doppelt so hohen Betrag aus. Mit Blick auf das
vergleichsweise hohe Preisniveau handelt es sich vor allem für die unteren

Einkommensgruppen um relativ niedrige Einkommen. Allerdings gibt es größere Variationen zwischen den einzelnen Berufsgruppen und Branchen.

Im Augenblick befindet sich die slowenische Wirtschaft aufgrund der in Gang befindlichen **Privatisierung** der bislang noch ganz überwiegend in gesellschaftlichem Besitz befindlichen größeren Unternehmen in einer besonderen Belastungsprobe. Die davon betroffenen rund 2 500 Unternehmen beschäftigten 1993 noch knapp drei Viertel aller Arbeitnehmer und produzierten zwei Drittel des Gesamtumsatzes. Die große Zahl der Privatbetriebe trat bis dato fast ausschließlich in kleinbetrieblicher Form mit einem zahlenmäßig proportional geringen Beschäftigtenstamm auf.

Als größter Unsicherheitsfaktor der künftigen Entwicklung Sloweniens dürfte sich die **Eigentumsfrage** erweisen. Wie wird sich das Gros der Unternehmen in der bisherigen Rechtsform des sozialistischen Eigentums weiterentwickeln? Ein erheblicher Wandlungsprozeß steht der slowenischen Wirtschaft derzeit ins Haus. Das »Gesetz über die Eigentumsumwandlung der Unternehmen« in der Fassung vom Februar 1993 sieht hier folgendes vor:

- Sämtliche Staatsbürger erhalten Gutscheine (Zertifikate) in einer altersabhängigen Höhe zwischen etwa 1 500 und 5 000 DM. Damit können sie auf dem Markt eine bestimmte Anzahl von Aktien als Anteile des früheren Gesellschaftseigentums erwerben.

- Alle Unternehmen sind verpflichtet, 40 % ihres Wertes auf eigens eingerichtete Fonds zu übertragen. Die restlichen 60 % werden im Rahmen von Privatisierungsprogrammen in eigener Regie verkauft. Arbeitnehmer haben dabei gewisse Vorteile bei der Übernahme des Vermögens jener Unternehmen, in denen sie beschäftigt sind bzw. waren. 20 % der Unternehmensanteile können jeweils durch Umtausch von Namenszertifikaten an die Belegschaften, früher beschäftigte Pensionäre sowie das Management aufgeteilt werden. Wollen die Betreffenden den Mehrheitsanteil eines Unternehmens erwerben, erhalten sie einen Preisnachlaß von 50 % – sie brauchen dann jeweils nur etwas mehr als 5 % des Wertes des gesamten Aktienpakets zusätzlich aufzubringen (abzahlbar innerhalb 5 Jahren). Eine weitere Voraussetzung ist, daß mindestens ein Drittel der Beschäftigten für die Übernahme eines Unternehmens durch die Belegschaft optiert.

- Daneben können Aktien von bestimmten Investorengruppen von dem dafür eingerichteten Entwicklungsfonds erworben werden, dem 20 % aller Anteile automatisch zufließen. Weitere 10 % verbleiben beim Entschädigungsfonds, 10 % beim Pensions- und Invaliditätsfonds im Rahmen der Sozialen Sicherung. Fachliche Hilfe bei der Eigentumsumwandlung und Sanierung leistet eine eigens geschaffene staatliche Privatisierungsagentur.

Damit sind prinzipiell breit angelegte Möglichkeiten sowohl für das Management und kaufwillige Investoren als auch für die Beschäftigten selbst geschaffen. Letztere mußten sich allerdings vielfach zunächst einmal der »wilden« Privatisierung in Form von »Bypass-Unternehmen« erwehren, die als lukrative Unternehmensteile vielerorts vom alten Staatsmanagement im Vorfeld auszugliedern versucht wurden.

Die slowenischen Gewerkschaften plädieren zum Teil – wie etwa der Bund Freier Gewerkschaften (ZSSS, Nachfolger der früheren Einheitsgewerkschaft) – für einen mehrheitlichen Aktienerwerb in Belegschaftshand. Die Arbeitnehmer werden im Rahmen der gegebenen Regelungen immer dann dazu neigen, wenn die jeweiligen Unternehmen erfolgreich am Markt operieren und somit eine positive wirtschaftliche Perspektive zu sehen ist. Im umgekehrten Fall werden sie ihre Zertifikate eher den öffentlichen Investitionsgesellschaften oder dem Aktienmarkt anvertrauen.

Der Privatisierungsprozeß schafft auf diesem Weg die Voraussetzungen für die Entstehung eines »Arbeitnehmeraktionärs«. Im Falle eines mehrheitlichen Aktienerwerbs steigen die Betreffenden bzw. ihre Vertreter dann auch in die unternehmerische Führungshierarchie mit entsprechendem Einfluß auf die Kapitalseite auf – zusätzlich zu ihren Mitwirkungsrechten aus dem Arbeitsverhältnis.

Die Folge dieses Vorgehens wird die Entstehung einer neuen Eigentümerschicht sein. Es ist davon auszugehen, daß ein Großteil der Arbeitnehmer aus unterschiedlichen Gründen die ihnen durch die Zertifikate zufließenden Aktien möglichst rasch auch zu niedrigen Preisen veräußern wird. Der Verfall der Aktienkurse wiederum wird die Konzentration der Firmenanteile bei einer Schicht von Reichen (bzw. früher Privilegierten) begünstigen. Kritische Stimmen prognostizieren bereits eine Vermögenskonzentration in der Hand einer Minderheit von 10 % der Bevölkerung bis zum Ende dieses Jahrhunderts.

Verbunden mit der gesellschaftlichen Umwandlung der Unternehmen in entsprechende Kapitalgesellschaften (AG, GmbH etc.) ist die Installierung der paritätischen Mitbestimmung auf Unternehmensebene sowie eines Arbeitsdirektors analog dem deutschen Montanmitbestimmungsgesetz. Damit besteht immerhin die Chance einer sozialverträglichen Gestaltung und von sozialen Korrekturen bei dem anstehenden Strukturwandel.

5.2 Soziales Netz mit weiten Maschen

Die Beschäftigten in Slowenien zeigen eine **Erwerbsbeteiligung**, die mit 57,8 % (1993), bezogen auf die Bevölkerung zwischen 15 und 64 Jahren, eine ähnliche Größenordnung wie in der Bundesrepublik und weiteren industrialisierten Ländern Westeuropas einnimmt. Frauen sind (wie in allen ex-sozialistischen Staaten) mit 51,1 % im Vergleich zum Westen stärker vertreten (35,0 %). Auffallend ist die hohe und in den vergangenen Jahren weiterhin deutlich angestiegene berufliche Qualifikation der Erwerbstätigen:

Tabelle 5:

Entwicklung der Qualifikation der Berufstätigen
(Angaben in %)

	1988	1993
Fach(hoch)schule und Universität	11,6	18,9
Weiterführende Schulabschlüsse	22,5	24,9
Abgeschlossene Berufsbildung	33,3	34,9
An- und Ungelernte	32,7	21,2

Bemerkenswert sind dabei die Veränderungen an der Spitze und an der Basis der Bildungspyramide: Vor allem die Höherqualifizierten nahmen in kurzer Frist deutlich zu, während der Anteil der Ungelernten ohne jegliche Qualifikation mehr als halbiert wurde (von 22,5 auf 9,1 %). Die Chancen einer Anpassung der Beschäftigten an die notwendigen technischen Innovationen und damit erhöhte Produktivitätsraten sind prinzipiell gegeben.

Die **Arbeitslosigkeit** weist in ihrer jetzt erkennbaren Struktur Züge auf, wie sie in Ländern mit bereits länger anhaltender Beschäftigungslosigkeit vorherrschen. Sie konzentriert sich auf Gruppen, die schon längere Zeit aus dem Arbeitsleben ausgeschieden sind, oder auf solche, denen der Zutritt in das Berufsleben noch nicht gelungen ist. Auffallend hoch ist die Arbeitslosenrate der 20- bis 24jährigen mit 21 %. Jeder vierte aus dieser Altersgruppe ist derzeit als arbeitsuchend gemeldet (24,9 %, bei Männern sogar 26,5 %). Über die Hälfte der Arbeitslosen sind bereits über 12 Monate (56,3 %), gut ein Drittel (34,9 %) bereits länger als zwei Jahre ohne Beschäftigung. Bei Langzeitarbeitslosen sind dies vor allem auch wieder Jüngere. Bei Frauen ist die Arbeitslosenquote im Schnitt niedriger als bei Männern, wohl eine Folge ihres höheren Anteils an der Stillen Reserve jener, die die Arbeitssuche als erfolglos aufgaben und nicht mehr ofiziell registriert sind.

Hier zeigt sich ein Strukturproblem, was bei längerer Dauer gravierende Folgen mit sich bringen kann. Ein Indikator dafür ist, daß lediglich 82,3 % aller Arbeitslosen offiziell registriert sind. Nur gut ein Drittel (37,6 %) der Arbeitslosen erhielt 1993 eine öffentliche Unterstützung zum Lebensunterhalt. Hintergrund ist, daß bei Personalabbau- und Einstellungsprozessen offensichtlich diejenigen einer Negativauslese unterzogen werden, die (noch) ohne Familie sind bzw. von berufstätigen Familienangehörigen unterstützt werden können, wie vor allem jüngere Arbeitnehmer (Labour Force Survey Results 1993).

Andererseits ist im Bereich der **Arbeitszeiten** erkennbar, daß hier noch längst nicht alle arbeitspolitischen Spielräume einer Umverteilung des vorhandenen Arbeitsvolumens ausgelotet sind. Weniger die Höhe der Überstunden, die von 6,2 % der Beschäftigten nach eigenen Angaben immer wieder verlangt werden, als der mit 1,7 % niedrige Anteil der Teilzeitkräfte gibt einen Hinweis auf weitere nicht genutzte Möglichkeiten in diesem Bereich. Die durchschnittliche Arbeitszeit ist mit 41,6 Stunden pro Woche bei den Vollzeitbeschäftigten vergleichsweise hoch. Nahezu 10 % der Arbeitnehmer arbeiten wöchentlich länger als 46 Stunden. Die Arbeitszeitverkürzung ist bisher noch kaum ein öffentliches Thema oder gar eine vorrangige gewerkschaftliche Forderung.

Tabelle 6:

Verteilung der wöchentlichen Arbeitszeit der Arbeitnehmer 1993

Vollzeitkräfte	in %	zum Vergleich: EU (alle 12)	BRD (West)
unter 35 Stunden	1,7	6,8	1,6
36 bis 39 Stunden	0,7	43,5	66,5
40 Stunden	60,2	29,1	21,6
41 bis 45 Stunden	27,9	9,6	3,6
über 46 Stunden	9,5	10,9	6,7

Die Zahl der öffentlichen Feiertage bewegt sich in Slowenien mit dreizehn bis vierzehn auf hohem Niveau, die der jährlichen Urlaubstage zwischen – je nach Tarifvertrag, Alter und Arbeitsbelastung – zwanzig und dreißig Arbeitstagen dagegen auf einer im europäischen Vergleich eher unteren Marge.

Die **Soziale Sicherung** beruht im wesentlichen auf der aus Beiträgen der Beschäftigten und der Arbeitgeber (jeweils 14,4 % der Einkommen) sowie des Staates gespeisten, drittelparitätisch verwalteten Pensions- und Invalidenversicherungsanstalt Sloweniens. Sie wurde Anfang 1992 in Anknüpfung an frühere Traditionen gegründet und zahlt die Alters-, Hinterbliebenen- sowie Berufs- und Erwerbsunfähigkeitsrenten aus. Ihre Mitglieder sind Arbeitnehmer, aber auch Selbständige. Die Durchschnittsrente beträgt umgerechnet rund 370 DM plus möglicher Zulagen mit erheblichen Schwankungen nach unten und oben. Die Rentenhöhe beläuft sich je nach Dauer der vorherigen Erwerbstätigkeit auf real bis zu 79 % des individuellen Nettoeinkommens. Die Altersgrenze liegt mit 58 (Frauen) bzw. 63 Jahren (Männer) nach 35 bzw. 40 Versicherungsjahren im internationalen Vergleich relativ niedrig. Auch gibt es die Möglichkeit einer vorzeitigen (Vorruhestand ab 53 bzw. 58 Jahren) sowie einer Teilpension bei weiterer, reduzierter Erwerbstätigkeit. Die günstig ausgestattete Vorruhestandsregelung (bei nur maximal fünfprozentiger Rentenminderung) wurde in den letzten Jahren aus arbeitsmarktpolitischen Gründen häufig in Anspruch genommen.

Die Mindestbemessungsgrenze der Rente beträgt 64 % aller durchschnittlichen Einkommen. Dagegen liegt die öffentliche Sozialhilfe zum Teil deutlich unter diesem Minimum. Ergänzend wird dabei vorwiegend an die Familiensolidarität appelliert.

Um die früher ausschließlich von Arbeitgebern und Staat zu deckenden expandierenden Kosten der sozialen Sicherungssysteme eingrenzen zu können, geht der Trend derzeit dahin, ein gestuftes System individueller Beiträge und ergänzender freiwilliger Versicherungen aufzubauen. Dies gilt auch für die Krankenversicherungen. Zusätzliche Konflikte sind hier zu erwarten im Zuge der Privatisierung und des Abbaus der Arbeitskosten. Zur Bewältigung ihrer negativen Folgen wurde bereits im Vorfeld die Arbeitslosenversicherung an die neuen Verhältnisse angepaßt.

5.3 Arbeitsbeziehungen und Gewerkschaften

5.3.1 Mitbestimmung statt Selbstverwaltung

Schon Ende der 80er Jahre erfuhr die Arbeiterselbstverwaltung als maßgebliche Entscheidungsstruktur im Unternehmen eine qualitative Änderung: Als weitere Subjekte wurden nun auch diejenigen Personen in die Entscheidungsorgane einbezogen, die ihr Kapital im Betrieb angelegt haben. Das Kapital kehrte damit in die Betriebsleitungen zurück. Dies verlangte folgerichtig eine Revision der bestehenden rechtlichen Bestimmungen – angefangen von den Arbeitsverhältnissen bis hin zu den Bestimmungen des Gesellschaftrechts.

Bereits 1988 wurde ein Gesetz verabschiedet, mit dem in den Unternehmen das alte Organisationssystem der »vereinigten Arbeit« aufgegeben und neue gesellschaftsrechtliche Formen analog der westeuropäischen Praxis (wie der AG oder der GmbH) eröffnet wurden. Zugleich brachte das Gesetz die Möglichkeit zur Unternehmensgründung durch Privatpersonen bzw. zu deren Beteiligung an gesellschaftseigenen Unternehmen. Entsprechend dem eingebrachten Anteil sollten diese Personen auch in den jeweiligen Entscheidungsorganen mitwirken können. Private Wirtschaftstätigkeit, die zuvor im wesentlichen auf Landwirtschaft, Handwerk und Freie Berufe beschränkt war, wurde somit in breitem Rahmen ermöglicht.

Zugleich zog sich der Staat aus seiner bisherigen **Kontrollfunktion** über das gesellschaftliche Eigentum zurück. Man vertraute auf die heilsame Wirkung des Marktes nicht nur im Bereich der Produktion, sondern auch innerhalb der Unternehmen. Dies führte zu einem Verzicht auf staatliche Intervention selbst in jenen Fällen, in denen das Management wegen einer mißbräuchlichen Praxis hätte abgesetzt werden müssen. Als besonders gefährlich stellte sich hier die Indifferenz des Staates gegenüber »einfallsreichen« Methoden der Bildung von Holdinggesellschaften heraus. Rechtlich war nun nämlich die Übertragung von Kapital auf sogenannte Mantelgesellschaften innerhalb der Holding erlaubt. Dadurch wurden diese in die Lage versetzt, Gewinne aus einer solchen »Kapitaleinlage« zu ziehen, und es kam zu Vermögenskonzentrationen in diesen Gesellschaften, die den handelnden Personen eine bessere Ausgangsposition für deren spätere Privatisierung verschaffte.

Mit diesem Prozeß war aber auch eine radikale Änderung **arbeitsrechtlicher Vorschriften** verbunden. Denn die erwähnten Gesetzes- und Verfassungsänderungen hinsichtlich der Arbeiterselbstverwaltung revidierten auch das bisherige Arbeitsverhältnisrecht. Bis dahin bestanden keine wechselseitigen Vertragsverhältnisse zwischen Arbeitgeber und Arbeitnehmern, denn die Repräsentanten der Arbeitnehmer im betrieblichen Leistungskollektiv nahmen jeweils auch die Rolle des Arbeitgebers ein. Das Gesetz über die Grundrechte im Arbeitsverhältnis 1989 definierte den Begriff des Arbeitgebers und Arbeitnehmers und zugleich die Rolle des Arbeitsvertrags entsprechend neu.

Auf dieser Basis wiederum erhielten auch Kollektivverträge und Tarifverhandlungen einen neuen Stellenwert. Problematisch blieb dabei allerdings, daß die Verträge immer noch – und dies zum Teil bis heute – auf Arbeitgeberseite von quasi-staatlichen Institutionen wie z. B. der Wirtschaftskammer geschlossen wurden. Ein weiterer ungeklärter Punkt besteht darin, daß die jeweils fixierten Normen »blanko« bestimmen, daß sich ihre Gültigkeit auch auf nicht durch die Unterzeichner vertretene Personen bezieht. Auch das 1990 von der Republik Slowenien verabschiedete Gesetz über Arbeitsverhältnisse hat daran noch nichts geändert.

Neu allerdings war die damit eingeführte Möglichkeit einer Kündigung aus betrieblichen und wirtschaftlichen Gründen und damit die Entstehung eines funktionierenden Arbeitsmarkts, was durch die übliche Langzeitbeschäftigung bis dahin kaum möglich war. **Massenentlassungen** gegenüber einzelnen oder Gruppen von Arbeitnehmern aus betriebswirtschaftlichem Grund konnten nun faktisch ausgesprochen werden. Die Frage der Interessenvertretung der Beschäftigten erhielt um so mehr Relevanz, je mehr Marktprozesse in Gang kamen.

5.3.2 Rechtsfolgen der Umgestaltung

Mit der Gründung des eigenständigen slowenischen Staates 1991 entstand das Bedürfnis nach der Herstellung eines neuen und in sich stimmigen Rechtssystems. Natürlich konnte man sich nicht von einem Tag zum anderen von der Fülle der bis dahin geltenden rechtlichen Bestimmungen trennen. Das slowenische Parlament entschied daher, daß die Bundesgesetze Ex-Jugoslawiens ihre Gültigkeit behalten sollten, solange sie in Einklang mit der Verfassung standen. Die Ablösung vom Bundesrechtssystem und die völlige rechtliche Selbständigkeit wurden in der Folge Schritt für Schritt vorbereitet.

Unter den Vorschriften, die im Bereich des Arbeitsrechts und der Arbeitsbeziehungen neu kodifiziert wurden, ist als eine der wichtigsten das Gesetz über die **Repräsentativität der Gewerkschaften** vom Februar 1993 zu nennen. Es bestimmt, unter welchen Bedingungen eine Gewerkschaft auf nationaler sowie auf Unternehmensebene als repräsentativ und damit verhandlungsfähig angesehen werden kann. Die »Mächtigkeit« einer Gewerkschaft ist demnach dann gegeben, wenn sie als Einzelorganisation in einer Branche mindestens 15 % der Beschäftigten (bzw. als Dachverband mindestens 10 % jeweils eines Unternehmens oder Wirtschaftszweigs) auf sich vereinigt. Das Gewerkschaftsgesetz schreibt außerdem eine demokratische Binnenstruktur, die Gegnerfreiheit sowie finanzielle und politische Unabhängigkeit vor.

Als bahnbrechend im Bereich der Arbeitsbeziehungen ist das Gesetz über die **Mitwirkung der Arbeitnehmer** vom Juli 1993 anzusehen. Dieses »Mitbestimmungsgesetz« war aus mehreren Gründen erforderlich: Fachlich war zu regeln, welche Form der Arbeitnehmerbeteiligung man aus dem großen Arsenal der europäischen Rechtssysteme und Richtlinien (bzw. deren Entwürfe seitens der EU) anwenden sollte. Politisch ging es auch darum, den Einfluß der Beschäftigten auf die Unternehmensleitung einzugrenzen und exakt zu definieren. Im Kern umfaßt die Neuregelung die Einführung der neuen Institution des Betriebsrats sowie eines paritätisch zusammengesetzten Aufsichtsrats.

Diese grundsätzliche Weichenstellung des Gesetzgebers erfolgte ohne größere gesellschaftliche Auseinandersetzungen im Parlament. Ursache dafür mögen die langjährigen Erfahrungen mit der Arbeiterselbstverwaltung sein, die in ihrer slowenischen Ausprägung der jetzt beschlossenen Form der Mitbestimmung durchaus nahe lag. Zusätzlich dürfte wohl auch die Einschätzung der wirtschaftlichen und sozialen Effektivität eines entfalteten Systems demokratischer Arbeitsbeziehungen diese Entscheidung beeinflußt haben. Insofern nimmt es nicht wunder, daß parallel dazu auch das kontinentaleuropäische Unternehmensrecht in seinen unterschiedlichen gesellschaftsrechtlichen Ausprägungen (der AG, GmbH, Kommanditgesellschaft usw.) im Juli 1993 durch ein umfangreiches Gesetzeswerk übernommen wurde.

Die nun analog dem deutschen Betriebsverfassungsgesetz von allen Arbeitnehmern zu wählenden **Betriebsräte** (»Rat der Arbeitnehmer«) besitzen vergleichbare, wenn auch im Detail nicht so ausgeprägte und abschließend definierte Rechte wie in der Bundesrepublik. Ihre Struktur als Interessenvertretung ist im Vergleich mit den früheren Arbeiterräten als beschlußfassendes Organ aller Unternehmensmitglieder (einschließlich des Managements) ein auch für die Gewerkschaften neues Element. Als hemmend für ihre flächendeckende Einführung erwies sich zunächst die ungeklärte gesellschaftsrechtliche Situation und daran gekoppelt die Eigentumsfrage. Die große Privatisierungswelle erfuhren die Slowenen erst 1994: Firmen in gesellschaftlichem Eigentum mußten bis Ende dieses Jahres in eine neue Rechtsform gebracht werden. Damit besteht nunmehr die Möglichkeit der Einrichtung einer betrieblichen Repräsentanz der Arbeitnehmer in Form eines Betriebsrats sowie der Bildung paritätischer Aufsichtsräte in Gesellschaften oder Genossenschaften ab 1000 Beschäftigten (in Deutschland in dieser Größenordnung eine nach wie vor nicht eingelöste gewerkschaftliche Forderung!). Für diesen Fall besitzt der Betriebsrat auch ein Vorschlagsrecht für den ebenfalls eingeführten Arbeitsdirektor (bereits ab 500 Beschäftigte).

Ein Jahr nach Inkrafttreten dieses Gesetzes zeigen sich keine größeren Probleme hinsichtlich der Gesetzeskonzeption, allenfalls einige Zweifel hinsichtlich bestimmter unsystematischer Einschübe aufgrund der parlamentarischen Beratungen. Es handelt sich vor allem um die, wie die Kritik meint, »wirklichkeitsfremde« Vorschrift, nach der die Arbeitnehmervertreter in größeren Unternehmen mindestens die Hälfte aller Aufsichtsratssitze zu stellen haben. Die wesentlichen Prinzipien der neuen Regelung sind:

- Den Arbeitnehmern werden Mindestbeteiligungsrechte gewährt. Diese können durch Betriebsvereinbarungen zwischen Arbeitgeber und betrieblicher Interessenvertretung erweitert werden. Ausgeschlossen sind dabei Inhalte, die durch einen allgemeingültigen Tarifvertrag geregelt sind bzw. üblicherweise geregelt werden.

- Das Gesetz sichert das Recht der Beschäftigten, einen Betriebsrat zu wählen, in kleineren Betrieben einen Betriebsobmann. Es enthält detaillierte Wahlvorschriften sowie die Modalitäten der Entsendung von Arbeitnehmervertretern in die Unternehmensorgane (Aufsichtsrat und Vorstand).

- Als Formen der Mitwirkung definiert das Gesetz Informations-, Beratungs-, Mitbestimmungs- und Vetorechte, falls die Beteiligungsrechte vom Arbeitgeber ignoriert werden.

- Zur Konfliktregulierung ist ein paritätisches Schlichtungsverfahren (nach dem Muster der deutschen Einigungsstelle) vorgesehen. Es ist in bestimmten Fällen obligatorisch, in anderen dann anwendbar, wenn beide Parteien sich darauf freiwillig einlassen.

Es wird sich im Zuge des Privatisierungsverfahrens zeigen, inwieweit diese neuen Elemente tragen. Die Gewerkschaften verhalten sich überwiegend noch reserviert, da sie bisher keine Erfahrungen mit einer dualen (d. h. sowohl gewerkschaftlichen wie auch repräsentativen) Interessenvertretung im Unternehmen haben.

Als weiteres wichtiges Gesetz wurde 1994 die **Gewerbeaufsicht** neu geregelt. Aufgrund des Gesetzes über die Arbeitsinspektion wurde die bisherige Abhängigkeit der Gewerbeaufsicht von lokalen Behörden beseitigt. Die Inspektoren erhalten gleichzeitig mehr Rechte zur Kontrolle der arbeitsrechtlichen Normen und zur Durchsetzung ihrer Entscheidungen. Auch die Arbeits- und Sozialgerichtsbarkeit erhielt 1994 eine neue Rechtsgrundlage. Damit besitzen nun Arbeitsgerichte die besondere Zuständigkeit für die Lösung von Konflikten des Arbeits- und Sozialrechts. Sie entscheiden in zwei Instanzen. In wichtigen Angelegenheiten ist auch eine Revision beim Obersten Gericht der Republik zulässig.

In naher Zukunft sind weiterhin noch das Arbeitsvertrags- und Kündigungs- sowie auch das Arbeitskampfrecht durch Gesetzeswerke zu normieren.

5.3.3 Gewerkschaftspluralismus und Tripartismus

Slowenien blickt auf eine lange Gewerkschaftstradition zurück. Sie begann nicht erst 1945, sondern ihre Wurzeln reichen bis weit ins letzte Jahrhundert und die Entstehung der sozialdemokratisch geprägten Arbeiterbewegung in der Donaumonarchie. Im Selbstverwaltungs-Sozialismus fungierte die allein zugelassene Einheitsgewerkschaft als Garant der staatlichen Ord- nung, wenngleich schon in dieser Zeit wiederholt vor allem lokale Streiks auftraten, die von der Bundesverfassung nicht ausgeschlossen waren.

Aus einem solchen Streik bei dem großen Maschinenbauhersteller Litistroj 1987 in Ljubljana ging später eine gewerkschaftliche oppositionelle Neu- gründung hervor, die sich im Zuge des politischen Wandels als **Konfödera- tion Neuer Gewerkschaften Sloweniens (Neodvisnost, d. h. Unabhän- gigkeit)** im März 1990 als Dachverband formierte. Sie erfuhr in ihrem Selbstverständnis als demokratische und »plurale« Organisation zunächst großen Zulauf. Politisch fühlt sie sich durch ihren Vorsitzenden mit der neugegründeten kleinen Sozialdemokratischen Partei (4 Abgeordnete im Parlament) verbunden, was sich für die Mitgliederentwicklung letztlich nicht förderlich auswirkte.

Zeitgleich wurde auch die vormals sozialistische Gewerkschaft grundle- gend reformiert und personell und programmatisch umgewandelt. Sie sagte sich von ihrer Systembindung los und benannte sich als Interessen- verband der Arbeitnehmer in **Bund Freier Gewerkschaften Sloweniens (ZSSS)** um. Dank dieser offensiven Umgestaltung, seiner nach wie vor vorhandenen Präsenz in den Betrieben sowie auch gewerkschaftsprakti- schen Erfahrungen konnte der ZSSS seinen anfänglichen Mitglieder- schwund stoppen und seine dominierende Stellung (mit einem derzeitigen Organisationsgrad zwischen 40 und 50 %) insgesamt behaupten. Politisch steht er eher der Vereinten Liste (Nachfolgepartei des Bundes der Kommu- nisten) nahe. Sein Vorsitzender Semolic betont aber die parteipolitische Unabhängigkeit.

Daneben haben sich eine Reihe von stärker regionalen Dachverbänden (wie die Konföderation 90 mit einem Schwerpunkt im Küstenland oder der Rat der Krainer Gewerkschaften) etabliert sowie mehrere unabhängige Branchenverbände in den Bereichen Druck und Medien (Pergam), Erzie- hung und Wissenschaft, öffentlicher Dienst, Gesundheitswesen, Journalismus u. a. Damit zeigt sich heute ein Gewerkschaftspluralismus, der sich bei mangelnder Kooperation für den jetzt anstehenden Umwandlungsprozeß und dem damit verbundenen Problemlösungsdruck – vor allem in der Frage der Beschäftigungssicherung sowie in den durch Tarifvertrag zu regelnden Verteilungskonflikten – als nachteilig für die Betroffenen erweisen wird. Als zusätzlich konkurrenzfördernd wirkt die bisher noch ungelöste Frage der Aufteilung des **Gewerkschaftsvermögens**. Mit Ausnahme weniger freiwillig abgetretener Komplexe befindet es sich immer noch in der Hand des ZSSS, der auch einen eigenen Verlag mit einer Wochenzeitung sowie eine modern ausgestattete Gewerkschaftsschule besitzt. Die Neugründungen befinden sich demgegenüber in einer weit schlechteren Ausgangsposition und bedürfen angesichts eines vergleichsweise geringen Beitragsaufkommens vielfältiger Beratungs- und sonstiger Hilfen von außen. Die Gewerkschaft ZSSS ist zur Lösung dieser Frage neuerdings mit einer Initiative an die Öffentlichkeit getreten, der Staat möge ähnlich wie bei den Kirchen das vor 1945 enteignete Gewerkschaftsvermögen rückerstatten und dann eine Aufteilung unter den verschiedenen Gewerkschaftsorganisationen gemäß den Mitgliederzahlen vornehmen.

Der gewerkschaftliche Organisationsgrad hat unter dieser Konkurrenzsituation dennoch kaum gelitten und ist in einzelnen Bereichen sehr hoch: Auf nationaler Ebene liegt er bei rund 60 %. Bei alledem gibt es partiell ein Zusammenwirken unterschiedlicher Verbände vor Ort in den Einzelunternehmen, bei Kollektivverhandlungen sowie gegenüber der Regierung. Der ausgeprägte Pluralismus auf gewerkschaftlicher Seite hat sich bislang auch deswegen weniger als nachteilig erwiesen, da die Entwicklung autonomer Arbeitgeberverbände jenseits der staatlichen Wirtschaftskammer in Ermangelung einer größeren Zahl privater Arbeitgeber noch reichlich schleppend ist.

Nicht zuletzt aus diesem Grunde ist auch der im Frühjahr 1993 geschlossene »**Sozialpakt**« zwischen Staat, Wirtschaftskammer sowie Gewerkschaften von Bedeutung. Diese tripartistische Konstruktion war notwendig, um in der Frage der Lohnpolitik vorankommen und die von oben verordnete Lohnpause überwinden zu können. Auf der Grundlage des Sozialpakts wurde ein Manteltarifvertrag für die gesamte gewerbliche Wirtschaft zwischen den beiden Tarifparteien abgeschlossen, für dessen Einhaltung der Staat Sorge zu tragen hat. In diesem Rahmen wiederum wurde ein tripartistischer Entlohnungstarifvertrag unter Einbeziehung des Staates möglich. Als Schwachpunkt dieser Konstruktion zeigte sich allerdings die Tatsache, daß der Staat eine untertarifliche Bezahlung durch Regierungsverordnung vom

Oktober 1993 gestattet. Die Konsequenz ist, daß die Tarifparteien nun verstärkt auf Branchenebene differenzierte Vereinbarungen anstreben und zunehmend realisieren.

Als weitere Folge des Sozialpaktes wurde als Konsultationsorgan auch ein drittelparitätischer Wirtschafts- und Sozialrat aus 15 Mitgliedern (3 × 5) gebildet. Die Gewerkschaftsvertretung setzt sich aus je einem Repräsentanten der vier größten Dachverbände sowie einem weiteren aus dem öffentlichen Dienst zusammen.

Literatur:

Friedrich-Ebert-Stiftung/Hans-Böckler-Stiftung/Institut za delo (Hrsg.), 1994: Soupravlanje zaposlenih ... (Mitbestimmung der Arbeitnehmer in Slowenien, Deutschland und Europa), Internationale Konferenz, Ljubljana

Gerdina/Baskar in Kooperation mit dem Presse- und Informationsamt der Regierung Sloweniens, 1993: Slovenija für alle, Ljubljana

Hans-Böckler-Stiftung, 1993: Mitbestimmung in Slowenien: Text des Mitwirkungsgesetzes in deutscher Übersetzung (hektogr.)

Kocbek, M., 1993: Gesetz über die Eigentumsumwandlung der Unternehmen, mit einführenden Worten von M. Kocbek und B. Pecenko, Ljubljana

Kohl, H., 1994: Slowenien auf dem Weg zum sozialen Europa, in: Die Mitbestimmung 4, S. 49 ff.

Pensions- und Invalidenversicherungsanstalt Sloweniens (Hrsg.), 1992: Pensions- und Invalidenversicherung in der Republik Slowenien, Ljubljana

Rütters, P., 1994: Internationale Gewerkschaftspolitik, in: Kittner, M. (Hrsg.): Gewerkschaften heute, Köln, S. 568 ff.

Statistisches Büro der Republik Slowenien (Hrsg.), 1994: Labour Force Survey Results, Ljubljana

Statistisches Büro der Republik Slowenien, 1994: Slovenia in Figures, Ljubljana

Statistisches Büro der Republik Slowenien (fortlaufend): Statistical Informations (Statisticne informacije)

Verlag des Amtsblatts der Republik Slowenien (Hrsg.), 1993: Gesellschaftsrecht der Republik Slowenien, mit einführenden Worten von M. Kocbek und K. Puharic, Ljubljana

6. Estland

Uelle Purga

6.1 Wirtschaftliche Lage

Die bisherige Entwicklungsgeschichte des Übergangs von der Befehlswirtschaft zur Marktwirtschaft in Estland kann in drei Perioden eingeteilt werden:

- die Liberalisierung der Planwirtschaft innerhalb der Rubelzone vom Ende der achtziger Jahre bis zur Währungsreform im Juni 1992,

- die Periode von bemerkenswert schnellen und radikalen Umwandlungen in der Wirtschaft – von der Währungsreform bis zur zweiten Hälfte des Jahres 1993,

- die Stabilisierungsperiode der Wirtschaftstätigkeit mit Belebungsmerkmalen seit der zweiten Hälfte des Jahres 1993.

Die erste Periode kann als ein rasanter **wirtschaftlicher Niedergang** charakterisiert werden. Einerseits wurde er von einer unwirksamen Wirtschaftsregulation begleitet. Die Befehlswirtschaft funktionierte schon lange nicht mehr, und die marktwirtschaftliche Regulation funktionierte noch nicht. Andererseits begleitete diesen Niedergang die Absonderung Estlands von dem Imperium namens Sowjetunion bzw. später GUS. In der Sowjetperiode war Estland Teil des Wirtschaftskomplexes der Sowjetunion, wobei insbesondere die Produktion ohne örtliche Ressourcenbasis entwickelt wurde. Die Produkte wurden in die Sowjetunion zurückgeführt. Als Ergebnis dieser Politik deformierten sich sowohl die wirtschaftlichen als auch die sozialen Verhältnisse.

Mit der Souveränität und der wirtschaftlichen Absonderung Estlands zerbrachen auch die wirtschaftlichen Beziehungen. Die russische Seite reagierte mit wirtschaftlicher Blockade. Diese Periode war gekennzeichnet durch den Verlust des Ostmarktes und eine damit verbundene Liquiditätskrise – den Unternehmen fehlten die Mittel zur Finanzierung der Produktion. Diese Periode kann als eine Voraussetzung für den Übergang zur Marktwirtschaft und in vielem als vorbereitende Zeitspanne angesehen werden. Vom Standpunkt des Übergangs zur Marktwirtschaft waren von großer Wichtigkeit der Beginn der Preisreform 1989, die Liberalisierung der Lohngestaltung und die Verabschiedung von mehreren wichtigen Gesetzen.

Eine Periode der gründlichen und schnellen **Umwandlung der Wirtschaft** begann in Estland 1992. Die zentralen Stichwörter hierbei sind: Preisreform, Währungsreform und Eigentumsreform. Die erstrangige Aufgabe bildete die Stabilisierung der Wirtschaft mit folgenden hauptsächlichen Elementen:

– die Durchführung der Währungsreform, die Ordnung des Geldumsatzes und das Stoppen der Inflation,

– die restriktive Einkommenspolitik,

– die Geldpolitik mit Begrenzungen, um die neue Währung zu stärken und den sich entwickelnden Privatsektor zu unterstützen.

Die Einführung der nationalen Währung bildete das hauptsächliche Element der Stabilisierung. Die zunehmende Bargeldkrise und die fortdauernde schnelle Inflation in den Staaten der Rubelzone machten sie zur dringendsten Aufgabe. Estland hat seine **Währungsreform** als erster der Baltischen Staaten und auch am radikalsten durchgeführt. Die Währungsreform erfolgte vom 20. bis 22. Juni 1992, der Wechselkurs des Rubels der Estnischen Krone gegenüber wurde im Verhältnis 10:1 festgesetzt. Bei dem Übergang auf die Estnische Krone ging man vom Prinzip des sogenannten Währungsrates (Currency Board) aus. Das gegenwärtige Monetärsystem Estlands charakterisieren der feste und für lange Zeit fixierte Kurs der Estnischen Krone gegenüber der Deutschen Mark (8:1), die Sicherung der von der Estnischen Bank emittierten Kronen durch Gold und hochwertige Devisen sowie das Fehlen von Beschränkungen für den Ein- und Ausfluß des Geldes. Die Destabilisierungsmöglichkeiten der Krone sind beschränkt: die Estnische Bank ist selbständig, sie untersteht direkt der Staatsversammlung, und es ist ihr verboten, die Regierung und die Kommunalverwaltungen zu kreditieren.

Als wesentlich muß auch das Paket von **fiskalpolitischen** Umwandlungen angesehen werden. Der Erhöhung der etatmäßigen Einnahmen diente die Steigerung der Umsatz- und Einkommensteuersätze. Zum Ausgleich des Staatshaushalts wurden die Ausgaben für Bildung, Kultur, soziale Fürsorge u. a. sowie auf die Instandhaltung der Straßen und den Straßenbau auf ein Minimum reduziert. Als Resultat der strengen Maßnahmen hat man das Budget im Gleichgewicht halten können, auch bei der Erfüllung des Staatshaushaltsplans von 1994 wird das Prinzip der Ausgeglichenheit befolgt. Für die erreichte Unabhängigkeit und die aufkommende Marktwirtschaft war die mit dem Zerfall der Sowjetunion verbundene Krise gefährlich, weil bis zur Währungsreform die Geldpolitik in Estland praktisch unter der Kontrolle der Moskauer Staatsbank stand. Die Währungsreform und das damit verbundene Paket von wirtschaftspolitischen Maßnahmen waren die Grundlage der estnischen Geld- und Wirtschaftspolitik.

Als Beginn der dritten Periode kann die zweite Hälfte des Jahres 1993 angesehen werden. Nach Schätzung mancher Wirtschaftswissenschaftler durchlief die Wirtschaft Estlands im Frühjahr 1993 ihren niedrigsten Punkt, aber bereits zum Jahresende **stabilisierte** sie sich wieder. Eine reale Belebung der Wirtschaft wird nicht vor 1995 erwartet, doch Anzeichen dafür können schon beobachtet werden. Somit kann das erste Jahr mit eigener Währung und Wirtschaftspolitik im Entwicklungsgang der estnischen Wirtschaft als Anfangsjahr einer neuen Etappe angesehen werden. Zu den Grundsteinen der Wirtschaft zählen harte Währung, ausgeglichener Staatshaushaltsplan und freie Wirtschaft. Anfang 1994 wurden das neue Einkommensteuergesetz und das neue Umsatzsteuergesetz eingeführt. Der Umsatzsteuersatz wurde nicht geändert (18 %), doch die Steuerbasis wurde erweitert. Mit dem neuen Einkommensteuergesetz ist die Besteuerung von Unternehmen und Einzelpersonen in einem gemeinsamen Gesetz geregelt. Vom Standpunkt der Wirtschaftsentwicklung aus bilden zweifelsohne die wichtigste Änderung der bedeutend niedrigere Steuersatz und der Verzicht auf die progressive Besteuerung von Einzelpersonen. Der neue Steuersatz beträgt 26 % und die Steuer ist proportional.

Im Vergleich zu den anderen sich von der zentralisierten Planwirtschaft auf die Marktwirtschaft umstellenden Staaten ist der wirtschaftliche Rückgang Estlands einer der kleinsten gewesen, darauf deutet die **Dynamik des Bruttoinlandsprodukts** hin. Nach einer mehrjährigen Niedergangsperiode vergrößerte sich das BIP zum erstenmal im dritten Quartal 1993. Die vorläufigen Schätzungen des BIP 1993 divergieren stark: der vom Statistikamt berechnete Rückgang um 7,8 % bildet einen Gegensatz zu dem von der Estnischen Bank berechneten Anstieg um 3 %. Der Grund der Differenz liegt in der unterschiedlichen Berechnungsmethodik. Aufgrund der vorläufigen Berechnungen betrug das BIP im Jahre 1993 22844,7 Mio. Kronen, d. h. auf jeden Einwohner 14970 Kronen (das entspricht rund 3100 US $).

Eine wichtige Strukturänderung ist, daß sich die Anteile der Landwirtschaft und der Industrie am BIP der letzten Jahre verringert haben, welche in der Sowjetperiode für Estland überdimensional waren. Vergrößert hat sich demgegenüber der Anteil der Dienstleistungen, vor allem des Transports (insbesondere des Seetransports) und des Handels. Als eine positive Tendenz muß auch die Verringerung des Anteils der auf dem Staats- und Kommunaleigentum basierenden Unternehmen am BIP bis auf 40 % (1993) erwähnt werden.

Tabelle 1:

Struktur des BIP nach Branchen 1993

Branche	Anteil am Bruttoprodukt (in %)
Land- und Forstwirtschaft, Jagdwesen	10,3
Fischerei	0,6
Bergbau	2,3
Verarbeitende Industrie	24,0
Elektrizitäts-, Gas- und Wasserversorgung	4,3
Bauwesen	5,8
Handel	13,9
Hotels und Gaststätten	1,9
Transport, Lagerwesen, Post- und Fernmeldewesen	14,2
Finanzwesen, Versicherung	3,1
Grundstücks-, Miet- und Geschäftsdienstleistungen	8,0
Staatsverwaltung	2,3
Bildung	5,2
Gesundheitswesen	1,0
Andere Dienstleistungen	3,1
Insgesamt	100,0

Ein Problem bildet der Umfang der **Schattenwirtschaft**, das wahrscheinlich auch in den nächsten Jahren noch virulent bleiben wird. Er lag 1991 bis zu 5 % des BIP (nach Expertenschätzung), im Jahre 1992 nach Berechnungen bis zu 12 % (nach Expertenschätzungen bis zu einem Fünftel).

Der verhältnismäßig langsame Verlauf der Privatisierung von Großbetrieben hat eine geringe Investitionstätigkeit zur Folge. 1993 betrug der Umfang der **Realinvestitionen** rund 3 Mrd. Kronen, der Umfang der Außeninvestitionen ist knapp unter 900 Mio. Kronen geblieben. Obwohl die beiden Größen sich im Vergleich zu 1992 verdoppelt haben (ohne Berücksichtigung der Preisauswirkungen), sollten sie zur Sicherung einer schnellen Entwicklung der Wirtschaft bedeutend größer sein. Vom Standpunkt der wirtschaftlichen Entwicklung Estlands ist die Konzentration der Investitionen (im Jahre 1993 über die Hälfte) auf die Hauptstadt Tallinn und Umgebung ebenfalls problematisch.

Der Anteil von **Auslandsanleihen** an der Finanzierung der Wirtschaft Estlands vergrößerte sich im Jahre 1993 bedeutend. Am 1. März 1994 betrug der Gesamtbetrag der Anleihen ca. 168,4 Mill. US $. Kreditoren sind bisher hauptsächlich internationale Organisationen gewesen (Weltbank, Internationaler Währungsfonds, Europäische Union). Nach Auffassung von Experten der Estnischen Bank bildet die Bedienung von Auslandsanleihen im bisherigen Umfang für die Wirtschaft Estlands aber (noch) kein kritisches Problem. Trotz einer gewissen Belebung kann man behaupten, daß es in Estland so gut wie keinen Kapitalmarkt gibt. Geschäfte beschränken sich auf die Verbreitung von Neuemissionen, ein Wertpapiermarkt hat sich bis zur Mitte des Jahres 1994 noch nicht gebildet.

Für die kleine und relativ ressourcenarme Wirtschaft Estlands können als die einzige effektive Lösung die **Liberalisierung des Außenhandels** und die **Integration in die Weltwirtschaft** angesehen werden. In der Außenhandelspolitik Estlands ist man auch bestrebt, von diesem Prinzip auszugehen. Bis Ende 1991 wurde der Warenaustausch Estlands von den Zentralorganen der Sowjetunion angeordnet. Die Außenhandelsstruktur war damit noch im Jahre 1991 typisch für den eines Teilstaats der Sowjetunion. Dies traf sowohl für die Struktur der Ein- und Ausfuhrwaren als auch für die Handelspartner zu. Der Umbruch in der Struktur des Außenhandels fand erst 1992 statt. Im Jahre 1992 verringerte sich sprunghaft der Warenaustausch mit den Staaten der Rubelzone. Während der Anteil der ehemaligen Sowjetrepubliken am Gesamtumsatz 1991 nahezu 90 % betrug, ist er im Jahre 1992 sowohl im Export als auch im Import unter 50 % gefallen. Die Gründe dafür waren die Hyperinflation in Rußland, die Abrechnungsschwierigkeiten bei der Zahlung für die Waren und die durch den Niedergang des Lebensstandards bedingte Verringerung der Marktnachfrage. Als Gegengewicht zu der Einschränkung der Ostbeziehungen wandte man sich auf der Suche nach Handelspartnern immer eifriger nach Westen.

1993 setzten die Strukturänderungen sowohl in der Warenaustauschgeographie als auch in bezug auf Warengruppen ein. Wesentlicher ist aber das stürmische Wachstum des Außenhandelsumsatzes. Im Vergleich zu 1992 vergrößerte sich der Export von Waren um das 1,9- und der Import um das 2,3fache. Am meisten erhöhte sich der Import von Waren durch die Zunahme der Einfuhr von Maschinen, Einrichtungen und Transportmitteln. Obwohl die Außenhandelsbilanz von 1993 negativ war, legt gerade die Vergrößerung der Einfuhr der erwähnten Warengruppen den Grund für die Erwartung einer positiven Entwicklung der Produktion. Die größten Handelspartner Estlands sind Finnland, Rußland, Deutschland, Schweden und Lettland, deren Anteil am Warenaustausch 1993 insgesamt über zwei Drittel umfaßte.

Tabelle 2:

Außenhandel Estlands nach Regionen in den Jahren 1992–1993
(Angaben in Mill. Kronen)

	GUS	EFTA	Europ. Union	Mittel- und Osteuropa	Übrige	Insgesamt
1992						
Export	1 923,9	1 680,5	760,8	894,6	288,8	5 548,6
Import	2 053,8	1 555,8	783,3	339,4	395,4	5 127,7
Bilanz	− 129,9	+ 124,7	− 22,5	+ 555,2	− 106,6	+ 420,9
1993						
Export	3 221,1	3 349,4	1 895,8	1 578,3	597,0	10 641,6
Import	2 564,1	4 508,7	2 760,5	828,0	1 186,5	11 847,8
Bilanz	+ 657,0	−1 159,3	− 864,7	+ 750,3	− 589,5	− 1 206,2

1994 kam es in der Außenhandelspolitik zu Handelsstockungen mit Rußland. Von Moskau eingeführte hohe Schutzzölle beeinflußten auch die Wirtschaft Estlands. Als Fortschritte können aber der zu Anfang des Jahres in Kraft getretene Freihandelsvertrag der Baltischen Staaten und die Bewegung in Richtung Anschluß an die Europäische Union und GATT angesehen werden. Die Liberalisierung der Handelsverhältnisse in Richtung Westen scheint gelungener als mit den Staaten im Osten und Süden Estlands zu sein. Die Zahlungsbilanz Estlands 1993 war günstig. Das Defizit der Warenaustauschbilanz wurde größtenteils durch den Überschuß der Dienstleistungsbilanz gedeckt. So wuchsen auch die Reserven. Im vierten Quartal verzeichnete Estland jedoch eine negative Handelsbilanz.

Zur Beschreibung von **Inflationsprozessen** kann der vom Statistikamt errechnete Verbraucherpreisindex verwendet werden. Die Verbraucherpreise stiegen 1991 um das 4,3fache, 1992 um das 10,5fache und reduzierten sich 1993 auf eine Steigerung um das nur noch 1,3fache. Die Gründe der hohen Inflation reichen in die sozialistische Planwirtschaft zurück. Die Liberalisierung der Preis- und Lohngestaltung in der Zeit der Perestroika zusammen mit der expansiven Geldpolitik haben unter den Bedingungen einer Defizitwirtschaft eine übermäßige Nachfrage bewirkt. Bis 1991 dominierte die Nachfrageinflation. Die spätere Inflation kann aber hauptsächlich als eine Kosteninflation charakterisiert werden, die anfangs vor allem

131

von der sprunghaften Verteuerung der von Rußland importierten Rohstoffe und Energieträger verursacht war. Die Preissteigerung in den ersten Monaten 1992 reichte schon in die Dimension einer Hyperinflation (Monatsindexe: im Januar 2,32-, im Februar 1,74- und im März 1,3fach). Mit der Entwicklung von Stabilisierungsprozessen wurde auch das Tempo der Inflation langsamer. Die fortdauernde Preissteigerung kann ebenso als eine Kosteninflation interpretiert werden. Die meisten Preise der auf dem örtlichen oder relativ billigen Ostrohstoff basierenden Waren bewegen sich allmählich in Richtung von »Weltpreisen«.

Im Vergleich zu den anderen Mittel- und Osteuropäischen Staaten verläuft die **Eigentumsreform** in Estland verhältnismäßig langsam. Ein auffallendes Merkmal der estnischen Eigentumsreform ist die Rückerstattung (Restitution). Die Interessen der politischen Neuverteilung bzw. die Restitutionsgrundsätze hemmen die Privatisierung zur Zeit noch, weil die Feststellung von Rechten der ehemaligen Eigentümer und die Rückerstattung ihres Eigentums ein zeitraubender Prozeß ist. Der Kreis der Menschen, denen das Eigentum rückerstattet oder vergütet wird, ist aber sehr groß.

Bei der **Privatisierung** von Großunternehmen wurde die Idee einer zentralisierten Privatisierungsagentur (sogenanntes deutsches Modell) angewandt, 1992 begann man mit der Privatisierung durch internationalen Wettbewerb. Im Jahre 1993 privatisierte die Agentur ein Vermögen von 478 Mio. Estnischen Kronen, dabei wurden 237 Mio. Kronen Investitionen garantiert. Bis heute sind die meisten betriebswirtschaftlich günstigen Großunternehmen schon privatisiert worden, bei den übrigen gibt es aber Probleme in Hülle und Fülle, und viele auf die Privatisierung wartende Unternehmen sind inzwischen in eine schlechte wirtschaftliche Lage geraten. Die Kleinprivatisierung ist recht erfolgreich verlaufen, bis zum Ende 1994 hofft man, auch mit der Privatisierung von Wohnungen beginnen zu können. Diese stellt das hauptsächliche Anwendungsgebiet von Privatisierungswertpapieren dar, obwohl auch ein öffentlicher Aktienverkauf geplant ist. Der Gesamtwert der Privatisierungswertpapiere wird nach Expertenschätzung ca. 15 Mrd. Kronen betragen. Davon bilden die Volkskapitalobligationen ca. zwei Drittel und die Rückerstattungswertpapiere ein Drittel.

6.2 Sozialsphäre und Lebenshaltung

Der Erfolg in der Wirtschaftspolitik ist vielfach auf Kosten der Sozialpolitik erzielt worden. Der heutige Realwert des Einkommens der Bevölkerung entspricht nur noch etwa 40 % desjenigen von 1989. Vor dem Hintergrund der allgemeinen Verarmung der Gesellschaft entstehen beträchtliche sozialökonomische **Ausdifferenzierungen**. Eine wesentliche Voraussetzung für den Erfolg der Wirtschaftsreformen bildete die Bereitschaft der Esten, die Schwierigkeiten der Übergangsperiode zu ertragen, weil außer dem Wohlfahrtsstaat auch die politische Unabhängigkeit zum Ziel gesetzt worden war. Der am Anfang der Reformperiode verbreitete Leitspruch »Im Namen der Unabhängigkeit sind wir bereit, Kartoffelschalen zu essen«, hilft vielleicht auch zu erklären, daß der sprunghafte Rückgang der Lebenshaltung ohne scharfe soziale Konflikte ablief. Den Grundstein der Einkommenspolitik der Übergangsperiode bildet die Konzeption des **Mindestlohnes**. An die Höhe des dreiseitig zu vereinbarenden Mindestlohnes (Regierung, Arbeitgeber und Gewerkschaften) sind sowohl die Löhne der durch das Staatsbudget zu entlohnenden Arbeitnehmer als auch Renten und Sozialleistungen gekoppelt.

Bis zur Währungsreform hatte der Mindestlohn die Bedeutung des Lebenshaltungsminimums. Eine besondere Bedeutung bekam der Mindestlohn in der Einkommenspolitik nach der Währungsreform, als zusammen mit dem Internationalen Währungsfonds das Memorandum über die Wirtschaftspolitik Estlands unterzeichnet wurde, in dem die Dynamik des Mindestlohnes streng beschränkt wurde.

Mitte 1994 aber geriet die auf dem Mindestlohn basierende Einkommenspolitik in die Klemme. Der Mindestlohn in Höhe von 300 Kronen hielt unverändert schon über anderthalb Jahre an (seit September 1992). Der Grund hierfür waren nicht die Beschränkungen des IMF-Memorandums, sondern die Knappheit an Geld. Denn die Erhöhung des Mindestlohnes hätte zusätzlich zur Lohnerhöhung eines großen Teils von Arbeitnehmern automatisch die Erhöhung von Renten, Kinderbeihilfen und Sozialleistungen bedeutet. Dafür fehlten aber die Geldmittel. So begann man das System allmählich abzubauen, wobei die Renten und Sozialleistungen von ihrer Bindung an den Mindestlohn befreit wurden. Gemäß der dreiseitigen Vereinbarung erhöht sich der Mindestlohn ab September 1994 auf 450 Kronen.

In Estland wurde zwar das **Lebenshaltungsminimum** als erste der damaligen Republiken der Sowjetunion schon 1988 eingeführt, heute fehlt aber ein Armutskriterium vollständig. Mehrere Versuche, neue Berechnungen für das Lebenshaltungsminimum anzuwenden, sind gescheitert. Die Höhe des die realen Bedürfnisse berücksichtigenden Lebenshaltungsminimums würde vielfach die Höhe sowohl des Mindestlohnes als auch der Rente überschreiten. Den Versuchen des Sozialministeriums, die Armutsgrenze mit den finanziellen Möglichkeiten in Einklang zu bringen, wurde aber öffentlicher Widerstand entgegengesetzt. Das einzige allgemein verbreitete Kriterium bildet der von Medizinern zusammengestellte physiologisch mindestens nötige Lebensmittelkorb, dessen Wert vom Statistikamt monatlich errechnet und veröffentlicht wird. Im April 1994 hat auch der Preis dieses Lebensmittelkorbes die Höhe des Mindestlohnes überschritten.

Schon Anfang 1993 konnte eine Vergrößerung der **Vermögensunterschiede** zwischen verschiedenen Schichten der Bevölkerung beobachtet werden. Durchschnittlich überstieg die Höhe der Einkommen der 10 % reichsten Familien die Einkommen der 10 % ärmsten Familien um das 12–13fache. 1993 erhielten 10 % der reichsten Familien ca. 30 % und 10 % der ärmsten Familien nur 11 % des Gesamtvolumens an Einkommen.

In Estland gibt es heute nur die **staatliche Pflichtsozialversicherung**, die sich aus der für die Arbeitgeber festgesetzten 20 % Sozialsteuer und der 13%ige Krankenversicherungssteuer vom Bruttogehalt der Arbeitnehmer zusammensetzt. Abhängig von der Lage kommen auch direkte Mittel des Staatshaushalts hinzu. Diese Versicherung kann lediglich Elementarbedürfnisse abdecken. So sind die Rentner unzufrieden mit der Höhe der Rente, zu deren Berechnung bis heute der eingefrorene Mindestlohn und das Dienstalter ohne Berücksichtigung der Höhe des Lohnes oder des derzeitigen Lohnniveaus die Grundlage bildet. Die zentrale Verteilung des Krankenversicherungsbudgets ermöglicht es nicht, den vollen Umfang der notwendigen Heildienstleistungen zu decken. Das staatliche System der Arbeitslosenunterstützung ermöglicht ebenfalls keine hinreichende Sozialfürsorge.

Das zur Zeit gültige System der Sozialversicherung beruht zum großen Teil noch auf einer früheren Grundlage. Bis 1991 gehörte das System in die Zuständigkeit der Gewerkschaft, dann ging es in die Hände des Staates über, welcher aber auf die verantwortliche Übernahme dieses höchst komplizierten und umfangreichen Systems nicht vorbereitet war. Die wirtschaftlichen Schwierigkeiten haben den Niedergang beschleunigt. Weil mit dem zur Zeit gültigen Sozialversicherungssystem niemand zufrieden ist, wird über mögliche Änderungsvarianten diskutiert. Die Gewerkschaften haben sich zum Ziel gesetzt, zusätzlich zur staatlichen Sozialversicherung eine personenbezogene, auf dem Sammelversicherungssystem basierende Zusatzsozialversicherung zu entwickeln. Die Pflicht- und die Sammelversicherung würden parallel funktionieren, doch die Mittel würden voneinander unabhängig gehalten. Über dieses Thema sind inzwischen Konsultationen sowohl mit Arbeitgebern als auch mit Vertretern der Regierung begonnen worden.

Im Vergleich zu den anderen sich auf die Marktwirtschaft umstellenden Staaten ist die Lage des Arbeitsmarktes in Estland weniger angespannt. Die offiziell gemeldete **Arbeitslosigkeit** hat 3 % nie überstiegen. Experten schätzen jedoch die eigentliche Arbeitslosigkeit 2–3mal höher, doch im ganzen ist die Arbeitslosigkeit in Estland bisher kein brennendes soziales Problem geworden. In den letzten Jahrzehnten wurde ein sehr hoher allgemeiner Beschäftigungsgrad erreicht, und auf dem Arbeitsmarkt überstieg das Stellenangebot immer die Nachfrage. Von anderthalb Mio. Einwohnern wurden 1989 818 000 als Erwerbstätige gerechnet. Das ergab sich aus dem Zusammenwirken mehrerer Faktoren:

– durch einen sehr hohen Beschäftigungsgrad der Frauen: Die Frauen-Erwerbstätigkeit in Estland war innerhalb der UdSSR Spitzenreiter. Nach Angaben der Volkszählung von 1989 waren 83 % der Frauen im erwerbsfähigen Alter, bei den 30–40jährigen Frauen sogar 93 % beschäftigt;

– durch einen sehr hohen Beschäftigungsgrad der Rentner: 1990 arbeiteten von 360 000 Rentnern 102 000, d. h. beinahe ein Drittel;

– ein bestimmter Teil von Stellen wurde mit Hilfe der Pendelmigration abgedeckt (in Grenzgebieten, besonders in Nordost-Estland).

Die Bevölkerung Estlands besitzt auch im Vergleich zu den entwickelten Staaten einen ziemlich hohen **Bildungsgrad** (14 % der Bevölkerung im arbeitsfähigen Alter haben Hochschulbildung, 57 % Mittelschul- oder Berufsschulbildung) und dadurch eine relativ gute Qualifikation der Arbeitnehmer. Dies erklärt die Tatsache, warum in der Sowjetzeit entschieden wurde, viele Unternehmen (Arbeitsstellen) gerade in Estland zu gründen.

Der hohe Beschäftigungsgrad ist einer der Gründe für den relativ weniger angespannten Arbeitsmarkt gewesen. Als Dämpfer wirkten in erster Linie die Rentner. Bei ersten Fällen des Abbaus/der Entlassung wurde versucht, zunächst ältere Arbeitnehmer in den Ruhestand zu versetzen. Der zweite Faktor der Verminderung der Arbeitslosigkeit war (insbesondere im Jahre 1992) die Auswanderung. Ein Teil der Nicht-Esten (insbesondere Russen) entschied, in ihre geschichtliche Heimat zurückzukehren. Als weiterer, die Arbeitslosigkeit vermindernder Faktor wirkte auch der hohe Beschäftigungsgrad der Frauen. Bei dem heutigen Lohnniveau können die meisten Familien nur mit dem Einkommen des Mannes nicht auskommen. Auch die langsame Privatisierung erklärt die günstige Lage auf dem Arbeitsmarkt. Neben dem Verkauf der staatlichen Unternehmen begünstigt die Eigentumsreform immer mehr die Gründung von auf Privatkapital basierenden Firmen. Somit wachsen die Stellen im Privatsektor, wodurch teilweise das

Verschwinden der Stellen im staatlichen Sektor kompensiert wird. Auch bei dem Verkauf der staatlichen Unternehmen gilt oft die Pflicht der Sicherung einer bestimmten Anzahl von Stellen.

Wie auch in anderen Transformationsstaaten gilt die offizielle Arbeitslosenstatistik nur bedingt. Offiziell wird als arbeitslos gezählt, wer ohne Beschäftigung und Einkommen ab sechzehn Jahren bis zum Rentenalter am Wohnort in der Beschäftigungsbehörde als arbeitsuchend gemeldet ist, sich für eine Umschulung bereit erklärt hat und wenn das Arbeitslosenamt binnen 30 Kalendertagen seit der Anmeldung dem Arbeitsuchenden keine seiner Qualifikation oder seinem gesundheitlichen Zustand entsprechende freie Stelle anbieten kann. Somit werden als arbeitslos nur die gemeldeten (Arbeitslosenunterstützung erhaltenden) Personen geführt. Es ergibt sich ein geschöntes Bild der Wirklichkeit am Arbeitsmarkt.

Einen besseren Überblick vermitteln soziologische Befragungen. Hiernach lag die Arbeitslosigkeit 1993 bei 7–9 %.

Tabelle 3:

Ergebnisse der Beschäftigungsuntersuchungen im Jahr 1993
(Angaben in %)

	1. Quartal	2. Quartal	3. Quartal	4. Quartal
Grad der Arbeitslosigkeit	9,0	8,6	7,9	7,5
Von den Arbeitsuchenden haben die Beschäftigungsbehörden besucht	42,0	44,0	53,0	52,0
Von allen Arbeitsuchenden erhalten Arbeitslosenunterstützung	14,0	19,0	18,0	18,0

Es zeigt sich also, daß beinahe die Hälfte der Arbeitsuchenden sich nicht an die Beschäftigungsbehörde wendet, sondern Arbeit aus eigener Initiative sucht. Die Gründe dafür, daß die Arbeitslosen sich nicht registrieren, sind u. a.:

– sie können nicht die psychologische Barriere überwinden, sich als arbeitslos zu melden;

– die Wahrscheinlichkeit, eine passende Anstellung zu finden, ist relativ gering;

– eine sehr geringe Arbeitslosenunterstützung. Seit dem 1. Oktober 1992 ist die Höhe der Arbeitslosenunterstützung 180 Kronen, d. h. 60 % des

Mindestlohns (in gleicher Höhe für alle Arbeitslosen), die Kaufkraft des eingefrorenen Mindestlohnes und der Arbeitslosenunterstützung ist aber seither beträchtlich gefallen.

Die tatsächliche Arbeitslosigkeit dürfte zwischen den offiziellen Angaben und den Resultaten der soziologischen Befragungen liegen. Unter den Verhältnissen der Übergangswirtschaft werden aus vielen Lohnarbeitern selbständige Kleinunternehmer (z. B. Fischer mit eigenem Boot und Fanggeräten, Markthändler oder Kraftfahrer mit eigenem Kraftwagen), die regulär arbeiten und Einkommen erhalten. Weil ihnen aber die gewohnheitsmäßige betriebliche Stellung und der Chef fehlen und sie wegen mangelnder Steuerdisziplin dem Staat auch keine Steuer zahlen, melden sie sich gewöhnlich arbeitslos. Doch gibt es in Estland auch Gebiete (Nordost- und Südost-Estland), wo die reale Arbeitslosigkeit relativ hoch ist.

6.3 Gewerkschaften und Arbeitsbeziehungen

6.3.1 Gewerkschaften

Die Vergangenheit der estnischen Gewerkschaften während des Sozialismus ist ähnlich der von Gewerkschaften der übrigen Unionsrepubliken der Sowjetunion. Die Gewerkschaften sind jahrzehntelang das staatliche Funktionen erfüllende Organ gewesen. Inhaltlich hat den Gewerkschaften die Selbständigkeit gefehlt. Von den führenden Gewerkschaftsfunktionären und den Apparatmitarbeitern wurde die Zugehörigkeit zur KPdSU verlangt, dies bestimmte die politische Linie der Gewerkschaften.

Die Mitgliedschaft in der Gewerkschaft war nahezu hundertprozentig, weil die Gewerkschaften die Träger des Sozialversicherungssystems waren. Von der Mitgliedschaft hing z. B. die Höhe des Krankengeldes ab. Auch die Verteilung von Wohnungen, Personenkraftwagen, Touristenscheinen und der Zugang zu Erholungsheimen sowie der Erwerb von Mangelwaren erfolgte durch die Gewerkschaften. Und je größer die Mängel wurden, desto schwerer war es auszukommen, ohne Mitglied der Gewerkschaft zu sein.

Ein besonderes Problem bildete die »entscheidende und verteilende« Rolle der Gewerkschaftsfunktionäre in den Betrieben. Im Arbeitsgesetzbuch gab es einen Abschnitt über den Abschluß und die Struktur von Kollektivverträgen in Produktionsbetrieben. Gleichzeitig waren aber die meisten Fragen der Arbeitsbedingungen (Lohn, Arbeits- und Ruhezeit usw.) durch die Gesetzgebung dermaßen genau reglementiert, daß der Vertrag faktisch nur Makulatur der betreffenden gesetzlichen Bestimmung war. Als wertvoll kann lediglich die Arbeit der Gewerkschaften auf dem Gebiet des Arbeitsschutzes angesehen werden. Die Kontrolle und die Technik des Arbeitsschutzes, ebenso die Ausarbeitung von diesbezüglichen Vorschriften erfolgte hauptsächlich durch entsprechende Dienste der Gewerkschaften.

Das Erbe der Zeit des Sozialismus liegt heute noch schwer auf den Schultern der Gewerkschaften. Die sich im Bewußtsein der Menschen festgesetzten Auffassungen über die Rolle der Gewerkschaften verändern sich nur langsam. Doch kann man die Gewerkschaften der Sowjetzeit nicht völlig verurteilen. Nach Möglichkeit wurde versucht, die in Moskau festgesetzten Vorschriften zu umgehen und der Arbeit der Gewerkschaften einen Sinn zu geben. Leider konnte damals darüber nicht mit lauter Stimme gesprochen werden.

Der **Umwandlungsprozeß** der Gewerkschaften begann schon in den letzten Jahren der Sowjetmacht. Die Rolle bei der Ausübung und Unterstützung der Staatsmacht, ebenso die Abwicklung des Sozialversicherungssystems und die Verteilung von Vorteilen wurden aufgegeben. Als Resultat dieses mutigen Schrittes verschwand die Notwendigkeit der Arbeitnehmer, der Gewerkschaft anzugehören. Der Schwerpunkt der Tätigkeit von Gewerkschaften wurde auf die Beeinflussung von Arbeits- und Lohnbedingungen der Arbeiter durch Kollektivverträge gelegt. Doch die Erfüllung der neueren Funktionen ist nicht glatt verlaufen, die Umstände wurden durch den Rückgang der Wirtschaft kompliziert. Als die Menschen von den Gewerkschaften nicht mehr die gewohnheitsmäßigen Vorteile erhielten, gingen auch ihre Motive für die Mitgliedschaft verloren. Mitte 1994 waren noch etwa 50 % der Arbeitnehmer in Gewerkschaften organisiert.

Die Gründe für den Austritt beschränken sich jedoch nicht auf den Motivationsverlust. Wesentlich sind auch die Auswirkungen der Eigentumsreformen. Viele auf dem Privatkapital basierende Unternehmen sind sehr klein (besonders in der Handels- und Dienstleistungssphäre). Kleinunternehmen bilden aber schon ihrem Wesen nach eine schwache Basis für die Gewerkschaftsbewegung. Zusätzlich übersteigen die dortigen Löhne bis heute die des staatlichen Sektors und die der meisten Großbetriebe. Auch für viele Arbeitgeber ist nicht verständlich, warum die Schließung von Verträgen mit Gewerkschaften heute für sie nützlich sein könnte, und manche von ihnen verbieten sogar die Tätigkeit der Gewerkschaften in ihren Unternehmen. Die Landwirtschaftspolitik ist auf die Gründung von privaten Bauernhöfen ausgerichtet, damit verringert sich auch auf dem Lande die Zahl der Lohnarbeiter stark.

Aufgrund der sich schnell ändernden Umstände in der Übergangsperiode ist auch die Gewerkschaftsbewegung in einer schwierigen Lage. Man kann aber annehmen, daß, je mehr sich die neuen Wirtschaftsstrukturen der Gesellschaft herausbilden und je schärfer der für die Marktverhältnisse kennzeichnende Widerstand von Interessengruppen wird, sich der Bedarf an freien Gewerkschaften entfalten wird. Schon heute können Beispiele für die Gründung von Gewerkschaftsorganisationen oder für die Mitwirkung von diesen in neuen, auf Privatkapital basierenden Unternehmen genannt werden. Dieser Prozeß ist aber ebenso langwierig und kompliziert wie der gesamte Übergang von der Befehlswirtschaft zur Marktwirtschaft. Interessant sind in diesem Zusammenhang die Ergebnisse der von dem **Zentralverband der Gewerkschaften Estlands (ZGE)** durchgeführten Befragungen. Die vorgegebenen möglichen Antworten über die Motive der Angehörigkeit zur Gewerkschaft lauten der Bedeutung nach wie folgt:

Tabelle 4:

Gründe zur Mitgliedschaft in der Gewerkschaft 1994
(Angaben in %)

	von größter Bedeutung	an zweiter Stelle	bedeutungslos
Schutz von Löhnen und Unterstützungen	55,4	14,1	6,5
Schutz gegen Entlassung	14,1	19,6	5,4
Zugang zu materiellen Vorteilen	7,6	21,7	10,9
Gewohnheit	10,9	6,5	31,5
Mitarbeiter sind Mitglieder der Gewerkschaft	3,3	6,5	26,1
Schutz der Arbeitsbedingungen	3,3	22,8	8,7
Keine Angaben	5,3	8,7	10,9

Der ZGE wurde auf dem XX. Kongreß der Gewerkschaften Estlands im April 1990 als Resultat der freiwilligen Vereinigung der unabhängigen und selbständigen Gewerkschaften, ihrer Assoziationen und anderer gewerkschaftlicher Vereinigungen gegründet. Auf dem Kongreß wurde das Tätigkeitsprogramm des ZGE verkündet, wonach die Hauptrichtungen, Bereiche und Ziele der Tätigkeit von Gewerkschaften als der die Interessen der Arbeitnehmer vertretenden und schützenden Organisationen festgesetzt wurden. Zum Ziel wurde die Entwicklung einer Gewerkschaftsbewegung in Estland gesetzt, welche ein Partner für Arbeitgeber und bei dreiseitigen Verhandlungen auch für die Regierung sein soll.

Am 1. 1. 1994 waren dem ZGE 25 Gewerkschaftsverbände mit insgesamt 200 000 Mitgliedern (Mitgliedschaft ca. 40 %) angeschlossen. Das höchste Organ ist der Kongreß, der alle fünf Jahre einberufen wird. In der Zwischenzeit tritt zweimal jährlich die Versammlung der Bevollmächtigten zusammen, die sich aus den von den Mitgliedsorganisationen proportional zu ihrer Größe delegierten Vertretern zusammensetzt. Das Regulativorgan des ZGE ist die Leitung, deren Mitglieder von der Versammlung der Bevollmächtigten gewählt werden (gegenwärtig 13 Mitglieder). Zur Regelung der laufenden Arbeit und zur Vertretung von Mitgliedsorganisationen sind folgende Untereinheiten gebildet worden:

– das Sekretariat des ZGE,

– das Wissenschafts- und Entwicklungszentrum der Gewerkschaften Estlands,

– die Redaktion der Zeitung »Rahva Leht«,

– das Haus der Gewerkschaften.

Tabelle 5:

Zahl der Mitglieder und die Struktur des ZGE
(Stand: Anfang 1994)

Alter	Männer	Frauen	Insgesamt
25jährige und ältere	103 000	87 000	190 000
Jüngere als 25jährige	5 000	5 000	10 000
Insgesamt	108 000	92 000	200 000

Der Mitgliedsbeitrag der Gewerkschaftsangehörigen des ZGE beträgt 1 % vom Bruttolohn. 5 % der Mitgliedsbeiträge der Mitgliedsorganisationen werden zur Finanzierung des ZGE aufgewendet.

Die größten Mitgliedsorganisationen des ZGE sind der Verband der Gewerkschaften der Lebensmittelindustrie und der Landwirtschaft mit über 50 000 Mitgliedern, der Verband der Arbeitnehmer des Handels- und Verbraucherkooperativs (20 000 Mitglieder), der Verband der Arbeitnehmer der Konsumgüterindustrie (17 600 Mitglieder) und der Verband der Arbeitnehmer des Autotransports und der Straßenbauarbeiter (11 600 Mitglieder). Neben den großen (in Verhältnissen Estlands) Mitgliedsverbänden gehören dem ZGE auch sehr kleine Verbände an, z. B. die Gewerkschaft der Linienpiloten Estlands mit ihren etwas über fünfzig Mitgliedern. Weil in der Wirtschaft Estlands Umstrukturierungsprozesse im Gange sind, ist es natürlich, daß auch die gegenwärtige organisatorische Struktur der Gewerkschaften nicht endgültig ist, sondern sich in der Entwicklung befindet. In bezug auf die weitere Planung der Tätigkeit des ZGE war der Frühjahrskongreß 1995 maßgebend, auf dessen Tagesordnung auch die Beratung und Verabschiedung eines neuen Programms standen.

Seit September 1992 existiert in Estland noch eine zweite Zentralorganisation der Gewerkschaften – die **Organisation der Berufsverbände von Angestellten (OBA)**, die die Interessen der sogenannten »Weißkragen« vertritt. Der Mitgliedschaft der OBA gehören ca. 60 000 Arbeitnehmer an (Lehrer, Lehrkräfte an Hochschulen, Wissenschaftler, Kulturarbeiter, Mediziner u. a.). Ein Existenzgrund der OBA besteht darin, daß der größte Teil dieser Personen im staatlichen Sektor arbeitet und somit die Gehälter vom Spielraum des Staatshaushalts abhängig sind.

Sowohl der ZGE als auch die OBA haben sehr gute Beziehungen zu den Gewerkschaften mehrerer europäischer Staaten, besonders eng ist die Zusammenarbeit mit den Gewerkschaften der skandinavischen Staaten Finnland und Schweden. Bis heute ist der ZGE noch nicht Mitglied einer internationalen Gewerkschaftsorganisation, das Aufnahmegesuch liegt dem Internationalen Bund Freier Gewerkschaften aber vor. Auch die meisten Mitgliedsverbände des ZGE entwickeln eine Zusammenarbeit mit betreffenden Gewerkschaftsorganisationen in anderen Ländern, mehrere Verbände (12 Mitgliedsorganisationen) haben sich den internationalen Gewerkschaftszentren angeschlossen.

6.3.2 Arbeitsbeziehungen

Aktuell und zukünftig muß die Initiativfunktion der Gewerkschaften bei der Entwicklung und bei der Einführung der **sozialen Partnerschaft** als ihre wichtigste Aufgabe angesehen werden. Der erste Vertrag auf der Ebene der Republik – der Vertrag über die Sozialsicherung – wurde vom ZGE und der Regierung schon im Februar 1991 unterzeichnet. Damals ist die Regierung auch in der Rolle des Arbeitgebers aufgetreten, weil in der Wirtschaft der staatliche Sektor dominierend war und eine Vereinigung der Arbeitgeber fehlte. An der Vertragsschließung 1992 nahm auch ein Teil der Arbeitgeber als Zentralverband der Industrie Estlands teil. Der an der Vorbereitung und Unterzeichnung des Vertrages 1993 mitbeteiligte **Konsultativrat der Arbeitgeber** vertrat schon einen bedeutend breiteren Kreis der Arbeitgeber, darunter auch die Privatunternehmen. Die Besonderheit des Vertrages 1994 war, daß die Seite der Arbeitnehmer in gemeinsamer Delegation von den zwei Zentralorganisationen der Gewerkschaften – ZGE und OBA – vertreten wurde.

Während in den **dreiseitigen Rahmenverträgen** nur die wichtigsten allgemeinen Fragen vereinbart werden (Mindestlohn, Regulierung des Arbeitsmarktes, Ausarbeitung oder Änderung von Gesetzen, Bereiche einer stetigen Zusammenarbeit), befassen sich die **zweiseitigen Vereinbarungen** mit Arbeits- und Lohnbedingungen bedeutend konkreter. 1993 schlossen die Gewerkschaftsverbände 21 Abkommen ab. Die Vereinbarungen der Gewerkschaftsverbände werden durch Kollektivverträge in Unternehmen und Betrieben weiter konkretisiert. Im Unternehmen organisiert das Gewerkschaftskomitee die Gewerkschaftsarbeit, oder es wird eine Vertrauensperson gewählt (schon in einem Drittel von Unternehmen). Weil durch das 1993 verabschiedete Gesetz über die Vertrauensperson die Rechte (darunter auch die Bezahlung für die Arbeit durch den Arbeitgeber) und die Pflichten der Vertrauensperson recht genau bestimmt sind, wird die Vertrauensperson in der Zukunft der Träger der Gewerkschaftsarbeit sein. Dies um so mehr, als in der Übergangswirtschaft die Bedingungen und Möglichkeiten von Unternehmen höchst unterschiedlich und deswegen die auf der Ebene des Unternehmens zu treffenden Abkommen von großer Bedeutung sind.

Die Ergebnisse einer vom ZGE durchgeführten Befragung von Gewerkschaftsfunktionären deuten klar auf die Veränderung der Funktionen der Gewerkschaft in Unternehmen hin. 43,5 % der Befragten halten für ihre wichtigste und zeitaufwendigste Aufgabe den Schutz von Lohninteressen (die Verbesserung von Lohnbedingungen) der Arbeitnehmer, ca. 30 % die Lösung der bei der Arbeit aufkommenden Probleme und Beschwerden. An dritter Stelle (6,5 % von allen Antworten) steht die Weitergabe von Informationen für die Arbeitnehmer.

Eine bemerkenswerte Eigenart der Übergangsperiode ist, daß bei den dreiseitigen Verhandlungen in mehreren Fragen (darunter auch der Erhöhung des Mindestlohnes) die Arbeitnehmer und Arbeitgeber auf einem gemeinsamen Standpunkt stehen, die Regierung aber einen anderen Standpunkt vertritt. Wegen der unterschiedlichen Strukturen haben die Gewerkschaftsverbände oft auch Schwierigkeiten mit der Identifizierung von Verhandlungspartnern. Deswegen schließen manche Verbände Verträge mit verschiedenen Vereinigungen von Arbeitgebern ab. Mehrere Mitgliedsverbände haben auch gar keinen Verhandlungspartner auf Arbeitgeberseite.

Die Souveränität Estlands und die Umwandlungen in der Wirtschaft bedeuten, daß eine völlig neue **Gesetzgebung** geschaffen werden mußte. Der

Umfang der geleisteten und noch bevorstehenden Arbeit ist enorm, und deswegen ist es verständlich, daß sich an dieser Arbeit auch die Gewerkschaften beteiligen. Die Gewerkschaften Estlands haben aktiv an der Ausarbeitung von die Arbeitsverhältnisse regulierenden Gesetzen teilgenommen und deren Verabschiedung beeinflußt. Dazu gehören das

– Gesetz über den Kollektivertrag,

– Gesetz über den Arbeitsvertrag,

– Urlaubsgesetz,

– Gesetz über die Arbeits- und Ruhezeit,

– Arbeitsschutzgesetz,

– Gesetz über die Vertrauensperson der Arbeitnehmer,

– Gesetz über die Lösung des kollektiven Arbeitskonflikts,

– Lohngesetz,

– Gesetz über die Disziplinarhaftung der Arbeitnehmer.

Zusätzlich zur Arbeit bei der Gesetzgebung versuchen die Gewerkschaften, ihre Mitglieder in Fällen der Gesetzesverletzung durch Arbeitgeber zu schützen. Am häufigsten sind hierbei die juristischen Dienste der Gewerkschaften in den Fällen von Entlassungen oder Arbeitsunfällen gefragt.

Der ZGE hat sich von der Gründung an für eine **politisch unparteiische Organisation** erklärt. Dasselbe gilt natürlich auch für die Mitgliedsorganisationen. Während der beinahe vierjährigen Tätigkeit ging der ZGE vom Grundsatz der Nichteinmischung in die Politik aus. Doch die Entwicklung in der Gesellschaft hat auch Veränderungen in der Tätigkeit der Gewerkschaften mit sich gebracht. Im Februar 1994 erklärte der ZGE seine Absicht, sich in das politische Leben Estlands einzumischen. Diese Entscheidung ist mit der anstehenden Wahl des Parlaments und mit dem Wunsch, die Interessen der Arbeitnehmer besser zu vertreten, verbunden. Ziel ist dabei die Einhaltung der schon verabschiedeten Gesetze der Arbeitsgesetzgebng und die Durchsetzung von neuen notwendigen Gesetzen. Weil laut Wahlgesetz nur Parteien Wahllisten vorlegen können, müssen die Gewerkschaften in der Wahlliste einer Partei auftreten. So reifte im ZGE die Entscheidung, bei der nächsten Wahl zusammen mit den Sozialdemokraten aufzutreten. Zur Wahlzusammenarbeit zwischen der Sozialdemokratischen Partei Estlands (SPE) und dem ZGE im Interesse einer ausgeglichenen Entwicklung der Gesellschaft wurde eine gemeinsame Erklärung verabschiedet, in der es heißt: »Unser gemeinsames Ziel ist ein Estland, wo die Arbeitskraft gerecht geschätzt und für die Arbeit würdig bezahlt wird.«

7. Bulgarien

Emilian Abadjiev

7.1 Wirtschaftliche Grunddaten

Das erste Jahr nach der politischen Wende in Bulgarien, die im November 1989 begann, war von großer Euphorie gekennzeichnet. In der Periode 1990/91 herrschte sogar unter den Wirtschaftswissenschaftlern ein Optimismus, der an Naivität grenzte. Der Übergang zur Marktwirtschaft hat sich aber in der Praxis als viel länger, schwieriger und mühsamer als erwartet erwiesen.

Nach der Anfangseuphorie wurden alle zentral- und osteuropäischen Staaten, einschließlich Bulgarien, dem Druck der Institutionen von Bretton-Woods ausgesetzt, bei den Wirtschaftsreformen die sogenannte **Schocktherapie** anzuwenden. Dieser Ansatz beruht auf dem Konzept der Strukturregulierung, angewandt bei den Entwicklungsländern in den siebziger und achtziger Jahren. Der Akzent liegt auf der Schnelligkeit der Reform. In seinem Kern sieht dieses Herangehen eine bestimmte Reihenfolge der makroökonomischen Maßnahmen vor: Liberalisierung der Preise und des Handels, gefolgt von Schritten hin zur Konvertierbarkeit der Währung und damit der wirtschaftlichen Stabilisierung bis zur Massenprivatisierung und Strukturreform.

Die **Reform** in Bulgarien begann im Frühjahr 1991 durch die Unterzeichnung eines Stabilitätsabkommens (stand-by agreement) mit dem Internationalen Währungsfonds (IWF) und durch die Anwendung von einem Paket von Maßnahmen, das auf einen antiinflationären, stabilisierenden Effekt abzielte.

Nach den ersten freien Wahlen im Juni 1990 begann auch die gesetzgeberische Tätigkeit des Parlaments, das berufen war, eine neue Verfassung auszuarbeiten. Nach der Billigung der neuen Verfassung im Juni 1991 wurde eine Reihe für die politische und wirtschaftliche Reform wichtiger Gesetze angenommen: das Handelsgesetz, die Gesetze über das Eigentum und die Nutzung des landwirtschaftlichen Bodens, über die Buchhaltung und Buchführung, über den Schutz des Wettbewerbs (Konkurrenzgesetz), über die Bulgarische Nationalbank, über die Wirtschaftstätigkeit von Ausländern und über den Schutz der Auslandsinvestitionen, über die Restituierung der Staatsimmobilien und nicht zuletzt über die Regelung der »schlechten Kredite« der Staatsunternehmen. Es wurde also der Rechtsrahmen der Wirtschaftsreform geschaffen.

Mitte 1994 aber hatte die Reform die Ziele der makroökonomischen und finanziellen Stabilisierung, die zunächst schon für Ende 1991 und später dann für Ende 1992 vorgesehen waren, noch immer bei weitem nicht erreicht. Dies hatte unterschiedliche Ursachen. Vor allem begann die Wirtschaftsreform nicht systematisch und komplex. Begonnen wurde mit einer Teiländerung der makroökonomischen Politik, ohne sie mit der Geld-, Steuer-, Einkommens- und Außenwirtschaftspolitik abzustimmen, strukturpolitische Ansätze fehlten überhaupt. Die institutionellen Formen wurden zwar angegangen, doch verliefen sie viel zu zögerlich. Die Kontrolle über die Inflation und die Finanzstabilisierung wurden zum Selbstzweck, ohne die Folgen für die reale Wirtschaft genügend zu bedenken.

Obwohl einiges erreicht wurde, bleibt die gesetzgeberische Tätigkeit gegenüber den realen Veränderungen zurück. Das Gesetz über die Mehrwertsteuer ist erst ab 1. April 1994 in Kraft. Immer noch nicht angenommen sind die sehr wichtigen Gesetze zur Wirtschaftsreform, über die Konkurse, den Rechnungshof und die Sozialversicherung.

Bevor wir zu den konkreten Wirtschaftsdaten übergehen, die die gegenwärtige Situation kennzeichnen, noch ein Wort zur **Problematik der statistischen Angaben** in Bulgarien. Zum Beispiel wurden die von dem Bulgarischen Nationalen Statistischen Institut (NSI) im Laufe eines Jahres veröffentlichten Grundparameter der Wirtschaft mehrmals verändert. In den unterschiedlichen Ausgaben des NSI wird die Wirtschaftsentwicklung in verschiedener Weise wiedergegeben. Differenzen sind auch zwischen den Analysen des NSI und der Bulgarischen Nationalbank (BNB), besonders was die Handels- und Zahlungsbilanz angeht, zu entdecken. Der Autor ist aber gezwungen, sich hauptsächlich auf die offiziellen Angaben dieser beiden Institutionen zu stützen, zusätzlich werden allerdings auch Analysen der bulgarischen Regierung, des Internationalen Währungsfonds (IWF) und der Weltbank (WB) benutzt. Nun zu den Daten:

Das **Bruttoinlandsprodukt** (BIP) ist im Vergleich zu 1989 stark zurückgegangen. Im Jahre 1990 betrug der Rückgang 9,1 %, in den nächsten Jahren

16,7 %, 12,4 % und 1993 dann 6,2 %. Auch die Struktur des BIP hat sich verändert. Der Anteil der Industrieproduktion (in der bulgarischen Statistik ist hier auch die Bauindustrie eingeschlossen) ist sukzessive zurückgegangen von 51,7 % 1990 auf 45,2 % 1993. Auch die Landwirtschaftsproduktion ist von 17,7 % 1990 auf 8,5 % 1993 rückläufig. Der Anteil der Dienstleistungen allerdings wächst von 31,6 % 1990 auf 46,3 % 1993.

Die Branchenstruktur des **Nationaleinkommens** verändert sich in derselben Richtung wie das BIP. Der Anteil der Dienstleistungen wird weiter steigen – von 22,8 % 1990 auf prognostizierte 29–30 % 1996. Der Anteil der Land- und Forstwirtschaft wird weiter zurückgehen, von 20,4 % 1992 auf prognostizierte 15–16 % 1996. Der Anteil der Industrie (einschließlich Bauindustrie) wird ungefähr mit 55 % gleich bleiben. Wegen der undurchdachten **Landwirtschaftspolitik** wurde die Möglichkeit verspielt, diese Branche, die in Bulgarien über ein großes Potential verfügt, in eine Lokomotive der Wirtschaftsbelebung zu verwandeln.

Die **Industrie** hat schwere Schläge erlitten. Im Jahre 1992 betrug die Industrieproduktion 54,3 % des Standes von 1989, Ende 1993 nur noch 48 %. Für manche Industriezweige fällt dieser Vergleich noch negativer aus: Der Kohlenbergbau fiel 1993 gegenüber 1989 um 30,7 %, die elektrotechnische und elektronische Industrie um 40,8 %, die Industrie für Baumaterialien um 41,4 %, die chemische und Öl verarbeitende Industrie um 56,1 % und die Nahrungsmittelindustrie sogar um 65,3 %. Die Produktion der Bauindustrie betrug 1992 55,8 % der Produktion von 1989, 1993 waren es nur noch 50 %. Teilweise war der Rückgang der Wirtschaftsaktivität notwendig und begründet. Er hatte die Bereinigung der Produktstruktur von nicht notwendigen und auch von nicht nachgefragten Waren zur Folge. Aber für einen bedeutenden Teil der Produkte – rund die Hälfte – ist der Rückgang das Resultat einer fehlerhaften Wirtschaftspolitik.

Während der letzten vier Jahre hat sich der **Privatsektor** rasch entwickelt. 1989 kamen nur 3 % des BIP aus diesem Sektor; 1991 waren es schon 14,4 %, 1993 rund 35 %. 1994 sind in Bulgarien etwa 300 000 Privatunternehmen registriert. Die Mehrzahl sind Klein- und Familienunternehmen. Ein hoher Prozentsatz davon ist im Bereich der Dienstleistungen, vor allem des Handels tätig. Bulgarien hat sich also in ein Land der kleinen, privaten Unternehmen verwandelt.

In der von uns betrachteten Periode wurde dem Prozeß der **Privatisierung** große Aufmerksamkeit geschenkt. Das im April 1992 angenommene Gesetz über die Umgestaltung und Privatisierung der staatlichen und der

Gemeindebetriebe schuf eine breite Palette von Privatisierungsoptionen. Aus einer Reihe von organisatorischen und wirtschaftlichen Gründen begann der Privatisierungsprozeß erst Ende 1993. Zum 31. März 1994 waren bereits 87 Privatisierungsgeschäfte abgeschlossen und für 443 Staatsbetriebe Privatisierungsprozesse eingeleitet. Mitte 1993 begann die Regierung, Modelle zur Massenprivatisierung zu entwickeln. Der entsprechende Gesetzesentwurf liegt dem Parlament vor. Die Regierung hofft, damit breitere gesellschaftliche Unterstützung für den Privatisierungsprozeß zu gewinnen, aber auch den relativ langsamen Gang der Marktprivatisierung und den Mangel an internen Ressourcen für ihre Verwirklichung zu kompensieren. Gleich nach der Billigung des Gesetzes wurden 500 Betriebe für eine Privatisierung auf dieser Grundlage vorgeschlagen. Mit der Verabschiedung des Gesetzes für den landwirtschaftlichen Grund und Boden (1991) wurden ehemalige landwirtschaftliche Produktionsgenossenschaften geschlossen, und es begann ein Prozeß der Rückgabe des Bodens an die ehemaligen Besitzer. Ende 1993 waren schon etwa 40 % des Bodens diesen ehemaligen Besitzern zurückgegeben.

Mit dem Zerfall des Rates für gegenseitige Wirtschaftshilfe (RGW) sind sowohl im Volumen als auch in der Struktur des **Außenhandels** bedeutende Veränderungen eingetreten. Der Verlust der traditionellen und sicheren Märkte in der ehemaligen Sowjetunion, im Nahen und Mittleren Osten sowie in den ehemaligen RGW-Ländern hat einige Branchen, die eine ausgeprägte Exportorientierung hatten, zum Kollaps gebracht. Die Erwartungen, daß die Liberalisierung des Währungskurses und der Ausfuhrregelung sowie der wachsende Anteil des privaten Sektors im Außenhandel die Verluste kompensieren werde, haben sich als Illusion erwiesen. Sehr starke negative Folgen für Bulgarien während der letzten Jahre hat schließlich auch das Embargo gegen Serbien und Montenegro. Die unterschiedlichen Schätzungen der Verluste bewegen sich hier zwischen 2 und 3,6 Mrd. US $. Am schwersten betroffen wurden die Industrie und vor allem Branchen wie der Maschinenbau, die Elektronik, die chemische, die pharmazeutische und die Öl verarbeitende Industrie. Die Tatsache aber, daß Bulgarien durch den Bürgerkrieg im ehemaligen Jugoslawien praktisch von Westeuropa abgeschnitten ist, betrifft ausnahmslos alle Branchen.

Die Reform des **Banksystems** wird auf der Grundlage des 1992 angenommenen Gesetzes für das Bankwesen und die Kredite durchgeführt. Dieses Gesetz bestimmt die Regeln der Tätigkeit, die Kontrolle der Handelsbanken und die Funktionen der Zentralbank als eine unabhängige Institution allein unter Kontrolle des Parlaments. Die Zentralbank verfolgt eine restriktive, monetaristische Politik, die auf die Kontrolle der Kredite und der Liquidität im Banksystem abzielt. 1991 wurde eine Bankkonsolidierungsgesellschaft gegründet, heute ist die Genesung des Banksektors beinahe abgeschlossen. Die Konsolidierungsgesellschaft hält fast alle öffentlichen Anteile der Handelsbanken. Die Zinspolitik bleibt stark restriktiv, der Grundzinssatz beträgt 62 %.

Die **Inflation** im Vergleich mit 1991 – das war das Jahr der Liberalisierung der Preise – ist zurückgegangen, aber auch 1993 mit 63,9 % noch immer hoch. Für 1994 hat die Regierung 40 % vorgesehen, wird allerdings kaum imstande sein, sich an diesen Rahmen zu halten.

Wegen des Fehlens eines Konkursgesetzes arbeiten immer noch viele unrentable Betriebe weiter. Insbesondere viele Staatsbetriebe sind in kritischem Zustand. Nach der geplanten Verabschiedung des Konkursgesetzes noch vor Ende 1994 wird daher eine Welle von Konkursen erwartet.

Im April 1994 billigte der IWF ein neues Stabilisierungsabkommen (standby agreement) mit Bulgarien. Es folgte ein Abkommen mit dem Pariser Klub der Kreditgeber, und auch die zweite Tranche des 1991 von der Weltbank gewährten Kredits wurde freigegeben. Im Mai 1994 wurde ein Abkommen mit den privaten Banken-Kreditoren, dem sogenannten »London-Klub«, erreicht, das Ende Juli vom bulgarischen Parlament gebilligt wurde. Infolge dieser Vereinbarung wird die Staatsschuld auf 40 % reduziert. Obwohl dieses Abkommen umstritten ist, wird es die Kreditwürdigkeit Bulgariens im Ausland erhöhen und bessere Bedingungen für **Auslandsinvestitionen** schaffen. Zur Zeit sind diese Investitionen auf einem relativ niedrigen Niveau von rund 300 Mio. US $.

Die Mehrheit der bulgarischen Wirtschaftswissenschaftler glaubt, daß 1994 das Krisental der bulgarischen Wirtschaft überwunden wird.

7.2 Soziale Grunddaten

Die politischen und die Wirtschaftsreformen haben tiefgreifende Veränderungen in der Struktur des **Arbeitsmarktes** und der **Beschäftigung** hervorgerufen. 1989 gab es in Bulgarien Vollbeschäftigung infolge der niedrigen Entlohnung, der Nutzung von Teilzeitarbeit und der Hortung von Arbeitskraftreserven in beinahe jedem großen Betrieb. Daher herrschte sogar Mangel an Arbeitskräften. Das Rentenalter war relativ niedrig: 60 Jahre für Männer und 55 Jahre für Frauen (dies wurde auch nach dem

148

neuen Arbeitsgesetzbuch beibehalten). Der relative Anteil der Beschäftigung war mit 82,5 % für Männer und 92,9 % für Frauen sehr hoch (der noch höhere Prozentsatz für Frauen ist teilweise mit der großen Anzahl der Frauen in Erziehungsurlaub zu erklären). In der zweiten Hälfte der achtziger Jahre begann aber der Anteil der aktiven Bevölkerung abzunehmen.

Die **Branchenstruktur** spiegelte die industrielle Spezialisierung des Landes im RGW wider. Ende der achtziger Jahre waren von allen Beschäftigten 38 % in der Industrie (ein Viertel davon im Maschinenbau), 8 % im Bauwesen, 19 % in der Landwirtschaft und 35 % in den Dienstleistungen tätig. Die **Berufsstruktur** sah folgendermaßen aus: Etwa drei Viertel der Beschäftigten arbeiteten manuell, der Anteil der Leiter betrug 4,5 % und der in der Administration Tätigen 2,1 %. Bemerkenswert ist, daß der Prozentsatz der Ingenieure und der Techniker im Maschinenbau nur 4,3 % betrug. 87,5 % der Arbeitskräfte waren in Staatsbetrieben beschäftigt, 7 % in Produktionsgenossenschaften und 5,5 % im privaten Sektor (vor allem in der Landwirtschaft und dem Dienstleistungsbereich). Etwa drei Viertel der Beschäftigten konzentrierten sich auf Betriebe mit mehr als 500 Arbeitnehmern und 20 % auf Betriebe mit mehr als 3 000 Beschäftigten.

Der Prozeß der Reformen hat die Beschäftigtenstruktur in Bulgarien stark verändert. In der Periode 1989 bis Januar 1993 ist die Beschäftigung im Staatssektor um etwa 900 000 Personen zurückgegangen, im Privatsektor wuchs sie dagegen auf 360 000 Personen. Nach Angaben des Nationalen Statistischen Instituts ist die allgemeine Beschäftigung um etwa 1 250 000 Personen zurückgegangen. Die Genauigkeit der Angaben kann aber bezweifelt werden. Dies gilt insbesondere aufgrund der ungenügenden Arbeitsausstattung des neu entwickelten Systems der Arbeitsbörsen, aber auch wegen der Schwarzarbeit, die sich stark ausgebreitet hat. Zweifellos gibt es aber einen sehr bedeutenden Rückgang der Beschäftigung insgesamt.

Der Umbau der **Branchenstruktur** in der Industrie hat begonnen. Nach einer Studie der Internationalen Arbeitsorganisation (IAO) über die Flexibilität der Arbeit aus dem Jahr 1992 ist in der Periode 1990/91 die Beschäftigung in der Industrie um 31,3 % zurückgegangen. Dieser Rückgang betrifft die Branchen folgendermaßen (siehe Tab. 1 nächste Seite).

Die **Umverteilung der Beschäftigung** zwischen den Wirtschaftssektoren verläuft dabei wie folgt (siehe Tab. 2 nächste Seite).

Tabelle 1:

Rückgang der Beschäftigung in der Industrie nach Branchen 1990/91
(Angaben in %)

Nahrungsmittelindustrie	−25,5
Textilindustrie	−31,6
Holz- und Papierindustrie	−25,1
Maschinenbau	−32,0
Elektronik	−38,3
Chemische Industrie	−20,3
Bergbau	−22,2
Andere	−45,2
Alle Branchen	−31,3

Tabelle 2:

Beschäftigung und Wirtschaftssektoren 1989–1992
(Angaben in %)

Wirtschaftssektor	1989	1990	1991	1992
Landwirtschaft	18,7	18,5	19,5	18,0
Industrie	46,0	44,8	41,6	40,6
Dienstleistungen	35,3	36,7	38,9	41,4

Die Veränderung der **Berufsstruktur** zwischen 1989 und 1993 ergibt folgendes Bild:

Tabelle 3:

Beschäftigungsrückgang nach Berufsstruktur 1989–1993
(Angaben in %)

Leitende Kader	− 4,36
Ingenieure und Techniker	− 7,71
Angestellte	− 3,87
Beschäftigte im Absatz	− 1,81
Bedienung und Wartung	− 6,44
Überwachung und Kontrolle	− 1,31
Qualifizierte Arbeitnehmer	−47,31
Halbqualifizierte Arbeitnehmer	−18,01
Unqualifizierte Arbeitnehmer	− 9,08

Während der letzten Jahre erreichte die **Auswanderung** ein hohes Niveau. In der Periode 1989 bis Ende 1992 haben etwa 500 000 Personen das Land

150

verlassen. Die im Dezember 1992 durchgeführte Volkszählung zeigt, daß im Vergleich mit 1985 die Bevölkerung um 476 000 Personen (5,3 %) zurückgegangen ist. Da der natürliche Zuwachs knapp über Null liegt, ist der Rückgang eindeutig auf die Auswanderung zurückzuführen. Der Hauptanteil (etwa die Hälfte) der Migranten wird von ethnischen Türken gestellt, das sind vorwiegend Personen mit niedrigem Qualifizierungsgrad. Von den ausgewanderten Bulgaren ist die Mehrzahl jünger als 40 Jahre und hat eine relativ hohe Qualifikation.

Die **Arbeitslosigkeit** hat sich in Bulgarien sehr rasch erhöht. Zum erstenmal wurde sie offiziell am 31. Juli 1990 registriert und entwickelte sich wie folgt:

Tabelle 4:

Entwicklung der Arbeitslosigkeit

	absolut	in % des Erwerbs-personenpotentials
31. 7. 1990	31 030	–
Dezember 1990	65 079	1,5
Dezember 1991	419 123	13,7
März 1993	605 000	16,0

Nach Angaben der Gewerkschaften hat die Arbeitslosigkeit im Frühjahr 1994 einen Anteil von 21 % und in manchen Gebieten mit ethnisch gemischter Bevölkerung sogar von über 60 % des Erwerbspersonenpotentials erreicht. Und man muß zusätzlich davon ausgehen, daß nach der erwarteten Billigung des Gesetzes über die Konkurse eine Welle von Betriebsschließungen und damit eine weitere abrupte Zunahme der Arbeitslosigkeit zu erwarten ist. 1993 lag der Anteil der Frauen an den Arbeitslosen geringfügig über der Hälfte aller Arbeitslosen, obwohl die Frauen das Recht haben, mit 55 Jahren, also fünf Jahre vor den Männern, in Rente zu gehen.

Die **Altersstruktur der Arbeitslosigkeit** zeigt, daß die Gruppe im Alter zwischen 30 und 50 Jahren sowohl bei Frauen als auch bei Männern am stärksten betroffen ist. Doch sind die Männer über 50 noch viel stärker betroffen als die Frauen im gleichen Alter.

Was die **Qualifikationsstruktur der Arbeitslosen** angeht, so ist der Trend der Zunahme der Arbeitslosigkeit bei den Arbeitnehmern mit niedriger Qualifizierung eindeutig.

Tabelle 5:

Struktur der Arbeitslosen nach Qualifikation 1990–1992
(Angaben in %)

	Dez. 1990	Dez. 1991	Dez. 1992	Juni 1993
Qualifizierte Arbeitnehmer	48,5	43,8	30,1	28,3
Spezialisten	41,0	27,8	20,4	18,4
Nichtqualifizierte Arbeitnehmer	10,5	28,4	49,4	53,3

Eindeutig ist auch der Trend der überproportionalen Zunahme der Arbeitslosigkeit in den Großstädten. Er ist vor allem der Tatsache geschuldet, daß die Schwerindustrie, die am stärksten geschrumpft ist, sich dort konzentriert. 1993 begann sich ein neues Phänomen abzuzeichnen: die Langzeitarbeitslosigkeit. Obwohl sie immer noch keinen großen Umfang hat, zeigt sie einen Zuwachstrend. Besonders ausgeprägt ist sie in den Regionen mit ethnisch gemischter Bevölkerung.

Eine **Arbeitslosenunterstützung** wurde 1989 eingeführt, mit einigen Erlassen des Ministerrates wurden die Bedingungen seither mehrmals verändert. Heute muß man wenigstens sechs Monate gearbeitet haben und darf nicht aus Gründen der Arbeitsdisziplin entlassen worden sein, um ein Recht auf Arbeitslosenunterstützung zu haben. Für die **Dauer** gilt folgendes: Sie beträgt z. B. bei 5jähriger Arbeit 6 Monate und kann, gestaffelt je nach Alter und Geschlecht, bis zu 12 Monaten betragen. Personen im Pensionsalter, d. h. über 55 Jahre bei Frauen und über 60 Jahre bei Männern, sowie auch Personen, die Rente wegen Invalidität bekommen, haben kein Recht auf Arbeitslosenunterstützung. Eine relativ rigorose Zugangsregelung (man ist verpflichtet, sich in einem Arbeitsbüro nicht später als sieben Tage nach der Entlassung zu melden; man muß sich einmal im Monat melden; man ist verpflichtet, eine angebotene Arbeit anzunehmen in einem Abstand bis 100 Kilometer vom Wohnort) ist die Hauptursache dafür, daß über 50 % der registrierten Arbeitslosen kein Anrecht auf Arbeitslosenunterstützung haben. Nach einem Erlaß des Ministerrates beträgt die Arbeitslosenunterstützung 60 % des letzten Bruttogehaltes, sie darf aber nicht höher als 140 % des staatlich festgelegten Mindesteinkommens sein. Diese Regel geht vor allem zu Lasten von Arbeitslosen, die früher ein relativ hohes Gehalt erhalten haben. Die jungen Arbeitslosen, die noch nicht gearbeitet haben, haben Anrecht auf eine **Arbeitslosenhilfe**. Sie beträgt 80 % des Mindesteinkommens. Für die Absolventen der Mittel- und Hochschulen wird sie sechs Monate lang gezahlt.

Bis jetzt wird die bulgarische Wirtschaftsreform vor allem auf Kosten der Arbeitnehmer finanziert. Trotz mancher Unterschiede in den konkreten Daten sind sich sowohl die bulgarischen als auch die ausländischen Wissenschaftler einig, daß sich während der letzten vier Jahre die Verarmung bei starker sozialer und wirtschaftlicher Differenzierung des bulgarischen Volkes drastisch zugespitzt hat. Hauptursachen dafür sind das Schrumpfen der Produktion, die Preisliberalisierung, die Einführung der Konvertierbarkeit der bulgarischen Währung, die steil steigende Arbeitslosigkeit und die Inflation. Dazu kommt die laufende Entwertung der Währung: von 3 Leva für 1 US $ in 1990 auf 56 Leva für 1 US $ im August 1994. Die Regierung erwies sich nicht imstande, die Spekulation (einschließlich diejenige mit Grundnahrungsmitteln) unter Kontrolle zu halten. Infolgedessen weist Bulgarien heute das höchste Tempo der Verarmung der Bevölkerung aller Mittel- und Osteuropäischen Länder auf.

7.3 Gewerkschaften und Arbeitsbeziehungen

7.3.1 Gewerkschaften

Nach der Wende 1989 gibt es bis heute zwei bedeutende Gewerkschaftsorganisationen nationalen Zuschnitts, die Einfluß auf das politische, wirtschaftliche und soziale Geschehen im Lande haben. Dies sind die **Konföderation der unabhängigen Gewerkschaften Bulgariens (KUGB)** und die **Konföderation der Arbeit (KA) »Podkrepa«**. Neben ihnen existieren zwar noch einige kleinere Organisationen wie etwa die Nationale Gewerkschaft (eine Absplitterung von »Podkrepa«), »Edinstvo« – eine Organisation, geschaffen von den Hardliner-Anhängern der Sozialistischen Partei, die Vereinigung der demokratischen Gewerkschaften und die Nationale Gewerkschaft »Business« (obwohl ihre Gründer sie »Gewerkschaft« nennen, ist sie tatsächlich eine Vereinigung von Kleineigentümern und Beschäftigten im Bereich der Gaststätten). Doch war keine dieser letztgenannten Organisationen imstande, die notwendigen Voraussetzungen zur Aufnahme in die nationale tripartistische Kommission zu erfüllen: eine registrierte Mitgliederzahl von über 50 000, die Präsenz wenigstens in sieben Branchen und nationale Vertretungsstrukturen. Eine Erhebung vom Mai 1993 zeigt, daß 77,8 % der Beschäftigten gewerkschaftlich organisiert sind, davon 74,4 % in der KUGB, 22,2 % in der »Podkrepa« und 3,4 % in anderen Kleinorganisationen (davon 1,2 % in der Nationalen Gewerkschaft und 0,4 % in der »Edinstvo«).

Die **KUGB** ist eine Gründung des außerordentlichen Kongresses der bulgarischen Gewerkschaften vom Februar 1990. Schon Ende Dezember 1989 wurde die komplette alte Leitung des vormaligen Bulgarischen Gewerkschaftsbundes abgesetzt und die Vorbereitungsarbeit für den außerordentlichen Kongreß von einem Interims-Exekutivkomitee durchgeführt. Dieses Komitee bestand aus 14 Personen, 8 davon aus Betrieben und 6 aus der Wissenschaft unter Leitung von Petkov, bis dahin Direktor des Soziologischen Instituts der Bulgarischen Akademie der Wissenschaften. Keines der Mitglieder des Exekutivkomitees war zuvor hauptamtlicher Gewerkschaftsfunktionär.

Der Kongreß beschloß, eine neue Gewerkschaftskonföderation zu gründen und nahm eine neue Satzung sowie ein neues Programm an. Die erste Periode der Existenz von KUGB war durch den Kampf gegen die Anhänger des alten Gewerkschaftsmodells in der Organisation geprägt. Diese Etappe dauerte bis zum ersten außerordentlichen Kongreß der Organisation im Februar 1992. Heute sind praktisch auf keiner der drei Ebenen (Nation, Branche, Region) Funktionäre aus der Zeit vor 1989 erhalten geblieben. Seit ihrer Gründung ist die KUGB bestrebt, die Grundsätze und Normen des modernen Syndikalismus durchzuführen, wie z. B. das Recht auf freie und freiwillige Vereinigung, die Unabhängigkeit der Organisation von jeglichen Staats-, Partei- und Arbeitgeberstrukturen, das föderative und konföderative Prinzip im Organisationsaufbau und die kollektive Diskussion und Lösung der Probleme.

Hauptgebiet der Tätigkeit der KUGB ist die Vertretung und Verteidigung der sozialen und wirtschaftlichen Interessen ihrer Mitglieder, wie z. B. die Verteidigung der Beschäftigung bzw. der Arbeitsplätze, die Verteidigung der Einkommen gegenüber der Inflation, der Arbeitsschutz, die Arbeitsbedingungen, das Arbeitsrecht und die soziale Versicherung. Die KUGB unterstützt die Reformen in Richtung Marktwirtschaft, spricht sich aber für soziale Dimensionen des Übergangs zu einem für die Arbeitnehmer »verträglichen Preis« aus. Die KUGB arbeitet eigene Analysen und Positionen zu Gesetzesentwürfen und anderen Normativdokumenten aus.

Strategie und Taktik der KUGB sind auf einen Dialog mit dem Staat und den Arbeitgebern orientiert nach dem Muster des **österreichischen Modells** der Sozialpartnerschaft. Sie ist nicht nur Anhänger, sie war auch Initiator der dreiseitigen Zusammenarbeit zwischen Arbeitnehmern, Arbeitgebern und dem Staat und der Schaffung der entsprechenden gesetzlichen Grundlagen und institutionellen Mechanismen. Dies gilt insbesondere für die gesetzliche Regelung der Tarifverhandlungen und die Lösung der Arbeitskonflikte.

Die KUGB ist unabhängig von jeglicher politischer Partei, versucht aber mit dem ganzen politischen Spektrum den Dialog zu führen, von der Bulgarischen Sozialistischen Partei (BSP) – der ehemaligen Kommunistischen Partei – bis zu der Vereinigung der Demokratischen Kräfte (VDK). Ausgeschlossen sind Kontakte mit extrem linken und rechten Parteien und Gruppierungen. Besonders eng sind die Beziehungen mit der Bulgarischen Sozialdemokratischen Partei, die den VDK mitgegründet hat und auch Mitglied der Sozialdemokratischen Internationale ist. Interne Umfragen zeigen, daß von den Mitgliedern der KUGB etwa ein Drittel Anhänger der Bulgarischen Sozialistischen Partei (BSP), ein Drittel der VDK und der Rest von unterschiedlichen kleineren Parteien oder ohne politische Präferenzen ist.

1993 hat die KUGB eine eigene Zählung ihrer Mitglieder durchgeführt. Gemäß diesen Resultaten hat sie 1 663 821 Mitglieder in praktisch allen Branchen der Wirtschaft. Mitglieder der Konföderation sind 66 gewerkschaftliche Föderationen, Vereinigungen und Gewerkschaften, aufgebaut auf der Grundlage des Industrie- und Berufsprinzips. Die Struktur umfaßt 17 201 Basisorganisationen in Betrieben, wissenschaftlichen Einrichtungen und Staatsinstitutionen. Die KUGB hat territoriale Strukturen, die alle 28 ehemalige Bezirksstädte und beinahe alle der 276 Gemeindezentren erfassen. Sowohl die Branchen- als auch die territorialen Strukturen bestehen aus wenigstens 50 Gewerkschaftsorganisationen.

Die Leitungsorgane der Organisation sind der Kongreß, der Koordinationsrat und der Exekutivausschuß, dessen Vorsitzender das Gründungsmitglied Petkov ist. Die Konföderation unterhält aktive Kontakte praktisch mit allen europäischen gewerkschaftlichen Dachorganisationen sozialdemokratischer Orientierung und hat einen Beobachterstatus beim Exekutivausschuß des Europäischen Gewerkschaftsbundes (EGB). Ohne bisher Mitglied des Internationalen Bundes Freier Gewerkschaften (IBFG) zu sein, unterhält die KUGB seit 1992 aktive Kontakte zu dieser Organisation. Acht ihrer Föderationen sind bereits von den entsprechenden Berufssekretariaten des IBFG als Mitglieder aufgenommen worden.

Die KUGB ist mit Abstand die größte Gewerkschaftsorganisation in Bulgarien und wird voraussichtlich diesen Platz in absehbarer Zukunft behalten. Sie hat sich als eine aktive, flexible und kompetente demokratische Organisation im Gesellschaftsleben des Landes behauptet.

Die **Konföderation der Arbeit »Podkrepa«** wurde im Februar 1989 als unabhängige, antikommunistische Oppositionsorganisation gegründet. Im März 1990 führte diese Organisation ihren ersten Kongreß durch, auf dem sie eine Satzung und Arbeitsplattform verabschiedete. »Podkrepa« hat sich zum Zweck gesetzt, die sozialen und wirtschaftlichen Interessen ihrer Mitglieder zu vertreten und zu verteidigen sowie den Übergang des Landes zu einer Marktwirtschaft zu beschleunigen. Sie definiert sich als politisch aktiv und war einer der Gründer der politischen Koalition der Opposition VDK. Nachdem die VDK die Wahlen im Oktober 1991 gewonnen hat, begann sich »Podkrepa« von der Parteipolitik zu distanzieren, ist aus der Leitung der VDK ausgetreten und hat sich immer mehr ihren rein gewerkschaftlichen Funktionen zugewandt.

Von ihrer Gründung an arbeitet »Podkrepa« für die Verteidigung der Menschenrechte und politischen Freiheiten, was eine der Prioritäten ihrer Tätigkeit darstellt. Die Konföderation ist bekannt für ihren radikalen Kurs gegenüber Politik und Ökonomie. Sie hat inzwischen umfangreiche Erfahrungen in der Organisation und Durchführung von lokalen und nationalen Streikaktionen. Sie beteiligt sich aber auch an der tripartistischen Arbeit und bekennt sich zu einem Dialog mit Arbeitgebern und Staat. Die Mehrheit der Mitglieder sind Anhänger der VDK.

Gemäß den Materialien des letzten Kongresses vom Februar 1994 hat die Organisation 37 Branchen- und Berufsstrukturen sowie 36 regionale Vereinigungen im ganzen Land. Ihre Mitgliederzahl wird auf etwa 220 000 Personen geschätzt. Die Leitungsorgane sind der Kongreß, der Konföderative Rat, das Exekutivbüro und der Präsident. Gründer und Präsident der Konföderation ist Trentchev.

»Podkrepa« unterhält aktive Kontakte mit vielen europäischen gewerkschaftlichen Landesorganisationen sowie mit AFL-CIO. Die Konföderation ist Mitglied des Internationalen Bundes Freier Gewerkschaften und hat einen Beobachterstatus beim Exekutivausschuß des EGB. Trentchev wurde 1992 zum Vizepräsidenten des IBFG gewählt. »Podkrepa« hat sich als eine aktive, einflußreiche demokratische Gewerkschaftsorganisation vor allem auf der bulgarischen sozialpolitischen Szene bewährt.

Nach dem Beginn der Veränderungen 1989 begann eine heftige Diskussion über das **Gewerkschaftsvermögen**. Die bulgarischen Gewerkschaften, deren Nachfolger die KUGB ja war, verfügten über bedeutendes Vermögen, das sie im sozialen Bereich und im Gesundheitswesen einsetzten. Die KUGB wollte und konnte diese Funktionen nicht weiter ausüben. Im März 1990 gab die KUGB freiwillig das mit diesen Funktionen verbundene Vermögen an den Staat zurück, im Januar 1991 wurde es auf 200 Mio. Leva bewertet (zu diesem Zeitpunkt war 1 US $ etwa 12 Leva wert). Nach den Parlamentswahlen 1991 erging eines der ersten Gesetze zur Beschlagnahme des Eigentums der Kommunistischen Partei und ihrer ehemaligen Satellitenorganisationen. Ursprünglich war die KUGB im Text nicht eingeschlossen. Während der Plenardiskussionen hatten mit »Podkrepa« verbundene Abgeordnete vorgeschlagen, das Vermögen der KUGB auch zu beschlagnahmen. Das Gesetz enteignete dann tatsächlich das ganze nach dem 9. 9. 1944 erworbene Eigentum der Gewerkschaften. Es verpflichtete die Regierung, den Gewerkschaften die für ihre Tätigkeit notwendigen Immobilien zur Verfügung zu stellen.

Im Oktober 1992 erreichten KUGB und »Podkrepa« eine Grundsatzvereinbarung über die Verteilung des Vermögens der ehemaligen Gewerkschaften. Zu Beginn des Jahres 1993 beschlossen schließlich die Präsidenten der beiden Organisationen und der Ministerpräsident, daß die KUGB 55 %, »Podkrepa« 35 % und der Staat 10 % des vormaligen Gewerkschaftsvermögens erhalten sollten. Diese Vereinbarung wurde legalisiert durch einen Erlaß der Regierung im März 1993. Mitte 1994 war der Prozeß der praktischen Aufteilung des Eigentums immer noch nicht abgeschlossen.

7.3.2 Arbeitsbeziehungen

Seit 1989 hat sich vieles auch bei den **Arbeitsbeziehungen** und im **Arbeitsrecht** verändert. Die beiden großen Gewerkschaftsorganisationen haben jede in ihrer Weise entscheidend dazu beigetragen: »Podkrepa« vor allem durch die Organisation der Unzufriedenheit ihrer Mitglieder und damit durch einen ständigen Druck auf die Regierung und indirekt auf das Parlament; die KUGB auch mit Druck, aber vor allem durch Vorbereitung von Expertenvorschlägen für die Lösung der angehäuften Probleme auf dem Gebiet der Arbeit im weiten Sinne. Viele der von Experten der KUGB ausgearbeiteten Vorschläge und Dokumente bekamen später die Form von Gesetzen, Erlassen und Verordnungen, die das Arbeitsrecht des Landes demokratisierten und weiterentwickelten.

Auf jeden Fall darf die Entwicklung des Arbeitsrechts nach der Wende nicht getrennt gesehen werden von der Gewerkschaftstätigkeit und dem **Tripartismus**. Im März 1990 hatten die damalige Regierung, die KUGB und die Nationale Vereinigung der Wirtschaftsleiter (NVWL) eine generelle Vereinbarung unterschrieben. Sie führte zur Gründung einer Nationalen Kommission für Übereinstimmung der Interessen (NKUI) als einem Dreiparteienorgan mit gleicher Vertretung aller Seiten. Am 30. 3. 1990 hat die NKUI eine Allgemeine Regel für Tarifverhandlungen und -Verträge angenommen. Bereits am 17. 3. 1990 trat das Gesetz über die Regelung der kollektiven Arbeitsstreitigkeiten in Kraft. Der Gesetzesentwurf wurde von Experten der KUGB ausgearbeitet und vorgeschlagen. Zum erstenmal in der Geschichte des bulgarischen Arbeitsrechts wurde damit das Recht auf Streik klar und bedingungslos anerkannt.

Im August 1990 wurde zwischen der Regierung und der KUGB,»Podkrepa« und der NVWL eine neue Vereinbarung über die Regelung des Systems der Indexierung der Arbeitseinkommen eingeführt. Im Januar 1991 kam es zwischen der damaligen Koalitionsregierung, der KUGB,»Podkrepa«, der NVWL sowie der Bulgarischen Vereinigung der privaten Erzeuger (BVPE), der Vereinigung für private Initiative der Bürger (VPIB), dem Zentralverband der Produktionsgenossenschaften (ZVPG) und der Bulgarischen Wirtschaftskammer (BWK) zu einer Vereinbarung über den Erhalt des sozialen Friedens für ein halbes Jahr. In dieser Vereinbarung wurden die Erhöhung des Grundzinssatzes, ein Mechanismus für das Ausrechnen des sozialen Mindesteinkommens und einige weitere Veränderungen in den Arbeits- und Sozialbeziehungen festgelegt. Große Aufmerksamkeit wurde hierbei auch den Tarifverhandlungen auf Betriebsebene gewidmet.

Im März 1991 nahm die ständige Dreiparteienkommission ein Statut über die Übereinstimmung der Interessen (SDKUI) an. Ziel war, den Dialog und die Verhandlungen als Hauptelemente der Sozialpartnerschaft zu festigen. Bei der Kommission wurden sieben Unterkommissionen zu unterschiedlichen Problemen und 23 Branchenkommissionen eingerichtet. Wenn erforderlich, können Dreiparteienkommissionen auch auf regionaler Ebene gebildet werden. Gemäß dem Statut der SDKUI müssen alle Entwürfe von Normativdokumenten, die mit Problemen der Arbeits- und Sozialversicherung sowie des Lebensstandards verbunden sind, **vor ihrer Erörterung** in der Regierung bzw. im Parlament hier besprochen werden.

Am 13. Juni 1991 unterzeichneten Regierung, KUGB,»Podkrepa« und BWK eine neue Vereinbarung über die weitere Entwicklung der Wirtschaftsreform und die Erhaltung des sozialen Friedens. Sie enthielt ein breites Programm über Stabilisierungsmaßnahmen und Maßnahmen auf dem Gebiet der Beschäftigung, der Einkommen, der sozialen Sicherheit, der Umstrukturierung der Wirtschaft und der Privatisierung. Seit November 1991 – nach den letzten Parlamentswahlen und während der Regierung der VDK – wurde allerdings die dreiseitige Zusammenarbeit unterbrochen. Obwohl unter dem Druck der Gewerkschaften am 5. Juni 1992 die Regierung, die KUGB,

»Podkrepa«, die VPIB und die BWK Regeln für ein nationales System der Sozialpartnerschaft angenommen hatten, erwies sich dieses System als funktionsunfähig. Trotz der kritischen Situation in der Mehrheit der Betriebe lehnte die Regierung jegliche Vereinbarung auf nationaler Ebene ab.

Das mit Beginn des Jahres 1993 in Kraft getretene neue **Arbeitsgesetz-buch** schafft eine neue, wichtige gesetzliche Grundlage der Dreiparteienzu-sammenarbeit. Nun hängt sie nicht mehr von dem Willen der Regierung ab, sondern ist gesetzliche Pflicht. Auch die zur gleichen Zeit formierte Regierung Berov betrachtet die Sozialpartnerschaft als wichtiges Element ihrer Politik. Zu Beginn des Jahres 1993 wurden auf der Grundlage des neuen Arbeitsgesetzbuches auf allen Ebenen nach Verhandlungen zwischen den Sozialpartnern Institutionen der Sozialpartnerschaft geschaffen. Nach schwierigen Verhandlungen kam es zu einer Einigung über die Grundprinzipien der Einkommenspolitik der Regierung. Seit Frühjahr 1994 haben sich aber die Beziehungen zwischen den Gewerkschaften und der Regierung infolge der einseitigen Entscheidung der Regierung, das System der automatischen Kompensierung der Arbeitseinkommen abzuschaffen, wieder zugespitzt. Während der letzten vier Jahre ist die Sozialpartnerschaft also einen schwierigen und kontroversen Weg gegangen. Unabhängig davon spielt sie aber nach wie vor eine wichtige Rolle im Prozeß der Demokratisierung der Arbeitsbeziehungen und bei der Verwirklichung der politischen und wirtschaftlichen Reformen in Bulgarien.

Literatur:

Angelov, I. u. a., 1994: Die Bulgarische Wirtschaft bis 1996. Wirtschaftsinstitut der Bulgarischen Akademie der Wissenschaften, Sofia

Arbeitsgesetzbuch, Sofia 1993

Der Tripartismus in Bulgarien, Sofia 1993

Die Bulgarische Herausforderung, 1994, ILO-CEET, Budapest

Materialien des Treffens von G 24 über Bulgarien, Sofia, Mai 1994

Materialien des Kongresses der KUGB, Sofia 1993

Materialien des Kongresses der KA »Podkrepa«, Sofia 1994

Nationales Statistisches Institut, Die Bulgarische Wirtschaft, 1991, 1992, 1993

The Bulgarian economy in 1991 (ff.), Annual Report. Agency for Economic Coordination and Development, Sofia 1991 (ff.)

8. Rumänien

Edzard Ockenga

8.1 Wirtschaftliche Grunddaten

Rumänien mit seinen ca. 22,8 Mio. Einwohnern gehört zu den Ländern Mittel- und Osteuropas, die **besondere Schwierigkeiten** bei der Anpassung an die Anforderungen des Weltmarktes zu bewältigen haben. Die Wirtschaft des Landes war zum Zeitpunkt des Umsturzes im Dezember 1989 bereits durch die Autarkiepläne Ceausescus stark geschwächt. Diese Pläne, die eine rasche Reduzierung der Auslandsschulden vorsahen, führten nicht nur zu einer Vernachlässigung der Bedürfnisse der einheimischen Bevölkerung, indem lebenswichtige Güter ins Ausland exportiert wurden. Auch Investitionen in die Produktionsanlagen wurden stark eingeschränkt. In Kontrast hierzu standen so aufwendige und unwirtschaftliche Projekte wie die Begradigung und Einbetonierung des durch Bukarest fließenden Flusses Dembovita, der Bau des gigantischen »Hauses des Volkes« in Bukarest oder der Schwarzmeer-Donau-Kanal. Die Folge waren ein niedriger Lebensstandard sowie veraltete Industrieanlagen und unrentabel arbeitende Betriebe. Um Anschluß an Standards z. B. Westeuropas zu bekommen, hatte und hat Rumänien deshalb mehr nachzuholen als manche andere Länder Mittel- und Osteuropas.

Der Transformationsprozeß vollzieht sich langsam, aber dennoch stetig. Wenn die alten Strukturen einer gelenkten Wirtschaft auch nach wie vor existieren, gibt es Ansätze, marktwirtschaftliche Rahmenbedingungen zu schaffen. Es besteht ein breiter Konsens in der rumänischen Gesellschaft, daß eine soziale Marktwirtschaft eingeführt werden soll. Derzeit ist ein Veränderungsprozeß im Gange, der noch nicht abgeschlossen ist. Hiervon ausgehend kann eine Beschreibung der Gewerkschaften in Rumänien unter den gegenwärtigen Bedingungen immer nur eine Momentaufnahme sein[1].

---

1 Der »Momentaufnahme« ist das erste Quartal 1995 zugrunde gelegt. Es werden Veröffentlichungen bis zu diesem Zeitpunkt berücksichtigt.

Sehr schnell können sich die Verhältnisse ändern. Hinzu kommt, daß Rumänien ein Land ist, in dem politische Allianzen schnell entstehen und wieder zerfallen. Dieses Politikverständnis gibt es in der rumänischen Gewerkschaftsbewegung ebenfalls. Zusammenschlüsse und Spaltungen von Gewerkschaften sind deshalb nichts Ungewöhnliches.

Nach dem Dezemberumsturz 1989 hat Rumänien einen deutlichen wirtschaftlichen Niedergang erlebt. Das **produzierende Gewerbe** hat seine Produktion senken müssen[2]:

Tabelle 1:

Produzierendes Gewerbe
(Angaben in %)

1990	1991	1992	1993
= 100	77,2	60,4	61,2

Die **landwirtschaftliche Produktion** ist ebenfalls zurückgegangen[3]:

Tabelle 2:

Landwirtschaftliche Produktion (Index = Durchschnitt 1979/81)

1985	1990	1991	1992	1993
108,9	89,0	91,0	68,5	79,9

Es wurden weniger **Wohnungen** gebaut[4]:

Tabelle 3:

Wohnungsbau
(in 1 000 Einheiten)

1985	1990	1991	1992	1993
105,6	48,6	28,0	27,5	27,5

---

2 Länderbericht des Statistischen Bundesamtes: Staaten Mittel- und Osteuropas 1994, Wiesbaden 1994, S. 50
3 Ebd. S. 44
4 Ebd. S. 59

Die Förderung von **Kohle, Erdgas und Erdöl** ging zurück[5]:

Tabelle 4:

Förderung von Kohle, Erdgas und Erdöl

	1988	1989	1990	1991	1992
Kohle/Anthrazit (in 1 000 t)	11 568	11 583	5 950	5 411	5 623
Erdöl (in 1 000 t)	9 389	9 173	7 982	6 791	6 615
Erdgas (Mio. m³)	38 804	32 951	28 336	24 807	22 138

Das **Bruttoinlandsprodukt** sank[6]:

Tabelle 5:

Bruttoinlandsprodukt

	1989	1990	1991	1992	1993
BIP insgesamt in Mrd. US $	54,5	50,6	43,8	37,3	37,7
BIP je Einwohner in US $	2353	2181	1890	1637	1656

8.2 Soziale Lage

Der wirtschaftliche Niedergang traf die Bevölkerung Rumäniens hart. Nach den schwierigen Lebensverhältnissen in den letzten Jahren der Ceausescu-Herrschaft hatte es große Hoffnungen auf eine rasche Verbesserung des Lebensstandards gegeben. Diese Hoffnungen erfüllten sich genausowenig wie in den anderen mittel- und osteuropäischen Staaten.

Der Preisindex für die **Lebenshaltung** stieg[7]:

Tabelle 6:

Preisindex für die Lebenshaltung
(Angaben in %)

Okt.1990	1991	1992	1993
= 100	165,5	349,0	898,4

---

5 Ebd. S. 54
6 Ebd. S. 108
7 Ebd. S. 103

Als Folge des wirtschaftlichen Niedergangs sanken die **Reallöhne**[8]:

Tabelle 7:
Reallöhne
(Angaben in %)

1990	1991	1992	1993	1994
100	83,4	72,4	61,0	56,7

Wenn sich seit 1993 auch eine leichte wirtschaftliche Besserung eingestellt hat, so zeigen die Zahlen doch eine erhebliche Verschlechterung der Lebensverhältnisse für die Arbeitnehmer seit 1989 auf.

Schon in den letzten Herrschaftsjahren Ceausescus wurden der Bevölkerung Einschränkungen zugemutet, weil die rumänischen Auslandsschulden zurückgezahlt werden sollten. Auf dem Weltmarkt verwertbare Produkte wurden ausgeführt, sobald sich ein Abnehmer fand. Das, was zurückblieb, war von minderer Qualität. Dies betraf nicht nur industriell erzeugte, sondern auch landwirtschaftliche Produkte. Der Mangel war eine alltägliche Erscheinung. Unvergessen ist in Rumänien der Rat Ceaucescus in einer Fernsehansprache, sich einen zweiten Pullover anzuziehen, als es in den Wohnungen kalt wurde. Die Gaszufuhr war seinerzeit im Winter gedrosselt worden, um Energie zu sparen. Opfer dieser Autarkiepolitik waren in besonderem Maße Behinderte und Heimkinder. Bilder von den Zuständen in den Heimen lösten nach dem Dezemberumsturz eine weltweite Welle der Hilfsbereitschaft aus.

Wie niedrig der **Lebensstandard** derzeit ist, mögen einige Angaben über die Einkommensverhältnisse im Jahre 1994 verdeutlichen[9]: Der **Mindestlohn**, der von der Regierung festzusetzen ist, wurde im Juli von 45 000 Lei brutto (ca. 42 DM) auf 65 000 Lei brutto (ca. 61 DM) angehoben. Netto bedeutete dies eine Erhöhung von 37 101 Lei (ca. 35 DM) auf 53 625 Lei (ca. 50 DM). Der **Durchschnittsverdienst** lag nach Angaben des Nationalen Statistischen Amtes Rumäniens Ende 1994 bei 261 515 Lei brutto (ca. 217 DM). Das entsprach einem Nettoverdienst von 198 530 Lei (ca. 180 DM).

---

8 Ebd. S. 102: Für 1994 basiert die Zahl auf einer Berechnung der CSNLR-Fratia.
9 Bei der Umrechnung in DM wurde der Wechselkurs des Monats zugrunde gelegt, auf den sich der Lei-Betrag bezieht.

Die höchsten Gehälter wurden im Bankgewerbe mit 407 326 Lei brutto (ca. 370 DM) gezahlt. Die Bergarbeiter erhielten Ende 1994 durchschnittlich 359 214 Lei brutto (ca. 326 DM) im Monat. Auf dem Energiesektor lagen die Durchschnittseinkommen der Arbeitnehmer zwischen 314 000 Lei brutto (ca. 285 DM) und 350 000 Lei brutto (ca. 318 DM)[10]. Von diesen Beträgen sind noch die Steuern abzuziehen. Die Sozialabgaben werden vom Arbeitgeber gezahlt.

Nicht nur die Arbeitseinkommen, auch die **Renten** waren 1994 niedrig. Im Dezember wurde von der staatlichen Rentenversicherung eine Rente von durchschnittlich 74 345 Lei[11] (ca. 67,50 DM) gezahlt. Unter Einbeziehung auch der Renten aus der landwirtschaftlichen Rentenversicherung wurde im November 1994 öffentlich, daß 48 % aller Rentner eine Rente von 55 000 Lei und weniger hätten. Annähernd die Hälfte der Rentner erhielt damit einen Betrag, der dem Nettomindestlohn entsprach bzw. ihn unterschritt.

Die offiziellen Statistiken spiegeln allerdings nur in gewissen Grenzen die tatsächlichen Einkommensverhältnisse in Rumänien wider. Repräsentative Erhebungen zu den Gesamteinkünften eines Haushalts unter Berücksichtigung aller Einkommensarten soll es erst im Jahre 1995 geben. Der sogenannte **informelle Sektor** (z. B. Kleinhandel auf der Straße) ist in Bukarest und anderen Städten präsent. Mehrfachbeschäftigungen dürfte es in beschränktem Umfang ebenfalls geben. Welche Größenordnung das Hinzuverdienen allerdings erreicht, läßt sich nicht einmal näherungsweise schätzen.

Die **Arbeitslosigkeit** ist hoch. Die offiziellen Statistiken weisen jeweils am Ende des Jahres folgende Zahlen aus[12]:

Tabelle 8:

Arbeitslosenrate
(Angaben in % zum Jahresende)

1990	1992	1993	1994
1,3	8,2	10,1	10,6

---

10 Arpress, Economic Bulletin vom 5. 1. 1995
11 Die Rente wird steuerfrei gezahlt.
12 Länderbericht des Statistischen Bundesamtes: Staaten Mittel- und Osteuropas 1994, Wiesbaden 1994, S. 40

Dies entsprach folgenden absoluten Zahlen von Arbeitslosen[13]:

Tabelle 9:
Arbeitslosenzahl
(Angaben in Tsd.)

1990	1992	1993	1994
150,0	929,0	1170,0	1184,6

Die offiziellen Zahlen spiegeln allerdings nicht das ganze Ausmaß der Arbeitslosigkeit wider. Es gibt neben der registrierten Arbeitslosigkeit noch die sogenannte »technische Arbeitslosigkeit«. Hierunter versteht man in Rumänien eine Beschäftigungslosigkeit bei gleichzeitigem Fortbestand des Arbeitsverhältnisses. Während der »technischen Arbeitslosigkeit« wird in manchen Fällen der Mindestlohn, zum Teil aber auch nichts gezahlt. Schätzungen über die Zahl der tatsächlich Arbeitslosen sind nicht möglich.

Das niedrige **Arbeitslosengeld** beläuft sich auf 60 % des durchschnittlichen Nettogrundlohns der letzten drei Monate vor dem Ende der Beschäftigung. Arbeitslose Berufsanfänger erhalten 60 % des Nettomindestlohns[14]. Das Arbeitslosengeld wird bis zu 270 Kalendertage gezahlt. Die **Arbeitslosenhilfe** beträgt 60 % des Nettomindestlohns und wird für maximal 18 Monate gewährt. Die Arbeitslosenhilfe lag bei 22 260 Lei (ca. 20 DM) bis Juni 1994 und ab Juli 1994 bei 33 000 Lei (ca. 30 DM) monatlich.

8.3 Gewerkschaften und Arbeitsbeziehungen

8.3.1 Gewerkschaften

Von den Gewerkschaftsdachverbänden haben bisher nur die folgenden eine »Mächtigkeit« bewiesen und so öffentliche Beachtung gefunden:

Die **CSNLR-Fratia** unter ihrem Präsidenten Pavel Todoran ist der größte Gewerkschaftsdachverband. Er ist aus einem Zusammenschluß der Konföderationen CSNLR (Confederatia Sindicatelor Nationale Libere din Romania = Freie nationale Gewerkschaftskonföderation Rumäniens) und Fratia

---

13 Ebd. für 1994: Roland Berger & Partner Economic Report Romania, Year 2, No 1, S. 2
14 Art. 3 und 12 Lege privind protectia sociala a somerilor si reintegrarea lor profesionala, Gesetz Nr. 1/91

im Juni 93 entstanden und hat nach eigenen Angaben derzeit ca. 2,4 Mio. Mitglieder. Die CSNLR ist eine Nachfolgeorganisation der früheren kommunistischen UGSR (Uniune Generala a Sindicatelor din Romania = Allgemeine Union der Gewerkschaften Rumäniens). Die als unabhängiger Dachverband gegründete Fratia ist durch den Zusammenschluß 1993 schnell unter den beherrschenden Einfluß der CSNLR geraten. Die CSNLR-Fratia ist schwerpunktmäßig in den sogenannten Regis autonom organisiert[15]. Vornehmlich die sogenannten Schlüsselindustrien (z. B. Energiesektor) werden in dieser Rechtsform geführt.

Der zweitgrößte Gewerkschaftsdachverband ist die **CNS Alfa Cartel** mit (nach eigenen Angaben) ca. 1,2 Mio. Mitgliedern (CNS steht für Confederatia Nationala Sindicatelor = Nationale Gewerkschaftskonföderation). Sie betont ihre parteipolitische Unabhängigkeit, hat aber durchaus Verbindungen zur Regierung. Alfa Cartel hat ihre Mitglieder hauptsächlich in den staatlichen Firmen, die in privater Rechtsform betrieben werden. Der Vorsitzende Bogdan Hossu hat die internationale Anbindung im Weltverband der Arbeit betrieben.

Der **BNS** (Blocul National Sindical = Nationaler Gewerkschaftsblock) unter seinem Präsidenten Dumitru Costin vereinigt 700 000 Mitglieder. Der BNS unterhält enge Beziehungen zu Gewerkschaften in Großbritannien. Er ist zwar konfliktfreudig, steht aber manchmal im Schatten der beiden größeren Dachverbände, wenn es zu Tarifauseinandersetzungen oder anderen öffentlichen Aktionen kommt.

Die **CCSN** (Conventia Confederatiilor Sindicale Nealiniate = Konvent der nicht gebundenen Gewerkschaftskonföderationen) hat nach eigenen Angaben 1 Mio. Mitglieder. Realistischer dürften Schätzungen von ca. 470 000 Mitgliedern sein. Sie vereinigt die Dachverbände COSIN, HERCULES, AVRAMIANCU, CONSINCOOP sowie die Confederatia 15. November. Die im CCSN zusammengeschlossenen Dachverbände legen großen Wert auf ihre Unabhängigkeit und gehen Verpflichtungen untereinander nur insoweit ein, als es unabdingbar notwendig ist. Sie bezeichnen sich als parteipolitisch unabhängig, setzen vorrangig auf den Dialog und treten kaum durch öffentliche Aktionen in Erscheinung.

Im Oktober 1994 hat eine von der CSNLR-Fratia abgespaltene Gruppierung den ca. 400 000 Mitglieder zählenden Dachverband **CSDR** (Confederatia

---

15 Regis autonom sind zwar Selbstverwaltungsbetriebe. Sie stehen jedoch in großer Abhängigkeit vom jeweils zuständigen Ministerium.

Sindicatelor Democratice din Romania = Demokratische Gewerkschafts-konföderation Rumäniens) gegründet. Der Spaltung vorausgegangen war ein Richtungskampf um die parteipolitische Ausrichtung der CSNLR-Fratia. Der frühere Präsident dieses Gewerkschaftsdachverbandes und jetzige Vorsitzende der CSDR, Victor Ciorbea, warf dem Exekutivpräsidenten der CSNLR-Fratia, Miron Mitrea, vor, die CSNLR-Fratia unter den Einfluß der Regierungspartei PDSR[16] bringen zu wollen und gleichzeitig ein hohes politisches Amt mit Hilfe dieser Partei anzustreben. Im August 1994 unter-zeichnete Ciorbea – noch als Präsident der CSNLR-Fratia – ein Protokoll der Zusammenarbeit mit dem Oppositionsbündnis CD[17]. Im Zuge der Neu-gründung konnte Ciorbea auch noch Gewerkschaften aus anderen Dach-verbänden für den Übertritt in seine CSDR gewinnen.

Mit geschätzten ca. 400 000 Mitgliedern gibt es noch die **ACSD** (Alianta Confederatilor Sindicale Democratice = Allianz der demokratischen Ge-werkschaftskonföderationen), in der sich die CSMR (Confederatia Sindica-telor Miniere din Romania = Gewerkschaftskonföderation der Bergarbeiter Rumäniens), METAL und COOPERATIVA MESTE GURAREASCA zusam-mengefunden haben. Der Vorsitz der Konföderation geht turnusmäßig an eine der drei Branchengewerkschaften. Die ACSD tritt öffentlich wenig in Erscheinung. Am bekanntesten – und umstrittensten – ist der Präsident der CSMR, Miron Cosma.

Als Mitglieder werden in Rumänien übrigens häufig auch Personen gezählt, die keinen Beitrag bezahlen. Dieser Umstand relativiert sicherlich die Aus-sagen zur Größe der Gewerkschaftsdachverbände, soweit sie auf eige-nen Angaben beruhen. Dennoch besteht hinsichtlich der behaupteten Mit-gliedszahlen und dem Gewicht auf der politischen Ebene eine Kongruenz: CSNLR-Fratia, Alfa Cartel und BNS sind die einflußreichsten Gewerkschafts-dachverbände Rumäniens.

Bei Spaltungen und Zusammenschlüssen ist es nicht üblich, daß ein Mei-nungsbildungsprozeß von unten nach oben stattfindet. Vielmehr werden solche Entscheidungen in der Regel in Führungsgremien gefällt und dann in nachgeordneten Gremien nachvollzogen.

---

16 Die PDSR (Partidul Democratiei Sociale din Romania) ist aus der FSN (Frontul Salvari Nationale = Front zur nationalen Rettung) entstanden, als sich die PD 1992 von der FSN trennte.
17 Die CD (Conventia Democratice = Demokratischer Konvent) ist ein heterogenes Bündnis von Oppositionsparteien und -gruppierungen.

Da viele Gewerkschaften oder Föderationen das Beiwort »frei« in ihrem Namen führen, kann daraus nicht der Schluß auf die Zugehörigkeit zu einem bestimmten Dachverband gezogen werden.

Eine **Sonderrolle** nehmen die **Bergarbeitergewerkschaften** ein. Sie haben sich ungeachtet sonst bestehender Differenzen in der Conventia Crestin Democrata a Minerilor Sfanta Varvara (Christlich-demokratische Konvention für die Bergarbeiter Santa Barbara) zusammengeschlossen, um einheitliche Tarifverträge im Bergbau durchzusetzen. Mitglieder dieses Konvents, die zum Teil auch Allianz Sfanta Varvara bezeichnet wird, sind die CNCSMR (Centrala Nationala Confederatia a Sindicatelor Miniere din Romania = Zentrale Nationale Konföderation der Bergarbeitergewerkschaften von Rumänien), CSMR sowie die Federatia Cupru (Föderation Kupfer). Zwischen dem gemäßigten Vorsitzenden der CNCSMR, Marin Condescu, und dem radikalen Gewerkschaftsführer Miron Cosma von der CSMR gibt es erhebliche Spannungen. Cosma – eine innenpolitische Reizfigur – versucht immer wieder, die Convention Sfa. Varvara unter seinen Einfluß zu bringen, obwohl seine CSMR mit nur 40 000 Mitgliedern kleiner ist als die CNCSMR, die ihre Mitgliedschaft auf 135 000 beziffert.

Unvergessen ist in Rumänien der Marsch der Bergarbeiter nach Bukarest im Juni 1990. Seinerzeit kam es in der Hauptstadt zu blutigen Angriffen auf Studenten. Maßgeblich beteiligt an der Aufstachelung der Bergarbeiter war Miron Cosma. Der zweite politisch bedeutsame Marsch der Bergarbeiter in die Hauptstadt fand im September 1991 statt und führte zum Rücktritt des damaligen Premierministers Petre Roman. Cosma droht bei Arbeitskämpfen der Bergarbeiter auch immer wieder mit der Wiederholung des Marsches auf Bukarest. Spätestens seit dem Streik vom August 1994 scheint sein Einfluß jedoch stark zurückgegangen zu sein. Condescu von der CNSMR hatte damals für alle Bergarbeitergewerkschaften die Verhandlungen mit der Regierung geführt.

Ein Streitpunkt unter den Gewerkschaften stellt die **Verwaltung des Vermögens** der früheren, kommunistischen UGSR dar. Obwohl die Regierung die Auffassung vertritt, daß ein wesentlicher Teil der Vermögenswerte nicht aus Mitgliedsbeiträgen, sondern aus Steuergeldern angeschafft worden und somit staatliches Eigentum sei, wird das sog. Patrimonium von den Gewerkschaften CSNLR-Fratia und Alfa Cartel verwaltet. Ein Rechtsstreit über die Vermögensaufteilung ist gerichtlich anhängig, aber noch nicht entschieden worden. Ein zentrales Problem stellt die angemessene Beteiligung der Gewerkschaften bei einer Aufteilung des Vermögens dar. Nach Auskunft des von der CSNLR-Fratia eingesetzten Vermögensverwalters decken die Mitgliedsbeiträge derzeit nur den geringeren Teil der Ausgaben der beiden großen Gewerkschaften CSNLR-Fratia und Alfa Cartel, weshalb sie aus der Verwaltung des Patrimoniums in besonderem Maße Vorteil ziehen[18]. Ein weiteres Problem stellt die angemessene Beteiligung an der Verteilung dar. Mit dem Argument, daß ein wesentlicher Teil des Vermögens der UGSR aus Steuermitteln angeschafft sei, erhebt der Staat Anspruch auf einen nicht näher bestimmten Teil des Vermögens. Alle bisher ausgeschlossenen Dachverbände wollen ihren Anteil. Eine Lösung ist bisher nicht in Sicht.

Die **Vermögenswerte** sind erheblich: Es handelt sich um Erholungsheime, Kulturhäuser, Wirtschaftsunternehmen und Geldeinlagen. Im Jahre 1989 wurde der Wert auf 11 Mrd. Lei[19] geschätzt, wovon 2,7 Mio. US $ waren. Über den noch verbliebenen Rest gibt es widersprüchliche Angaben. Nach Auskunft des bis zum Jahre 1993 von der CSNLR-Fratia eingesetzten Verwalters sollen erhebliche Summen für die Gewerkschaftsarbeit der beiden großen, das Patrimonium verwaltenden Gewerkschaften abgezogen worden sein.

Derzeit versuchen die Gewerkschaftsdachverbände sich auf eine Verwaltung oder Aufteilung des Vermögens im Verhandlungswege zu einigen.

8.3.2 Arbeitsbeziehungen

Die rumänische Verfassung gewährt in Art. 9 die **Betätigungsfreiheit der Gewerkschaften**[20]. Dieses Recht steht unter einem Gesetzesvorbehalt. Hiervon hat das rumänische Parlament durch die Verabschiedung mehrerer Gesetze Gebrauch gemacht.

Nach dem derzeit geltenden **Gewerkschaftsgesetz**[21] können zwei oder mehr Föderationen eine Konföderation gründen. Eine Konföderation ist ein

---

18 Siehe die Zeitung »Adevarul« vom 12. 1. 1995: Interview mit Valeriu Visalon, ehemaliger Chefbuchhalter der UGSR und bis Ende 1993 von der CSNLR-Fratia für die Verwaltung des Patrimoniums benannt.

19 Legt man den Wechselkurs z. Zt. des Interviews zugrunde, so entspricht dies einem Betrag von ca. 8,8 Mio. DM.

20 Art. 9 der rumänischen Verfassung lautet: Die Gewerkschaften bilden sich und entfalten ihre Tätigkeit gemäß ihren Statuten im Rahmen des Gesetzes. Sie tragen zur Verteidigung der Rechte und zur Förderung der beruflichen, wirtschaftlichen und sozialen Interessen der Arbeitnehmer bei.

21 Lege cu privire la sindicate, Gesetz Nr. 54/91

Gewerkschaftsdachverband. Föderationen bestehen aus zwei oder mehr Gewerkschaften einer Branche. Mindestens fünfzehn Arbeitnehmer sind erforderlich, um eine Gewerkschaft zu gründen. Die Beziehungen des Dachverbandes zu den Föderationen regelt die Satzung der Konföderation. Die Satzungen der Föderationen wiederum bestimmen die Rechtsbeziehungen zu den Gewerkschaften und den Mitgliedern. Um als rechtsfähige Personen auftreten zu können, müssen die Gewerkschaften, Föderationen und Konföderationen ein gerichtliches Anerkennungsverfahren durchlaufen. Im Januar 1995 gab es dreiundzwanzig anerkannte Konföderationen.

Neben dem Gewerkschaftsgesetz gibt es noch das **Gesetz zur Beilegung von kollektiven Arbeitsstreitigkeiten**[22]. Nach diesem Gesetz müssen einem Streik Gespräche mit der Firmenleitung und Schlichtungsbemühungen unter Einschaltung von Vertretern des Arbeitsministeriums vorausgehen. Erst nach dem Scheitern dieser Bemühungen kann der Streik ausgerufen werden, sofern die Hälfte der Gewerkschaftsmitglieder und die Hälfte der Nichtorganisierten dem Arbeitskampf zustimmen. Bestimmte Bereiche wie z. B. Gesundheitswesen, Rundfunk und TV, öffentlicher Verkehr und Energiesektor dürfen ihre Aktivitäten nur insoweit einschränken, als die für die Bevölkerung notwendigen Leistungen noch erbracht werden können und auf jeden Fall noch ein Drittel der üblichen Arbeit geleistet wird.

Als drittes Gesetz auf dem Gebiet des kollektiven Arbeitsrechts regelt das **Tarifvertragsgesetz**[23] die Voraussetzungen für den Abschluß eines Tarifvertrags, die Formalia, die Rechtsfolgen sowie die Beendigung der Laufzeit eines Tarifvertrags. Das Gesetz soll demnächst geändert werden, um Repräsentationskriterien für verhandelnde Gewerkschaften festzulegen.

Die gesetzlichen Rahmenbedingungen bestimmen die Handlungsmöglichkeiten der Gewerkschaften. Sie können Arbeitskonflikte nur in den gesetzlich vorgegebenen Grenzen austragen. Gesetzesüberschreitungen können strafrechtliche Folgen oder aber Schadensersatzansprüche auslösen. Gelegentlich hat es schon Verurteilungen gegeben, ohne daß es jedoch zu Vollstreckungen gekommen wäre.

Die **Tarifautonomie** ist in Rumänien noch unterentwickelt. Es fehlt an ausreichend starken Arbeitgeberverbänden, die ein Gegengewicht zu den Gewerkschaften darstellen könnten. Zwar sind auch die Staatsfirmen in Arbeit-

---

22 Lege pentru solutionarea conflictelor colective de munca, Gesetz Nr. 15/91
23 Lege privind contractul colectiv de munca, Gesetz Nr. 13/91

geberverbänden organisiert. Aber sie erhalten nicht den Spielraum, der es ihnen ermöglichen könnte, als wirksamer Gegenpart zu den Gewerkschaften aufzutreten. Staatsfirmen sind häufig die bereits erwähnten Regis autonom. Es gibt daneben auch Staatsfirmen, die rechtlich selbständig und nur über den Anteilseigner »Staat« mit der Regierung verbunden sind. Durch personelle Verflechtungen und durch die Vergabe von Krediten zum Ausgleich von Verlusten sind aber auch diese Firmen faktisch von den staatlichen Institutionen abhängig. Bei Streiks der Einzelgewerkschaften um höhere Löhne gehen die Verhandlungsführer in der Regel unmittelbar zum zuständigen Fachminister, wenn es um das Aushandeln von Lösungen geht. Bei den Auseinandersetzungen der Gewerkschaftsdachverbände um den sogenannten nationalen Tarifvertrag[24] ist der Gesprächspartner der für die Tarifpartner zuständige Regierungsstaatssekretär im Ministerrang, der Arbeits- oder auch gelegentlich der Premierminister. Wegen der beherrschenden Stellung der Staatsfirmen in der Wirtschaft des Landes bedeuten Auseinandersetzungen um Arbeitsbedingungen immer auch Auseinandersetzungen mit der Regierung. Die privaten Arbeitgeberverbände haben noch nicht die »Mächtigkeit«, um Einfluß ausüben zu können. Die Gewerkschaften sind damit, ob sie es wollen oder nicht, »Gegenspieler« der Regierung.

Streiks sind eine alltägliche Erscheinung in Rumänien. 1992 wurden 195 Streiks unter Beteiligung von 399 900 Arbeitnehmern bekannt[25]. Dies entspricht für 1992 einer Einbeziehung von ungefähr einem Drittel der Erwerbsbevölkerung in Arbeitskampfmaßnahmen. Der Auslöser der Streiks sind häufig nicht gezahlte Löhne. Die staatlichen Firmen geraten auf Grund der nach wie vor vorhandenen Lenkungsstrukturen der Wirtschaft immer wieder in finanzielle Schwierigkeiten, die zum Teil auf die »Finanzblockade«[26], wie die Liquiditätsengpässe genannt werden, und zum Teil auf eine

---

24 Der nationale Tarifvertrag ist ein Tarifvertrag, der landesweit Mindestarbeitsbedingungen festlegt, soweit nicht zwingende arbeitsgesetzliche Bestimmungen dem entgegenstehen. Dieser Tarifvertrag wird von den Gewerkschaftsdachverbänden mit der Regierung ausgehandelt, wobei formal die Arbeitgeberverbände Vertragspartner der Gewerkschaftsseite sind.

25 Länderbericht des Statistischen Bundesamtes: Staaten Mittel- und Osteuropas 1994, Wiesbaden 1994, S. 40

26 Es ist eine alltägliche Erscheinung, daß staatliche Firmen ihre Schulden nicht bezahlen. Dies hängt u. a. damit zusammen, daß sie ihre eigenen Außenstände bei den anderen Staatsfirmen nicht eintreiben können und dadurch illiquide werden. Für die Beschreibung dieser Situation wird der Begriff der »Finanzblockade« verwendet. Manchmal werden auch beim Staat eingehende Gelder von Produkten, die ins Ausland geliefert wurden, nicht an den Hersteller weitergeleitet, sondern zu anderen Zwecken eingesetzt.

mangelnde Wirtschaftlichkeit zurückzuführen sind. Ein weiterer Streikauslöser ist der starke Rückgang der Reallöhne.

Begleitet werden die Streiks häufig von Forderungen nach Ablösung der Firmenleitung. Obwohl ein solches Streikziel nach Auffassung der Regierung nicht vom Gesetz zur Schlichtung von Arbeitsstreitigkeiten, das auch eine gesetzliche Definition des Arbeitskonfliktes enthält, gedeckt ist, geben die Verhandlungspartner auf der Arbeitgeberseite in diesem Punkt häufig schnell nach. Unabhängig davon, ob der Direktor – wie häufig behauptet – tatsächlich korrupt war, wird die Entlassung verfügt, um den Konflikt zu personalisieren und so von systembedingten Mängeln, wie z. B. der »Finanzblockade« oder von Fehlentscheidungen, abzulenken.

Obwohl vereinzelt immer wieder Stimmen laut werden, die einen **Sozialpakt** fordern, um den Übergang in die neu zu schaffende Gesellschaftsordnung möglichst sozialverträglich zu gestalten, ist es hierzu noch nicht gekommen. Die Gewerkschaften haben sich bereit erklärt, für einen begrenzten Zeitraum auf Forderungen zu verzichten, wenn gewährleistet ist, daß sowohl ausreichende soziale Sicherungssysteme als auch marktwirtschaftliche Rahmenbedingungen geschaffen werden. Sie sehen aber bisher keine verläßliche Grundlage für ein solches Übereinkommen. Vielmehr befürchten sie, in eine Stillhalteposition zu geraten, die die Regierung ausnutzen könnte, um den Einfluß der Gewerkschaften einzuengen.

Die Gewerkschaften beklagen die mangelnde Einbeziehung bei wichtigen Vorhaben der Regierung, die die Arbeitnehmer berühren. Die derzeitig existierenden Strukturen der Tarifautonomie sind durch ihre gesetzliche Ausformung eher auf Auseinandersetzungen angelegt. Um die Konflikte mehr in sozialpartnerschaftliche Bahnen zu lenken, legte die Regierung nach zweijähriger Vorbereitungszeit Ende 1994 einen Gesetzesentwurf zur Einführung des sogenannten **Sozialen Dialogs** vor. Auf dieses Vorhaben hatten sich die großen Gewerkschaften, einige Arbeitgeberverbände und Regierungsvertreter bereits 1992 geeinigt. Im Rahmen dieses (eigentlich) **»Trialogs«** sollen Gewerkschaften, Arbeitgeberverbände und Regierung wichtige politische Vorhaben beraten. Schon jetzt in der Aufbauphase gibt es ein Sekretariat, das die Informationen beschafft, die von einer der drei beteiligten Parteien für die Beurteilung und Beratung anstehender Themen angefordert werden können. Zu diesem Zweck ist beabsichtigt, eine Datenverbindung z. B. zur ILO oder zur EU zu schaffen. Unterstützt wird dieses Vorhaben von der Europäischen Union im Rahmen des PHARE-Programms.

Weitere tripartite Verwaltungen soll es in der Krankenversicherung geben, die zur Ablösung der derzeit noch bestehenden staatlich finanzierten Gesundheitsversorgung im Entstehen begriffen ist. Solche Selbstverwaltungsstrukturen sind auch für die Reorganisation der Arbeitsverwaltung und der Sozialversicherung[27] vorgesehen.

Für die Beziehungen der Regierung zu den Tarifpartnern ist im Geschäftsbereich des Premierministers die Stelle eines Staatssekretärs im Ministerrang geschaffen worden. Damit haben die Gewerkschaftsdachverbände einen Ansprechpartner in der Regierung.

Die **Regierungskoalition** wird von der größten Partei im Parlament, der PDSR, geführt. In dieser Partei haben sich viele Personen zusammengefunden, die schon vor 1989 politisch tätig waren und einflußreiche Posten innehatten. Zu ihnen gehört u. a. Präsident Iliescu, der unter Beachtung der in der rumänischen Verfassung niedergelegten demokratischen Prinzipien gewählt worden ist und sein Amt ausübt. Koalitionspartner der PDSR ist die PUNR[28]. Die PRM[29] und die PSM[30] stützen die Minderheitenregierung. PDSR und PSM bezeichnen sich als sozialistisch. PUNR und PRM sind Parteien des rechten Spektrums. Die PDSR bezeichnet sich selbst als sozialdemokratisch, was sie aber nicht daran gehindert hat, mit einer extrem nationalistischen Partei zu koalieren. Andere europäische sozialdemokratische Parteien halten Distanz zur PDSR.

Die **Opposition** im Parlament wird von der CD beherrscht. Sie ist ein Zusammenschluß von Parteien und anderen Gruppierungen, die durchaus verschiedene Auffassungen und Positionen vertreten. In diesem heterogenen Bündnis sind Liberale ebenso wie Christdemokraten oder Sozialdemokraten vertreten. Daneben gibt es noch als bedeutende Gruppierung in der Opposition die PD[31], die als reformfreudiger als die PDSR gilt.

Die **Gewerkschaftsdachverbände** in Rumänien lassen sich noch am ehesten durch ihre **Haltung zu den politischen Parteien charakterisieren**, da

---

27 Die »Sozialversicherung« ist in Rumänien die Bezeichnung für einen Versicherungszweig, nicht wie in Deutschland ein Oberbegriff im Sinne einer Bezeichnung aller Säulen der Sozialversicherung. Sie schließt in ihrer gegenwärtigen Form alle Lohnersatzleistungen und einige Familienleistungen ein.
28 PUNR (Partidul Unitatie Nationale Romane = Partei der Nationalen Rumänischen Einheit)
29 PRM (Partidul Romania Mare = Partei Großrumänien)
30 PSM (Partidul Socialist al Munci = Sozialistische Partei der Arbeit)
31 PD (Partidul Democrat = Demokratische Partei)

weltanschauliche Ausrichtungen nicht erkennbar sind. Wenn es auch gelegentlich persönliche Erklärungen im Sinne einer christlichen oder sozialdemokratischen Grundhaltung von Gewerkschaftsführern gibt, lassen sich hieraus aber nicht inhaltliche Unterscheidungen gegenüber anderen Dachverbänden herleiten. BNS und CSDR stehen dem Oppositionsbündnis CD nahe. Der CSNLR-Fratia hat enge Beziehungen zur PDSR. Alfa Cartel ist unabhängig. Gleiches gilt für die CCSN, während die ACSD außer durch den radikalen Bergarbeiterführer Cosma kaum öffentlich in Erscheinung tritt. Sie wird von vielen Beobachtern eher als kommunistisch angesehen.

Die Gewerkschaften Rumäniens haben einen **beträchtlichen Einfluß** auf die innenpolitische Diskussion und auf die Parteien. Sein Kurs in der Auseinandersetzung mit den Gewerkschaften hat Petre Roman das Amt des Premierministers im September 1991 gekostet. Bei der letzten großen Streikwelle des Jahres 1994 in der Maschinenfabrik in Reschitza sah sich Premierminister Vacaroiu veranlaßt, persönlich an den Verhandlungen zur Beilegung des Arbeitskonflikts teilzunehmen. Als Großorganisationen mit für rumänische Verhältnisse stabilen Strukturen können die Gewerkschaften die öffentliche Meinung beeinflussen. Sie artikulieren die sozialen Probleme und treten mit großem Rückhalt in ihrer Mitgliedschaft als Vertreter der Arbeitnehmerschaft auf. Die Parteien bemühen sich deshalb um die großen Gewerkschaften, um sie als Verbündete zu gewinnen. Ein Ergebnis dieser Politik ist die erwähnte parteipolitische Ausrichtung von CSNLR-Fratia, BNS und CSDR.

Schwierigkeiten machen in Rumänien – sicher auch unter dem Eindruck der Erfahrungen in anderen Ländern Mittel- und Osteuropas – die **Privatisierung** und die **Restrukturierung** der sich in staatlicher Hand befindenden Betriebe. Die Gründe hierfür sind vielfältig. Soziale Unruhen werden befürchtet, wenn die ohnehin niedrigen Einkommen weiter sinken und kleine Bevölkerungsgruppen großen Reichtum erwerben würden. Es fehlt derzeit sowohl an einem ausreichenden Sicherheitsnetz für entlassene Arbeitnehmer als auch an einem arbeitsmarktpolitischen Instrumentarium der Arbeitsverwaltung zur Bekämpfung der Arbeitslosigkeit. Um unkontrollierbare, mafiotische Strukturen, wie sie zum Beispiel in Rußland entstanden sind, zu verhindern, will die Regierung vorrangig den Aufbau von Marktstrukturen fördern. Eine nationale Grundströmung im Lande aufgreifend, wendet sie sich gegen den »Ausverkauf« des Landes. Es werden Lösungen gesucht, die möglichst viel von der vorhandenen Industrie erhalten und andere Wirtschaftszweige wie Landwirtschaft und Tourismus auf ein international wettbewerbsfähiges Niveau anheben. Der freie Fall in die Marktwirtschaft soll vermieden werden. Hierüber besteht Konsens in fast allen Bevölkerungskreisen.

Die Gewerkschaften wollen eine **soziale Marktwirtschaft** und liegen damit auf einer Linie mit den meisten Parteien Rumäniens. Sie fordern eine Beschleunigung der Privatisierung und der Restrukturierung staatlicher Unternehmen sowie die Schaffung rechtlicher Rahmenbedingungen für marktwirtschaftliches Handeln. Ihre Kritik richtet sich gegen die bisher unzureichende soziale Absicherung der Arbeitnehmer gegen Arbeitslosigkeit. Sie vermissen ferner eine staatliche Strukturpolitik oder Regionalplanung, die neue Beschäftigungsmöglichkeiten eröffnet, wenn es zu Massenentlassungen bei der Restrukturierung oder gar Schließung defizitär arbeitender Unternehmen kommt.

Für die tägliche Gewerkschaftsarbeit hat das Bekenntnis zur sozialen Marktwirtschaft noch keine praktische Bedeutung erlangt. Arbeitskonflikte entstehen derzeit unter den Bedingungen einer weitgehend staatlich gelenkten Wirtschaft, und die Lösungen werden innerhalb bestehender Strukturen gesucht. Die Gewerkschaften setzen sich für den Erhalt der Arbeitsplätze ein, selbst wenn sie unrentabel sind. Sie fordern Lohnerhöhungen auch in defizitär arbeitenden Unternehmen. Ihnen bleibt unter den gegenwärtigen Bedingungen auch keine andere Wahl, da es **keinen funktionierenden Arbeitsmarkt** gibt. Die den Arbeitslosen zustehenden Leistungen sind so gering, daß sie vielfach existentielle Probleme schaffen.

Die Haltung der Gewerkschaften ist auch eine Folge des **Festhaltens der Regierung an der staatlich gelenkten Wirtschaft**, die durch Subventionen am Leben erhalten wird. Solange keine Marktstrukturen und ausreichende soziale Sicherungssysteme geschaffen worden sind, bleibt der Eigentümer Staat und die ihn verwaltende Regierung für die Einkommenssituation der Beschäftigten in den staatlichen Unternehmen verantwortlich. Die Gewerkschaften haben nur die Möglichkeit, unter Wahrung der Grenzen, die ihnen die Tarifautonomie setzt, auf die Verantwortung der Politiker und der Parteien für die Gestaltung des wirtschaftlichen Transformationsprozesses hinzuweisen.

Ausgehend von der Vorstellung, daß die Staatsfirmen den Bürgern Rumäniens gehören, haben alle rumänischen Staatsbürger über 18 Jahre 1992 **Anteilsscheine** in Höhe von nominal 5000 Lei erhalten. Diese Anteilsscheine, die offiziell nicht handelbar sind, können die Bürger in Aktien umtauschen, wenn im Rahmen von Emissionen der in Aktiengesellschaften

175

umgewandelten Staatsfirmen ein entsprechendes Verkaufsangebot vorliegt. Im März 1995 konnten mit einem Paket von fünf Anteilsscheinen Aktien im Wert von 825 000 Lei[32] erworben werden. Wegen der hohen Inflation seit 1992 und auf Grund unterschiedlicher Auffassungen über die Bewertung der Firmenvermögen haben sich die Gewerkschaften für die Erhöhung des Wertes der Anteilsscheine eingesetzt.

---

32 Der Betrag entsprach zu diesem Zeitpunkt ca. 589 DM.

9. Ukraine

Andreas Wittkowsky

9.1 Politische und wirtschaftliche Entwicklung

Mit der Ukraine existiert in der geographischen Mitte Europas seit 1991 ein neuer Nationalstaat. Die 52 Mio. Einwohner des Landes (davon 80 % ethnische Ukrainer und 20 % ethnische Russen) verdanken ihre Unabhängigkeit nicht nur der oppositionellen Volksbewegung »Narodnij Ruch«, sondern auch – wenn nicht sogar vor allem – dem Selbsterhaltungstrieb der alten kommunistischen **Nomenklatur.** Der damalige Vorsitzende des ukrainischen Obersten Sowjets (Rada), Leonid Krawtschuk, betrieb die Loslösung des Landes von der Sowjetunion genau von dem Zeitpunkt an, als der Moskauer Putsch gegen Gorbatschow im August 1991 gescheitert war. So konnte der als »schlauer Fuchs« bekannte ehemalige KP-Sekretär für Propaganda und Ideologie auf der Welle der oppositionellen Volksfrontbewegung reiten und die Präsidentschaftswahlen am 1. Dezember 1991 als Stifter der nationalen Souveränität gewinnen. In einem gleichzeitigen Referendum wurde die Unabhängigkeit von 90 % der Bevölkerung bestätigt, auch in den stärker russisch geprägten Südostgebieten des Landes (Donbass/Krim).

Die allgemeine Zustimmung zur Unabhängigkeit war mit **Wohlstandserwartungen** verbunden, die von der weiteren Entwicklung enttäuscht wurden. Zwar wurde der Aufbau einer nationalen Ökonomie beschworen, doch entwickelten weder Präsidentenadministration noch Regierung eine klare Reformstrategie. Auch die notwendige Rahmengesetzgebung der Obersten Rada blieb Flickwerk. Die Privatisierung kam nur im Bereich des Kleinhandels richtig in Schwung, und eine Landwirtschaftsreform stand gar nicht auf der Tagesordnung. Die breite Mehrheit der Abgeordneten – die sogenannte »Partei der Macht« – kam aus den Reihen der nun nicht mehr formell organisierten kommunistischen Nomenklatur. Ihr Interesse galt nicht der Umgestaltung des Landes, sondern dem politischen und wirtschaftlichen

Machterhalt. Die Unterstützung der Präsidentschaft Krawtschuks sollte der Absicherung dieses Interesses dienen und war dementsprechend abhängig von der Erfüllung diesbezüglicher Erwartungen (Polochalo/Slyusarenko 1993; Ryabtschuk 1994).

Schon bald entstanden innerhalb der »Partei der Macht« ein eher reformorientiertes und ein konservatives Lager. In der innenpolitischen Auseinandersetzung zwischen diesen Kräften machte Krawtschuk aus Gründen des Machterhalts ständig Zugeständnisse an die Bremser des Reformprozesses. Dies kostete wichtigen Reformvertretern in der Regierung das Amt – so z. B. dem damaligen Premierminister Kutschma. Gemeinsam mit Kutschmas Stellvertreter Efim Zwjagilskij betrieb Krawtschuk dann eine Politik strenger Kredit- und Devisenbewirtschaftung sowie die Rückkehr zum planwirtschaftlichen Instrument der Staatsaufträge – insbesondere für die Landwirtschaft. Mit dieser ›Notbremse‹ konnte zwar die Landwirtschaftsproduktion stabilisiert werden, aber im Bereich der industriellen Fertigung kam es zu immer stärkeren Einbrüchen.

Tabelle 1:
Wirtschaftliche Grunddaten der Ukraine 1991–94

	1991	1992	1993	1994/1. Hj.
BIP (Mrd. URK)	295	5127	116724	341801
Veränderung zum Vorjahr in %	−11	−16,8	−14,2	−36
Industrieproduktion (Mrd. URK)	95	1903	51377	
Veränderung zum Vorjahr in %	−4,8	−6,4	−7,4	−39,1
Landwirtschaft (Mrd. URK)	68	765	16162	
Veränderung zum Vorjahr in %	−13,2	−8,3	+1,5	+1,5
Dienstleistungen (Mrd. URK)	17	117	4164	
Veränderung zum Vorjahr in %	−26	−22	−23	
Inflation in %		2250	~9000	78
Produktivität (Veränd. z. Vorjahr in %)	−11	−13,8	−13,2	−13
Arbeitslosigkeit (offiziell in %)	0,03	0,3	0,3	0,35
Staatshaushalt (Defizit in % des BIP)	−5,5	−14,5		
Außenhandelssaldo GUS (Mrd. Rb)	−5,1	~−280		
Zahlungsbilanzsaldo GUS (Mrd. Rb)		−530		
Außenhandelsaldo Welt (Mrd. US $)	0,3	1,7		−0,546
Zahlungsbilanzsaldo Welt (Mrd. US $)		−2,8		

Quellen: Clement et al. 1993a, b; Lichter 1994; *Nowosti* 26. 8. 1994 und 1. 9. 1994 (alle unter Verwendung offizieller Statistiken)

Der wirtschaftspolitischen **Abkehr** der Ukraine **vom Reformprozeß** Ende 1993 waren zwei Dinge vorangegangen: Die unter parlamentarischer Hoheit stattfindende übermäßige Geldschöpfung führte zur Hyperinflation, und durch das Ausbleiben von Anreizen zur Umstrukturierung setzte die Wirtschaft insgesamt zum Sturzflug an (vgl. Tabelle 1). Nach Angaben der Gewerkschaften stehen 60 % der Betriebe still; die Gütertransporte sind um 40 % geschrumpft. Obwohl das Konkursrecht längst die parlamentarischen Hürden überwunden hat, gab es bisher keine Konkurse. Statt dessen ›rettete‹ das Parlament stillstehende Betriebe durch zusätzliche Zentralbankkredite, da die Geldpolitik unter seine Hoheit fällt. Auch die Landwirtschaft wurde zur Saat- und Erntezeit derart alimentiert. Gleichzeitig blieb ein Großteil der **Subventionen** aus dem staatlichen Budget erhalten: Der Brotpreis lag Mitte 1994 bei 2 000 URK/kg (0,03 US $); der Einkaufspreis für Mehl lag fast dreimal so hoch. Die kommunalen Dienstleistungen und der öffentliche Transport deckten nur 5 % ihrer Kosten durch Einnahmen (Finansowaja Ukraina 29/1994 und 40/1994): eine innerstädtische Busfahrt kostete beispielsweise im August 1994 100 URK, 100 km Bahnfahrt rund 20 000 URK (0,30 US $).

Diese Politik blieb nicht ohne Folgen: 1993 lag die monatliche **Inflation** bei durchschnittlich 70 %. Obwohl die Hyperinflation ab Anfang 1994 gestoppt werden konnte, beschleunigte sich angesichts der ausbleibenden Stabilisierungspolitik der wirtschaftliche Verfall. Die Finanzierungslücke im Staatshaushalt – der zu Sowjetzeiten noch durch einen Überschuß gekennzeichnet war – wurde immer größer. Die von den Anhängern der nationalen Unabhängigkeit begrüßte Einführung der Übergangswährung Karbowanez (oder Kupon) machte die Schwäche der ukrainischen Volkswirtschaft drastisch sichtbar, da sich der Außenwert dieser Währung 1993 ebenfalls im Sturzflug befand. Die zum Jahresende verschärfte Devisenbewirtschaftung stabilisierte den offiziellen Kurs zugunsten der Importwirtschaft: Während der Außenhandelssaldo – über den mindestens drei stark voneinander abweichende Statistiken existieren – immer stärker ins Minus abrutschte, wurden auf den Straßen Kiews die Importbananen zum gleichen Preis wie einheimische Tomaten verkauft.

Der Kupon wertete von Anfang an auch gegenüber dem Rubel ab, da die ukrainische Inflationsrate über der russischen lag. Dies beschleunigte den Niedergang der Wirtschaftsbeziehungen zum »Nördlichen Nachbarn«, von denen die Ukraine stark abhängig ist. Während die rohstoffreiche Russische Föderation mit ihrem großen Binnenmarkt und einem vergleichsweise ›reformwütigen‹ Präsidenten Ansätze einer wirtschaftlichen Dynamik zeigt, hat die Ukraine an ihrem **Erbe der innersowjetischen Arbeitsteilung** viel schwerer zu tragen: Die ostukrainische Schwerindustrieregion ist ein Krisengebiet par excellence, und auch der Kohlenbergbau kann nicht auf der Aktivseite der ukrainischen Nationalökonomie gebucht werden. In den meisten Zechen liegen die Kosten der Kohleförderung über den Erträgen. Was Erdöl und Erdgas betrifft, so ist die Ukraine völlig importabhängig – zu einem großen Teil von Rußland und von Turkmenistan. Da hierfür inzwischen Weltmarktpreise gezahlt werden müssen, hat die Verschuldung der Ukraine gegenüber der Russischen Föderation allein für diese beiden Importgüter immens zugenommen: Im Oktober 1994 betrug sie 2,5 Mrd. US $ (Interfax-Ukraina 8. 10. 1994).

Am 18. Oktober 1994 rehabilitierte das neugewählte Parlament der Ukraine die 1991 verbotene Kommunistische Partei der Ukraine und der entsprechende Beschluß der alten Obersten Rada wurde für unrechtmäßig erklärt. Dies macht deutlich, welche Kräfteverhältnisse die **zahlreichen Wahlgänge** dieses Jahres hervorgebracht haben: Die wieder organisierten Kommunisten und die alte Nomenklatur siegten eindeutig. In der neuen Rada gibt es weniger reformerische oder demokratische Abgeordnete als in der noch zu Sowjetzeiten gewählten alten.

Noch kurz vor der Präsidentenwahl bestätigte dieses neue Parlament auf Vorschlag Krawtschuks, der sich mit den neuen Machtverhältnissen arrangieren wollte, einen neuen Premierminister: Witalij Masol. Dieser trat an mit der These, daß die Planwirtschaft der Marktwirtschaft überlegen sei und paßte damit hervorragend in das entstandene parlamentarische Spektrum. Bereits vorher hatte der sozialistische Parlamentssprecher Moroz verkündet, daß Grund und Boden nur langfristig verpachtet, nicht aber privatisiert sein soll. Und Ende Juli 1994 gelang es auf Betreiben der Kommunistischen Fraktion, ein Privatisierungsmoratorium durchzusetzen mit der Begründung, die bisherige Privatisierungspraxis widerspreche »den Interessen des Volkes«. Die Schlüsselsektoren Transport, Energie und Telekommunikation sollen in Zukunft ganz von der Privatisierung ausgeschlossen werden. Die bisherige Tätigkeit des Parlaments im Bereich der Wirtschaftsreformen verweist darauf, daß auch in Zukunft von ihm nichts Fortschrittliches zu erwarten ist.

Demgegenüber gaben die **Präsidentenwahlen** etwas mehr Anlaß zu Hoffnungen auf wirtschaftliche Veränderungen. Mit Leonid Kutschma löste ein Vertreter der ostukrainischen Industriellen den perspektivlosen Krawtschuk ab. Kutschmas wirtschaftspolitische Reformbereitschaft steht für die Einsicht der ›aufgeklärten Industriellen‹, daß der bisherige Weg der ukrainischen

Nationalstaatsbildung ihre eigene wirtschaftliche Grundlage gefährdet. Die Hyperinflation und die unklaren Rahmenbedingungen behindern die Entwicklung langfristiger ökonomischer Kalküle – und damit die Grundlage für Investitionen. Neue wirtschaftliche Aktivitäten entstehen in der Ukraine fast ausschließlich im Handel mit seinen kurzfristig zu realisierenden Gewinnen. In einer Rede vor der Obersten Rada legte der neue Präsident im Oktober 1994 seine Vision für die Zukunft des Landes offen: Konsequente marktwirtschaftliche Reformen gehören ebenso dazu wie das Bestreben, das industrielle Potential des Landes zu retten. Zu diesem Zweck wird auch eine stärkere **Wiederannäherung an Rußland** propagiert, da im Präsidententeam der Bedarf an Märkten und Kapital stärker wiegt als die Angst, in verstärkte ökonomische Abhängigkeit vom »Großen Bruder« zu geraten. Diese besteht ganz offensichtlich sowieso und ist nur durch den Aufbau einer funktionsfähigen Volkswirtschaft zu reduzieren. Die angestrebte wirtschaftliche Zusammenarbeit mit Rußland zielt jedoch nicht auf die Preisgabe der politischen Souveränität, wie sie nach den Präsidentenwahlen in Weißrußland betrieben wurde. Zum einen würde dies in der Ukraine heftigen innenpolitischen Widerstand provozieren, zum anderen widerspräche dies aber auch dem Interesse der ukrainischen Industrie. Nur im Rahmen ukrainischer Souveränität kann sie sich der notwendigen staatlichen Unterstützung für ihre Umstrukturierung gewiß sein. Die größte potentielle Gefahr für die wirtschaftliche »Souveränität« der Ukraine liegt deshalb in der schon unter Krawtschuk geschaffenen Möglichkeit für **russische Investoren**, Anteile an ukrainischen Unternehmen zu erwerben und somit industriepolitische Weichen stellen zu können.

Sowohl die innenpolitische Konstellation als auch der zu erwartende **Zielkonflikt** zwischen **Industriepolitik** und **Stabilisierung** lassen es kaum erwarten, daß es wirklich zu radikalen Reformen in der Ukraine kommen wird. Immerhin aber haben sich die bisher sehr zurückhaltenden internationalen Finanzorganisationen davon überzeugen lassen, den neuen Kurs zu unterstützen. Nachdem Kutschma wichtige Posten in der Regierung mit seinen Leuten besetzen konnte, bleibt es abzuwarten, ob es dieser Mannschaft gelingt, zumindest durch einen Großteil der angestrebten wirtschaftspolitischen Maßnahmen eine ›kritische Masse‹ der Reformen zu schaffen, oder ob die Ukraine erneut in die Spirale von wirtschaftlichem Stillstand und monetärem Sturzflug gerät – diesmal unter dem Vorzeichen einer Verschuldung beim IWF.

9.2 Soziale Lage

Die Probleme, die tatsächliche Lage der Ukraine zu erfassen, werden beim Vergleich der Wirtschafts- und der Arbeitslosendaten vielleicht am deutlichsten (vgl. Tabelle 1). Nach wie vor gibt es (statistisch!) eine **Vollbeschäftigungssituation**, und dies obwohl das Arbeitsvolumen in den letzten vier Jahren um ca. zwei Drittel gesunken ist. Die Zahl der Arbeitslosen in der ersten Jahreshälfte 1994 betrug lediglich 153 000 (davon 72 % Frauen), die Arbeitslosenquote 0,35 %. Der Großteil der **Arbeitslosigkeit** ist jedoch nach wie vor in den Betrieben versteckt, was auch an der Abnahme der **Arbeitsproduktivität** um rund 40 % zwischen 1990 und 1993 deutlich wird. Viele ›*Beschäftigte*‹ befinden sich im – unbezahlten – Zwangsurlaub, Ende 1993 betraf dies immerhin jeden vierten (ILO 1994).

Seitens der Unternehmen gibt es zwei Gründe für diese Praxis. Einerseits sind die Direktorengehälter an die Betriebsgrößen gekoppelt, andererseits ist im Falle betriebsbedingter Kündigungen eine dreimonatige Lohnfortzahlung vorgesehen – ein unbezahlter Zwangsurlaub ist einfach billiger für die Unternehmen. Aber auch auf seiten der Beschäftigten ist der Anreiz, den Betrieb mit dem Arbeitsamt zu vertauschen, nicht sehr hoch. Im Fall der Eigenkündigung entfällt die dreimonatige Lohnfortzahlung ersatzlos, und erst danach entsteht ein Anspruch auf Arbeitslosengeld. Zudem hängen nach wie vor viele Wohnungen, Einkaufsgelegenheiten und Möglichkeiten zur Nutzung betrieblicher Einrichtungen für private Zwecke am Arbeitsplatz. Die geringe Höhe des **Arbeitslosengeldes** kann diese Vorteile der Fortführung des ›Arbeits‹-Verhältnisses nicht aufwiegen: drei Monate lang beträgt es 75 %, weitere sechs Monate 50 % des letzten Arbeitsentgelts. Im März 1994 betrug das durchschnittliche Arbeitslosengeld 170 000 URK (ILO 1994). Außerdem ist bekannt, daß über das Arbeitsamt keine Stellen vermittelt werden. Ganz im Gegenteil: Unternehmen meiden die Arbeitsverwaltung bei Neueinstellungen, da deren Schutzbefohlenen der Ruf der Undiszipliniertheit und Minderqualifiziertheit vorauseilt.

Die **Arbeitsverwaltung** befindet sich in der paradoxen Lage, im Geld zu schwimmen. Sie erhält 3 % der betrieblichen Lohnfonds und kann diese nicht verwenden. 1993 wurden 63 % der Einnahmen in die Reserve eingestellt, was angesichts der Hyperinflation einer Vernichtung dieses Geldes gleichkam. Der Rest der Mittel wurde zum großen Teil zum Ausbau der Verwaltung verwandt (ILO 1994). Ihr eigener Aufbau scheint also das einzige erfolgreiche Beschäftigungsprogramm der Arbeitsverwaltung gewesen zu sein.

Durch die Hyperinflation und die unbezahlte Kurzarbeit sind die **Reallöhne** im Zeitraum 1990–93 um 70 % gesunken, und weite Teile der Bevölkerung sind verarmt. 1991 betrug der Durchschnittslohn noch über das Doppelte des Minimalkonsumbudgets. Dieser staatliche Indikator umfaßt einen Warenkorb, der ein sozial würdiges Leben ermöglichen soll. Im März 1994 betrug der **Durchschnittslohn** nur noch die Hälfte dieses Warenkorbes: 860 000 URK (ca. 22 US $). Dramatisch verschlechterte sich auch die Lage der Pensionäre. Das Rentenalter liegt nach wie vor bei 60 Jahren für Männer und bei 55 Jahren für Frauen. Aber schon zu Sowjetzeiten bedeuteten die Renten einen so großen Einkommensverlust, daß die meisten Pensionäre noch mindestens fünf Jahre weiterarbeiteten. Die Renten liegen heute allesamt unterhalb des Minimalkonsumbudgets (ILO 1994). Der Sozialstaat kann die Grundsicherung der Bevölkerung offensichtlich nicht gewährleisten.

Der **Verarmungsprozeß** der Bevölkerung läßt sich auch anhand einer Umfrageserie der Demokratischen Initiativen verfolgen: Anfang 1992 gaben immerhin noch 9 % der Befragten an, daß sich ihr Leben im vergangenen Jahr verbessert habe, von einer Verschlechterung berichteten 57 %. Anfang 1994 lagen die entsprechenden Zahlen bei 3 % gegenüber 80 %. Im selben Zeitraum stieg der Prozentsatz der Befragten, die dauernd über zu wenig Geld für Grundbedürfnisse verfügten, von 40 auf 62 % (Democratic Initiatives Center 1994). Auch der Ausbruch der Cholera im Sommer 1994 spricht eine deutliche Sprache. Das Ausmaß sozialen Elends wird jedoch durch eine funktionierende Familienökonomie und Beziehungsnetze in der informellen Wirtschaft gemildert.

Bereits Mitte der 80er Jahre begann der Staat, in großem Umfang kleine Parzellen zu verteilen. Nach offiziellen Angaben verfügt inzwischen jede zweite Familie in den Städten über eine Datscha. Hier wird Gemüse, Obst und Kleinvieh für den Eigenverbrauch, Tausch oder auch zum Verkauf auf den Märkten gezogen. Im Sommer werden die Konserven für den langen Winter eingemacht. Darüber hinaus gibt es immer wieder einmal Gelegenheiten, Geld in der **Schattenökonomie** zu verdienen: sei es als Kleinhändler, Handwerker, Dienstleister. In den Großstädten und in Grenzgebieten wird der Anteil der Jugendlichen, die im informellen Sektor handeln, auf 40 % geschätzt (ILO 1994). Ganz schlecht geht es denjenigen, die nicht mehr selbst aktiv werden können oder deren Beziehungsnetze zerrissen sind: in erster Linie alleinstehende Rentnerinnen und Behinderte.

Der Gesamtanteil der Schattenökonomie an der Wirtschaftsleistung des Landes wird inzwischen auf bis zu 60 % geschätzt (Finansowaja Ukraina

40/1994,4). Aus diesen wirtschaftlichen Tätigkeiten erhält der Staat keine **Steuereinnahmen**. Neben der Mehrwertsteuer, die kaum einzutreiben ist, sind die Einkommens- und die Unternehmenssteuer die wichtigsten Einnahmequellen des Staates. Bei einem 90prozentigen Steuersatz auf privates Einkommen hat die Steuerhinterziehung immense Ausmaße angenommen. Den besten Zugriff hat der Staat noch auf die staatlichen Unternehmen. Die Umsatzsteuer beträgt bis zu über 60 % und die verschiedenen Steuern auf den Lohnfonds liegen bei ca. 75 %. Bis zu 200 % des Gewinns sollen so in das Staatssäckel umgeleitet werden. Abgesehen davon, daß die Umstrukturierung der Unternehmen dadurch zusätzlich behindert wird, haben diese Steuersätze auch hier die Steuermoral beträchtlich untergraben. Die Ausweitung des informellen Sektors der Wirtschaft garantiert also nicht nur das Überleben vieler angesichts eines maroden Sozialstaats, sie bedeutet gleichzeitig seine größte Bedrohung.

9.3 Gewerkschaften und Arbeitsbeziehungen

9.3.1 Die neuen Gewerkschaften

Die Geschichte unabhängiger Gewerkschaften in der Ukraine begann mit der Streikwelle, die 1989 durch die Sowjetunion zog. Auch auf dem Territorium der Ukrainischen Sowjetrepublik wurden – vor allem von den Bergarbeitern des Donbass und den Piloten – Streikkomitees gegründet. Auch nach der Beendigung der Streiks behielten viele Streikkomitees ihren organistorischen Zusammenhalt bei und begannen, sich in unabhängige Gewerkschaften zu transformieren. Resultat dieser Neugründungen, sofern sie über die Betriebsebene hinausgingen, waren noch allsowjetische Gewerkschaften: so z. B. die Unabhängige Bergarbeitergewerkschaft (NPG), die Pilotenvereinigung (ALC-GA) oder die nach dem Territorialprinzip gegliederten Sozialen Gewerkschaften (SOTSPROF). Mit der Auflösung der Sowjetunion 1991 organisierten sich auch die Gewerkschaften auf nationaler Ebene neu. Die neuen ukrainischen Gewerkschaften haben seitdem unterschiedliche Entwicklungen vollzogen.

Die vielversprechendste Entwicklung hat eine Gruppe von Gewerkschaften genommen, die vor drei Jahren einen Konsultativrat gebildet hatten. Dabei handelt es sich um die Bergarbeiter, die Eisenbahner und drei Gewerkschaften aus dem Luftfahrtbereich. Die Bildung eines **Rats der Freien Gewerkschaften der Ukraine (WPU)** im November 1993 war ein wichtiger Schritt, ihre Strukturen auf nationaler Ebene zu stärken und die Gründung eines nationalen Dachverbands vorzubereiten. Die wichtigsten WPU-Mitglieder sind (Pichowschek 1994; Most 35/1994,7):

- Unabhängige Bergarbeitergewerkschaft (NPGU; Vorsitzender: Alexandr Mril),

- Vereinigung Freier Eisenbahnergewerkschaften (OWPSU; Vorsitzender: Semyon Karikov),

- Gewerkschaft der Zivilpiloten (PALS-GA; Vorsitzender: Sergej Roganin),

- Gewerkschaft der Fluglotsen (Vorsitzender: Alexandr Schuljak),

- Gewerkschaft der Flugzeugmechaniker (Vorsitzender: Gary Barschajewsky),

- Unabhängige Gewerkschaft der Textilarbeiter Donetsk (NPT; Vorsitzende: Olga Samofalowa),

- Unabhängige Gewerkschaft der Hafenarbeiter Illitschewsk (Vorsitzender: Anatolij Baranowsky),

- »Jednist« (Vorsitzender: Wladimir Olschewskij),

- Gewerkschaften der Metrofahrer in Kiew und Charkow.

Es sind also sowohl Branchen- als auch Betriebsgewerkschaften Mitglieder im WPU. Die Gesamtmitgliedszahl liegt bei ca. 100 000. Vorsitzender des WPU ist der Vorsitzende der Unabhängigen Bergarbeitergewerkschaft, Alexandr Mril. Die Freien Gewerkschaften sehen für die Ukraine nur für den Fall des Voranschreitens der Reformen eine Perspektive. Ein Aufruf zum Generalstreik am 18. Januar 1994, der allerdings scheiterte, forderte dementsprechend den Rücktritt der Regierung und das Einsetzen einer Übergangsregierung unter dem Reformpolitiker Lanowoj. Auch im Präsidentschaftswahlkampf unterstützten sie seine Kandidatur. Bei den ebenfalls 1994 stattfindenden Parlamentswahlen wurde keine bestimmte Partei unterstützt, einige der unabhängigen Gewerkschaften stellten jedoch eigene Kandidaten auf. Mit Ausnahme der Wahl zweier Abgeordneter der Lokomotivführergewerkschaft waren diese Bemühungen jedoch nicht von Erfolg gekrönt.

Die Solidarischen Gewerkschaften (Vorsitzender: Alexandr Sheikin) sind quasi der ukrainische Ableger von SOTSPROF. 50 % der Mitglieder – über die es keine verläßlichen Zahlenangaben gibt – sind Ingenieure, Ärzte und Journalisten, 22 % Dienstleistungsangestellte und 28 % Arbeiter. Nach einem kurzen Zwischenspiel im WPU haben die Solidarischen Gewerkschaften inzwischen die Gründung des **Nationalen Kongresses der Gewerkschaften der Ukraine (NKPU)** betrieben. Diesem dritten nationalen Gewerkschaftszusammenschluß gehört neben der Gewerkschaft der Akademie der Wissenschaften auch die Unternehmergewerkschaft Solidarnost an. Hintergrund dieser ungewöhnlichen Koalition ist das Bestreben, eine eigene Sozialversicherung aufzubauen. Obwohl es einen Grundsatzbeschluß über die parteipolitische Neutralität gibt, haben die Solidarischen Gewerkschaften im Parlamentswahlkampf die ohne Mandat gebliebene Vereinigte Sozialdemokratische Partei unterstützt.

Eine weitere Organisation der ersten Stunde ist die **Allukrainische Vereinigung der Arbeitersolidarität (WOST)** (Vorsitzender: Arkadij Wowtschuk), die ebenfalls aus den Streikkomitees hervorgegangen ist. WOST hat politischen Zielen, insbesondere der Stärkung der Unabhängigkeit des ukrainischen Staates, von Anfang an einen hohen Stellenwert zugemessen. Infolgedessen hat sich die Organisation mehrfach gespalten, Mitglieder und dementsprechend an Einfluß verloren.

Aber auch die Speerspitze der ukrainischen Arbeiterbewegung ist vom Spaltpilz nicht verschont worden: in der ›Hauptstadt‹ des östlichen Bergbaureviers der Ukraine hat sich eine NPG-Donetsk (Vorsitzender: Nikolaj Wolinko) etabliert, die auch das Streikkomitee Donetsk (Vorsitzender: Michail Krylow) und damit das Gesetz des Handelns in dieser Stadt in der Hand hat. Der Sommerstreik 1993 wurde praktisch von diesem Komitee organisiert. Wichtigstes Resultat dieses Arbeitskampfs war die Berufung von Efim Swiagilskij – der Grauen Eminenz von Donetsk – zum stellvertretenden Premierminister. Die ansonsten im Donbass sehr starke NPGU fristet in Donetsk ein Außenseiterdasein.

All diesen neuen Gewerkschaften ist gemein, daß sie von unten **aus den Betrieben** heraus entstanden sind und über Streiks gegen den Widerstand der alten sowjetischen Strukturen ihre Anerkennung als Verhandlungspartner durchgesetzt haben. Die betrieblichen Gewerkschaften sind oft relativ klein, genießen aber ein hohes Ausmaß an Rückhalt bei den Beschäftigten. Ihre Funktionäre haben aufgrund der bewiesenen Integrität in den Auseinandersetzungen ein hohes Ansehen. Dies wird auch dadurch verstärkt, daß es kaum freigestellte Funktionäre gibt. Dieses aus westeuropäischer Sicht die Interessenvertretung erschwerende Verhalten trägt zu dem für die postsowjetische Gesellschaft der Ukraine eher ungewöhnlichen politischen Vertrauen in die Repräsentanten der neuen Gewerkschaftsorganisationen bei. Die Tatsache, daß die **Mitgliederwerbung** selektiv geschieht und mögliche

Mitglieder nicht sofort aufgenommen werden, wird von den freien Gewerkschaften ebenfalls aus der Tradition der Sowjetgesellschaft hergeleitet. Der Gefahr einer möglichen Unterwanderung und Bürokratisierung soll durch die Festigung der Organisationsstrukturen an der Basis entgegengearbeitet werden. Dabei verlieren die größten der freien Gewerkschaften die Stärkung ihrer Strukturen nicht aus den Augen. Die Föderation der Lokführergewerkschaften (WPMU) hatte z. B. zunächst für andere Berufsgruppen einen Übergangsstatus geschaffen und inzwischen mit dem OWPSU einen neuen Verband gegründet, dem nun alle Beschäftigte der Bahn angehören können.

Eine etwas andere Geschichte haben zwei aus Allunions-Strukturen der Sowjetunion hervorgegangene Gewerkschaften. Im Gegensatz zu den schon auf Sowjetrepublikebene organisierten Industriegewerkschaften haben sie sich nicht in der **Föderation der Gewerkschaften der Ukraine (FPU)** organisiert. Zum einen ist dies die Gewerkschaft der Eisenbahn (Vorsitzender: A. Chornomas), deren Vorsitzender in alter Tradition zugleich stellvertretender Direktor der Eisenbahn ist. Zum anderen ist dies die Gewerkschaft der Akademie der Wissenschaften (Vorsitzender: Anatolij Shirokov). Ihr Vorsitzender ist zugleich Gründer und Vorsitzender des ersten Rotary-Clubs der Ukraine. Eine Sonderrolle im gewerkschaftlichen Spektrum spielen sodann die Militärgewerkschaft (Vorsitzender: Aleksandr Sljusarew) und die Studentengewerkschaft – beide Mitglieder im WPU. Ebenfalls auf der Gewerkschaftsseite zu finden – so z. B. im Rahmen des Tripartismus – ist die Gewerkschaft der Genossenschaftler (Vorsitzender: Wasilij Kostryzja). Sie ist ein Produkt der Genossenschaftsförderung unter Gorbatschow und erfüllt eher die Aufgaben eines Handwerksverbandes. Aus dieser Tradition stammt auch die in Donetsk beheimatete Gewerkschaft Solidarnost (Vorsitzender: Jurij Piwowarow), die sich als Unternehmergewerkschaft versteht und ihre Hauptaufgabe in der Etablierung einer eigenen Sozialversicherung sieht (Donbass, 23. 9. 1994, 2) – inzwischen gemeinsam mit den Solidarischen Gewerkschaften.

9.3.2 Die Nachfolgeorganisationen der sowjetischen Gewerkschaften

Formal gesehen ist auch die Föderation der Gewerkschaften der Ukraine (FPU) eine ›neue‹ Gewerkschaft. Gegründet wurde sie erst 1991 nach der Unabhängigkeit des Landes. Dabei wurden jedoch Strukturen, Personal und Vermögen des Alluniongewerkschaftsrates der Sowjetunion (WZSPS) geerbt. Außer den inzwischen 38 Branchengewerkschaften und 26 Gebietsstrukturen verfügt die FPU über all jene Abteilungen, die eine Gewerkschaft

187

vom Typ »**Transmissionsriemen**« ausmachen. Hierzu gehören mehrere Sport- und Freizeitunternehmen, eine Abteilung zur Förderung von Gewerkschaftsvermögen und -unternehmungen, eine Abteilung für Ferieneinrichtungen sowie die Verwaltung der Sozialversicherung (ILO 1994). Ein Großteil der Flächen des zentral gelegenen Kiewer Gewerkschaftshauses wird inzwischen kommerziell vermietet. Hinter der Fassade, die auch weiterhin ohne Beanstandung von Hammer und Sichel geschmückt wird, sammelt selbst Pater Brown von der International Christian Assembly inzwischen seine Schäfchen.

Vorsitzender der FPU ist Alexandr Stojan, der zunächst gewerkschaftspolitischer Berater des Ex-Präsidenten war und dann als »Krawtschuks Mann« direkt in den Gewerkschaftsapparat einstieg. Bei den Parlamentswahlen unterstützte die FPU keine Partei, stellte aber 60 eigene Kandidaten auf. Stojan ist einer von sechs erfolgreichen Bewerbern. Er hat sich der Fraktion des »Zentrum« angeschlossen, die wichtige Vertreter der »Partei der Macht« auf zentralstaatlicher Ebene vereint – so z. B. mehrere Vorsitzende von Staatskomitees und (inzwischen ehemalige) Minister (Harjatscha Linija Pres-Centr, 18. 7. 1994). Auf dem 3. Kongreß im Juli 1994 wurde der Beitritt der FPU zum **WZSPS-Nachfolger WKP** (GUS-Gewerkschaftsföderation) beschlossen. Dies hat aber offenbar heftige Gegenreaktionen bei den westukrainischen Gebietsföderationen ausgelöst, die jetzt ihren Austritt aus der nationalen Föderation erwägen (Most 31/1994, 3).

Auf nationaler Ebene bemüht sich die FPU intensiv darum, ihr **Vermögen** rechtlich abzusichern und zu mehren. Dies wird in den Positionen zu einem neuen Gewerkschaftsgesetz sehr deutlich, die die FPU in die von ihr vorgelegten Entwürfe eingearbeitet hat. Neben der Wiederherstellung des alten sowjetischen Initiativrechts der Gewerkschaften im Gesetzgebungsverfahren geht es der FPU insbesondere um den Zugriff auf Geld: die Verwaltung der Sozialversicherung, die bezahlte Freistellung von Gewerkschaftsfunktionären und den Schutz ihres Eigentums. So heißt es in Artikel 32 des FPU-Entwurfs: »Gewerkschaften und ihre Verbände können notwendige wirtschaftliche und andere kommerzielle Aktivitäten ausüben, kommerzielle Unternehmen gründen, im Außenhandel tätig werden, Gewerkschaftsbanken, Versicherungen und Aktiengesellschaften gründen.« In Artikel 43 ist darüber hinaus noch die Beibehaltung folgender betrieblicher Funktionen der Gewerkschaften vorgesehen (ILO 1994):

– Verteilung der betrieblichen Fonds für Soziales, Kulturelles und Wohnen;

– Zuteilung der Prämien an die Beschäftigten;

- Verwaltung und Bearbeitung der zur Pensionierung relevanten Dokumente;

- Verwaltung des Zugangs zu Sanatorien und Gesundheitsdiensten, auch für Pensionäre;

- Verwaltung der staatlichen Sozialversicherung.

Allein die **Sozialversicherung**, die v. a. das Kranken- und das Schwangerschaftsgeld umfaßt, beträgt gut 5 % der betrieblichen Lohnsumme – genauer: den 14prozentigen Anteil der Sozialsteuer auf die Lohnsumme von 37 % (ILO 1994, 231). Die FPU argumentiert hier, daß die ›Ressource Staat‹ zu knapp ist, um sie in mit dem Aufbau eines neuen anstelle des bestehenden Sozialsystems der Gewerkschaft zu belasten. Angesichts der vielfältigen Abhängigkeiten der Beschäftigten von den alten Gewerkschaftsstrukturen ist es kaum verwunderlich, daß die FPU – nach eigenen Angaben – nach wie vor über 20 Mio. Mitglieder verfügen soll. Trotzdem werden die vergleichsweise kleinen unabhängigen Gewerkschaften als Stachel im eigenen Fleisch empfunden. Deshalb hat man sich in Kooperation mit den staatlichen Strukturen teilweise erfolgreich um die rechtliche Behinderung der Konkurrenten bemüht.

9.3.3 Arbeitsbeziehungen

Im Juli 1993 wurde in der Ukraine ein Gesetz über Kollektivverträge und -vereinbarungen verabschiedet (veröffentlicht in Golos Ukrainy, 29. 7. 1994). An der Ausarbeitung war die FPU wesentlich beteiligt, die unabhängigen Gewerkschaften unterstützten das Gesetzgebungsverfahren ebenfalls. Geregelt werden die Modalitäten der betrieblichen **Kollektivverträge** und der Kollektivvereinbarungen auf regionaler, nationaler oder Branchenebene. Von besonderer Bedeutung sind die Regelungen des Vertretungsrechts bei mehreren konkurrierenden Gewerkschaften. Auf Betriebsebene ist bei Streitfragen die Vollversammlung des Arbeitskollektivs – dem auch die Manager angehören – dasjenige Gremium, welches über Inhalt und Annahme des Kollektivvertrags entscheidet. In Betrieben mit mobilisierungsfähigen neuen Gewerkschaften können diese also ihr Vertretungsrecht durchaus demokratisch durchsetzen. Dagegen gilt für die überbetrieblichen Vereinbarungen, daß im Falle unlösbarer Gegensätze zwischen konkurrierenden Gewerkschaften diejenige das Recht auf Abschluß der Vereinbarung erhält, die mehr als 50 % der Beschäftigten der Branche, des Gebiets oder der Gesamtwirtschaft organisiert. Dies ist in der Regel die FPU. Die Tatsache, daß die NPGU – nicht völlig ohne Erfolgsaussichten – für den

Abschluß eines »eigenen« Branchentarifvertrags mit dem Industrieministerium kämpft (Kiewskie Wedomosti 22. 10. 1994, 4) verweist allerdings darauf, wie wenig verbindlich das neugeschaffene rechtliche Instrumentarium im Ernstfall ist.

Die **überbetrieblichen Verträge** haben zur Zeit eine untergeordnete Bedeutung, da die Lohnpolitik inzwischen (wieder) dem Ministerkabinett untersteht. Die Wiedereinführung der zentralen Lohnadministration im Dezember 1992 war die hilflose Reaktion der Regierung auf exzessive monopolistische Lohnsteigerungen der Unternehmen, die seit 1991 eigene Lohnvereinbarungen abschließen durften. Zentrale Einheit im Lohnsystem ist der vom Parlament bestätigte **Minimallohn**, auf dem alle übrigen Lohngruppen nach einem Koeffizientensystem beruhen. Diese Koeffizienten werden in den Branchenvereinbarungen zwischen dem jeweiligen Branchenministerium und der Branchengewerkschaft festgelegt. Demgegenüber entstanden auf Betriebsebene einige Gestaltungsspielräume, insbesondere weil in den letzten Jahren der Anteil des Tariflohns am Gesamtlohn stetig abgenommen hat. 1993 lag er nur noch bei 68 %. Den Rest machten außertarifliche Zuschläge aus, die in den Kollektivverträgen vereinbart werden können (ILO 1994).

Im April 1993 wurde erstmals eine nationale **Generaltarifvereinbarung** (GTV) zwischen der Regierung und 12 Gewerkschaften abgeschlossen. Sie besteht hauptsächlich aus Absichtserklärungen, so z. B. die Anpassung des Lohnfonds der Betriebe an die Preisentwicklung, Indexierung der Minimallöhne und Renten, die Einführung eines Minimalwarenkorbes zur statistischen Erfassung des Lebensstandards, Vorbereitung von Gesetzänderungen zu den Arbeitszeiten, Entwicklung von Beschäftigungsprogrammen und Ausarbeitung neuer Sozial-, Gesundheits- und Wohnungsprogramme. Im Gegenzug verpflichteten sich die Gewerkschaften dazu, in allen diesbezüglichen Fragen den sozialen Frieden zu wahren. Manche Formulierungen der GTV erinnern noch stark an das Gewerkschaftsmodell »Transmissionsriemen«. So heißt es beispielsweise: »Die Gewerkschaften unterstützen die Arbeitskollektive der Organisationen, Unternehmen und Institutionen bei ihren Anstrengungen zur Steigerung der Produktion und der Verbesserung der Arbeitsdisziplin.« (ILO 1994,171) Nach Angaben aller Gewerkschaften ist ein Großteil der Zusicherungen nicht eingehalten worden, und 1994 mußte die Verlängerung des alten Abkommens um ein Jahr erst mühevoll gegen die Regierung durchgesetzt werden (ILO 1994).

Ebenfalls auf nationaler Ebene etablierte Präsident Krawtschuk am 6. Februar 1993 den **Nationalen Rat für Sozialpartnerschaft** (NRSP). Das

66köpfige tripartite Gremium soll den Präsidenten in Fragen der Gesetzgebung und der Verabschiedung von Kollektivvereinbarungen beraten und sich vierteljährlich treffen. Von den 22 Gewerkschaftssitzen erhielt die FPU 10, die anderen Sitze verteilten sich auf 12 neue Gewerkschaften. Die Unternehmerbank wird fast völlig von der Ukrainischen Liga der Industriellen und Unternehmer besetzt, deren Vorsitzender bis zur Präsidentenwahl Leonid Kutschma war. Damit sind hier vor allem die Staatsunternehmen vertreten. Nach Einschätzung beider Seiten hat der NRSP in strittigen Fragen kaum Einfluß auf die Position der Regierung und des Präsidenten nehmen können. Lediglich die informellen Kontakte im Rahmen der Sitzungen wurden als Gewinn empfunden (ILO 1994).

9.4 Ausblick: Konsolidierung schon vor dem großen Wandel?

Die Entwicklung der Arbeitsbeziehungen in der Ukraine ist abhängig vom politischen und wirtschaftlichen Wandel. Und dieser verläuft nicht geradlinig. Auf allen gesellschaftlichen Ebenen – einschließlich der Gewerkschaften – gibt es **starke restaurative Kräfte**, die zwar durchaus den eigenen Gewinn im Auge haben, nicht jedoch eine tragfähige Perspektive für die Gesamtgesellschaft. Gleichzeitig beginnt der stetig, teilweise im Halbdunkeln wachsende **Privatsektor**, seine Interessen zu artikulieren und auch politisch einzufordern. Geregelte Arbeitsbeziehungen gehören in den seltensten Fällen dazu. Die gesetzlichen Regelungen und auch die in Ansätzen zu beobachtende Konsolidierung der ukrainischen Gewerkschaftslandschaft greifen hauptsächlich im staatlichen Sektor der Wirtschaft – und dieser befindet sich mitten im Sturzflug. Er hat die große Krise noch vor sich.

Der FPU, Nachfolgeorganisation des sowjetischen »Tansmissionsriemens«, ist es bisher gelungen, sowohl ihr Eigentum zu retten als auch gesetzliche Rahmenbedingungen zu fördern, die ihre jungen Konkurrenzorganisationen behindern. Ein **Gewerkschaftsgesetz**, das den Gewerkschaften nach Vorstellung der FPU neben dem Gesetzesinitiativrecht auch die Verwaltung der Sozialversicherung, der Gesundheitseinrichtungen sowie das Recht auf wirtschaftliche Aktivitäten einräumen soll, ist allerdings in der Parlamentsberatung umstritten. Im innenpolitischen Spiel des Gebens und Nehmens haben auch die staatlichen Funktionäre schon ein Auge auf das Brot der Werktätigen geworfen – schließlich fallen dabei immer ein paar Krumen für die Geschäftsträger ab. Gegenwärtig zeichnen sich auf politischer Ebene zwei Positionen ab: Das eine Lager möchte das Gesetzesprojekt ganz fallenlassen, da man die Bedeutung der FPU zur Wahrung des sozialen Friedens bezweifelt. Die Akzeptanz als Sozialpartner ist gebunden an die Fähigkeit, die Massen im Ernstfall mobilisieren zu können, und gerade hier hat die FPU nichts zu bieten. Das andere Lager setzt auf die FPU und ihren Alleinvertretungsanspruch, da man durch einige Konzessionen an das »Wirtschaftsunternehmen FPU« einen günstigen Preis für soziale Ruhe zu zahlen glaubt.

Eine konsequente Vertretung von Interessen einschließlich ihrer Durchsetzung per **Streik** wird praktisch ausschließlich von den neuen Gewerkschaften betrieben. Sie ist aber nur in denjenigen Bereichen erfolgreich durchzuführen, die auch in der Krise zu den volkswirtschaftlichen Schlüsselsektoren gehören – im wesentlichen der Transportsektor und der Kohlenbergbau. Trotz aller Ausdehnungsbestrebungen in andere Branchen konnte der Rat der Freien Gewerkschaften im industriellen Bereich nur einzelne Großbetriebe gewinnen – das Druck- und Organisationspotential von Belegschaften stillstehender Betriebe ist eben äußerst gering. Auch wenn die Organisationsbereiche des WPU aller Voraussicht nach auch zukünftig in Staatshand bleiben werden, so wird der Strukturwandel doch nicht spurlos an ihnen vorbeigehen. Und dadurch droht den neuen Gewerkschaften ein nicht unbeträchtlicher Popularitätsverlust, wie ihn auch andere reformfreudige Gewerkschaften in Osteuropa erleiden mußten. Im Kohlenbergbau ist es nicht unwahrscheinlich, daß sich im Donbass die eher **korporatistische Position** des Streikkomitees (Gemeinsam mit den Unternehmen für Subventionen) gegen die Position der NPGU (Marktwirtschaft) durchsetzt. Schlimmstenfalls droht dem WPU die Reduktion auf ein Bündel von Transportarbeitergewerkschaften – mit hohem Ansehen bei den Beschäftigten, aber geringem gesamtgesellschaftlichem Gestaltungspotential. Immerhin ist es beachtlich, daß sich die neuen Gewerkschaften konsolidieren konnten und nach dem Abschied der meisten Parteien aus der politischen Arena zugleich die einzig relevante neue gesellschaftliche Kraft geblieben sind.

Der **rechtliche Rahmen** für gewerkschaftliche Aktivitäten in der Ukraine ist noch völlig unklar. Im Prozeß der Neugestaltung des Gewerkschaftsgesetzes, des alten sowjetischen Arbeitsgesetzbuchs und des Gesetzes über Konfliktregelungen sind auch bereits geregelte Bereiche nicht tabu. Und zum Jahresende 1994 soll ein Transportgesetz verabschiedet werden, das das Streikrecht für Beschäftigte der Eisenbahn abschaffen soll. Der größte Feind des Gewerkschafts-»Pluralismus« in der Ukraine sind aber die allgemeinen **Entsyndikalisierungstendenzen**. Die Gehälter im kleinen, aber wachsenden Privatsektor sind im Vergleich zum Staatssektor so gut, daß trotz (und auch gerade wegen) der dort herrschenden rauhen Methoden die Bereitschaft gering ist, den erworbenen Arbeitsplatz durch e'n gewerkschaftliches Engagement zu gefährden.

Literatur:

Clement, H./Knogler, M./Sekarev, A., 1993a: Verschärfte Wirtschaftskrise in der Ukraine. Inflationäre Geld- und Finanzpolitik bei ordnungspolitischer Stagnation, Schriften des Osteuropa-Instituts Nr. 161, München

Clement, H./Knogler, M./Sekarev, A., 1993b: Die ukrainische Außenwirtschaft vor dem Zusammenbruch? Stand und Perspektiven der Reform des ukrainischen Außenwirtschaftssystems, Schriften des Osteuropa-Instituts Nr. 166, München

Democratic Initiatives Center, 1994: Public Opinion in Ukraine: Attitude to economic Problems. Working paper for the conference »Societies in Transformation: Experience of Market Reforms in Ukraine« (Kiew 19.–21. 5. 1994), Kiew

ILO (International Labour Organisation), 1994: The Ukrainian challenge. Reforming labour market and social policy. Report for the conference »Reforming labour and social policy in Ukraine« (Kiew 15.–16. 9. 1994), Budapest

Lichter, W., 1994: Ukraine zur Jahresmitte 1994. Schriften der Bundesstelle für Außenhandelsinformation, Köln

Pichowschek, W., 1994: History of the Free Trade Unions of Ukraine, Ms., Kiew

Polochalo, W./Slyusarenko, A., 1993: Political process and political elite (Postcommunist Ukraine: Contradictions and prospects for socio-political development; Section I), in: Political Thought, 1/1993, S. 109–112, Kiew

Ryabtschuk, M., 1994: Democracy and the so-called »Party of Power« in Ukraine, in: Political Thought, 3/1994, S. 154–160, Kiew

Wittkowsky, A., 1994: Bericht über das Deutsch-Ukrainische Gewerkschaftsseminar der Friedrich-Ebert-Stiftung (Kiew, 6.–9. 2. 1994), Ms., Friedrich-Ebert-Stiftung, Bonn

10. Rußland

Frank Hoffer

10.1 Politische und wirtschaftliche Lage

Seit dem Zusammenbruch des Sowjetsystems in ganz Europa schien das Ziel in all den Ländern einschließlich Rußlands klar. Es ging nicht darum, etwas Neues zu schaffen, sondern die Sowjetgesellschaft in eine moderne westliche Gesellschaft zu transformieren. Inzwischen wird deutlich, daß man zumindest in Rußland von einer Transformationsvorstellung als dem vergleichsweise schnellen Übergang von einem mehr oder weniger stabilen Gesellschaftszusammenhang in einen anderen Abstand nehmen muß. **Umbruch** und **Unübersichtlichkeit** wird für die absehbare Zukunft der Normalzustand sein.

Selbst wenn das Ziel klar ist und die angestrebte Gesellschaftsformation bereits an einem anderen Platz auf der Welt existiert, ist es keineswegs ausgemacht, daß es unter den gegebenen historischen, kulturellen, wirtschaftlichen und politischen Bedingungen auch erreichbar ist. Erst vor dem Hintergrund des bisherigen Transformationsproblems wird auch dem westlichen Betrachter deutlich, wie viele »Selbstverständlichkeiten« dem effektiven Funktionieren seiner Gesellschaftsordnung zugrunde liegen.

Im vierten postsowjetischen Jahr der Russischen Föderation sind Zerfall und Auflösungstendenzen immer noch sicht- und spürbarer als eine stabilisierende Neustrukturierung. Das Land droht auf Jahrzehnte im Sumpf von Wirtschaftskrise, Korruption, Kriminalität, Identitätsverlust, Deklassierung und schnellem Reichtum zu versinken. Optimisten verweisen auf die größere Pluralität von Eigentumsformen, regionalen Interessen, politischen Strömungen und Massenmedien als nicht zu leugnende Ansätze für eine erfolgreiche Transformation. Unterhalb des scheinbar allgegenwärtigen Zusammenbruchs finden Unternehmensgründungen bzw. Umstrukturierungen statt, boomt der private Wohnungsbau, stabilisieren sich regionale Machteliten, und die neuen Reichen sind im Straßenbild nicht zu übersehen. Ob diese Ansätze des Strukturwandels zu konstruktiver gesellschaftlicher Interaktion konkurrierender Interessen oder aber zu Diadochenkämpfen und weitgehender Auflösung allgemeinverbindlicher sozialer und moralischer Normen führen werden, ist zur Zeit noch nicht entschieden.

Auch ohne jeden erfolgreichen Versuch der politischen Gestaltung wird am Ende des chaotischen Umbruchs eine Gesellschaft stehen, in der es Privateigentum an Produktivvermögen und Austausch über den Markt geben wird. Eine solche **Wirtschafts(un)ordnung** wird allerdings nicht die Versprechungen und Erwartungen einlösen, die viele Menschen in Rußland vor einigen Jahren mit dem Systemwechsel verbanden, sondern einem vormodernen Abenteurer- und Raubkapitalismus ähneln, wie er aus vielen Ländern der Dritten Welt bekannt ist. Eine schnelle Privatisierung ist noch kein Garant dafür, daß der neuerliche Versuch nachholender Modernisierung in Rußland erfolgreich sein wird. Die Verknüpfung von Privatisierung und Demokratisierung erscheint insbesondere vor den historischen Erfahrungen in Osteuropa überraschend, denn hier fand die größte Demokratisierungswelle statt, als es noch überhaupt keine Privatisierung gab, und die schnelle Privatisierung brachte dann die gewendeten Kommunisten wieder an die Macht.

Zur Zeit kann zumindest die Möglichkeit, daß sich eine **oligarchische Herrschaft** – formal demokratisch oder autokratisch – von Industriekapitänen, neuen Businessmen, Nomenklaturschiks und Mafiosi herausbildet, nicht ausgeschlossen werden. Aber zwischen schwarz und weiß gibt es viele Grautöne, die bei der dogmatischen Fragestellung: entweder erfolgreiche Transformation in eine Gesellschaft westlichen Typs oder Chaos, allzuleicht übersehen werden und dennoch für das Leben von Millionen Menschen fundamentale Unterschiede bedeuten können. Es bleibt zu hoffen, daß die Umbruchsunordnung nicht ein Ausmaß erreicht, bei dem sich gesellschaftliche Kräfte durchsetzen, die sich in russisch/sowjetischer Tradition angesichts eines heraufziehenden Chaos für die zweitbeste Lösung entscheiden: diktatorische Stabilität. Wieweit eine weitergehende Systemtransformation letztendlich gelingt, ist eine offene Frage, die wesentlich von der Herausbildung nichtstaatlicher demokratischer Institutionen abhängen wird. Nur durch sie werden formal demokratische Institutionen und wohlklingende Rechtsschutzgarantien gesellschaftliche Wirklichkeit werden. Der aktuelle Konflikt in Tschetschenien hat zwar zum einen die Fragilität des Reformprozesses und das Fehlen von institutionellen ›checks‹ and ›balances‹ zutage treten lassen, auf der anderen Seite ist die umfassende und regierungskritische Berichterstattung über die Vorgänge im Kaukasus ein ermutigender Beleg von Meinungspluralität in den Medien. Das Engagement der Soldatenmütter und die positive öffentliche Resonanz sind zumindest Ansätze einer politischen Öffentlichkeit.

Angesichts der **Betriebszentriertheit** auch des postsowjetischen Alltags kommt der Integration der Arbeiterschaft in dieser Umbruchzeit möglicherweise eine richtungsentscheidende Bedeutung zu. Der Masse der Arbeitnehmer ist es im Verlaufe der Reformen schlechter oder zumindest nicht besser gegangen. Eine weitere, wenn nicht Unterstützung, so doch wenigstens Tolerierung der Versuche, in Rußland eine Marktwirtschaft aufzubauen, kann deshalb nicht als gesichert gelten. Nur wenn die Arbeitnehmer sich innerhalb der Gesellschaft vertreten fühlen, werden sie sich nicht als die Betrogenen im sowjetischen Schlußverkauf den irrationalen Versprechungen xenophobischer Populisten zuwenden. Sowohl alte als auch neue Gewerkschaften bemühen sich um das Vertrauensmandat der Arbeiterschaft. Doch bisher fühlt sich nur eine Minderheit durch Gewerkschaften vertreten, und die meisten Gewerkschaften können wenig vorweisen, um Vertrauen der Arbeitnehmer zu gewinnen.

Nach Jahren politischer Instabilität, weitgehender Gesetzlosigkeit, galoppierender Inflation[1], massiver Produktionsrückgänge, steigender Arbeitslosigkeit, wachsender Kriminalität, zunehmender Verarmung und drastischer sozialer Differenzierung ist bei vielen der **Vertrauenskredit der Reformer weitgehend aufgezehrt**. Die Lebensbedingungen haben sich nicht nur verschlechtert, sondern man sieht auch kein Licht am Ende des Tunnels[2]. Über die elementaren wirtschaftlichen Probleme hinaus herrscht nach dem Zusammenbruch der alten Lebenswelt eine weitverbreitete Orientierungslosigkeit. Dabei ist der Untergang der alten Ideologie das geringste Problem[3]. Wichtiger ist der Wegfall zahlreicher Alltagsgewißheiten. In der repressiv-paternalistischen Sowjetgesellschaft war fast alles fraglos und verbindlich geregelt. Im Bewußtsein eines erheblichen Bevölkerungsteils ist in wenigen Jahren vieles anders und zu wenig besser geworden[4], und die nicht

---

1 Die Inflationsrate betrug 1992 2600 %, 1993 940 % und 1994 240 % (Goskomstat 1994a, 106).
2 Nach einer Meinungsumfrage vom April 1994 (WZIOM 1994b, 11) waren 20,05 % der Befragten der Meinung, man durchlebe zur Zeit die schwierigste Phase. Nur 5,01 % meinten, sie läge bereits hinter einem, und 61,48 % glaubten, daß die schwierigste Zeit noch bevorstehe.
3 Unter Breschnew war die gesellschaftliche Doppelmoral zwischen offizieller Ideologie und realer Wertorientierung so selbstverständlich und weit verbreitet, daß der Wegfall der alten Propagandaformeln für die meisten keine Identitätsprobleme auslöste.
4 Seit 1990 gibt regelmäßig die Mehrheit der Befragten bei Meinungsumfragen an, daß das Leben im laufenden Jahr schwerer geworden sei als im vergangenen (1990 ca. 55 %; 1991 ca. 72 %; 1992 ca. 71 %; 1993 ca. 70 %; 1994 ca. 50 %: WZIOM 1994a, 34).

nur gewaltsame, sondern auch opferreiche »Lösung« der Tschetschenien-Krise hat nicht zu einer Verbesserung der Stimmung in der Bevölkerung beigetragen.

Die **Industrieproduktion** liegt heute mehr als 50 % unter dem Niveau von 1991, und der Rückgang ist noch nicht gestoppt. Von Januar bis Oktober 1994 sank das Bruttoinlandsprodukt im Vergleich zur entsprechenden Vorjahrsperiode um 15 % und die industrielle Produktion um 22,4 % (Goskomstat 1994b, 3). Zwar sinken Produktion und Bruttoinlandsprodukt bereits das fünfte Jahr in Folge, aber noch nie war der Einbruch so groß wie im ersten Halbjahr 1994 (MERF 1994, 3). Gleichzeitig stiegen die Reallöhne von Januar bis September 1994 um 9,5 % und das Pro-Kopf-Einkommen um 49,2 %.

Tabelle 1:

Durchschnittliches Nominal- und Realeinkommen pro Kopf

Pro-Kopf-Einkommen 1994	Januar	Februar	März	April	Mai	Juni	Juli	August
durchschnittliches Pro-Kopf-Einkommen in 1 000 Rubel	95,2	122,3	145,7	161,1	158,5	186,5	205,1	228,9
durchschnittliches Real-Pro-Kopf-Einkommen Januar 1994 =100	100,0	115,9	128,6	131,1	120,6	133,9	139,8	149,2

Quelle: Brainerd 1994, 12

Bis ins letzte dieses **Paradox** aufzuklären, ist aufgrund der nur beschränkt zugänglichen und zum Teil schlichtweg nicht vorhandenen Daten unmöglich. Die statistisch nicht erfaßte Schattenwirtschaft fällt jedoch keineswegs aus den oben genannten Daten heraus, sondern es wird versucht, sie über sogenannte Expertenschätzungen zu berücksichtigen. Nach einem dramatischen Produktionseinbruch zu Beginn des Jahres 1994 hat sich die Produktion in der zweiten Jahreshälfte auf niedrigem Niveau stabilisiert. Ob damit die Talsohle erreicht ist, erscheint angesichts des noch bevorstehenden Strukturwandels durch Betriebsschließungen zumindest zweifelhaft.

In der postsowjetischen Ökonomie muß Produktionsrückgang allerdings nicht unbedingt mit sinkendem Realeinkommen einhergehen. Der Verkauf von Rohstoffen kann durchaus höhere Einkommenseffekte haben als die aufwendige Verarbeitung des kostbaren Rohstoffs zu Schrott und Umweltverschmutzung. Darüber hinaus können Betriebe bei einem Verzicht auf Abschreibungen und Investition auch bei sinkendem BIP zumindest kurzfristig Eigentümer und Arbeitnehmer mit stabilen oder gar steigenden Geldeinkünften ausstatten. Es ist also zumindest logisch nicht ausgeschlossen, daß Einkommenssteigerungen mit sinkender Produktion und sinkendem BIP einhergehen. Massives Deinvestment oder einfacher gesagt die Aufzehrung vorhandenen Betriebsvermögens und der Infrastruktur ermöglichen ein für viele ärmliches, aber nichtsdestotrotz gesamtwirtschaftlich nicht erwirtschaftetes Konsumniveau.

Im Januar 1992 sanken die **Reallöhne** aufgrund der Preisfreigabe um ca. 51 %, um dann bis zum Sommer 1993 auf ca. 67 % der Vor-Schockperiode wieder anzusteigen. Aufgrund der zurückgestauten Inflation, die 1990 und 1991 im allgegenwärtigen Warenmangel ihren Ausdruck fand, waren die Geldeinkünfte im Dezember 1991 nur bedingt wirkliche Realeinkommen. Auch für Geld gab es nichts zu kaufen. 1985 ist als Bezugsgröße geeigneter, da zu dieser Zeit in der UdSSR der Geldüberhang unwesentlich war. Nach der Preisfreigabe lag das reale Durchschnittseinkommen im Januar 1992 33 % unter dem Niveau von 1985. Im Juni 1993, dem bisherigen Höchstpunkt der Lohnentwicklung nach der Preisfreigabe, war der reale Durchschnittslohn noch 9 % niedriger als 1985 (Russian Economic Trends 1994, 11). Von Juni 1993 bis Januar 1994 sanken die Reallöhne um ca. 20 % (Granville 1994, 10). Trotz des Reallohnanstiegs seit Anfang 1994 lagen die Löhne im September 1994 ca. 8 % unter dem Niveau vom September 1992 (ebd.).

In den letzten drei Jahren ist ein »Zyklus« der Reallohnentwicklung feststellbar. Die Einkommen steigen vom Jahresbeginn bis zum Sommer/Herbst schneller als die Inflationsrate und sinken dann bis zum Jahresbeginn wieder ab. Der zyklische Trend scheint sich mit etwa einmonatiger Verzögerung auch 1994 fortzusetzen. Während die **Inflationsrate** im August ein Rekordtief von 4 % erreichte, betrug sie im September 7,7 %, im Oktober 15 % (Moskow News, 1994, Nr. 56, 25), und für die ersten beiden Novemberwochen wurde die höchste Inflationsrate seit Jahresbeginn gemessen. Bereits im Oktober überstieg die Inflationsrate zum erstenmal seit April (1 % Reallohnverlust) das Nominallohnwachstum (8 %) um 7 % (Rossijskie Westi 12. 11. und 22. 11. 1994, 1).

Ein Wachstum der statistisch ausgewiesenen Reallöhne ist bisher eine Fiktion, die aufgrund des extrem niedrigen Lohnniveaus im Januar 1994 erzielt wird. Das **Lohnniveau** lag in den ersten zehn Monaten des Jahres

Tabelle 2:
Durchschnittliche Nominal- und Reallöhne

	Nominal-löhne (Änderung in %)	Reallöhne (Rubel monatlich)	monatliche Änderung (in %)	Lohnindex (Januar 1992 = 100)	Inflations-rate (Änderung in %)
1985		201		150,00	
4. Quartal 1991		770		205,00	
Juni 1992	38	5067	21	121,19	19,1
Dezember 1992*	52	16071	21	147,65	25,1
Juni 1993	26	47371	5	136,66	20,0
Dezember 1993*	39	141283	24	137,05	13,0
Juni 1994	13	207500	7	116,79	6,0
September 1994	10	255000	2	121,69	7,7

* Inklusive Weihnachtsgratifikationen
Quelle: Granville, 1994, 10 f.; Russian Economic Trends, 1994, 9

1994 7 % unter dem Vorjahresniveau[5]. Die September-Löhne lagen unter denen des Vorjahres und des Vor-Vorjahres (Granville 1994, 10). Berücksichtigt man bei der Reallohnbestimmung die Lohnrückstände – im November 1994 waren es 4,7 Billionen Rubel (Goskomstat 1994b, 87 f.) –, sind die Löhne selbst seit Januar 1994 nicht gestiegen. Die Schattenwirtschaft ist nicht für alle zweite Einkommensquelle. Nach verschiedenen Meinungsumfragen verfügen ca. 20 % der Bevölkerung über Zweiteinkünfte, weitere 45 % verbessern ihren Lebensstandard durch die Erzeugnisse aus ihren Schrebergärten, und nur 15 % der Bevölkerung verfügen über Sparguthaben.

Es überrascht angesichts des im russischen Alltagsleben vorherrschenden Rechts des Stärkeren nicht, daß die **Einkommensverteilung** zunehmend ungleicher wird (siehe Tab. 3 nächste Seite).

Die gemessen an der russischen Realität vergleichsweise »egalitäre« statistische Einkommensverteilung kommt nur zustande, weil jene unberücksichtigt bleiben, die im großen Stil den Rahm abschöpfen. Gingen die 1–2 % russischen »Superreichen« in die Statistik mit ein, würden sich für die unteren Einkommensgruppen auch statistisch reale Einkommensverluste ergeben.

---

5 Zentr ekonomitscheskoj konjunktury pri prawitelstwe Rossiiskoj Federazii, Dinamika deneshnych dochodow i raschodow naselenija, in: Segodna 30. 11. 1994, 11

Tabelle 3:

**Prozentualer Einkommensanteil am Volkseinkommen bzw. Lohnsumme
(Januar 1993–Oktober 1994)**

	Pro-Kopf-Einkommen 1993	1994	Löhne und Gehälter 1993	1994
1. Fünftel (niedrigste Einkommensgruppe)	6,4	5,5	7,7	3,9
2. Fünftel	11,2	10,2	12,6	8,4
3. Fünftel	16,4	15,2	16,9	13,9
4. Fünftel	23,5	22,8	22,9	22,4
5. Fünftel (höchste Einkommensgruppe)	42,5	46,3	39,9	51,4
insgesamt	100	100	100	100

Quelle: Goskomstat 1994b, 109 und 113

Unterstellt man – was sicherlich eine vorsichtige Schätzung ist – daß 100 000 Personen (0,07 % der Bevölkerung) 10 000 Dollar und mehr im Monat verdienen, ergibt sich bei einem Jahresdurchschnittswechselkurs von 2 500 Rubel pro Dollar für die Zeit von Januar bis Oktober ein Betrag von 25 Billionen Rubel bzw. knapp 10 % des gesamten Volkseinkommens (263 Billionen) oder ca. 27,5 % des Einkommens aus Unternehmertätigkeit und Vermögen (Goskomstat 1994b, 107).

Soweit es einen Anstieg der Realeinkommen gibt, partizipieren daran vor allen Dingen die sehr Reichen und mit gewissen Abstrichen die oberen 20 % der Bevölkerung. Den restlichen 80 % geht es wahrscheinlich schlechter oder so schlecht wie eh und je. Knapp ein Viertel (35 Mio. Menschen) der Bevölkerung lebt unterhalb des Existenzminimums von 100 000 Rubel (Oktober 1994). Viele Menschen bekommen weit weniger als 100 000 Rubel. Das Mindesteinkommen beträgt sogar nur 20 500 Rubel. Bei allen »Zahlenspielereien« spricht die Statistik an einem Punkt eine klare und eindeutige Sprache: Die **Sterberate** stieg von Juli 1993 bis Juli 1994 um 10 % (Goskomstat 1994c, 8). Die Lebenserwartung von Frauen sank im vergangenen Jahr um zwei, die von Männern sogar um 3,2 Jahre. Die durchschnittliche Lebenserwartung von Männern beträgt nur noch 59,1 Jahre (Tass, 20. 10. 1994). Eine solche Entwicklung ist im Regelfall nicht die Begleiterscheinung eines steigenden Lebensstandards.

10.2 Soziale Lage

Die Betriebe haben auf die verschlechterte Wirtschaftslage nicht mit Massenentlassungen, sondern mit massiven Reallohnkürzungen reagiert, so daß die Lohnstückkosten in erheblich geringerem Maße angestiegen sind als die Differenz zwischen Produktions- und Beschäftigungsrückgang auf den ersten Blick vermuten ließe. Während Betriebe im Westen üblicherweise aufgrund einer erheblichen Rigidität des Lohnniveaus Lohnkosten eher durch Personalabbau als durch allgemeine Lohnsenkungen reduzieren, verlief die Entwicklung in Rußland in den vergangenen zweieinhalb Jahren umgekehrt. In Krisenbranchen, die den Produktionseinbruch weder durch überdurchschnittlich profitable Exportgeschäfte noch über größere staatliche Subventionen kompensieren konnten, sanken die Realeinkommen um bis zu 70 %.

Zahlreiche Arbeitnehmer gaben aufgrund der Lohnsenkungen ihren Arbeitsplatz auf, ohne daß die Betriebe Sozialpläne aufstellen und Abfindungen zahlen mußten. 1993 wurden in Betrieben mit mehr als 200 Beschäftigten ca. 2,3 Mio. **Arbeitsplätze abgebaut** (FSSR 1994, 21). Im ersten Quartal 1994 gingen weitere 3,4 Mio. Arbeitsplätze in mittleren und großen Betrieben verloren (6,3 % der in diesen Betrieben insgesamt Beschäftigten). Die meisten Arbeitnehmer verließen die Betriebe auf eigenen Wunsch, und nur 284 000 wurden gekündigt (Interfax, 10. 6. 1994). Angesichts der relativ restriktiven Finanzpolitik der Regierung und der zahlreichen stillstehenden Betriebe kann davon ausgegangen werden, daß dieser Trend sich im Verlaufe des Jahres 1994 fortgesetzt hat.

Während es für einen Arbeitslosen nicht sehr attraktiv ist, sich arbeitslos zu melden, gibt es gute Gründe, auch bei geringer oder fehlender Bezahlung nicht aus dem Beschäftigungsverhältnis auszuscheiden. Das vergleichsweise niedrige **Arbeitslosengeld** (im September betrug das durchschnittliche monatliche Arbeitslosengeld 39 600 Rubel, 60 % der Leistungsbezieher bezogen lediglich das minimale Arbeitslosengeld von 20 400 Rubel [Slushba sanjatosti 1994, 6]), das fehlende Vertrauen in staatliche Vermittlungsdienste, die mangelnde Erreichbarkeit der Arbeitsämter insbesondere in ländlichen Gebieten und das weitgehende Fehlen attraktiver Vakanzen veranlassen Arbeitslose, auf eine Registrierung zu verzichten. Auf der anderen Seite verlieren Arbeitnehmer bei einem freiwilligen Ausscheiden aus dem Betrieb den Zugang zu betrieblichen Naturallohnleistungen und Sozialeinrichtungen, den Platz in der Warteschlange für eine Betriebswohnung etc. sowie den Anspruch auf Abfindung in Höhe von drei Monatsgehältern bei Kündigung durch den Arbeitgeber.

Die 1,42 Mio. registrierten **Arbeitslosen** sind aus den oben genannten Gründen nur ein Bruchteil der tatsächlichen Arbeitslosen. Nach Beurteilung des Vorsitzenden des Föderalen Beschäftigungsdienstes waren im September 1994 fünf Mio. Menschen ohne Beschäftigung und arbeitssuchend, und in den ersten acht Monaten des Jahres 1994 arbeiteten ca. elf Millionen Arbeitnehmer in 5000 Betrieben[6] an 197 Mio. Arbeitstagen (Rossiskie Westi, 19. 10. 1994) aufgrund zeitweiliger Zahlungsunfähigkeit, fehlender Zulieferungen oder fehlender Aufträge kurz.

Die Internationale Arbeitsorganisation (IAO) schätzte bereits im Mai 1994 eine Arbeitslosenquote von nicht weniger als 10 % (sieben Millionen) und prognostizierte zehn Millionen Arbeitslose bis zum Jahresende (Moscow Tribune, 18. 5. 1994). Im Oktober kam sie auf der Grundlage einer Unternehmensbefragung zu noch pessimistischeren Aussagen. Die offene Arbeitslosigkeit sei mindestens fünfmal so hoch wie die registrierte Arbeitslosigkeit von knapp 2 %, und ein Drittel der Arbeitnehmer sei von der zurückgestauten Arbeitslosigkeit betroffen. Viele weitere würden nicht bezahlt oder müßten Lohnkürzungen hinnehmen (Financial Times, 1. 11. 1994). Laut Meinungsumfrage erhielten im Juli 43,4 % der Befragten ihren Lohn vollständig und ohne Verzögerung, während 18,5 % kein Geld sahen; 38,1 % erhielten ihren Lohn entweder verspätet oder nur teilweise. Unter Berücksichtigung der unterschiedlichen Daten und Expertenbeurteilungen scheint jede Schätzung, die von weniger als fünf Millionen Arbeitslosen ausgeht, eine klare Beschönigung der Verhältnisse, während die pessimistischen Einschätzungen der IAO wohl nur Sinn machen, wenn die Voll- und Teilzeitbeschäftigung von Millionen Menschen in der informellen Ökonomie weitgehend unberücksichtigt bleibt.

10.3 Von der Staatsgewerkschaft zur Bedeutungslosigkeit?

10.3.1 Gewerkschaftslage

Wie in allen Ländern des sowjetischen Blocks waren die Gewerkschaften in der Sowjetunion **Teil des staatlichen und betrieblichen Herrschaftssy-**

---

6 Mündlicher Bericht von Prokopow auf dem 6. Koordinierungstreffen der technischen Hilfe für den Föderalen Beschäftigungsdienst am 12. 9. 1994.

stems. Staatlich waren sie als Verwalter der Renten- und Sozialversicherung sowie als Transmissionsriemen der Partei in die Herrschaftsstrukturen eingebunden. Auf der Betriebsebene wurde üblicherweise vom Leitungsdreieck (Direktor, Partei und Gewerkschaftsführung) gesprochen. Den Gewerkschaften waren hier die Verteilung von Mangelware und die Verwaltung der Sozial-, Kultur- und Freizeiteinrichtungen übertragen. Darüber hinaus oblag ihnen die Organisation des sozialistischen Wettbewerbs. Die ideologische Leistungsfähigkeit zumindest im letzten Jahrzehnt der Breschnew-Ära sollte allerdings nicht überbewertet werden. Zentrale Kampagnen und selbst der betriebliche Wettbewerb sind weitgehend zu inhaltsleeren Ritualen geworden.

Gewerkschaftskader waren eingebunden in das horizontale Rotationssystem der Nomenklatur. Sowohl innerbetrieblich als auch in den übergeordneten Strukturen fanden nicht selten Wechsel zwischen der Partei-, Gewerkschafts- und Verwaltungsfunktion statt. Der heutige Vorsitzende der **Allgemeinen Gewerkschaftsföderation (WKP)**, Scherbakow, arbeitete beispielsweise als Direktor eines Moskauer Großbetriebes, bevor Boris Jelzin in seiner Zeit als Erster Sekretär der KPdSU in Moskau ihn zum Vorsitzenden der Moskauer Gewerkschaftsföderation machte. Da die Gewerkschaften nicht zu den zentralen Machtsäulen (Partei, Armee, Ministerien) des Systems gehörten, wurden sie allerdings häufig als Abstellgleis für Nomenklaturschiks benutzt, die man woanders loswerden wollte.

Die zunehmenden zentrifugalen Kräfte während der Endphase der Sowjetunion führten auch zu einer Aushöhlung der zentralen Strukturen des **Allunionsrats der Gewerkschaften (WZSPS)**. Immer mehr Gewerkschaften in den einzelnen Republiken folgten dem politischen Strom der Zeit und erklärten ihre Unabhängigkeit. 1990 wurde die **Föderation der Unabhängigen Gewerkschaften Rußlands (FNPR)** gegründet. Damit entstand erstmals eine russische Gewerkschaftsföderation. Bis dahin gab es lediglich in allen anderen Sowjetrepubliken einen Gewerkschaftsrat auf Republiksebene, während die russischen Gebietsgewerkschaftskomitees unmittelbar dem WZSPS unterstanden. Auf dem letzten Kongreß des WZSPS wandelte dieser sich in die WKP um und fungiert seit 1991 nur noch als Dachverband für die GUS-Staaten.

Die FNPR unterstützte vor und während des Putsches 1991 Boris Jelzin. Über die Konten der FNPR wurden beispielsweise 1991 40 Mio. Rubel der russischen Regierung an das Streikkomitee der Bergleute in Workuta weitergeleitet, um diese in ihrem Kampf gegen Gorbatschow und für Jelzin und seine Reformen zu unterstützen.

Nach der Einleitung der radikalen Wirtschaftsreformen, die insbesondere die staatliche Großindustrie und ihre Belegschaften schwer traf, bezogen die Gewerkschaften gemeinsam mit den Direktoren zunehmend Position gegen die Regierung. Während auf Föderationsebene die Gewerkschaften in Opposition zur Regierung standen, blieben sie in vielen regionalen Gebieten, in denen die Machtstellung der lokalen Nomenklatur durch die Auseinandersetzungen in Moskau kaum erschüttert wurde, ein untergeordneter Teil der örtlichen bzw. regionalen Machtstrukturen.

Die Opposition der FNPR-Führung gegen die Regierung kulminierte in den Auseinandersetzungen im Oktober 1993, als die Gewerkschaftsführung zum **Generalstreik** gegen den »Verfassungsbruch« von Präsident Jelzin aufrief. Die Regierung schaltete die Telefone der Gewerkschaften ab und drohte mit der Beschlagnahme des Organisationsvermögens. Die Gewerkschaften kapitulierten. Nicht zuletzt, weil sie in den Betrieben für einen politischen Generalstreik überhaupt nicht mobilisierungsfähig waren. Der Vorsitzende Klotschkow wurde innerorganisatorisch zum Rücktritt gedrängt, um gegenüber der Regierung signalisieren zu können, daß man zur Kooperation mit den Siegern bereit sei.

Seit den Oktober-Ereignissen verfolgt die FNPR unter Führung ihres neuen Vorsitzenden Schmakow eine Politik der konstruktiven Zusammenarbeit. Die Gewerkschaft verzichtet auf populistische Protesterklärungen und wortgewaltige, aber letztendlich leere Streikandrohungen und bemüht sich um einen **Dialog mit der Regierung** über die Lösung der sozialen Frage. Ob diese Strategie letztendlich erfolgreich ist, bleibt abzuwarten. Zwar gab es einige Treffen von Regierungsvertretern mit den Gewerkschaften, und der Präsident empfing Schmakow zu einem Gespräch, aber konkrete Resultate blieben aus.

Im Oktober 1994 versuchte die FNPR-Führung – nicht zuletzt aufgrund von Druck aus den Krisenregionen – ihr Gewicht durch einen Protesttag gegen die Lohnrückstände zu erhöhen. Es gelang ihr, landesweit Protestaktionen zu organisieren und überhaupt wieder einmal in den Massenmedien zur Kenntnis genommen zu werden. Mobilisiert wurden im wesentlichen der eigene Apparat sowie politische Randgruppen wie Trudawaja Rossia (Arbeitendes Rußland). Die Stoßrichtung des Protesttages war gegen die Regierung und nicht gegen die Betriebsleitungen gerichtet, wodurch eine Konfrontation mit den Direktoren auf Betriebsebene vermieden wurde. Die Regierung versprach, ihren Anteil an den Lohnverzögerungen zu begleichen, doch viele Arbeiter warteten auch im Januar 1995 noch auf ihre

Gehälter, weil das Geld zwar vom Zentrum losgeschickt wurde, aber nur verspätet und verringert vor Ort ankam.

Bei den **neuen Gewerkschaften** ist nach einer verhältnismäßig schnellen Entwicklung Ende der achtziger, Anfang der neunziger Jahre eine gewisse Stagnation und zum Teil sogar ein Niedergang festzustellen. Grob lassen sich die neuen Gewerkschaften in vier Typen unterscheiden:

Die aus den Massenstreiks von 1989–1991 erwachsene **Unabhängige Bergarbeitergewerkschaft (NPG)** (ca. 80 000 Mitglieder, davon 35 000 durch kollektiven Übertritt der Bergarbeiter von Norilsk-Nickel aus der Hüttenarbeitergewerkschaft in die NPG im Dezember 1994). Im Sommer 1989 traten im Kusbass und wenige Tage später auch im Donbass und in Workuta die Bergleute in den Streik. Die Bergleute stießen mit ihrem Protest gegen die unzureichenden Resultate der Perestroika und die Herrschaft der Nomenklatur auf viel Sympathie bei der demokratischen Intelligenz und bei weiten Teilen der Bevölkerung. Vertreter aus den Arbeiter- und Streikkomitees trafen sich 1990 in Donezk, um die Unabhängige Gewerkschaft der Bergarbeiter zu gründen. Bis zum Zusammenbruch der Sowjetunion standen die politischen Forderungen der Bewegung gegenüber den klassischen Gewerkschaftsaufgaben klar im Vordergrund. Jelzin suchte und fand die Unterstützung der Bergleute im Kampf um die Macht in Rußland. Die Zeit nach dem August-Putsch veränderte die Lage entscheidend. Die Bergleute waren mit der Macht verbunden und unterstützten den radikalen Übergang zur Marktwirtschaft. Die Vorstellungen über eine Marktwirtschaft waren dabei zweifellos naiv-optimistisch, aber vor dem Hintergrund einer desolaten Planwirtschaft, die die Bergleute nicht einmal mit Seife versorgen konnte, war der Pendelschlag zur totalen Marktwirtschaft verständlich. Die Zustimmung wurde im Verlauf des bisher wenig erfolgreichen Reformprozesses mehr und mehr zur Belastung. Insbesondere da Jelzin nichts Entscheidendes unternahm, um die Gewerkschaften zu stärken und ernsthaft in die politische Gestaltung des Reformprozesses einzubeziehen. Die ständigen Rückstände bei den Lohnzahlungen sind das vordringlichste Problem. Innerhalb der NPG hat sich allerdings im vergangenen Jahr insbesondere der Konflikt zwischen Workuta und der Leitung in Moskau darüber verstärkt, ob man noch weiterhin die Reformpolitik und den Präsidenten unterstützen soll oder nicht.

Berufsgruppengewerkschaften im Transportbereich bilden den zweiten Typus (Piloten 36 000 Mitglieder; Fluglotsen 9 000 Mitglieder; Hafenarbeiter 10 000 Mitglieder; Seeleute 57 000 Mitglieder; Lokomotivführer 5 000 Mitglieder). Aufgrund ihrer branchen- und berufsspezifischen Situation verfügen diese Gewerkschaften zum Teil über erhebliche Durchsetzungskraft. So gelang es den Piloten, Fluglotsen und Seeleuten, Tarifvereinbarungen abzuschließen. Die Hafenarbeiter waren in St. Petersburg nicht nur stark genug, für ihre Mitglieder Löhne durchzusetzen, die vier- bis fünfmal über dem Durchschnittslohn lagen, sondern legten sogar in einer Betriebsvereinbarung fest, daß keine Kündigungen ohne Zustimmung der Gewerkschaften vorgenommen werden dürfen.

In unterschiedlichsten Branchen sind drittens auf **betrieblicher Ebene** in Opposition zur alten Gewerkschaft **alternative Gewerkschaften** entstanden, die aber oft wenig Gestaltungskraft haben, da sie erst einmal um ihre Anerkennung als Gewerkschaft durch die Arbeitgeber kämpfen müssen, die es häufig ablehnen, überhaupt mit ihnen zu verhandeln. Getragen werden sie oft von gewerkschaftspolitischen »Überzeugungstätern«, die hohes persönliches Engagement einbringen und ein erhebliches Risiko eingehen, weil sie von der Notwendigkeit einer unabhängigen Gewerkschaft überzeugt sind. Es gibt verschiedene regionale und nationale Dachverbände, die versuchen, solche Gewerkschaftsgruppen zu organisieren und ihnen ein rechtliches Dach zu geben:

- Soziale Gewerkschaft (Sozprof): Nach eigenen Angaben verfügt Sozprof über 400 000 Mitglieder in 500 Betrieben. Dies entspräche einer Durchschnittsgröße von 800 Mitgliedern pro Betriebsorganisation. Dem Verfasser sind zahlreiche Betriebsorganisationen von Sozprof bekannt, die zwischen zehn und 100 Mitgliedern haben und nur zwei oder drei mit mehr als 800. Die Mitgliedszahl erscheint daher erheblich übertrieben. Die Zentrale von Sozprof in Moskau bemüht sich intensiv, auf die laufende Arbeitsgesetzgebung Einfluß zu nehmen, und die Gewerkschaft versucht, insbesondere durch Gerichtsverfahren die Mitgliederinteressen zu vertreten, da die Betriebsorganisationen meistens für Streikaktionen zu schwach sind. Kürzlich gelang Sozprof allerdings ein landesweit aufsehenerregender Streik, als die nur gut 1 000 Mitglieder starke Sozproforganisation durch einen Streik das zentrale Fließband im 120 000 Mann starken Lada-Werk in Toligatti lahmlegte.

- Konföderation der Freien Gewerkschaften (KSPR)/Nationale Vereinigung russischer Gewerkschaften (NORP): Nach eigenen Angaben verfügt die Konföderation über 120 000 Mitglieder. Im November 1994 benannte sich die KSPR in NORP um. Der Vorsitzende Alexejew strebt ein korporatistisches Modell nach dem Vorbild Mussolinis an. Wie schon aus der Umbenennung deutlich wird, hat die klar nationalistische Ausprägung der Gewerkschaft 1994 weiter zugenommen. Die Gewerkschaft kooperiert mit der faschistischen Bewegung Russische Nationale Einheit unter Führung Barkaschows.

- Schutz (Saschita): Nach eigenen Angaben ca. 100 000 Mitglieder überwiegend in Rüstungsbetrieben. Der Vorsitzende Leonow wurde über die Liste der Kommunistischen Partei in die Duma gewählt.

Im Rahmen der Herausbildung des neuen Privatsektors entstanden schließlich als vierter Typus verschiedene »Gewerkschaften«, die sich sowohl als **Interessenvertretungsorgan für den Privatsektor** gegenüber dem Staat als auch als Gewerkschaft der in diesem Sektor beschäftigten Arbeitnehmer verstehen. Die reale Grundlage ihrer Herausbildung war aber die gesetzliche Sozialversicherung in Höhe von 5,4 % der Lohnsumme, die bis zum September 1993 von den Gewerkschaften verwaltet wurde. Für die Betriebe war es vorteilhaft, den Sozialversicherungsbeitrag an kommerzielle Gewerkschaften zu bezahlen, da diese einen im Vergleich zur FNPR geringeren Betrag für ihre Organisation einbehielten und der Rest an den Betrieb zurückfloß. Mit der Übertragung der Sozialversicherung an einen staatlichen Fonds wurde diesen Gewerkschaften im wesentlichen die Existenzgrundlage genommen.

Zwar verfügen die neuen Gewerkschaften im allgemeinen über die uneigennützigeren und engagierteren Aktivisten in den Betrieben, aber ihre Organisationen haben nur **geringen Mitgliederzuwachs**, weil viele Arbeitnehmer nicht an die Erfolgschancen der neuen Gewerkschaften glauben und es nicht mit den alten verderben wollen, über die man noch viele betriebliche Versorgungsfragen besser regeln kann. Viele der alten betrieblichen Gewerkschaftsfunktionäre verfügen über erhebliche administrative Kompetenz. Sie sind zwar häufig weiter weg von »einfachen« Arbeitern und werden von diesen eher als Teil der Leitung denn als Interessenvertreter identifiziert, aber bei Auseinandersetzungen ist die Apparaterfahrung der alten Gewerkschaften für die Arbeiter häufig ein großes Plus. Sie wissen, wie man in den betrieblichen Strukturen vieles regelt, haben den Zugang zum Direktor und sind in der administrativen Alltagsarbeit oft besser organisiert.

Bis heute sind – trotz zum Teil engagierter Unterstützung durch den AFL-CIO – zahlreiche Versuche gescheitert, die neuen Gewerkschaften in einem Dachverband zusammenzuschließen. Persönliche Ambitionen, politische Meinungsverschiedenheiten und gewerkschaftliche Abgrenzungsbedürfnisse haben bisher einen Zusammenschluß verhindert. Zur Zeit übernimmt die NPG zusammen mit den Seeleuten, Fluglotsen, Dockern und Eisenbahnern einen erneuten Anlauf, sich in einer Konföderation der Arbeit zusammenzuschließen.

10.3.2 Arbeitsbeziehungen

Im Gegensatz zu Partei und Komsomol haben die Gewerkschaften in fast allen osteuropäischen Ländern überlebt. Da sie im staatlichen und betrieblichen Bereich nur selten mehr als eine Verwaltungsstruktur waren, sah man wohl keine politische Notwendigkeit, sie aufzulösen. Die Funktion als Renten- und Sozialversicherungsträger, die Zuteilung von Mangelgütern und Dienstleistungen waren soziale Alltagsaufgaben, die ohne Pause weitergeführt werden mußten. Als politische Organisation wurden sie wohl eher als ein auslaufendes Modell betrachtet, das aufgrund seiner politischen Harmlosigkeit keiner größeren Beachtung bedurfte. Mit Sicherheit war es nicht die Kampfkraft oder die Angst vor ihrer Mobilisierung, die die Gewerkschaften rettete. Zwar wurden die Gewerkschaften nach 1991 nicht liquidiert, aber sie wurden auch nicht in die Umgestaltung einbezogen – vielmehr lief und läuft der Entwicklungsprozeß weitgehend an ihnen vorbei.

Mit der **Verlagerung der Macht** von den quasi zentralstaatlichen Strukturen auf die **betriebliche Ebene** verlor der Apparat einen erheblichen Teil seiner Potenz. Nicht nur gegenüber den Arbeitnehmern und den Direktoren, sondern auch innerhalb der eigenen Organisation sank die Autorität der Führungsgremien. Die Betriebsorganisationen führen nur noch wenige Prozent des Beitragsaufkommens an die überbetrieblichen Branchen und Regionalstrukturen ab, die von dem Wenigen so gut wie nichts an die Dachverbandszentrale in Moskau weiterleiten. Trotz der angeblich über 50 Mio. Mitglieder in 40 Branchen- und 89 Regionalorganisationen ist die FNPR-Zentrale daher gezwungen, sich in erheblichem Maße durch Einnahmen aus Vermögen und Wirtschaftstätigkeit zu finanzieren. In vielen Gewerkschaftshäusern sind zahlreiche Büroräume an kommerzielle Strukturen untervermietet, wobei nicht immer klar ist, inwieweit die Mieteinnahmen der Organisation oder dem vermietenden Funktionär zugute kommen.

Geld ist jedoch nicht das zentrale Problem für die alten Gewerkschaften, vielmehr ist das **Vermögen** eine entscheidende Klammer, um die Organisationsstruktur zusammenzuhalten. Sowohl in der Satzung der FNPR als auch im neuen Zivilgesetzbuch ist verankert, daß Mitglieder in gesellschaftlichen Organisationen bei Austritt keine Ansprüche an das Organisationsvermögen stellen können. Das Vermögen der Gewerkschaft gehört im wesentlichen der FNPR auf nationaler und regionaler Ebene und nicht den Branchengewerkschaften. Das einheitliche Eigentum und nicht eine gemeinsame politische Plattform wird als sicherster Garant des Organisationsbestandes betrachtet. Der Anspruch von neuen Gewerkschaften auf einen Teil des FNPR-(WZSPS-)Vermögens wäre daher für die FNPR nicht nur mit einem vergleichsweise kleinen Vermögensverlust verbunden, sondern könnte als Präzedenzfall einen Sprengsatz unter die eigene Organisationsstruktur legen, da dann auch jede Mitgliedsorganisation der FNPR über den Austritt bzw. die Neugründung Eigentumsansprüche erwerben könnte.

Während einige hohe Apparatschiks sich in den vergangenen Jahren mit einem Teil des Vermögens in die Marktwirtschaft begaben, bemühten sich die engagierten verbliebenen Funktionäre um das **Überleben des Gewerkschaftsapparats**. Wollen und Können ist dabei natürlich zweierlei. Um zu überleben, muß ein Apparat eine Funktion erfüllen. Die Gewerkschaften haben in den vergangenen fünf Jahren einen **kontinuierlichen Bedeutungsverlust** erlebt, aber sie sind dennoch nach wie vor als flächendeckende Struktur vorhanden. Eine Tatsache, die von vielen Gewerkschaftsfunktionären geradezu beschwörend hervorgehoben wird, ohne daß benannt würde, was diese Struktur tut oder tun sollte. Der Apparat hat versucht, die alten administrativen Funktionen (Verwaltung der Renten- und Sozialversicherung, Arbeitsschutz und Rechtsinspektion) zu erhalten, aber Schritt für Schritt wurden sie den Gewerkschaften abgenommen und neue staatliche Strukturen geschaffen. Selbst wenn aus einer gewissen Übergangsträgheit die Gewerkschaften zum Teil in den Regionen noch einen gewissen Einfluß haben, ist abzusehen, daß entweder die staatlichen Bürokraten den Gewerkschaftsbürokraten die lukrativen Funktionen abnehmen oder letztere in die staatlichen Strukturen überwechseln. Der Abschluß einer Generalvereinbarung mit Regierung und Arbeitgebern, die im wesentlichen unverbindliche Absichtserklärungen enthält, und bescheidene Tarifabschlüsse, die nicht eingehalten werden, sind kein hinreichendes Substitut für die verlorenen Aufgaben.

Das Fehlen überzeugender Alternativen zum neoliberalen Transformationskonzept macht die Gewerkschaften politisch-strategisch **ziellos**. Die Praxis drängt sie an der Seite der Direktoren und Branchenlobbyisten in eine mittel- und langfristig perspektivlose Auseinandersetzung um den Erhalt falscher Produktionsstrukturen. Für viele sowjetische Betriebe gelten die »3 F«, die die Betriebe nicht zu Konversions-, sondern zu Schließungskandidaten machen: Falsche Standorte, Falsche Produkte, Falsche Technologie. Die allgemeine Forderung nach Reformen im Interesse der Arbeitnehmer konkretisiert sich dann allzuoft in der Forderung nach Erhaltungssubventionen. Solange von der Regierung keine industriepolitische Konzeption vorgelegt wird, ist dies zwar eine verständliche, aber fatale Abwehrhaltung, die Gewerkschaften zu Gegnern des unbedingt erforderlichen Strukturwandels macht.

Die Gewerkschaften tun sich schwer, **neue Betätigungsfelder** für sich zu besetzen. Der Kollaps der alten Industriestruktur hätte die Verhandlungsmacht jeder beliebigen kampfstarken westlichen Gewerkschaft unterminiert, dies gilt um so mehr für eine Organisation, als sie bis vor einigen Jahren mit Gewerkschaften nur den Namen gemein hatte. Die Voraussetzungen für eine Gewerkschaftätigkeit sind politisch, wirtschaftlich und kulturell ungünstig. Der Zusammenbruch ganzer Branchen hat Arbeitslosigkeit zum erstenmal seit den dreißiger Jahren zu einer realen Gefahr gemacht. Die enorme Unterbeschäftigung macht Streiks zu einer stumpfen Waffe. Belegschaftsvertreter stehen noch ratloser als die Direktoren vor dem Zusammenbruch der Betriebe. Während letztere aufgrund ihrer Machtstellung und ihres Informationsvorsprunges im Regelfall zumindest ihr eigenes Schäfchen ins trockene bringen, stehen Belegschaftsmitglieder der Entwicklung häufig hilflos und unorganisiert gegenüber. Trotz der offensichtlichen Bereicherung der Direktoren verkörpert niemand eine höhere Autorität als der Direktor. Ihm gegenüberzutreten ist mit hohem Existenzrisiko verbunden. Eine Tradition selbständiger Interessenvertretung besteht nicht. In der Provinz und ganz besonders auf dem Lande, wo zum Teil erst in den siebziger Jahren dieses Jahrhunderts mit der Aushändigung von Pässen an die Bauern die sowjetische Form der Leibeigenschaft abgeschafft wurde, sind Entmündigung und Ohnmachtsgefühl tief in der Kultur verwurzelt.

Mindestens ebenso stark wie die strukturellen Probleme und die konzeptionelle Ratlosigkeit ver- bzw. behindert der Ballast **reformunwilliger und/ oder reformunfähiger Funktionäre** und ihr Vertrauensdefizit bei den Arbeitnehmern eine glaubwürdige Erneuerung der alten Gewerkschaften. Die Betriebsgewerkschaftsorganisationen sind insbesondere in Klein- und Mittelbetrieben ohne freigestellte Gewerkschaftsfunktionäre oft überfordert. In Großorganisationen der Staatsbediensteten, der Wissenschaft und des Gesundheitswesens, wo es kaum von den Gewerkschaften verwaltete Sozial-, Sport- und Kultureinrichtungen gibt, sind gewerkschaftliche Aktivitäten nicht selten eingeschlafen oder führen ein bedeutungsloses Schattendasein. Dort wo ein hauptamtlicher Apparat nicht den gewerkschaftlichen Schein aufrechterhält, wird um so krasser deutlich, daß eine Gewerkschaftsorganisation sowjetischen Typs eben keine gesellschaftliche Organisation war.

210

Eine ehrenamtliche und politische Verbundenheit mit der Organisation besteht so gut wie nicht. Selbst in den staatlichen oder den (formal) privatisierten Großbetrieben haben die Gewerkschaften einen objektiven Bedeutungsverlust hinnehmen müssen, da die Rationierung knapper Güter nicht mehr über die von den Gewerkschaften kontrollierte Schlange, sondern über den Preis erfolgt. Der Zusammenbruch oder besser gesagt die schleichende Auszehrung bis zur Auflösung der Gewerkschaften in vielen Betrieben ist ein sich seit Jahren vollziehender Prozeß, der noch nicht gestoppt ist. Faktisch gibt es bereits einen erheblichen **gewerkschaftsfreien Bereich**. Dies ist nicht nur der neue Privatsektor, sondern darunter fallen auch zahlreiche der alten Klein- und Mittelbetriebe, Dienstleistungseinrichtungen und Verwaltungen.

Angesichts eines fast 100prozentigen Organisationsgrades wäre selbst nach einem Verlust von zwei Dritteln aller Mitglieder immer noch ein bundesdeutsches Organisationsniveau gegeben. Daher wäre ein Mitgliederschwund nicht so dramatisch, wenn in den Großbetrieben Grund zur Annahme bestünde, daß sich parallel zum Mitgliederverlust ein Wandel und Erneuerungsprozeß der Betriebsgewerkschaftsorganisation vollzieht, der den Gewerkschaften einen Platz unter den neuen Wirtschaftsbedingungen sichern könnte. Die regionalen und branchenspezifischen Besonderheiten lassen hierauf aber keine generelle Antwort zu.

Im **Bergbau** spüren die Gewerkschaftsfunktionäre aufgrund der in den letzten fünf Jahren entstandenen Militanz der Bergleute einen erheblichen Druck von unten. Immer wieder kommt es zu spontanen Streiks, und die Betriebsgewerkschaftsleitungen sehen sich gezwungen und – was das Überraschende ist – sind auch in der Lage, sich an die Spitze dieser Streikbewegung zu setzen und die Interessen der Kollegen zu vertreten. Der Verfasser hatte selbst Gelegenheit, bei einer Versammlung des regionalen Streikkomitees im Tulsker Gebiet zu erleben, wie die Betriebsgewerkschaftsvorsitzenden gegen den Bezirksvorsitzenden der Gewerkschaft der Beschäftigten in der Kohleindustrie (PRUP) für eine Fortsetzung des Streiks mit der Begründung stimmten, daß sie ihre Mitglieder in den Zechen ohne konkrete Erfolge nicht zu einem Streikabbruch würden bewegen können.

In den **Großbetrieben** der meisten anderen Branchen sind die Belegschaften nach wie vor ruhig, und der Erhalt der Sozial- und Kultureinrichtungen sowie Hilfe in sozialen Notlagen stehen für engagierte Gewerkschaftsvorsitzende im Vordergrund. In einigen wenigen Betrieben hat die Frage der Privatisierung zu einer Interessendifferenzierung geführt, und die Gewerkschaftsvorsitzenden versuchen, gegenüber der Räuberei der Direktoren

Belegschaftsinteressen zu vertreten. In Krisenbranchen (Agrarwirtschaft, Textilindustrie) und in der traditionell noch autoritärer geführten Rüstungsindustrie ist dagegen der korporative Lobbyismus am stärksten ausgeprägt. Es wäre jedoch falsch, aus den genannten Beispielen eine verbindliche Typologie von Sozialbeziehungen abzuleiten. Oft hängt der Zustand einer Gewerkschaftsorganisation im Betrieb, unabhängig von der Branche, schlichtweg von der Ehrlichkeit und dem Engagement der handelnden Personen ab.

10.4 Neue Gewerkschaften – Hoffnungsträger mit abnehmendem Glanz

Alte und neue Gewerkschaften haben nur **geringen Einfluß** auf die politische Entwicklung im Lande. Dies wurde auch bei den Parlaments- und Regionalwahlen deutlich. Die FNPR verzichtete nach der Auflösungsdrohung im Oktober 1993 »von sich aus« auf irgendeine Form der Wahlbeteiligung und enthielt sich auch einer Wahlempfehlung. Einige Branchengewerkschaften und Einzelpersonen unterstützten allerdings die Bürgerunion, in der man sich zusammen mit dem Unternehmer- oder besser gesagt Direktorenverband als zentristische Kraft etablieren wollte. Bei der Wahl im Dezember 1993 brachte es die Union auf 1,5 %. Sozprof wurde von keiner politischen Vereinigung als schwergewichtig genug erachtet, um ihren Kandidaten einen aussichtsreichen Listenplatz anzubieten. NPG und KSPR gingen zusammen mit den Altdemokraten Popow (ehemaliger Bürgermeister von Moskau) und Sobtschak (Bürgermeister von St. Petersburg) ins Rennen und scheiterten an der 5-%-Klausel. Der Vorsitzende der NPG kam auch in der sibirischen Kohleregion Kussbas als Direktkandidat nicht über 10 % hinaus. Die Hüttenarbeitergewerkschaft schloß sich dem Bündnis »Neues Rußland« an. Sie war aber trotz ihrer über eine Millionen Mitglieder nicht in der Lage, die erforderlichen 100 000 Stimmen für die Wahlzulassung zu sammeln.

Zur Zeit gibt es erneut Versuche der Gewerkschaften, mit politischen Kräften oder Abgeordneten enger zusammenzuarbeiten bzw. **neue Allianzen** zu schaffen. Sozprof arbeitet eng mit dem Vorsitzenden des Unterausschusses für Arbeitsgesetzgebung und Vorsitzenden der Sozialdemokratischen Partei zusammen. Die FNPR beteiligt sich an dem Versuch, eine linkssozialdemokratische Sammlungspartei zu gründen. Die NPG sieht bis jetzt in der liberalen Gruppierung »Wahl Rußlands« ihren politischen Partner. Möglicherweise wird man aber auch die geplante Konföderation der Arbeit als

Wahlbündnis nutzen. Die PRUP plant, eine Bergarbeiterpartei zu gründen, die zu einer Partei (der Beschäftigten) des Energiesektors ausgebaut werden soll. Bereits bei der letzten Wahl sponserte das Energieministerium die Kandidatur von ca. 20 Direktkandidaten zur Parlamentswahl. Die Gewerkschaft der Landarbeiter ist ein integrierter Teil der Agrarlobby.

In westlichen Gesellschaften ist »Sozialpartnerschaft« ein Kampfprodukt – auch wenn Schönwetterperioden dies manchmal in Vergessenheit geraten lassen. Die Trümmer der alten Gesellschaftsordnung vor den Füßen und die idealisierte westliche Welt als Ziel vor Augen beschloß man in Rußland nach dem Putsch im August 1991 demokratische Arbeitsbeziehungen **per Gesetz** einzuführen.

Wie in vielen anderen Ländern Osteuropas wurden hier die Konventionen der Internationalen Arbeitsorganisation (IAO) und ihre dreiseitige Vertretungsstruktur zum Vorbild genommen und eine dreiseitige Kommission zur Regulierung von sozialen Konflikten und Arbeitskonflikten gebildet. Die russischen Gewerkschaften bekamen also etwas geschenkt, wofür man in anderen Gegenden dieser Welt lange hatte kämpfen müssen. Diese **sozialpartnerschaftliche Kopfgeburt** mit Leben zu füllen ist den Gewerkschaften bisher nicht gelungen. Dies ist nicht an dem offenen Widerstand der Arbeitgeber, sondern an der mangelnden betrieblichen Verankerung der Gewerkschaften, dem tief in der russischen Gesellschaft verankerten Rechtsnihilismus und der wirtschaftlichen Realität des russischen Alltags gescheitert. So kann ein System von Tarifverträgen und Betriebsvereinbarungen letztendlich nur in einer Privatrechtsordnung funktionieren. Oder anders gesprochen, solange die Zahlungsunfähigkeit von Betrieben nicht ein Vollstreckungs- und Konkursverfahren nach sich zieht, um zumindest einen Teil ausstehender Lohnforderungen zu realisieren, sondern als Grund für ausbleibende Lohnzahlungen hingenommen wird, verlieren vermeintliche Rechtsansprüche ihre Bedeutung. Die Kohlegewerkschaft hat eine Tarifvereinbarung abgeschlossen, in der jeweils ein Erster Stellvertretender Premierminister die termingerechte Bezahlung der Gehälter garantierte, aber trotzdem blieben die Lohnzahlungen monatelang aus.

Im Westen sind – selbst wo Gewerkschaften stark waren – in den seltensten Fällen handlungsfähige dreiseitige Strukturen zustande gekommen, da die Arbeitgeberseite dies als einen fundamentalen Angriff auf das Verfügungsrecht über ihr Eigentum immer abgewehrt hat. In Rußland gab es praktisch keinen Widerstand gegen die dreiseitige Kommission seitens der Arbeitgeber, weil es kaum unabhängige Arbeitgeber gab. In den folgenden Jahren haben sie sich nicht gegen die dreiseitige Kommission gewandt, sondern sie ignoriert, falls es ihren Interessen entgegenlief, oder sie zusammen mit den Gewerkschaften gegen die Regierung instrumentalisiert. Folglich sah sich der Staat in der dreiseitigen Kommission nicht in der Rolle des Schiedsrichters, sondern des »Angeklagten«. Nicht zuletzt kam es zur **Koalition von Gewerkschaften, Arbeitgebern und Branchenministerien** gegen die Folgen der makroökonomischen Stabilitätspolitik der Regierung.

Die weitgehende Abwesenheit starker Arbeitgeberverbände ist nicht Ausdruck der Schwäche der Arbeitgeber. Auf Betriebsebene können die Direktoren weitgehend schalten und walten wie sie möchten. Zumindest steht ihnen in den meisten Fällen keine gewerkschaftliche Gegenmacht gegenüber. Solange sie aber auf Betriebsebene nicht herausgefordert werden, besteht für sie keine Veranlassung, sich in Arbeitgeberverbänden zusammenzuschließen. Die erfolgreiche Lobbytätigkeit der Direktoren in anderen Fällen macht deutlich, daß die Organisationskompetenz bei ihnen vorhanden und der geringe Organisationsgrad eher Ausdruck ihrer betrieblichen Stärke als der gesellschaftspolitischen Schwäche ist.

Zur Zeit findet eine Diskussion statt, die zumindest den Eindruck erweckt, daß die Regierung nicht länger auf ein Konsensmodell, sondern auf eine weitgehende **Reduzierung der Gewerkschaftsrechte** zu einem bloßen Existenzrecht abzielt. Im Entwurf des neuen **Arbeitsgesetzes** ist sowohl die bisherige Finanzierung des sozial-kulturellen Bereiches durch Abführungen der Betriebe an die Betriebsgewerkschaften als auch die Finanzierung der Arbeit des Betriebsgewerkschaftskomitees (Büro, Telefon, Dienstwagenbenutzung etc.) durch den Betrieb nicht mehr vorgesehen. Geschwächt ist auch der Kündigungsschutz von Interessenvertretern, und es gibt kaum gesetzlich fixierte konkrete Mitbestimmungsrechte.

Der Gesetzentwurf zur Regulierung von **Arbeitskonflikten** zielt ebenfalls auf eine Einschränkung der gewerkschaftlichen Handlungsmöglichkeiten. Zwar ist es den Gewerkschaften gelungen, den von der Regierung als Streikverhinderungsgesetz konzipierten Entwurf abzumildern, doch nach wie vor beabsichtigt die Regierung, festzuschreiben, daß jedem Streik ein zweistufiges zwingendes Schlichtungsverfahren vorgeschaltet werden muß. Sollte die Schlichtung scheitern, entscheidet eine Versammlung der Beschäftigten, auf der mindestens die Hälfte der Beschäftigten anwesend sein muß, mit Zweidrittelmehrheit, ob gestreikt werden soll. Gewerkschaften müßten also nicht nur ihren Mitgliedern, sondern allen Beschäftigten das Recht geben, über einen eventuellen Streik abzustimmen. Zwischen Abstimmung und Streikbeginn sollen zehn Tage Frist liegen. Die Regierung hätte das Recht, zur Sicherstellung der Lebensfähigkeit des Staates oder einzelner Regionen den Streikbeginn bis zu zwei Monaten aufzuschieben.

Ein derart formalisiertes Verfahren dürfte angesichts dessen, daß viele Streiks in der Vergangenheit spontan entstanden sind, zu zahlreichen ungesetzlichen Streiks führen. Die Verpflichtung auf eine Urabstimmung bei allen Beschäftigten nimmt insbesondere den kleineren neuen Gewerkschaften, die häufig nur in der Lage sind, Streiks in einzelnen Werksteilen oder Abteilungen zu organisieren, faktisch die Streikmöglichkeit. Aber auch für die alten Gewerkschaften wird der Streik schwieriger, denn der Gesetzentwurf verbietet Arbeitnehmern, Streiks z. B. gegen die Regierung zu organisieren oder an ihnen teilzunehmen.

Literatur:

Brainerd, B., 1994: Growth in real incomes in 1994, in: Soviet Economic Survey, 11, F(ederalnaja) S(lushba) S(anjatosti) R(ossii), 1994: Rynok Truda w Rossii w 1993 gody (Föderaler Beschäftigungsdienst Rußlands: Der Arbeitsmarkt in Rußland 1993), Moskau

GOSKOMSTAT, 1994a: Ekonomitscheskij Obsor (Staatliches Komitee für Statistik: Wirtschaftsrundschau), Moskau

GOSKOMSTAT, 1994b: Sozialno-ekonomitscheskoe poloshenie Rossii (Staatliches Komitee für Statistik: Die sozial-wirtschaftliche Lage Rußlands), Januar–Oktober, Moskau

GOSKOMSTAT, 1994c: Statistitscheskoe Obosrenie (Staatliches Komitee für Statistik: Statistische Rundschau), 9/94, Moskau

Granville, B., 1994: Monetary Report 63, September 1994; Monetary Report 65, November 1994, European Expertise Service, Moskau

M(inisterstwo) E(konomiki) R(ossijskoj) F(ederazii), 1994: Prognos sozialno-ekonomitscheskogo raswitija RF na 1995 god (Wirtschaftsministerium der Russischen Föderation: Prognose der sozial-wirtschaftlichen Entwicklung der Russischen Föderation für 1995), Oktober, Moskau

Russian Economic Trends, Monthly Update June 1994, Moskau

Slushba Sanjatosti, 1994: »Sanjatost i besrabotiza w Rossii« (Föderaler Beschäftigungsdienst Rußlands: »Beschäftigung und Arbeitslosigkeit in Rußland«), 10, Moskau

WZIOM, 1994a: »Ekonomitscheskie i Sozialnye Peremeny« (Gesamtrussisches Zentrum zur Erforschung der gesellschaftlichen Meinung: »Wirtschaftliche und soziale Veränderungen«), 2, Moskau

WZIOM, 1994b: »Monitoring 94-Naselenie 2« (Gesamtrussisches Zentrum zur Erforschung der gesellschaftlichen Meinung: »Monitoring 94-Bevölkerung 2«), Moskau

Teil 2

Querschnittsanalysen

1. Privatisierung in Mittel- und Osteuropa

Bela Galgoczi

1.1 Das wirtschaftliche Umfeld der Privatisierung

Die geopolitische Wende der Jahre 1989–1990 brachte für die Mehrzahl der mittel- und osteuropäischen Länder das Versprechen einer Reintegration in die Weltwirtschaft, des Aufbaus von Marktwirtschaften und einer schnellen Abarbeitung des sich über Jahrzehnte angestauten Modernisierungsdefizites.

Die damals formulierten wirtschaftspolitischen Programme stellten Zielsysteme der wirtschaftlichen Umgestaltung auf, die in der bisherigen Weltwirtschaft ohne Beispiel waren. Neben die erklärten Absichten traten aber auch zahlreiche mit dem Übergang einhergehende wirtschaftliche Zwänge (zum Teil außenwirtschaftlicher Natur, zum Teil aber auch von den geerbten Lasten herrührend), welche die Rahmenbedingungen der Umgestaltung festlegten. Die wirtschaftliche Umgestaltung ist also nicht als ein einfacher Übergang von einer bürokratisch koordinierten staatssozialistischen Wirtschaft zu einer Marktwirtschaft nach westlichem Muster zu verstehen, sondern umfaßt komplexe Notwendigkeiten bzw. Ziele.

So mußte das Übergewicht des staatlichen Eigentums in der Wettbewerbssphäre radikal abgebaut werden. Die anfangs formulierten nationalen Zielsetzungen rechneten innerhalb von drei bis vier Jahren mit einer 50–60prozentigen Privatisierung des staatlichen Eigentums. Parallel dazu wurde ein grundlegender Strukturwandel in Angriff genommen. In dessen Verlauf mußte die einseitige, auf voluntaristische Weise entwickelte, energie- und materialintensive Produktion von einer Struktur abgelöst werden, die dem Wirtschaftssystem moderner Gesellschaften entspricht, einen hohen Anteil geistiger Arbeit enthält und auf den nationalen komparativen Vorteilen beruht. All das geht für die mittelosteuropäischen Länder mit einer grundlegenden weltwirtschaftlichen Positionsänderung einher: Von der relativ entwickelten Peripherie eines unterentwickelten Zentrums (Sowjetunion) werden die Länder der Region zur unterentwickelten Peripherie eines entwickelten Zentrums (EU).

Dabei ist das externe Umfeld der Privatisierung äußerst ungünstig. Die Integration innerhalb der Weltwirtschaft und die fest ausgebauten Marktpositionen sind für Neueinsteiger schwer zu überwindende Eintrittsbarrieren. Diese Situation wird von einer allgemeinen Rezession und einem zunehmenden Protektionismus der entwickelten Industrienationen weiter verschärft, und entgegen aller anfänglichen Illusionen ist vom Westen keine ernsthafte wirtschaftliche Unterstützung zu erwarten. Als Folge des Kapitaldefizits der USA und neuerdings der Bundesrepublik hat sich auf den internationalen Finanzmärkten ein Kapitalmangel von rund 100 Mrd. US $ aufgetan, der sich ebenfalls negativ auf die Möglichkeit der Einbindung von Aktivkapital in die Reformländer auswirkt.

Aber auch das innere wirtschaftlich-gesellschaftliche Umfeld der einzelnen Reformländer ist für eine großangelegte Umgestaltung nicht günstig. Im folgenden beschäftigen wir uns vor allem mit den sogenannten Visegrad-Ländern (Ungarn, Polen und die ehemalige Tschechoslowakei) sowie – als Referenzpunkt – mit Ostdeutschland, da der Privatisierungsprozeß in diesen Ländern ein Niveau erreicht hat, von dem aus man bereits allgemeine Schlußfolgerungen ableiten kann. Obwohl sich die Lage in den genannten Ländern zu Beginn der Umgestaltung in vieler Hinsicht voneinander unterschied, waren sie dennoch mit ähnlichen Herausforderungen konfrontiert. Dabei kann auf die fast zwanzigjährigen Reformtraditionen von Ungarn und Polen mit ihrer etwas offeneren Wirtschaft verwiesen werden. Am anderen Pol befanden sich die DDR und die Tschechoslowakei mit ihren bis zum letzten Augenblick geschlossenen bürokratischen Planwirtschaften. Es soll aber auch erwähnt werden, daß in den beiden letztgenannten Ländern die Wirtschaft auf industrielle Traditionen zurückblickt und die Höhe der Auslandsverschuldung weitaus geringer gewesen ist als in Polen und Ungarn.

Dies in Rechnung gestellt, weist das innere Umfeld der Transformation in diesen vier Ländern gewisse gemeinsame Züge auf:

– chronischer innerer Kapitalmangel;

– veraltete Infrastruktur, fehlender institutioneller und rechtlicher Rahmen für den Aufbau von Marktwirtschaften;

– innere und – besonders im Fall von Ungarn und Polen – hohe äußere Verschuldung der Wirtschaft;

– hoher ererbter Schuldenbestand der staatlichen Unternehmen;

- ungeklärte Eigentumsverhältnisse, die die Reprivatisierung behindern;

- niedrige Lebenserwartung und unbefriedigender Gesundheitszustand der Bevölkerung und

- von den Veränderungen wird eine schnelle Verbesserung der Einkommenspositionen erhofft.

1.2 Die wichtigsten anfänglichen Erwartungen

Die zahlreichen Niederlagen, die die Länder der Region erleiden mußten, als sie versuchten, die sozialistische Wirtschaft zu reformieren, ließen recht bald offensichtlich werden, daß nur über eine tiefgreifende Umgestaltung der Eigentumsverhältnisse eine wirkliche Veränderung der wirtschaftlichen Situation der Länder erreicht werden konnte. Stark verbreitet war auch die Ansicht, wonach es eine Grundbedingung für das Zustandekommen von Marktwirtschaften sei, daß die wirtschaftlichen Akteure vom Eigentümerbewußtsein motiviert sein müßten.

Die positiven Erwartungen, die die Menschen mit der Privatisierung verbanden, waren nicht zuletzt von den historischen Erfahrungen der vergangenen 40 Jahre geprägt. Danach war klar, daß die auf staatlichem Eigentum an Produktionsmitteln beruhenden Planwirtschaften unfähig sind, die grundlegenden Bedürfnisse und Wünsche der Menschen zu befriedigen. Den Marktwirtschaften, die auf dem Privateigentum basieren, schien man dies hingegen zuzutrauen. Daher erschien die Privatisierung, in deren Verlauf staatliches in privates Eigentum umgewandelt wird, vielen als der grundlegende Schritt, der sämtliche angestaute Probleme der früheren Systeme mit einem Schlag lösen würde. Die besondere Rolle der mittel- und osteuropäischen Privatisierung bestand also darin, daß sie als die wichtigste Garantie für den Aufbau einer effektiven Marktwirtschaft erachtet wurde. Die Erwartungen an die Privatisierung kann man folgendermaßen formulieren:

- Schaffung der Eigentümerkontrolle durch echte Eigentümer;

- Verbesserung der Effektivität und Wettbewerbsfähigkeit der Unternehmen;

- Modernisierung der Unternehmen (technisches und organisatorisches Management);

- stärkere Kapitalbildung auf der Ebene der Unternehmen (Modernisierung) und damit letztlich auch der Volkswirtschaft.

221

Wegen des chronischen inländischen Kapitalmangels und der Notwendigkeit einer weltwirtschaftlichen Integration wurde in den meisten Ländern der Region der Anwerbung von Auslandskapital eine besondere Rolle zuerkannt.

Folgende Grundpfeiler der Umgestaltung der Eigentumsstruktur lassen sich in den Übergangswirtschaften Mittel- und Osteuropas ausmachen:

– Aufbau einer auf einer soliden eigenen Basis beruhenden Privatwirtschaft;

– Schaffung von gemeinnützigen Eigentumsformen (Übergabe von Eigentum an die lokalen Selbstverwaltungen, Sozialversicherungsfonds, gemeinnützigen Stiftungen etc.);

– Privatisierung des bestimmenden Teils des staatlichen Eigentums;

– Befriedigung der Ansprüche auf Entschädigung nach der Reprivatisierung;

– verschiedene Formen des Einzugs von Auslandskapital.

Vom Auslandskapital wurde bezüglich der Privatisierung folgendes erwartet:

– Kapitalimport (auf der Ebene der Unternehmen: Investitionen und technische Modernisierung; in Hinsicht auf den Staatshaushalt: zusätzliche Einnahmen aus dem Verkauf von staatlichem Eigentum);

– Management-Transfer, Modernisierung der Organisation;

– marktwirtschaftliche Rationalisierung;

– weltwirtschaftliche Integration und Zugang zu neuen Märkten;

– Modernisierung, Einführung einer neuen Wirtschaftskultur.

Die einzelnen mittelosteuropäischen Länder hatten bezüglich Privatisierung und ausländischer Kapitalinvestitionen anfangs große Illusionen. Rückblickend auf die einstigen Niederlagen der verschiedenen Reformversuche, die man einfach mit einem Mangel an Privatisierung rechtfertigte, dachte man nun, daß die Privatisierung automatisch den Erfolg der wirschaftlichen Umgestaltung mit sich bringen müsse. Die Privatisierung ist aber, was immer klarer wurde, zwar eine notwendige, doch keinesfalls hinreichende Bedingung für einen erfolgreichen Übergang zu funktionierenden Marktwirtschaften bzw. für eine wirksame Bekämpfung der Wirtschafts- und Strukturkrise. Der Erfolg der Privatisierung ergibt sich nicht von selbst, sondern hängt vor allem davon ab, ob und wie sie mit den anderen Elementen des Krisenmanagements und der wirtschaftlichen Umgestaltung verbunden ist. Die sich im Verlaufe des wirtschaftlichen Übergangs einstellende Ernüchterung trat vor allem deshalb ein, weil diese Zusammenhänge vernachlässigt worden waren und die Privatisierung geradezu als Fetisch behandelt wurde.

Abweichend von der westeuropäischen Praxis mußte vor der eigentlichen Privatisierung (Enteignung des staatlichen Eigentums) eine sogenannte »Roh-Privatisierung« der Unternehmen erfolgen. Neben der für eine Privatisierung notwendigen organisatorisch-rechtlichen Umgestaltung beinhaltet diese auch eine erste Bewertung des Vermögens der Unternehmen; der Buchwert der Unternehmen wird festgestellt. Die mit der Sammelbezeichnung »Roh-Privatisierung« gekennzeichnete Phase – die in einzelnen Ländern auch als »Kommerzialisierung« oder »Umgestaltung« bezeichnet wird – sieht eine Umwandlung der staatlichen Unternehmen in wirtschaftliche Gesellschaften vor, wie sie in Marktwirtschaften typisch sind. Der Staat bleibt jedoch nach wie vor der einzige Eigentümer. Die wirkliche Privatisierung beinhaltet dagegen den Verkauf von Teilen der auf diese Art entstandenen wirtschaftlichen Gesellschaften an Privateigentümer. Interpretationsprobleme fangen nun dort an, wo einzelne Länder (z. B. Polen) bereits die Phase der Umgestaltung als Privatisierung betrachten. Ein weiteres Problem ergibt sich aus der Frage, welchen Teil des gezeichneten Kapitals der Unternehmen man nach der Privatisierung als tatsächlich privatisiert betrachtet.

1.3 Privatisierungsstrategien

Vor dem Vergleich der verschiedenen Typen der Privatisierung und der erreichten Ergebnisse müssen wir zunächst die voneinander abweichenden Anfangsvoraussetzungen der einzelnen Länder untersuchen, da diese den Handlungsspielraum der Regierungen stark beeinflußt und in vieler Hinsicht begrenzt haben. Bei der Bewertung der Ergebnisse der Privatisierung darf aber auch nicht außer acht gelassen werden, in welchem Ausmaß man im Rahmen des eingeschlagenen Privatisierungsweges in der Lage gewesen ist, existentes Reformpotential in den einzelnen Ländern zu nutzen.

Bei der Bewertung der Anfangsvoraussetzungen der Privatisierung müssen wir uns die Frage stellen, inwieweit der Staat am Anfang von seinen Rechten als Eigentümer der sogenannten staatlichen Unternehmen Gebrauch gemacht hat. Ein zentral gesteuertes Privatisierungsprogramm geht von der Annahme aus, daß der Staat auch wirklich über die Unternehmen verfügt, die ihm dem Namen nach zustehen. Dies verursacht dann keine Konflikte, wenn es um staatliche Unternehmen im traditionellen Sinn geht. Hingegen kam es in zahlreichen ehemaligen sozialistischen Ländern im Rahmen der Wirtschaftsreformen zu gewaltigen Dezentralisierungsmaßnahmen, in deren Verlauf ein großer Teil der Eigentümerrechte vom Staat an andere Gruppen übertragen worden ist (z. B. an Beamte, an das Management oder an die Nomenklatura).

In der DDR und in der Tschechoslowakei bestand das zentralisierte System der Planwirtschaft nach sowjetischem Muster ohne ernsthafte Korrekturen bis unmittelbar zur Wende. Die in der letzten Phase erfolgte – bis zu einem gewissen Maß – spontane Dezentralisierung bedrohte die Eigentümerrechte der Zentrale nicht wirklich.

In Polen wurde jedoch die Erosion des Systems von einer bewußten Dezentralisierung der Eigentümerrechte ergänzt. Als Ergebnis des Kampfes von Solidarnosc konnten sich die polnischen Arbeitnehmer umfangreiche Mitspracherechte erwerben. Die Arbeiterräte in den Unternehmen konnten sowohl auf die Geschäftspolitik des Unternehmens als auch auf das Ausmaß geplanter Entlassungen Einfluß nehmen. Mitspracherechte besaßen sie auch bei der Festsetzung der Löhne und der Aufteilung des Gewinns. Infolgedessen entstand ein institutionelles Vakuum, das es ermöglichte, daß die Arbeitnehmer – im wesentlichen auf der Grundlage des jugoslawischen Selbstverwaltungsmodells – die meisten Unternehmen selbst leiteten. Ein großer Teil der Rechte über die staatlichen Unternehmen gelangte auf diese Weise in Polen in die Hände des Managements und der Arbeitnehmer.

Ähnlich wie in Polen wurden die Eigentümerrechte auch in Ungarn nicht nur im Verlauf spontaner Prozesse, sondern im Rahmen einer bewußten Reformpolitik dezentralisiert. Seit 1985 hat sich die direkte staatliche Kontrolle über die staatlichen Unternehmen schrittweise immer mehr gelockert. Die von Unternehmensräten geleiteten Unternehmen gelangten in ein »Eigentümervakuum«. Dieses wurde von einigen starken Gruppen zu ihren Gunsten ausgenutzt. Sie begannen, mehr oder weniger von den Rechten als Eigentümer Gebrauch zu machen. Diese Unternehmen erhielten ab Ende der achtziger Jahre ganz im Sinne des erlassenen Gesellschafts- bzw. Umgestaltungsgesetzes das Recht, sich im Rahmen ihres Kompetenzkreises in eine Aktiengesellschaft umzuwandeln und unter Hinzuziehung ausländischer Investoren gemischte Unternehmen zu bilden.

Vor der Wende und der Machtablösung gelangte also in Ungarn und in Polen ein großer Teil der Eigentümerrechte im Rahmen der Dezentralisierung aus den Händen des Staates in die von anderen – nur noch staatsnahen – sogenannten »internen Gruppen«. In Polen waren dies vc r allem die Arbeitnehmer, in Ungarn das Management. Diese internen Gruppen konnten ihre Eigentümerrechte entweder auf gesetzlich völlig legale Weise oder auf der Grundlage des Gewohnheitsrechtes wahrnehmen. Demgegenüber blieben in der DDR und in der Tschechoslowakei die Eigentümerrechte des Staates praktisch unbeschnitten bis zur Wende erhalten. All diese Faktoren haben sich maßgeblich auf die unterschiedliche Praxis der Privatisierung in den einzelnen Ländern ausgewirkt.

Daneben haben bei der praktischen Verwirklichung der Privatisierung aber auch noch folgende drei Faktorengruppen eine bestimmende Rolle gespielt:

– Modernisierungsziele,

– Einnahmenmaximierung,

– gesellschaftliche Gerechtigkeit (gesellschaftliche Konflikte).

Diese Zielgebiete können allerdings in Widerspruch zueinander geraten. Die Verantwortung der Politiker besteht darin, unter Berücksichtigung der nationalen Eigenheiten und unter Verwendung einer effizienten Mischung von Privatisierungsmethoden und wirtschaftspolitischen Mitteln den schmalen Pfad zu finden, der sowohl Gleichgewicht als auch Erfolg beschert.

Die vier auf dem Gebiet der Privatisierung die größten Erfolge aufweisenden MOE-Länder – die ehemalige Tschechoslowakei, Polen, Ungarn und Ostdeutschland – können auf zahlreiche gemeinsame Erfahrungen, aber zugleich auch auf große Unterschiede verweisen.

Bei der sogenannten »kleinen Privatisierung«, also bei der Privatisierung der Handels- und Dienstleistungsbetriebe bzw. der kleinen Unternehmen dominieren die Ähnlichkeiten. Das betrifft die angewendeten Methoden sowie die erreichten Ergebnisse. Diese Form der Privatisierung vollzog sich in der Mehrzahl der Fälle im Rahmen von öffentlichen Versteigerungen und wurde bis zum Ende des Jahres 1993 praktisch in allen vier Ländern abgeschlossen.

Die »große Privatisierung«, also die Privatisierung der mittelständischen und Großunternehmen weist dagegen in allen vier Ländern wesentliche Unterschiede auf.

In Ostdeutschland und Ungarn wurde die große Privatisierung über öffentliche Ausschreibungen, Auktionen und direkte Verkäufe, durchweg also auf marktkonforme Weise vollzogen. Priorität genießen dabei in Ungarn die Einnahmen aus dem Verkauf der ehemals staatlichen Unternehmen. In Ostdeutschland liegt die Betonung eher auf Investitions- und Beschäftigungsgarantien. Die ehemalige Tschechoslowakei begann ihre Privatisierung ebenfalls über einen direkten Verkauf an interessierte Investoren. Der Schwerpunkt hat sich aber hin zur Privatisierung auf der Basis von Coupons verschoben. Ein großer Teil der Eigentumsrechte gelangte nach der Einsammlung der Bevölkerungs-Coupons in die Hände von Investmentfonds.

Auch in Polen begann man mit direkten Verkäufen. Dazu kam ein Massenprivatisierungsprogramm, welches das Parlament nach langen Diskussionen erst Mitte 1993 angenommen hat. Diese Form der Privatisierung ist als Ergänzung zur sogenannten Liquidierungs-Privatisierung gedacht. Im Verlaufe der Liquidierung der staatlichen Unternehmen werden die einzelnen Vermögensbestandteile entweder Stück für Stück verkauft, oder aber dem Unternehmen gelingt es, nach einer Umstrukturierung wieder auf die Beine zu kommen. In diesem Fall kann es dann auch zur Gründung von gemischten Unternehmen kommen.

Im Fall der ehemaligen Tschechoslowakei wurde auf die Einnahmen aus der Privatisierung verzichtet. Das primäre Ziel der dortigen Privatisierung besteht vielmehr in der Sicherung der gesellschaftlichen Unterstützung für die Privatisierung bzw. in einer umfassenden Teilnahme der Bevölkerung am Privatisierungsprogramm. In Polen erscheint es dagegen problematisch, daß trotz der enormen Verschuldung der Wirtschaft die Betonung nicht auf einer Maximierung der Privatisierungseinnahmen und überhaupt auf einer Forcierung der Privatisierung liegt, sondern eher Massenprivatisierungstechniken in den Vordergrund gerückt wurden, so daß die Privatisierung dort nur recht schleppend vorankommt. Die stürmische ostdeutsche Privatisierung hat gewaltige gesellschaftliche Erschütterungen verursacht. Diese versucht der deutsche Staat durch großzügige soziale Leistungen und andere Kompensationsmechanismen auszugleichen. Infolgedessen unterschritt der Grad der gesellschaftlichen Akzeptanz der Privatisierung nicht ein erträgliches Niveau. In Ungarn ist die Situation wesentlich komplexer. Die nur für kleine Gruppen der Gesellschaft günstigen marktkonformen Privatisierungsmethoden haben zu ernsten gesellschaftlichen Konflikten geführt. Dank der Vielfarbigkeit der Privatisierung und der Privatisierungstechniken und vieler den verschiedenen Interessengruppen gemachten Zugeständnisse haben diese Spannungen bisher aber noch nicht die Grenze der gesellschaftlichen Toleranz überschritten.

Aus all dem wird ersichtlich, daß man mit normativen Argumenten allein die beachtliche Streuung der Privatisierungsstrategien in den einzelnen Ländern nicht erklären kann. Auch kann man nicht genau sagen, warum einzelne Länder in Hinsicht auf ihre deklarierten Ziele so unterschiedliche Erfolge verzeichnet haben. Man muß daher immer die historischen, wirtschaftlichen und politischen Besonderheiten der einzelnen Länder berücksichtigen.

1.4 Ergebnisse der Privatisierung in den einzelnen Ländern

1.4.1 Tschechoslowakei bzw. Tschechische Republik

Wenn man berücksichtigt, daß der Anteil des staatlichen Sektors mit 96 % in der Tschechoslowakei mit zu den höchsten unter den mittelosteuropäischen Ländern zählte, dann sind die Ergebnisse der tschechischen Privatisierung besonders beeindruckend. Der Anteil der Privatsphäre, der 1989 bei 4 % lag, erhöhte sich bis Mitte 1993 auf 44,2 %. Schon Ende 1992 lag sein Anteil auch ohne die Ergebnisse der Coupon-Privatisierung bei 20 %.

Tabelle 1:

Anteil des privaten Sektors der tschechoslowakischen bzw. tschechischen Wirtschaft
(Angaben für verschiedene Indikatoren in %)

Indikator	1990	1991	1992	1993 1. Halbjahr
BIP	4,0	11,0	19,1	44,2
Industrieproduktion	k. A.	k. A.	14,5	17,6
Bauindustrie	k. A.	k. A.	46,0	60,2
Kleinhandel	k. A.	k. A.	66,1	75,0

Quelle: Tschechisches Statistisches Amt (CNB)

Vor allem bei der Privatisierung von Aktiengesellschaften spielt diese Form eine wichtige Rolle. Im Geiste des zu Beginn vorherrschenden Coupon-Fundamentalismus wollte man die in Aktiengesellschaften umgewandelten Unternehmen ausschließlich auf dem Wege der Coupon-Privatisierung verkaufen. Dieser Standpunkt hat sich später geändert, und es wurden auch zahlreiche andere Techniken angewendet. Dennoch blieb die Coupon-Privatisierung in diesem Bereich weiterhin dominierend.

Tabelle 2:
Die verschiedenen Techniken der ersten Privatisierungswelle
(Angaben bis Mitte 1993)

Privatisierungs- methode	Zahl der Wirtschafts- einheiten	Buchwert (Mrd. CZK)	%	Zahl der Be- schäftigten (in Tsd.)	%
öffentliche Auktion	447	5	1	15	1
öffentlicher Tender	424	14	3	62	5
direkter Verkauf	1 385	33	6	130	11
Aktiengesellschaften	1 294	477	88	978	82
davon auf					
Couponbasis	1 233	247	46	938	78
freie Vermögens-					
übergabe	1 175	10	2	14	1
Gesamt	4 725	539	100	1 199	100

Quelle: Jan Mladek: Czech companies after the first wave of voucher privatization, CEU, Prag, November 1993

Tabelle 2 zeigt, daß die Coupon-Privatisierung innerhalb der Privatisierung die entscheidende Rolle gespielt hat. Bis zum 30. Juli 1993 wechselten 46 % des zum Verkauf freigegebenen Vermögens auf diesem Wege den Besitzer. Die Gesamtzahl der von der Coupon-Privatisierung berührten Beschäftigten betrug 78 % der Gesamtbeschäftigten. Die anderen Formen der Privatisierung betrafen zwar eine große Anzahl von Unternehmen, doch gemessen am Gesamtvermögen bzw. der Gesamtbeschäftigung war ihre Rolle eher marginal. Aus der Tabelle geht ferner hervor, daß von der ersten Phase der großen Privatisierung fast ein Viertel der 4,8 Mio. tschechischen Beschäftigten betroffen war.

Die erste Welle der Coupon-Privatisierung war Mitte 1993 abgeschlossen. Daher können die Angaben als endgültig betrachtet werden. Die zweite Welle ist zwar schon in Bewegung, geht aber schleppend voran. Von dieser Welle soll den Plänen nach ein Vermögen von 240 Mrd. CZK berührt werden. Die Hälfte davon soll im Rahmen der Coupon-Privatisierung veräußert werden. Bis zum ersten Halbjahr 1993 konnte ein Vermögen von 58 Mrd. CZK (davon 22 Mrd. CZK mit Coupon-Techniken) verkauft werden. Alles in allem konnte mit Hilfe der Coupon-Privatisierung ein Vermögen von insgesamt 830 Mrd. CZK verkauft werden. Das ist zwar ein beachtlicher Fortschritt, aber ob der ursprüngliche Plan einer Vermögensveräußerung in Höhe von insgesamt 1 200 Mrd. Kronen erfüllt werden kann, steht in Frage. In der Slowakei war Ende 1993 das Schicksal der zweiten Welle der Coupon-Privatisierung noch äußerst unsicher.

Eines der am häufigsten gegen die Coupon-Privatisierung vorgebrachten Argumente ist die Annahme, daß die so entstehende Eigentümerstruktur atomisiert ist, was sich als ein ernstes Hindernis bei der Verwirklichung der Eigentümerkontrolle erweisen könnte. Die anfänglichen Gegner der Coupon-Privatisierung rechneten damit, daß der überwiegende Anteil der Eigentümer aus individuellen Kleineigentümern bestehen würde, die nicht in der Lage wären, in den innerbetrieblichen Entscheidungsprozessen ihren Willen als Eigentümer durchzusetzen. Die Etablierung der Privatisierungs-Investmentfonds hatte jedoch eine gewaltige Konzentration der Eigentümer zur Folge. Die Praxis hat ergeben, daß innerhalb der ersten Welle der Coupon-Privatisierung 71,4 % der disponiblen Coupons von 433 Investmentfonds erworben wurden. Die Konzentration der Eigentümer wird noch besser dadurch verdeutlicht, daß sich die dreizehn größten Investmentfonds 40 % der Coupons verschafft haben. Interessant ist auch, wer hinter den Investmentfonds steht: Einige größere Firmen haben nämlich gleich mehrere Privatisierungs-Investmentfonds gegründet.

Es gilt als sicher, daß – abgesehen von der ehemaligen DDR – die Tschechische Republik bei der Umstellung ihrer Eigentümerstruktur die bisher bemerkenswertesten Ergebnisse erzielt hat. Die veröffentlichten Daten zur Privatisierung sind allerdings mit Vorsicht zu genießen. Bis jetzt ist es nämlich sehr schwer festzustellen, ob der deklarierte Anteil des Privatsektors mit 45 % auch im internationalen Vergleich Gültigkeit hat. Die Coupon-Privatisierung, die trotz unterschiedlicher anderer angewendeter Techniken bisher mit 70 % den größten Teil des Privatisierungsvermögens ausmacht, ist als äußerst widersprüchlich und unsicher zu betrachten. Mit der Verteilung der Bevölkerungsaktien hat sich die Regierung praktisch gänzlich aus dem Prozeß der Privatisierung zurückgezogen. Gemäß ihrer Doktrin hängen die nun folgenden Schritte vollständig von den Entscheidungen der »Privateigentümer« ab.

Der gesamte Ablauf der Coupon-Privatisierung zeigt deutlich, daß die Absicht der tschechoslowakischen bzw. tschechischen Regierung in einer Beschleunigung der Privatisierung und in der Schaffung einer breiten Akzeptanz für diese besteht. Der Aspekt der Privatisierungseinnahmen wurde dabei in den Hintergrund gedrängt. Ebenfalls von geringerer Priorität war die Reorganisation der Unternehmen. Kritiker der Privatisierung verweisen darauf, daß sich der Staat damit geschickt aus seiner Verantwortung für die Reorganisation der Wirtschaft gestohlen hat. Auf dem Papier ist nämlich der durch den Staat geleitete Teil der Privatisierung praktisch abgeschlossen. Alles weitere gehört in den Kompetenzkreis der freien Marktwirtschaft. Erst in den folgenden Jahren wird sich zeigen, wie erfolgreich das tschechische Modell der Privatisierung wirklich war, inwieweit das Auslandskapital den Prozeß unterstützt hat, und wie die in ausländischer Hand befindlichen Privatisierungs-Investmentfonds mit ihrem Vermögen umgegangen sind, bzw. wie die Reorganisierung ihrer Unternehmen vonstatten gegangen ist.

Aus all dem wird deutlich, daß die Coupon-Privatisierung viele Widersprüche und offene Fragen aufwirft. Eine große Rolle spielt sowohl das institutionelle Doppeleigentum als auch das Fortbestehen des indirekten staatlichen Eigentums. Obwohl ungeachtet aller offiziellen Absichten eine außerordentliche Vermögenskonzentration entstanden ist, fehlt eine wirkliche Eigentümerkontrolle noch immer. Es ist fraglich, ob es entsprechende Mittel für deren Installierung geben wird. Die zentrale Frage, ob und wann die »nominal« privatisierten Unternehmen einen wirklichen Eigentümer bekommen, bleibt also vorerst noch offen. Genauso unsicher ist bisher auch die Auswirkung der Coupon-Privatisierung auf die Unternehmen. Wer wird das zur Weiterexistenz und Reorganisierung der Unternehmen notwendige Kapital zur Verfügung stellen? Der Strukturwandel auf der Ebene der Unternehmen bewegt sich in beiden Nachfolgestaaten der Tschechoslowakei äußerst schleppend. Das Konkursgesetz trat in der Tschechoslowakei erst 1993 in Kraft. In der Slowakei wurde dessen Annahme bisher immer wieder verschoben. Es zeigt sich also, daß die tschecho(slowakische) Umgestaltung auf diesem Gebiet in Verzug geraten ist. Opfer lassen sich aber nicht vermeiden, die verlorene Zeit macht alles nur noch schlimmer.

1.4.2 Polen

In Polen war der Anteil des Privatsektors am Bruttoinlandsprodukt bereits vor der Wende wesentlich höher als in anderen mittelosteuropäischen Ländern. Die sich auf eigener Basis entwickelnde Privatwirtschaft blieb auch im Verlauf des Systemwechsels der bestimmende Faktor bei der Umgestaltung der Eigentumsstruktur. Die Ausweitung des Privatsektors erfolgte in erster Linie mit der Gründung und Konsolidierung von Kleinunternehmen. Gleichzeitig ist aber für Polen auf dem Gebiet der Kleinunternehmen eine starke Zersplitterung kennzeichnend. Das Erlangen einer gewissen Kapitalmenge stellt für die meisten Kleinunternehmen ein unüberwindliches Hindernis dar. Ein Übergang zwischen der Sphäre der kleinen zu den mittelständischen Unternehmen ist also kaum vorhanden. Der Kapitalakkumulation sind einerseits wegen der Beschränkung der Kreditmöglichkeiten, andererseits aber

auch – ähnlich wie im Fall Ungarns – durch die enormen Abgaben an den Staat äußerst enge Grenzen gesetzt.
Insgesamt stieg der Anteil des Privatsektors am BIP von 29 % im Jahre 1989 auf 47 % gegen Ende 1992. Bis zum Herbst 1993 hat dieser Anteil die 50-Prozent-Marke überschritten.

Tabelle 3:

Anteil des Privatsektors an der Produktion und an der Beschäftigung
(Angaben in %)

	1989	1990	1991	1992	Veränderung seit 1989
Industrie					
– Produktion	16,2	18,3	24,6	31,0	14,8
– Beschäftigung	29,1	31,2	35,8	41,4	12,3
Bauindustrie					
– Produktion	33,0	41,8	62,6	77,7	44,7
– Beschäftigung	37,4	42,1	59,5	71,8	34,4
Transport					
– Volumen	11,5	14,2	25,2	39,3	27,8
– Beschäftigung	14,3	15,2	26,0	23,1	8,8
Handel					
– Umsatz	59,3	63,7	82,8	90,0	30,7
– Beschäftigung	72,7	82,2	88,3	90,5	17,8

Quelle: Polska 1989–93, Reforma Gospodarcza, Przeksztalcenia Strukturalne, Warschau, Zentrales Planungsamt, Oktober 1993

Insgesamt ein Achtel der im Privatsektor Beschäftigten arbeiten bei Firmen, die durch (Zwangs-)Privatisierung entstanden sind. Das bedeutet zugleich, daß der Anteil der bei diesen privatisierten Firmen beschäftigten Arbeitnehmer nicht einmal 5 % der Gesamtbeschäftigten ausmacht. Dieser Anteil belegt sehr anschaulich, daß in Polen weniger die Privatisierung, als vielmehr die auf eigener Basis entstehende und erstarkende Privatwirtschaft der grundlegende Weg für die Entstehung des Privatsektors ist.

Seit der Schaffung des Gesetzes über die staatlichen Unternehmen im Jahre 1990 wurden von den 8 453 staatlichen Unternehmen 2 467 auf verschiedenen Wegen privatisiert. Parallel dazu gelangten 1 052 staatliche Wirtschaften in die Hände des landwirtschaftlichen Eigentumsfonds. Bis zum Herbst 1993 wurden 511 staatliche Unternehmen in Gesellschaften umgewandelt. Darüber hinaus wurden bis zum September 1993 im Rahmen des Massenprivatisierungsprogramms weitere 186 Unternehmen in Gesellschaften umgewandelt.

Wenn man von den Unternehmen einmal absieht, zu deren Privatisierung es nach den neuesten Plänen schon im Rahmen der Massenprivatisierung kommen soll, haben wir es also bezüglich der individuellen Kapitalprivatisierung mit 330 Unternehmen zu tun. Bis zum September 1993 wurde auf diesem Weg die Privatisierung von insgesamt 86 Unternehmen abgeschlossen (1991:24; 1992:21 und bis zum September 1993:34 Unternehmen). Bei gut einem Viertel der 2472 Unternehmen, bei denen bis zum September 1993 die Privatisierung eingeleitet worden war, ist sie auch abgeschlossen worden. Der Anteil der Kapitalprivatisierung liegt jedoch nur bei etwa 3,5 %.

Die Zahl der Unternehmen, die von der Liquidierungs-Privatisierung betroffen sind, beträgt 1956, was die Zahl der von der großen Privatisierung betroffenen Unternehmen bei weitem übersteigt. Bis zum Herbst 1993 haben 1143 Unternehmen eine Liquidierungs-Privatisierung eingeleitet. Auf der Grundlage des Privatisierungsgesetzes waren es hingegen 813 Unternehmen.

Tabelle 4:

Begonnene und beendete Privatisierungsverfahren
(Stand: Ende September 1993)

	bis zum 31. 12. 1991 begonnen	beendet	bis zum 30. 9. 1993 begonnen	beendet
Privatisierung gesamt	1258	222	2472	706
Zentralisierte Privatisierung				
große Privatisierung	64	–	186	3
Individuelle Privatisierung	244	24	330	86
Gesamt	308	24	516	89
Liquidierungs-Privatisierung aufgrund des Privatisierungs- gesetzes	416	154	813	513
aufgrund des Gesetzes über die staatlichen Unternehmen	534	44	1143	104
Gesamt	950	198	1956	617

Quelle: Ministerium für Privatisierung, Dynamika Prywatyzacji, Varsó; Jan Bossak: Current Development of Privatization in Poland, Warschau November 1993, Ms.

Eine der bisher erfolgreichsten Arten der Privatisierung war die Liquidierungs-Privatisierung, bei der das Vermögen der liquidierten Unternehmen über die Konstruktion eines Mitarbeiterleasings in das Eigentum der Arbeitnehmer übergeht. Bis zum Herbst 1993 wechselten auf diesem Weg 753 Unternehmen den Besitzer.

Zusammenfassend kann man feststellen, daß die Privatisierung in Polen bisher nur äußerst schleppend vorankommt. Bis Ende 1993 konnten nur insgesamt 10 % dessen, was 1989 noch in Staatsbesitz war, privatisiert werden. Die Privatwirtschaft erreichte bis 1993 dennoch einen Anteil von 50 % des BIP. Das ist darauf zurückzuführen, daß die Sphäre der Kleinunternehmen in Polen auch schon vor der Wende eine gewichtige Rolle gespielt hat. Insbesondere trifft dies auf die Landwirtschaft zu, deren überwiegender Teil schon früher zum Privatsektor gehörte. Ein Vergleich erweist sich hier allerdings als schwierig, da statistisch gesehen auch die Produktionsgenossenschaften zum Privatsektor gezählt werden.

1.4.3 Ungarn

Eines der wichtigsten Merkmale der ungarischen Privatisierung ist, daß sie auf marktwirtschaftlicher Grundlage verläuft. Ihre verbreitetste Form ist der Verkauf auf dem Wege von öffentlichen Ausschreibungen. Unter den Käufern des staatlichen Vermögens dominieren die sogenannten Fachinvestoren. Der Anteil des Auslandkapitals ist sehr hoch, Ende 1992 lag er bei 70–80 %. Neuere Privatisierungstechniken, die versuchen, die ungarischen Investoren in eine bessere Lage zu bringen, haben inzwischen für eine etwas ausgeglichenere Verteilung gesorgt.

Verglichen mit den Ländern der Region ist die ungarische Privatisierung äußerst differenziert, da es keine vorherrschende Privatisierungstechnik gibt. Die Umwandlung der Eigentumsstruktur verläuft stark dezentralisiert und gleichzeitig parallel auf verschiedenen Kanälen.

Als großer Erfolg der Privatisierung können bisher die Privatisierungseinnahmen in Höhe von fast 300 Mrd. Forint verbucht werden. Diese wurden zur Verbesserung der Zahlungsbilanz, zur Auffüllung der Valutareserven sowie zur Verbesserung des inneren finanziellen Gleichgewichtes verwendet. Der Verkauf von fast einem Viertel des staatlichen Eigentums und die dadurch möglich gewordenen ausländischen Investitionen in einer Höhe von nahezu 7 Mrd. US $ haben viele Unternehmen vor dem sicheren Konkurs und der Liquidierung bewahrt. Bei anderen Unternehmen hatten die ausländischen Kapitalspritzen eine Verbesserung der Liquidität bzw. der Sicherheit der Arbeitsplätze zur Folge. Dieser »Einnahmezentrismus«, der für die ungarische Privatisierung typisch ist, verlangsamte jedoch die Privatisierung. Das führte zu einem zunehmenden Wertverfall bei den noch nicht privatisierten staatlichen Unternehmen und drängte jegliche Garantien bezüglich des Erhaltes der Arbeitsplätze in den Hintergrund.

Die beiden für die Privatisierung zuständigen Institutionen, die Staatliche Vermögensagentur (AVÜ) und die Staatliche Vermögensverwaltungs AG (AV Rt.), konnten bis Anfang 1994 Einnahmen in Höhe von 310 Mrd. Forint verzeichnen. Im Verlaufe der Vermögenstransaktionen wurde Staatseigentum in Höhe von weiteren 120 Mrd. Forint veräußert. Weitere 60–65 Mrd. Forint staatlichen Vermögens gelangte in gemischte Gesellschaften. Zusammengenommen konnte also in den bis Anfang 1994 verstrichenen Jahren der Privatisierung ehemals staatliches Eigentum in Höhe von fast 500 Mrd. Forint privatisiert werden. Wenn man den Wert des ursprünglichen zur Privatisierung anstehenden staatlichen Vermögens um den Wert der liquidierten Unternehmen senkt, dann ist es bisher gelungen, 35–40 % des von Experten auf anfangs 1 200 Mrd. Forint geschätzten gesamten staatlichen Nettovermögens zu privatisieren. Die von der AVÜ geleitete Privatisierung hat bisher ein Vermögen von 400 Mrd. Forint erfaßt. Das übersteigt bereits den Buchwert des verbliebenen Vermögens (399 Mrd. Forint). Wenn man jedoch den geschätzten Geschäftswert zugrunde legt, dann erreicht der von der AVÜ bereits privatisierte Anteil eine Größenordnung von fast zwei Dritteln. Das ist ein auch im internationalen Maßstab beachtliches Ergebnis.

Schneller als die Einnahmen aus der Privatisierung wächst seit 1992 (vor allem wegen der günstigeren technischen Bedingungen, z. B. entsprechender Kreditkonstruktionen und des Eigentumserwerbs durch die Belegschaft) der Anteil der ungarischen Investoren. Während der von ihnen stammende Anteil an den Privatisierungseinnahmen zunächst bei nur 22 % lag, erhöhte er sich 1992 auf 45 % und 1993 auf 67 %. Neben der dynamischen Erweiterung der Kreditmöglichkeiten (1992–1993) nehmen seit 1993 die in Entschädigungs-Coupons gezahlten Einnahmen ein immer stärkeres Gewicht ein. Von dem der AVÜ anvertrauten staatlichen Vermögen in einer Höhe von fast 1 300 Mrd. Forint werden aller Voraussicht nach ca. 600 Mrd. Forint auf Dauer in Staatsbesitz verbleiben. Davon sind vor allem gemeinnützigen Unternehmen wie die Elektrizitätswerke, die Gaswerke oder die Kanalisationswerke betroffen, die bis in jüngster Zeit auch in den entwickelten Marktwirtschaften in Staatshand waren. Von dem verkäuflichen Vermögen in Höhe von fast 700 Mrd. Forint war der Verkauf eines Vermögens von 100 Mrd. Forint bis Ende 1993 abgeschlossen, der Rest wird in nächster Zukunft veräußert werden.

Der Statistik nach war bereits 1993 mit 52 % der Anteil des Privatsektors an der Gesamtwirtschaft dominant. Noch 1989 betrug er lediglich 18 %. In der Wettbewerbssphäre sank der früher dominante Anteil der staatlichen Unternehmen bezüglich der Beschäftigung auf 25–30 %. Die Auswirkungen der Privatisierung auf die Arbeitslosigkeit werden besonders bei denjenigen Firmen deutlich, die sich in einer schwierigen finanziellen Lage befinden. In der Mehrzahl der Fälle hätten sich diese Firmen ohne Privatisierung von weitaus mehr Arbeitnehmern verabschieden müssen. Obwohl die Privatisierung für die meisten Unternehmen einen massiven Stellenabbau bedeutete, erhöhte sie dennoch gleichzeitig die Sicherheit der verbliebenen Arbeitsplätze. Sie stabilisierte bisher nahezu 400 000 Arbeitsplätze. Der Stellenabbau bei den privatisierten Unternehmen war weitaus geringer als im Industriedurchschnitt. Der durchschnittliche Stellenabbau lag 1991/92 bei den staatlichen Unternehmen bei 22 %, während er bei den privatisierten Unternehmen bei 5 % lag.

1.5 Vergleich der Ergebnisse der einzelnen Länder

Bevor wir auf die länderspezifischen Faktoren näher eingehen, ist es sinnvoll, die bisher in den einzelnen Ländern erreichten Ergebnisse knapp zu bewerten.

Die Privatisierung ist in Ostdeutschland am schnellsten und weitesten vorangekommen. Bis Ende 1993 konnten 90 % der ursprünglich von der Treuhand verwalteten Unternehmen privatisiert, an die Kommunen übergeben oder liquidiert werden. Der direkte Verkauf von Unternehmen weist auch in Ungarn Erfolge auf. Fast 25 % des einstigen staatlichen Vermögens konnte privatisiert werden. Die erste Phase der Privatisierung, also die Umwandlung in Gesellschaften, konnte bis Anfang 1994 praktisch abgeschlossen werden. Auch was die Einbeziehung von ausländischem Kapital betrifft, nimmt Ungarn einen Spitzenplatz ein. Die Hälfte des in die Region strömenden Auslandskapitals floß nach Ungarn. Das ist auch dann noch ein beachtliches Ergebnis, wenn man sich vor Augen hält, daß diese 6,8 Mrd. US $ verglichen mit anderen aufschließenden Ländern (wie z. B. Spanien und Portugal) eine recht bescheidene Summe sind.

Im Gegensatz dazu geht die Privatisierung in Polen äußerst schleppend voran. Die ausländischen Investoren spielen bisher nur eine sehr geringe Rolle. Die meisten privatisierten Unternehmen wurden über die Liquidierung privatisiert. Die Massenprivatisierung, die in ihren Grundprinzipien Eigenheiten der tschechoslowakischen Coupon-Privatisierung aufweist, hat bis Ende 1993 in Polen zu noch keiner einzigen echten Privatisierungstransaktion geführt. In der Tschechoslowakei verlief die erste Welle der Coupon-Privatisierung dagegen recht erfolgreich. Der Privatisierungsquotient erreichte dort bis Ende 1993 bereits 30 %.

Würden wir die Unterschiede nur allein darin suchen, welche Schwerpunkte in den jeweiligen Ländern jeweils gesetzt werden, so würden wir dem Kern des Problems nicht gerecht werden. Bisher ist nämlich die Frage noch nicht beantwortet, warum die Coupon-Privatisierung in der Tschechoslowakei funktioniert und in Polen nicht, oder warum es mit der Privatisierung in Ungarn vorangeht, während sie in Polen stockt. Unbeantwortet ist bisher auch die Frage, warum die kleine Privatisierung in den einzelnen Ländern in bezug auf Praxis und Ergebnisse große Ähnlichkeiten und die große Privatisierung beachtliche Abweichungen aufweist.

Die Unterschiede müssen wir demnach in länderspezifischen Faktoren suchen. Da wären in erster Linie zwei Faktoren zu nennen: die Verteilung der Eigentümerbefugnisse sowie die politische Stabilität in den einzelnen Ländern und die Stärke ihrer Regierungen. Wir haben bereits darauf hingewiesen, daß verschiedene Elemente der Eigentümerbefugnisse in der späten Phase des Sozialismus in Polen und Ungarn schon vor der Privatisierung in die Hände verschiedener interner Gruppen gelangt sind. In der DDR und in der Tschechoslowakei blieben dagegen die Rechte des Staates als Eigentümer nahezu ungeschmälert.

Auch die politische Wende und die Reformen hin zu einer Marktwirtschaft begannen in den einzelnen Ländern auf unterschiedlichen Niveaus der politischen Stabilität. Ostdeutschland wurde Teil eines festgefügten Staates, die Privatisierungspolitik grundlegend von der Wirtschaftspolitik der Bundesregierung bestimmt. In der ehemaligen Tschechoslowakei konnte die neue Regierung auf eine beachtliche Popularität und Legitimation bauen. Die Regierung in Ungarn hat bis zu den Parlamentswahlen im Mai 1994 noch jeden politischen Sturm überlebt. Sie ist die einzige Regierung in Mittel- und Osteuropa, die eine volle Legislaturperiode im Amt gewesen ist. In Polen lösen sich demgegenüber die Regierungen und Privatisierungsminister in stetem Wechsel ab. Daneben verfügen sowohl die Solidarnosc als auch die konkurrierende exkommunistische Gewerkschaft OPZZ über eine bedeutende Unterstützung in der Bevölkerung.

1.6 Konsequenzen bezüglich der Privatisierungspolitik

In einer Situation, wo verschiedene interne Gruppen bezüglich der Verfügungsrechte über das staatliche Eigentum in einer starken Position sind, hat der Staat zwei Möglichkeiten. Entweder läßt er die Interessen dieser internen Gruppen außer acht und setzt sein Privatisierungsprogramm auch gegen deren Willen durch. Wenn der Staat diesen Widerstand durch eine schnelle Aktion brechen kann, dann gibt es im Prinzip kein Hindernis für eine organisierte Privatisierung über ausländische Investoren oder die einheimische Bevölkerung. Oder der Staat ist schwach und es kommt zu einem Privatisierungskonflikt, der eine Umgestaltung der Eigentumsstruktur auf Jahre hinaus verzögern kann. In diesem Fall denken die internen Gruppen logischerweise nur äußerst kurzfristig. Das aber widerspricht den grundlegenden Interessen der Volkswirtschaft. Eine schwache Regierung kann aber diesem Verhalten vorbeugen, wenn sie die Bedürfnisse der verschiedenen internen Gruppen anerkennt und diese in ihre Privatisierungsstrategie einbezieht.

In die eine Gruppe gehören Länder, in denen die Verfügungsrechte über das staatliche Eigentum schon vor der politischen Wende in die Hände der internen Gruppen gelangt ist wie Polen und Ungarn. In die andere Gruppe gehören hingegen Länder, in denen die staatlichen Unternehmen zur Zeit der politischen Wende in vollem Umfang in Staatsbesitz waren wie Ostdeutschland und die ehemalige Tschechoslowakei.

Aus dem Blickwinkel der Privatisierungspraxis ist auch die politische Stabilität des betreffenden Landes von Bedeutung, d. h. in welchem Maß die frei gewählten Regierungen zu ständigen Kompromissen mit den verschiedenen Interessengruppen gezwungen sind. Als stabil können die Regierungen in Deutschland, der Tschechischen Republik, in Ungarn und zum Teil auch in der Slowakei gelten. Die innenpolitische Lage Polens war jedoch bis zum Herbst 1993 überwiegend von politischer Instabilität und politischen Krisensituationen gekennzeichnet. Die Regierungen in Ostdeutschland und in der Tschechoslowakei mußten daher die Interessen des betrieblichen Managements und der Angestellten bei der Formulierung ihrer Privatisierungsstrategie nicht vorrangig berücksichtigen. In Polen war eine derartige Strategie dagegen zu gefährlich. Dort kann die Privatisierung nur dann zum Erfolg führen, wenn den über starke Verhandlungspositionen verfügenden internen Gruppen echte Mitspracherechte und Privilegien gewährt werden. Ungarn nimmt in dieser Frage eine mittlere Position ein. Die Regierung machte hier zu verschiedenen Zeiten und in unterschiedlichem Maße den internen Gruppen Konzessionen und versuchte, die Interessen der verschiedenen Gruppen im Gleichgewicht zu halten. Bis in jüngster Zeit hat dies zu keinen schwerwiegenden, den Fortgang der Privatisierung lähmenden Konflikten geführt.

Wegen der zugespitzten Interessenkonflikte ist die Lage in Polen am kritischsten. Die schwache polnische Regierung unterlag bisher immer den starken internen Gruppen beim Aushandeln der weiteren Schritte der Privatisierung. Dies hat zu einer dreijährigen Stagnation der Privatisierung geführt. Es war bereits das Hauptziel der ersten Variante des Privatisierungsprogramms, daß die Eigentümerbefugnisse hin zum entstehenden Management geleitet werden sollten. Das explizite Ziel bestand in einer Senkung des Einflusses der Arbeiterräte. Die Arbeitnehmer konnten zwar mit einer gewissen Kompensation rechnen (beispielsweise Plätzen in den entstehenden Aufsichtsräten), doch stieß diese Absicht auf Widerstand. Die bis zur Annahme des Gesetzes über die Massenprivatisierung verlorenen drei Jahre haben für die Unternehmen zu einem beträchtlichen Vermögensverlust geführt.

Im Gegensatz dazu gelang es in der Tschechoslowakei in der zweiten Hälfte des Jahres 1992 im Rahmen eines ähnlichen Programms innerhalb eines halben Jahres 1 500 Unternehmen zu privatisieren. Das verdient um so größere Beachtung, als dabei weder die Angestellten noch das innerbetriebliche Management zu irgendwelchen Privilegien gekommen sind.

Im Gegensatz zu den zentralgeleiteten bzw. Massenprivatisierungsprogrammen war die sogenannte Liquidierungs-Privatisierung in Polen wesentlich erfolgreicher. Das Privatisierungsgesetz hat den Unternehmen in dieser Hinsicht sehr weitgehende Vorschlags- und Vetorechte zugesichert. Die Liquidierung ist zwar an die Zustimmung durch das Privatisierungsministerium gebunden, die Initiative dazu kann aber von den im Unternehmen tätigen Arbeiterräten oder von der gründenden Organisation kommen. Die Unternehmensleitung bzw. die Arbeiterräte haben darüber hinaus das Recht auf eine gesetzliche Revision des Liquidierungsbeschlusses. Die Angestellten des Unternehmens haben demgegenüber im Fall der Leasing-Privatisierung wesentlich weitergehende Mitspracherechte. Diese Art der Privatisierung kann nur von den Beschäftigten selbst initiiert werden. Der Nutznießer eines Leasingvertrages kann nur eine solche Gesellschaft sein, die mindestens zur Hälfte aus den Beschäftigten des ehemaligen Unternehmens besteht. In Polen konnten also diejenigen Privatisierungsverfahren mit einem Erfolg rechnen, bei denen das Gewohnheitsrecht der Arbeitnehmer oder aber ihr gesetzlich anerkanntes Verfügungsrecht berücksichtigt worden ist.

Die flexible Praxis der Privatisierung hat in Ungarn den internen Gruppen weitgehende Mitspracherechte eingeräumt. Die im Jahre 1989 begonnene, sogenannte »spontane Privatisierung« hat die schon im alten System geschaffene Position der internen Gruppen stillschweigend akzeptiert und geduldet, daß sich diese auch unter den Bedingungen der Marktwirtschaft durchsetzen können. Als jedoch die durch die Staatliche Vermögensagentur eingeleitete zentralisierte Privatisierung ins Stocken kam, wurde – was für die Flexibilität der Privatisierung spricht – der Zentralisierungsgrad gesenkt und im Rahmen dezentralisierter Privatisierungsverfahren erneut die Position der internen Gruppen anerkannt. Die Unternehmen berücksichtigten bei der Aufteilung der Privatisierungseinnahmen auch die Interessen der Arbeitnehmer. In Ungarn konnten also die internen Gruppen einen erheblichen Einfluß auf die Privatisierung ihrer Unternehmen ausüben. Andererseits gelang es dem Staat, die Kontrolle über die Privatisierung in einem solchen Ausmaß an sich zu ziehen, daß er im Gegensatz zu Polen einen großen Teil der Einnahmen aus der Privatisierung auf sein Konto schreiben konnte.

Zusammenfassend können wir festhalten, daß sich die Unterschiede bei der in Mittel- und Osteuropa ablaufenden Privatisierung nicht ausschließlich mit den voneinander abweichenden Privatisierungszielen bzw. -prioritäten erklären lassen. Der eingeschlagene Weg wurde und wird vor allem davon beeinflußt, in welchem Maß die im früheren System entstandene Eigentumsstruktur die aktuellen Befugnisse des Staates über das Eigentum definiert. In den Ländern, in denen überwiegend die internen Gruppen die Verfügungsrechte über das Eigentum besaßen, hing der Erfolg der Privatisierung vor allem davon ab, inwieweit diese Gruppen die vom Staat eingeschlagene Privatisierungsstrategie anerkannten und inwieweit der Staat in der Lage war, diese Strategie gegenüber den internen Gruppen durchzusetzen. In den Ländern,. in denen die internen Gruppen über keine starke Position verfügten, tauchte dieses Problem nicht auf, und die Regierungen konnten die Eigentümerrechte nach eigenem Ermessen veräußern.

1.7 Konsequenzen für die Unternehmen und die Beschäftigung

Es ist nicht einfach, die Privatisierung in den einzelnen Ländern mit einem einheitlichen Maßstab zu bewerten. Der endgültige Erfolg der Privatisierung wird sich erst in einigen Jahren zeigen. Dann wird auch klar sein, wie sich die Modernisierung äußert, bzw. ob die Eigentumsrechte über die Unternehmen in die Hände von echten Unternehmern gelangt sind oder nicht. Die größten Zweifel tauchen in dieser Hinsicht bezüglich der ehemaligen Tschechoslowakei auf. Hier ist es fraglich, ob es im Rahmen der Coupon-Privatisierung gelingt, wirkliche Eigentümer zu finden, die mit Kapitalinvestitionen die Modernisierung der Unternehmen unterstützen bzw. die oftmals mit großen Konflikten einhergehenden Reorganisierungsprogramme verwirklichen können. In dieser Hinsicht weist die tschechoslowakische Privatisierung trotz aller imposanten Statistiken noch gewaltige Defizite auf.

In Ostdeutschland gelangte der größte Teil der Unternehmen in die Hände von echten Eigentümern. Allerdings führte dies zur Deindustrialisierung ganzer Landesteile. Der Preis der Reorganisierung hat mittlerweile eine Größenordnung angenommen, die für andere Länder untragbar wäre. Das kann nur durch umfangreiche Kompensations- und soziale Transferzahlungen seitens der Bundesregierung ausgeglichen werden. Bis zum Gleichziehen der ehemaligen DDR bedarf es auch im günstigsten Fall einiger Jahrzehnte. Es ist auch nicht auszuschließen, daß diese Region noch auf lange Sicht ein mit Modernisierungsinseln versehenes »Mezzogiorno« der Bundesrepublik bleiben wird.

In Ungarn gibt es auf der Ebene der Unternehmen positive Anzeichen, die jedoch hinter den Erwartungen weit zurückbleiben. Auch das Auslandskapital hat nicht das zu leisten vermocht, was ursprünglich erhofft wurde. Die Aktivität des ausländischen Kapitals kann infolge weiterer Umgruppierungen von Produktionspotential weiter zunehmen. Eine umfassende Modernisierung der Wirtschaft des Landes ist davon auf mittlere Sicht allerdings nicht zu erwarten.

Ein Vergleich der erreichten Ergebnisse mit den unterschiedlichen Anfangsvoraussetzungen im Jahre 1989 ergibt, daß die Tschechoslowakei und die ehemalige DDR auf dem Feld der Privatisierung bisher am weitesten vorangekommen sind. In Ungarn wie auch in Polen ist es nicht gelungen, das am Anfang vorhanden gewesene Modernisierungs- und Reformpotential entsprechend zu nutzen. Die nach dem Systemwechsel einsetzende offene Privatisierung konnte die der marktwirtschaftlichen Umgestaltung vorausgehenden Vorbereitungsarbeiten nicht entsprechend nutzen. Die bisherigen Erfahrungen zeigen aber, daß sich die Veränderungen in Polen und vor allem in Ungarn eher in der Tiefe (z. B. beim Strukturwandel) vollzogen haben. In der Tschechoslowakei handelt es sich im Gegensatz dazu nur um eine extensive, relativ oberflächliche Umgestaltung mit einem noch offenen Endergebnis.

Die Auswirkungen der Privatisierung auf die Beschäftigung sind in der ersten Phase auf paradoxe Weise positiv. Nur Ostdeutschland bildet hier

240

eine Ausnahme: Dort verursachten die übergangslose »wirtschaftliche Annexion« und die stürmische Privatisierung eine Unterbeschäftigung von rund 40 %. Die in den anderen Ländern der Region herrschende offizielle Arbeitslosigkeit von 5–16 % kann zum großen Teil dem Marktverlust der staatlichen Unternehmen sowie den zahlreichen Zusammenbrüchen dieser Unternehmen zugeschrieben werden. Die Privatisierung hat dagegen – obwohl sie zunächst teilweise zu einem gewaltigen Stellenabbau führte – in vielen Fällen dafür gesorgt, daß Unternehmen vor dem sicheren Konkurs bewahrt werden konnten. Die Beschäftigungsbilanz der bisher verstrichenen Phase der Privatisierung ist also positiv.

Wesentlich negativer stellt sich allerdings das Bild dar, wenn die Auswirkungen der Privatisierung auf die innerbetriebliche Demokratie und die Gewerkschaften untersucht werden. Es gilt als unbestrittene Tatsache, daß die Interessenvertretungen der Arbeitnehmer enorm geschwächt wurden. Das wird jedoch von den Arbeitnehmern, die zunächst erst einmal ihre kurzfristigen Vorteile im Sinn haben, bisher nicht weiter beanstandet. Allerdings muß gerechterweise hinzugefügt werden, daß man auch in der Phase des Sozialismus nicht von Interessenvertretung und innerbetrieblicher Demokratie im westeuropäischen Sinn sprechen konnte. So muß die negative Wirkung der Privatisierung im Vergleich mit einem früheren Zustand nicht unbedingt als ein Rückschritt empfunden werden. Das Niveau der innerbetrieblichen Demokratie liegt in Mittel- und Osteuropa noch weit hinter dem des Westens zurück. Dies kann zukünftig zu einer Verschärfung der sozialen Konflikte führen.

Literatur:

Dobrowski, J./Federowicz, M./Levitas, A./Szomburg, J., 1992: Report on the Privatization of State-Owned Enterprises: Case Studies and Analysis. The Gdansk Institute for Market Economics, Economic Transformation Paper, No. 23, Gdansk

Hare, P./Grosfeld, I., 1991: Privatization in Hungary, Poland, and Czechoslovakia. Centre for Economic Policy Research, Discussion Paper Series, 544, London

Kreissig, V., 1993: Zurückgenommene Industrialisierung versus technologische Modernisierung, Ms. (Konferenzbeitrag), Chemnitz

Lipton, D./Sachs, J., 1990: Privatization in Eastern Europe: The Case of Poland, Brookings Papers on Economic Activity, 41

Monatsinformationen der Treuhand, 1993/1994, Berlin

Nuti, D. M., 1990: Privatization of Socialist Economies, in: Privatization in Eastern Europe, Renner Institut, Wien

Ostdeutschland Bulletin, 1993, Hans-Böckler-Stiftung Düsseldorf, 3–4

Sadowsky, D., 1992: Probleme des Transformationsprozesses in den neuen Bundesländern. Ein Überblick, in: Deutschland Archiv, 12

Scheuch, E. K., 1990: Schwierigkeiten der Soziologie mit dem Prozeß der Modernität, in: Zapf, W. (Hrsg.): Die Modernisierung moderner Gesellschaften, Frankfurt/Main

Stiglitz, J. E., 1989: On the Economic Role of the State, in: Stiglitz et al. (eds.): The Economic Role of the State, Oxford

Sveinar, I., 1989: Framework for the Economic Transformation of Czechoslovakia, PlanEcon Report, Vol. V., No. 52, New York

2. Ausländische Direktinvestitionen in den Transformationsökonomien

Rolf Alter / Peter Tergeist

2.1 Entwicklung der Privatwirtschaft und ausländische Direktinvestitionen

Das Herzstück der ökonomischen Transformation der mittel- und osteuropäischen Länder (MOE) und der neuen unabhängigen Staaten der früheren Sowjetunion (GUS) ist die Schaffung und Ausweitung des privaten Sektors (der Privatwirtschaft). Grundsätzlich besteht es aus drei Elementen:

– Förderung einheimischer unternehmerischer Privatinitiative,

– Privatisierung der Staatsbetriebe,

– Mobilisierung ausländischer Direktinvestitionen.

In einer Vielzahl von Transformationsgesellschaften sind heimische private Unternehmen das Ergebnis eines hektischen Gründungsfiebers. Dem Privatsektor ist ein schnell wachsender Anteil an der Gesamtproduktion zuzurechnen. Allerdings bestehen ernste Zweifel, ob Qualität, finanzieller Hintergrund und sektorale Verteilung dieser neuen Wirtschaftseinheiten eine geeignete Basis für eine sich selbst tragende Marktwirtschaft bieten. In der Mehrzahl gründen sich diese neuen Unternehmen im Dienstleistungsbereich, z. B. im Handel, Fremdenverkehr usw., und sie haben durchschnittlich nur wenige Beschäftigte.

Auch wenn Privatisierungen fast in allen Transformationsgesellschaften stattgefunden haben oder eingeleitet sind, spielen die Wirtschaftsunternehmen mit ausschließlicher oder partieller Staatsbeteiligung noch immer die entscheidende Rolle. Das gilt auch für die am weitesten fortgeschrittenen »Privatisierungsökonomien«. Das Fehlen heimischen Kapitals und unternehmerischer Erfahrung sowie konzeptionelle und administrative Probleme bei den Privatisierungsprogrammen verlangsamen den Privatisierungsprozeß in vielen Ländern. Dort, wo die Privatisierung mit Eigentumsübertragungsscheinen in der einen oder anderen Form stattgefunden hat, liegen die hauptsächlichen Strukturprobleme für die privatisierten Unternehmen im fehlenden Investitionskapital, im fehlenden Managementkenntnissen (speziell im Verkauf und Marketing) und einem geringen Grad von effektiver »Corporate Governance«.

Das dritte Element für die Entwicklung des Privatsektors in vielen Transformationsgesellschaften besteht in der Mobilisierung direkter Auslandsinvestitionen, die die Schaffung des heimischen Privatsektors und den Prozeß der Privatisierung unterstützen sollen. Ausländische Direktinvestitionen, so die Erfahrungen, bedeuten nicht nur Zufuhr von internationalem Finanzkapital, um die aus dem geringen heimischen Kapital herrührenden Grenzen für die ökonomische Entwicklung zu überwinden. Direktinvestitionen haben weitere zusätzliche Auswirkungen, die für die Erfordernisse der Transformation wichtig sind: Technologietransfer, Transfer von Managementfähigkeiten und Einführung einer »Unternehmens- und Geschäftskultur« sowie Zugang zu internationalen Märkten über die Vertriebskanäle des Investors. Diese nicht unmittelbar finanziellen und schwer zu quantifizierenden Vorteile der ausländischen Direktinvestitionen haben sich als bemerkenswert wichtig für den Prozeß jeder ökonomischen Entwicklung erwiesen.

Von ausländischen Direktinvestitionen wird zusätzlich erwartet, daß sie wichtige Auswirkungen auf die Neustrukturierung der Beschäftigung in Übergangsökonomien haben, also für die Arbeitsbedingungen und die neu sich herausbildenden Arbeitsbeziehungen. Nicht zu vergessen ist auch ihr Demonstrationseffekt. Ausländische Investoren können einen wichtigen Beitrag zur Gestaltung der sozialen Beziehungen im Transformationsprozeß leisten.

Um ausländische Direktinvestitionen zu gewinnen und ihr Potential voll für die ökonomische und soziale Entwicklung auszuschöpfen, ist ein vorteilhaftes Investitionsklima unverzichtbare Voraussetzung. Es hängt wesentlich von der ökonomischen Leistungsfähigkeit und der Wirtschaftspolitik ab, aber sozioökonomische Faktoren spielen ebenfalls eine herausragende Rolle. Nur wenige Transformationsökonomien haben bisher deutliche Fortschritte im Hinblick auf die Etablierung eines angemessenen gesetzlichen, institutionellen und politischen Rahmenwerks vorzuweisen.

2.2 Ergebnisse ausländischer Direktinvestitionen

2.2.1 Überblick

Die Bewertung der ausländischen Direktinvestitionen ist geteilt (Alter 1994). Tausende ausländischer Unternehmen haben in der Region investiert, die Zahl der Projekte mit ausländischer Beteiligung wächst ständig, der Umfang der ausländischen Direktinvestition nimmt zu. Aber auch wenn einige Länder eine bemerkenswerte Zahl ausländischer Direktinvestitionen angezogen haben, hat insgesamt gesehen deren Niveau bei weitem nicht den erwarteten Stand erreicht, der Voraussetzung für eine schnelle Verbesserung des Lebensstandards wäre[1]. Mehr noch: Anzeichen werden sichtbar, wonach sich der Zustrom ausländischer Direktinvestitionen in den stärker entwickelten Transformationsökonomien verlangsamt[2].

Anfang 1994 gab es bereits mehr als 100 000 Projekte direkter Auslandsinvestitionen in den Übergangsökonomien, etwa 80 % davon in den MOE-Staaten (s. Tabelle 1 nächste Seite). Rumänien führt mit fast 30 000 Projekten, gefolgt von Ungarn und Polen. Nur etwa 25 000 Projekte wurden in den GUS-Staaten getätigt, davon 30 % in Rußland.

Die Kapitalzuflüsse korrespondieren allerdings nicht mit der stark angewachsenen Zahl der Investitionsprojekte. Anfang 1994 erreichte der Bestand ausländischen Direktinvestitionskapitals in der Region etwa 21 Mrd. US $, davon der größte Teil in den MOE-Staaten (s. Tabelle 2). Vier Länder haben den überwiegenden Anteil an Zuflüssen verzeichnet: Ungarn mit 5,4 Mrd. US $, Polen mit 2,6 Mrd. US $ und die Tschechische Republik mit 2,1 Mrd. US $. Slowenien scheint in den letzten zwei Jahren mit einem geschätzten Bestand von 1,2 Mrd. US $ ziemlich schnell den Anschluß gefunden zu haben, während für Rumänien weniger als 800 Mio. US $ erfaßt wurden. Bezogen auf die GUS-Staaten ist der Zustrom direkter Auslandsinvestitionen eher Stückwerk geblieben. Anfang 1994 wird der Betrag alles in

---

1 Für einen interessanten Vergleich der Berechnungen des Kapitalbedarfs in verschiedenen Untersuchungen vgl. EBRD 1993.
2 Die Statistiken ausländischer Direktinvestitionen in Übergangsökonomien sind generell unvollständig, ungenau und kaum geeignet für internationale Vergleiche. Unterschiedliche Definitionen von Direktinvestitionen und Portfolio-Investment, fehlende Erfassung der reinvestierten Gewinne und anderer Probleme der Datenerfassung haben einen negativen Einfluß auf die Qualität der Datenaussage. Immerhin haben aber einige Länder Fortschritte bei der Datenerfassung gemacht. Für die Gesamtregion sind aber die erfaßten Daten nur mit größter Vorsicht zu interpretieren. Ein spezielles Moment der Daten über ausländische Direktinvestitionen in der Region sind die Investitionen durch »in-kind contributions«, die sich der Erhebung der Finanzströme entziehen.

allem auf 6 Mrd. US $ geschätzt. Auch wenn davon mehr als die Hälfte nach Rußland floß, sind doch die Ergebnisse im Verhältnis zu dem enormen wirtschaftlichen Potential des Landes enttäuschend.

Relativ gesehen ist Ungarns Führungsposition als Investitionsstandort noch ausgeprägter: Mitte 1993 waren pro Kopf der Bevölkerung in Ungarn etwa 560 US $ ausländischen Kapitals investiert, verglichen mit nur 184 US $ in der Tschechischen Republik, 65 US $ in Polen und etwa 40 US $ in Rußland.

Eine gewisse Verlangsamung des Zustroms ausländischer Direktinvestitionen ist in der jüngsten Vergangenheit festzustellen. In der Tschechischen Republik betrugen die ausländischen Direktinvestitionen 1993 etwa 500 Mio. US $ gegenüber knapp 1 Mrd. im Jahre 1992. Für 1994 ist mit einer Stabilisierung auf vergleichbarem Niveau zu rechnen. Eine ähnliche Entwicklung ist auch für Ungarn wahrscheinlich. Während die ausländischen Direktinvestitionen für das Jahr 1993 eher eine weitere Zunahme versprachen, deutet die Entwicklung im ersten Halbjahr 1994 auf Stagnation, ja tendenziell sogar auf eine Verringerung hin. Die 93er Daten könnten allerdings zu einer gewissen Fehleinschätzung des positiven Trends beigetragen haben, da sie die erste Tranche einer der letzten wichtigen Transaktio-

Tabelle 1:

Gesamtzahl der Projekte ausländischer Direktinvestitionen in MOE-Staaten

	1989	1990	1991	1992	1993
Osteuropa (insgesamt)	1 185	11 740	39 350	59 350	80 450
Bulgarien	30	140	900	1 200	2 300
CSFR	60	1 600	6 200	–	–
Tschechische Republik	–	–	4 200	4 500	5 000
Slowakei	–	–	2 000	2 800	4 400
Ungarn*	1 000	5 700	9 100	17 200	21 500
Polen	90	2 700	5 600	10 100	15 000
Rumänien**	5	1 600	10 300	20 700	29 000
Slowenien	–	–	1 000	2 800	3 200
UdSSR	70	1 890	4 480	13 110	25 450
Rußland	–	1 500	2 000	3 200	8 000
Ukraine	70	150	400	3 400	4 200
Baltische Staaten	0	170	1 600	5 100	10 800

* Laufende Projekte
** Registrierte Projekte

Tabelle 2:

Ausländische Direktinvestitionen in MOE-Staaten
(Angaben für 1989–1994 in Mio. US $)

	1989	1990	1991	1992	1993	1994 1. Quartal
Osteuropa (insgesamt)	906,0	3181,0	5799,1	10204,8	14481,0	15508,0
Bulgarien	–	–	56,0	98,0	200,0	–
CSFR	256,0	436,0	–	–	–	–
Tschechische Republik	–	–	595,1	1555,6	2053,0	2180,0
Slowakei	–	–	–	231,2	380,0	–
Ungarn	550,0	1460,0	3000,0	4100,0	5400,0	5700,0
Polen	100,0	373,0	479,0	1545,0	2600,0	3200,0
Rumänien	–	112,0	269,0	538,0	755,0	–
Slowenien	–	400,0	830,0	1100,0	1200,0	–
UdSSR	765,0	1211,0	1844,0	3514,0	5720,0	5720,0
Rußland	617,0	959,0	800,0	2000,0	3600,0	–
Ukraine	24,0	52,0	670,0	850,0	1200,0	–
Baltische Staaten	68,0	90,0	195,0	394,0	520,0	–

Quelle: UNECE, National Statistics; OECD-Schätzungen

nen im Dienstleistungsbereich beinhalten, nämlich die eines großen ausländischen Konsortiums, das den staatlichen Telekommunikationsbereich übernahm.

2.2.2 Zur Herkunft des ausländischen Direktinvestitionskapitals

Die Mitgliedsstaaten der Europäischen Union und die USA sind die führenden Herkunftsländer ausländischer Direktinvestitionen in der Region. Deutsche Unternehmen gehören zur Gruppe der aktivsten Investoren, gefolgt von italienischen, französischen und niederländischen Unternehmen. Japanische Unternehmen sind dagegen fast bedeutungslos. Regionale Nähe und traditionelle Handelsbeziehungen, Hauptbestimmungsfaktoren geographischer Investitionsmuster für ausländische Direktinvestitionen überall auf der Welt, scheinen gleichermaßen von Bedeutung für Osteuropa zu sein.

Typische Beispiele für die Stellung ausländischer Partner aus Westeuropa und den USA sind Polen, Ungarn, die Tschechische Republik und Bulgarien. In Polen kamen Mitte 1993 etwa 60 % des Auslandskapitals aus Westeuropa – mit Italien, Deutschland und den Niederlanden als Hauptinvestorländer. Die USA stellten mit einem Kapitalzufluß von etwa 35 % das größte Einzelinvestitionsland (FTRI 1994).

In Ungarn ist der Anteil des Kapitalflusses aus westeuropäischen Ländern noch höher, er belief sich Mitte 1993 auf fast 80 %. Während US-Unternehmen mit 5 % am Auslandskapital beteiligt sind, sind es bei den europäischen Investoren Deutschland, Österreich und Belgien mit jeweils 18 %. In der Tschechischen Republik dominierten unter den Auslandsinvestoren Ende 1993 mit 38 % deutsche Unternehmen, während US-Investoren etwa 28 % auf sich vereinigten, eng gefolgt von denen aus Frankreich, Belgien und Österreich. Die höchste regionale Konzentration von Investoren ist in Bulgarien zu verzeichnen, wo 97 % des ausländischen Kapitals aus Westeuropa stammen.

2.2.3 Umfang der Investitionen

Der durchschnittliche Umfang der Investitionsprojekte ist im allgemeinen relativ gering. Am höchsten ist er in Polen, wo die durchschnittliche Auslandsinvestition etwa 270 000 US $ betrug. Bemerkenswert ist, daß sich die Durchschnittsgröße zwischenzeitlich aber deutlich erhöht hat. Realisierte Projekte haben 1992 im Durchschnitt Investitionen von 6,8 Mio. US $ bewirkt. In Ungarn wurden 1990 179 000 US $ pro Auslandsinvestition getätigt, der Betrag vergrößerte sich auf 257 000 US $ ein Jahr später, bevor er in der ersten Hälfte 1993 auf weniger als 200 000 US $ zurückfiel. Rumänien repräsentiert den Extremfall am unteren Ende der durchschnittlichen Auslandsinvestition. Typisch ist allerdings, daß einige wenige große Investitionen den Hauptumfang des investierten Kapitals ausmachen. In Ungarn z. B. hatten 32 Unternehmen Ende 1992 jeweils über 1 Mrd. Ungarische Forint (über 10 Mio. US $) investiert, während die durchschnittliche Auslandsinvestition 21 Mio. Forint betrug (EBRD 1995).

2.2.4 Branchen

Gemessen an der jeweiligen Investitionshöhe dominieren ausländische Direktinvestitionen typischerweise im Fertigungssektor. Gemessen an der Zahl der Investitionsprojekte ist es im allgemeinen der Dienstleistungssektor, der die meisten ausländischen Direktinvestitionen mobilisiert hat.

Der Anteil der Investitionen im Bergbau und in der industriellen Fertigung wurde Mitte 1993 in Polen mit 30 % veranschlagt, während der Handel bei knapp 40 % lag. Zur gleichen Zeit betrugen die industriellen Investitionen in

Ungarn etwa 55 %, während Groß- und Einzelhandel etwa 12 % ausmachten. Finanzierungen und Wirtschaftsdienstleistungen wurden mit etwa 11 bzw. 8 % des gesamten Kapitalflusses registriert. Nahrungsmittelproduktion und Maschinenbau sind für ausländische Investoren besonders attraktive Investitionsziele, gefolgt von Chemie und Erdölindustrie.

In der Tschechischen Republik flossen 67 % des gesamten ausländischen Kapitals in das verarbeitende Gewerbe. Für finanzielle Dienstleistungen sind 10 %, für Handel und allgemeine Dienstleistungen 5 % anzusetzen. Innerhalb des verarbeitenden Gewerbes sank der Anteil der Automobilindustrie von 71 % im Jahre 1991 auf 20 % im Jahre 1993. Hier wird eine Ausweitung in andere Produktionsbereiche nach der ersten großen Investition von Volkswagen im Automobilsektor deutlich.

2.2.5 Ökonomische Auswirkungen

Aufgrund des relativ geringen Umfangs ausländischer Direktinvestitionen sind ihre gesamtwirtschaftlichen Auswirkungen auf den Transformationsprozeß im allgemeinen ziemlich gering geblieben. Allerdings gibt es einige Ausnahmen, die auf die ungleiche Verteilung der ausländischen Direktinvestitionen unter den Ländern zurückzuführen sind. Aus internationaler Perspektive ist die Bedeutung ausländischer Direktinvestitionen in der Tschechischen Republik, Ungarn und Polen ziemlich beeindruckend, machten sie doch 1992 jeweils 5,5 %, 4,6 % und 2 % des Bruttosozialprodukts der genannten Länder aus. Zum Vergleich: Ausländische Direktinvestitionen, bezogen auf das Bruttosozialprodukt, betrugen im gleichen Zeitraum in Portugal 3,6 %, im Vereinigten Königreich 3,5 % und in den Vereinigten Staaten 0,7 %. Der Anteil ausländischer Direktinvestitionen, bezogen auf die heimischen Gesamtinvestitionen, betrug 1991 20–25 % in den beiden erstgenannten Ländern, während er in Polen 10–15 % ausmachte (Arva 1994).

Unternehmen mit ausländischer Beteiligung erreichten 1993 einen Anteil von fast 20 % aller ungarischen Publikumsgesellschaften. Sie trugen 1991 ca. 15 % zur Wertschöpfung bei, während ihr Umsatzanteil ca. 16 % des gesamten heimischen Absatzes ausmachte. In Polen beschäftigten Unternehmen 1992 mit ausländischer Beteiligung über 230 000 Arbeitnehmer, das entspricht 2 % der polnischen Beschäftigung. 1991 zählten Unternehmen mit ausländischer Beteiligung erst 120 000 Beschäftigte. 66 % der Arbeitnehmer in Unternehmen mit ausländischem Kapital arbeiteten in der Industrie und 11 % im Handel.

Es bleibt abzuwarten, ob ausländische Direktinvestitionen ihre Bedeutung für die entwickelten Übergangsökonomien beibehalten. Während der Zustrom ausländischer Direktinvestitionen weiter ansteigt, könnte die Verbesserung der gesamtwirtschaftlichen Situation zu einem Rückgang der relativen Position der ausländischen Direktinvestitionen führen.

Andererseits ist festzustellen, daß ausländische Direktinvestitionen häufig branchenspezifische Bedeutung haben. Auch können die Beiträge ausländischer Direktinvestitionen nicht immer angemessen statistisch erfaßt werden. Sie haben aber auch geholfen, neue Handelsbeziehungen mit ihren Herkunftsländern zu schaffen und den Transfer moderner Technologie und Managementmethoden bewirkt. Durch den ausländischen Kapitalfluß wurde ein beschleunigter Ausbau von Dienstleistungen, wie Management-Consulting und Absatzwerbung, bewirkt (UNCTAD 1994), die sich in der Steigerung der Wettbewerbsfähigkeit niederschlagen.

2.2.6 Bewertung

Das Gesamtergebnis ausländischer Direktinvestitionen in der Region bleibt enttäuschend, auch wenn einige Länder größere Zuströme verzeichnet haben als andere. Es kann aber kein Zweifel darüber bestehen, daß viele Länder attraktive Möglichkeiten für ausländische Großdirektinvestitionen bieten. Untersuchungen bei aktuellen und potentiellen Investoren haben belegt, daß relativ große, manchmal sogar sehr große interne Märkte und in einigen Fällen auch enorme Naturressourcen entscheidende Faktoren für Investitionsentscheidungen sind. Zudem ist der Ausbildungsstand der Arbeitnehmerschaft in den Übergangsökonomien im allgemeinen sehr hoch, auch wenn einige entscheidende Fähigkeiten wie etwa Management und Absatz unterentwickelt sind. Nicht zu vergessen ist, daß einige Übergangsökonomien sehr interessante technologische Perspektiven bieten (Szanyi 1994; OECD 1995a; Hammid 1994).

Eine Bewertung der Ergebnisse und Erfolge ausländischer Direktinvestitionen muß die gegenwärtigen wirtschaftlichen Rahmenbedingungen mit in Rechnung stellen. Übergangsökonomien konkurrieren global um knappe Fonds. Global hat sich der Kapitalinvestitionsfluß zwischen 1991 und 1993 drastisch reduziert und fiel von 210 Mrd. US $ pro Jahr auf 170 Mrd. US $. Viele der ausländischen Investorenländer sind derzeit dabei, sich von einer ernsten Rezession zu erholen. Potentielle Empfängerländer in Osteuropa konkurrieren mit Investitionsstandorten in anderen Teilen der Welt, wie z. B. Asien, wo 1993 allein China 25 Mrd. US $ ausländischer Direktinvestitionen anzog. Und schließlich sind die heimischen wirtschaftlichen Ergebnisse der Übergangsgesellschaften in den meisten Fällen schwach geblieben.

Es bleibt abzuwarten, ob der gegenwärtige Rückzug ausländischer Direktinvestitionen in den entwickelten Übergangsökonomien nur ein Zwischentief darstellt oder ob damit ein allgemeiner Rückgang eingeleitet wird – eine Frage, die auch für andere Übergangsökonomien von großem Interesse ist, da damit Auskunft über Tendenzen ihrer eigenen Entwicklung gegeben werden könnte. Der Abschluß der Privatisierungsprogramme in der Tschechischen Republik und der Verkauf der wichtigsten Staatsunternehmen in Ungarn könnte den Rückgang direkter Auslandsinvestitionen teilweise erklären.

Andererseits sind viele Länder, die sich für ausländische Direktinvestitionen geöffnet haben, durch unterschiedliche Entwicklungsphasen gegangen (Huang/Shirai 1994). Generell wurde ein verzögertes Wachstum der Auslandsinvestitionen in der Initialphase festgestellt trotz aktiver wirtschaftspolitischer Maßnahmen zur Förderung ausländischer Direktinvestitionen. Die zweite Stufe, die einige der entwickelteren Übergangsökonomien wahrscheinlich schon erreicht haben, ist im allgemeinen durch starke Schwankungen des ausländischen Direktkapitalflusses charakterisiert, bestimmt durch die Ungewißheit der Investitionsrahmenbedingungen und der oft undurchsichtigen Marktbedingungen. Ausländische Investoren verhalten sich von daher nach dem Prinzip »Abwarten-und-Weitersehen«. Die dritte Stufe der Expansion wird in dem Maße erreicht, wie der Grad der Ungewißheit abnimmt. Die Verbesserung der Wirtschafts- und Finanzpolitik fördert das Investitionsklima, der Zugang zu Informationen über die Ergebnisse von Pionierinvestitionen wird leichter und der Aufbau heimischer Kommunikationskanäle führt zu einer systematischen und auf potentielle Investoren abzielenden Informationspolitik.

Die quantitative Analyse erlaubt auch auf einer zur Zeit noch vorläufigen Grundlage, die typischen Bedenken zu thematisieren, die im Zusammenhang mit ausländischen Direktinvestitionen in Übergangsökonomien geäußert werden:

- Dies ist zunächst die Furcht in vielen traditionellen oder sich entwickelnden Investorenländern, wonach es zu einer Reorientierung ausländischer Direktkapitalflüsse in Richtung MOE- und GUS-Länder käme.

- Die relativ geringe Gesamtsumme des ausländischen Direktinvestitionskapitals, das tatsächlich investiert wurde, kann kaum als eine Umlenkung der heimischen westeuropäischen Investitionen nach Osteuropa interpretiert werden. Diese generelle Bewertung schließt aber nicht aus, daß in Einzelfällen ausländische Direktinvestitionen zu einer Standortverlagerung von Produktionsstätten geführt haben. Dabei ist jedoch zu beachten, daß eine Produktionsverlagerung nicht notwendig auch Arbeitsplatzverlagerung bedeutet. Im Gegenteil, die Gründung von Produktionsstätten in Übergangsökonomien kann sehr gut zu größerer Wettbewerbsfähigkeit des investierenden Unternehmens im Mutterland führen. Häufig geht die Auslandsinvestition mit einem Nachfrageanstieg des neuen Tochterunternehmens einher und hat daher positive Auswirkungen auf die Beschäftigungssituation bei der Muttergesellschaft.

• Die quantitative Analyse sollte auch dazu beitragen, die Furcht der osteuropäischen Bevölkerung vor einem Ausverkauf ans Ausland abzubauen. Es ist ziemlich unwahrscheinlich, daß der Fluß ausländischer Direktinvestitionen eine Dimension erreicht, der eine größere Zurückhaltung angeraten erscheinen läßt, z. B. im Interesse der nationalen Souveränität oder Sicherheit. Im Gegenteil, wegen der potentiellen Beiträge ausländischer Direktinvestitionen zur Beschleunigung des Transformationsprozesses ist noch sehr viel mehr für die Entwicklung des Privatsektors und den Zustrom ausländischer Direktinvestitionen zu tun (Alter 1991). Eine wichtige Voraussetzung für den Erfolg eines solchen Politikansatzes ist die Unterstützung durch die Bevölkerung. Dies wiederum bedeutet aber, daß ein besseres Verständnis der Rolle, die ausländische Direktinvestitionen spielen, und eine größere Transparenz der politischen und wirtschaftlichen Entscheidungsprozesse hergestellt werden muß.

2.3 Beschäftigungspraktiken ausländischer Investoren am Beispiel Ungarns

In diesem Abschnitt werden einige mit internationalen Investitionen einhergehende Beschäftigungspraktiken und Arbeitsmarktentwicklungen am Beispiel Ungarns herausgegriffen, wo, wie bereits erwähnt, ausländische Unternehmen oder solche mit ausländischer Beteiligung im Jahre 1993 annähernd 20 % aller ungarischen Kapitalgesellschaften ausmachten.

Die folgenden Informationen resultieren zum einen aus einer Globaluntersuchung der OECD zur ungarischen Arbeits- und Sozialpolitik (OECD 1995b), zum anderen aus einer Konferenz über »Labour/Management Relations and Human Resource Practices in Foreign and Multinational

Enterprises«, die im Juni 1993 gemeinsam von der OECD und dem ungarischen Arbeitsministerium organisiert wurde[3].

Arbeitsmarktverhalten, Personalführung und Arbeitsbeziehungen ausländischer Unternehmen und multinationaler Konzerne werden in Ungarn seit dem Ende der achtziger Jahre debattiert. Abgesehen vom Vorwurf des »Ausverkaufs« der ungarischen Industrie an ausländische Konzerne wird häufig kritisch auf massive Entlassungen bei Unternehmensumstrukturierungen bei einer Privatisierung und ausländischer Beteiligung, andererseits auch positiv auf Lohnvorteile der Beschäftigten und verbesserten Managementtechniken bei ausländischen Unternehmen hingewiesen. Je nach Standpunkt wird die Privatisierung als Hauptfaktor für die zwischen 1989 und 1993 sprunghaft gestiegene Arbeitslosigkeit verantwortlich gemacht, oder es wird die Rolle der Privatwirtschaft, u. a. auch des ausländischen Kapitals, bei der Schaffung neuer Arbeitsplätze im privaten Sektor betont.

Empirische Forschungsergebnisse über die Auswirkungen internationaler Investitionen auf die Arbeitsbeziehungen in Ungarn sind noch gering. Ein Grund liegt darin, daß trotz der Vielzahl von Beteiligungen die Anzahl größerer Unternehmen in ausländischem Besitz nach wie vor gering ist und im industriellen Sektor ausländisch geführte Betriebe sich noch im Investitionsstadium befinden oder ihre Produktion erst kürzlich voll angelaufen ist – mit der besonderen Ausnahme von General Electric-Tungsram. Auch sind noch nicht genügend langfristige Erfahrungen gemacht worden, um z. B. Arbeitsmarktverhalten und Arbeitsbeziehungen in neu errichteten Betrieben mit den durch Privatisierung übernommenen zu vergleichen.

2.3.1 Beschäftigungsverluste

In Ungarn ist wie in den anderen osteuropäischen Staaten und der früheren DDR die Beschäftigung seit dem Beginn der Transformation in Richtung Marktwirtschaft erheblich zurückgegangen. Innerhalb von drei Jahren, zwischen 1990 und 1993, sind über 1 Million Arbeitsplätze verlorengegangen, was sich in einem massiven Anstieg der Arbeitslosigkeit auf über 600 000 sowie in der Abwanderung anderer Beschäftigter in die Frühverrentung und die stille Reserve niedergeschlagen hat. Die stalinistisch geprägte Beschäf-

---

3 Wir danken Laszlo Neumann, Andras Toth und Lilli Berko, deren Hintergrundberichte für diese Arbeit benutzt worden sind.

tigungsstruktur war von einem Übergewicht der Schwerindustrie und von übergroßen Firmen geprägt, die Arbeitskräfte auf Vorrat beschäftigten und teilweise in isolierten, strukturschwachen Gebieten angesiedelt waren. Zum Beispiel hatten 1988 79 % der ungarischen Unternehmen über 500 Angestellte, verglichen mit durchschnittlich nur 43 % in der Europäischen Gemeinschaft.

Seit 1989 verlor der industrielle Sektor angesichts der Turbulenzen auf den osteuropäischen und der geringen Wettbewerbsfähigkeit auf den westlichen Märkten allein annähernd 400 000 Arbeitsplätze. Viele von ihnen gingen im Zuge von Bankrotten, aber auch von Privatisierungen mit anschließender umfassender Rationalisierung und Ausdünnung der Belegschaft verloren.

Eine staatliche Eigentumsbehörde war 1990 mit dem Ziel der Umwandlung der Staatsbetriebe in Privateigentum gegründet worden. Diese Behörde setzte sich zunächst das Ziel einer möglichst schnellen Umwandlung der Betriebe in kommerzialisierbare Einheiten und ihres anschließenden Verkaufs, unter starker Berücksichtigung ausländischer Anbieter. Auslandsinvestitionen wurden als Weg angesehen, Technologie, Kapital und Erfahrungen in Unternehmensführung und Marketing möglichst schnell nach Ungarn zu importieren. Als Nebenprodukt wurde eine rasche Erhöhung der ungarischen Devisenreserven angestrebt. Hinter diesen Argumenten blieben Gesichtspunkte der Beschäftigungssicherung zurück. Bis Ende 1991 wurden von den Käufern zu privatisierender Unternehmen keinerlei Beschäftigungspläne verlangt, und auch seither spielt das Vorliegen solcher Pläne häufig nur eine geringe Rolle bei der Verkaufsentscheidung, bzw. es spiegelt häufig nicht durchsetzbare Versprechen wider.

Auf der anderen Seite ist kritisch festzuhalten, daß die Eigentumsbehörde im Zuge der Vorbereitung zum Verkauf in der Regel vor einer Verschlankung des Personalbestands zurückgeschreckt ist und diese den Käufern im nachhinein überlassen hat. Für die neuen Eigentümer waren Entlassungen häufig überlebensnotwendig aufgrund des Verlusts der Ostmärkte und der Vorbereitung ihrer Unternehmen auf neue globale Konkurrenzsituationen. Auch der Anschluß an multinationale Unternehmen garantierte häufig keinen Ersatz für die verlorenen Märkte in Osteuropa, vor allem auch angesichts der Rezession ab 1991.

Die Erfahrung der letzten Jahre mit der Übernahme ungarischer Unternehmen durch ausländische Investoren hat in der Tat Anlaß zu einiger Kritik gegeben, die zu einem großen Teil an den Beschäftigungsrückgang anknüpft. Ein extremes Beispiel ist die Übernahme eines Konkurrenten mit der

Absicht seiner Schließung, wie es bei der Übernahme der Gödöflö Galvanometer Fabrik durch Schlumberger der Fall war. Häufiger war der Kauf eines ungarischen Unternehmens überwiegend zum Vertrieb der eigenen Produkte bei gleichzeitiger Schließung oder Einschränkung der dortigen Produktionsstätte. Forschungs- und Entwicklungsabteilungen, die in vielen multinationalen Unternehmen zentralisiert sind, fielen ebenfalls häufig einer Übernahme zum Opfer.

Viele Arbeitnehmer, die in der Übergangssituation von 1989/90 den ausländischen Investor als ihren »Retter« angesehen hatten, wurden in ihren Hoffnungen enttäuscht. Einige konkrete Zahlen: Siemens schraubte nach seiner Übernahme von Telefongyar in deren ungarischen Produktionsstätten die Beschäftigung von 4000 auf langfristig 600–700 zurück, wobei angesichts der veränderten Produktpalette und erhöhten Qualifikationsanforderungen nur eine Minderheit aus der alten Belegschaft stammt. Das französische Unternehmen Merlin-Gerin reduzierte die Belegschaft beim Elektrohersteller Vertesz seit April 1991 von 1600 auf 700. Der Waggonbauer Ganz-Hunslet reduzierte seine Belegschaft nach Übernahme durch Telfos/Großbritannien von 1250 auf unter 450. Dagegen steht das Beispiel Nestle, das nach der Übernahme eines ungarischen Süßwarenunternehmens dessen Tarifvertrag anerkannte, der Entlassungen für eine 5-Jahres-Periode ausschloß.

Neben dem Arbeitsplatzabbau in staatlichen und privatisierten Unternehmen steht die Schaffung von Arbeitsplätzen in neu gegründeten Firmen, an der Auslandsinvestitionen maßgeblich beteiligt sind. Insgesamt hat sich die Zahl von Kapital- und Aktiengesellschaften seit 1989 in enormer Geschwindigkeit vermehrt: von 5000 auf 75000 im Dezember 1993. Die mit der Ausdünnung des Personals in privatisierten Betrieben einhergehende Auslagerung betrieblicher Bestandteile an Subunternehmer, die wiederum Arbeitsplätze schaffen, ist ein Bestandteil dieses Prozesses. Dementsprechend waren im März 1993 bereits über 30 % aller ungarischen Erwerbstätigen im privaten Sektor und freiberuflich beschäftigt, sogar mehr als 43 %, wenn die Beschäftigten in »gemischten« Betrieben hinzugerechnet werden.

2.3.2 Beschäftigungsstruktur und Weiterbildung

Zu Beginn der neunziger Jahre, vor Inkrafttreten des neuen ungarischen Arbeitsrechts mit der Schaffung von Betriebsräten, hatten die Unternehmen in der Regel große Freiheiten bei der Auswahl der zu Entlassenden. Den im Transformationsprozeß geschwächten Gewerkschaften wurden im allgemeinen keine größeren Mitspracherechte eingeräumt. Da ungelernte Arbeitskräfte zuerst entlassen wurden, kam es zu einer Erhöhung des Qualifikationsniveaus in den privatisierten Unternehmungen. Zwar kamen die zu entlassenden Arbeitskräfte in den Genuß von gesetzlichen und tarifvertraglichen Kündigungsfristen und Abfindungszahlungen, doch Umschulungsprogramme zur Vorbereitung einer Versetzung im Unternehmen oder zur Erleichterung der Arbeitssuche im externen Arbeitsmarkt waren selten und sind auch heute nur in wengien Fällen Bestandteil von Tarifverträgen oder Betriebsvereinbarungen.

Eine wichtige Ausnahme, die in Ungarn große Publizität erhielt, ist das Umschulungsprogramm in der Glühlampenfabrik GE-Tungsram. Das erwähnte Unternehmen Ganz-Hunslet, um ein weiteres Beispiel zu nennen, weist darauf hin, daß es für die zu entlassenden Beschäftigten Intensivkurse über effektive Arbeitsplatzsuche (Bewerbungsschreiben, Vorstellungsgespräche etc.) organisierte und daß ein Jahr nach der Entlassung 98 % der Arbeitskräfte eine neue Stelle gefunden hatten.

Auf der anderen Seite sind »Joint-venture«-Firmen und ausländische Betriebe sehr viel großzügiger als staatliche Unternehmen beim Angebot von Weiterbildung an im Unternehmen verbleibendes Personal. In Anlehnung an die Konzepte des »Human Resource Management« werden die Fertigkeiten der Beschäftigten als Investition in Humankapital behandelt und durch Intensivkurse, bisweilen im »Mutterland«, auf den Einsatz neuer Technologien und die Übernahme neuer Managementtechniken vorbereitet. Suzuki z. B. beorderte 1992 die erste Welle von Neueinstellungen für seine neu gegründete Kfz-Produktionsstätte für sechs Monate zu einem »on the job training« nach Japan. Siemens organisierte für 30–40 Mitarbeiter ein einjähriges Ausbildungsprogramm in Wien. Auch Merlin-Gerin bildete eine Anzahl von Arbeitskräften in Frankreich weiter.

Neben Ansätzen zur Höherqualifizierung stehen natürlich auch Beispiele der Dequalifizierung in solchen Unternehmen, die von ihren ausländischen Müttern vorwiegend als verlängerte Werkbank angesehen werden und deren produktionstechnisches Know-how keine Verwendung mehr findet. Wie bereits erwähnt, ist es in einigen Fällen zur Schließung von ungarischen Forschungs- und Entwicklungsabteilungen gekommen.

2.3.3 Löhne, Gehälter und Zusatzleistungen

Bereits seit Anfang der achtziger Jahre war in Ungarn ein Absinken der Reallöhne zu beobachten. Dieser Trend setzte sich mit der Privatisierung zunächst fort (Lado 1993). Seit neuerem gibt es jedoch Anzeichen, daß sich das Lohnniveau wieder dem Stand von 1989 annähert. Die letzte ¬ verfügbaren Statistiken besagen, daß das Lohnniveau im privaten nur unwesentlich über dem im staatlichen Sektor liegt. Allerdings ist dieser Unterschied in bezug auf das Gesamteinkommen der Beschäftigten um einiges größer, was zum Teil auf längere Arbeitszeiten, Überstunden und Prämien im privaten Sektor und auf Nebenarbeiten in der »irregulären Ökonomie« zurückzuführen ist (Köllo 1993).

Die weitverbreitete Meinung, daß »Joint-ventures« und ausländische Unternehmen in der Regel weit überdurchschnittliche Löhne zahlen, scheint nicht ohne weiteres haltbar. Ungarn ist nach wie vor ein Niedriglohnland, und gerade dies ist ein wichtiger Grund, warum viele ausländische Unternehmen dort investieren. Natürlich gibt es auch Firmen mit einer anders gearteten, auf Produktinnovationen und hohe Qualitätsstandards zielenden Wettbewerbsstrategie, die außerordentliche Löhne zahlen, um hochqualifizierte Arbeitskräfte anzuziehen und die Fluktuation gering zu halten. Eine Branche, auf die dies zutrifft, ist die neu entstandene Automobilindustrie (General Motors, Ford, Suzuki, VW). Zum Beispiel wurde der durchschnittliche Monatslohn eines Bandarbeiters im General Motors-Automobilwerk Szentgotthard im Frühjahr 1993 mit 23 000 Ft netto angegeben, das waren etwa 20–30 % mehr als in einem staatlichen Betrieb der Metallindustrie (Kasriel 1993). Ein anderes Beispiel ist Nestle, das im übernommenen Süßwarenunternehmen 1991 auf einen Schlag die Löhne für Arbeiter um 50 %, für Angestellte um 100 % und für Manager um 300 % heraufsetzte (dafür gab es dann Nullwachstum im darauffolgenden Jahr).

Die Gewerkschaften hoffen, daß der Lohnvorsprung in manchen multinationalen Unternehmen auf Betriebe in deren geographischer Nähe abfärbt. Wie das Beispiel Szentgotthard zeigt, kann ein vergleichbar hohes Lohnniveau in der ungarischen Tochter eines multinationalen Konzerns auch Anlaß zu verschärften Lohnforderungen im Betrieb selbst sein: »Europäische Arbeit für Europäischen Lohn« war der Slogan der dortigen Gewerkschaft anläßlich von Lohnverhandlungen Anfang 1993 (das Lohnniveau liegt bei ⅙ bis ⅛ dessen in österreichischen und deutschen General Motors-Fabriken; Kasriel 1993). Die Aus- oder Weiterbildung von Arbeitskräften im Mutterland oder anderen westeuropäischen (sowie japanischen im Fall Suzuki) Produktionsstätten und die direkte Kenntnis der dortigen Durchschnittslöhne können natürlich zu dieser Unzufriedenheit beitragen.

Mit dem Anwachsen der Privatwirtschaft sind die früheren Lohnstrukturen starken Veränderungen unterzogen worden. Zum einen hat sich die Tendenz zu stärkerer Lohndifferenzierung, die bereits in den achtziger Jahren erkennbar war, beschleunigt fortgesetzt (Lado 1993). Zum anderen ist das frühere komplizierte sozialistische Prämiensystem von neuen Formen leistungs-, senioritäts- und qualitätsbezogener Entlohnung abgelöst worden. Dreizehn Monatsgehälter,»profit-sharing« und ein strikt profitorientierter Bonus für Manager sind wichtige neue Bestandteile. Die früheren staatlichen Kontrollen über die gesamtwirtschaftliche Lohnsumme sind bereits Ende der achtziger Jahre abgeschafft und die Lohnleitlinien des nationalen Rats für Interessenausgleich seit Januar 1993 außer Kraft gesetzt worden, so daß die Lohnfindung nun weitgehend dem Tarifverhandlungssystem und übertariflichen freiwilligen Unternehmensleistungen überlassen ist. Insgesamt scheint die Lohnfindung heute stärker nach objektivierbaren Kriterien strukturiert zu sein als im früheren sozialistischen System der Vollbeschäftigung, wo nach Meinung mancher Beobachter der persönliche Manövrierspielraum für Lohnforderungen stärker gewesen ist. Zum Beispiel hat Merlin-Gerin bei Vertesz alle früheren Prämien abgeschafft und bezahlt nur noch Überstunden- und Schichtarbeitszuschläge.

Ein prinzipielles Ziel der Gewerkschaften ist es gewesen, die früheren sozialen Dienstleistungen der Unternehmen für ihre Beschäftigten im Zuge der Privatisierung so weit wie möglich zu bewahren. Dies ist nur teilweise gelungen und insbesondere ausländischem Management gegenüber schwer durchsetzbar gewesen. Eine repräsentative Haushaltsumfrage von 1993 erbrachte diesbezüglich die folgenden Ergebnisse:

Tabelle 3:

Häufigkeit sozialer Zusatzleistungen in Unternehmen
(Angaben in %; Mehrfachnennungen möglich)

	Staatliche Unternehmen	Voll privatisierte Unternehmen
Subventionierung von Mahlzeiten	69,1	52,8
Gesundheitliche Fürsorge	33,7	19,8
Verbilligter Urlaub	13,0	6,4
Kredit	7,7	9,0
Versicherung	4,2	4,7
Geschäftswagen	1,9	3,2
Wohnungssubvention	1,4	1,2

In Lohnverhandlungen können Manager mit einigem Erfolg als »trade-off« für Lohnerhöhungen den Abbau von sozialen Nebenleistungen einbringen.

Allerdings gibt es auch Gegenbeispiele wie Nestle, das z. B. die Ferienheime des übernommenen Unternehmens voll weiterführt.

2.3.4 Personalführung und Arbeitsbeziehungen

Die traditionelle Beziehung zwischen Management und Arbeiskräften in ungarischen Unternehmen wird häufig als paternalistisch umschrieben. Dieses Verhältnis bleibt nach Privatisierung und ausländischer Übernahme zumindest teilweise bestehen. Mit der Übersendung ausländischer Manager prallen dann unterschiedliche organisatorische und kulturelle Traditionen aufeinander. Die heimischen Manager versuchen häufig, »ihre« Arbeitskräfte vor brutalen Schocks zu schützen und werden von den ausländischen Vertretern typischerweise beschuldigt, sich wie Gewerkschaftsfunktionäre zu verhalten. Die meisten Unternehmen streben eine »gesunde« Mischung von einheimischen und von der Zentrale übersandten, marktwirtschaftlich erfahrenen Managern an. Das Szentgotthard-Werk von General Motors, wo 1993 nur einer von sechs Spitzenmanagern ungarisch sprach, scheint da eine Ausnahme.

Das neu errichtete Ford-Hungaria-Werk (Komponenten) gibt ein gutes Beispiel für die Einführung neuer Management- und Personalführungstechniken. Es überrascht nicht, daß die Autoindustrie bei der Prozeßinnovation und Organisationskultur an vorderster Stelle steht. Die Produktion ist von den Prinzipien schlanker Fertigung und selbstgesteuerter Gruppenarbeit geprägt. Regelmäßige »team briefings« innerhalb der Arbeitsstunden halten das Personal über die wirtschaftliche Lage, die organisatorischen Ziele und Qualitätsstandards auf dem laufenden und dienen auch zur Lösung sozialer Probleme wie der Kosten und Qualität des Mittagessens. Teilautonome Arbeitsgruppen sind das Rückgrat der Arbeitsorganisation; Gruppensprecher haben die traditionellen Vorarbeiter abgelöst und bemühen sich um die kontinuierliche Verbesserung des Arbeitsprozesses. Gruppenmitglieder beteiligen sich an Einstellungsgesprächen und nehmen Weiterbildungsangebote in sozialer Kompetenz und technischen Fertigkeiten wahr. All dies ist aus der westlichen Autoindustrie bekannt, doch für Ungarn, das früher nie eine Kfz-Produktion hatte, ebenso neu wie etwa für die Eisenacher Opel-Werker.

Es hat sich gezeigt, daß eine Reihe von ausländischen Unternehmen – Ford gehört auch dazu – zögert, Gewerkschaften als Verhandlungspartner anzuerkennen. Dies ist eher bei Neugründungen der Fall, wo das Personal nach strengen Kriterien ausgesucht werden kann, als in privatisierten Staatsbetrieben, wo die frühere Einheitsgewerkschaft (heute MSZOSZ) häufig eine starke Stellung beibehalten hat und wo die Muttergesellschaft häufig auf bestehende Tarifverträge aus der Zeit vor der Privatisierung trifft. Es ist oft zu hören, daß die Arbeitskräfte aufgrund des höheren Lohnniveaus in neu gegründeten Unternehmen keinen Bedarf an gewerkschaftlicher Vertretung verspüren (obwohl, wie oben ausgeführt, Zweifel an der These eines generell höheren Lohnniveaus angebracht sind). Ein weiterer Faktor mag der weitgehende Vertrauensverlust sein, den Gewerkschaften in den letzten vier Jahrzehnten bei vielen Beschäftigten erlitten haben. Auch eine gewisse Lähmung der Gewerkschaftsbewegung durch die Rivalität von sieben und mehr Richtungsgewerkschaften wird eine Rolle spielen. Auf der anderen Seite wird die Rolle der Gewerkschaften durch das internationale Kontaktnetz in multinationalen Unternehmen gestärkt, wobei schon frühzeitig ungarische Vertreter zu Sitzungen von Konzern- oder »europäischen« Betriebsräten eingeladen worden sind.

1992/93 ist eine Tendenz erkennbar gewesen, daß internationale Unternehmen auf die neu entstehenden lokalen Betriebsräte als Kommunikationsforum gesetzt haben. Noch bevor das neue Arbeitsrecht mit seiner Bestimmung über Betriebswahlen in Kraft trat, haben ausländische Konzerne wie z. B. Suzuki zur freiwilligen Bildung solcher Betriebsräte ermuntert. Letztlich überwiegen allerdings die Sorgen ausländischer Unternehmen über die Prärogative dieser Betriebsräte, die allem Anschein nach im Gesetzestext Spielraum zur Interpretation lassen. Eine Assoziation ausländischer Firmen (HAIC) verlangt daher von der Regierung (bisher ohne Erfolg) eine Änderung und Präzisierung der diesbezüglichen Bestimmungen.

2.4 Gemeinsame Aufgaben der Beteiligten an ausländischen Direktinvestitionen

Ausländische Direktinvestitionen sind ein Prozeß, an dem drei Partner beteiligt sind: der (private) Investor und jeweils die Regierungen des Gastlandes und des Herkunftslandes des Investors. Vorrangig liegt die Verantwortung für ein attraktives Investitionsklima natürlich beim Gastland. Doch können auch der ausländische Investor und sein Herkunftsland zu einem besseren Erfolg ausländischer Direktinvestitionen beitragen, einerseits durch eine unterstützende Wirtschaftspolitik des Herkunftslandes und andererseits durch die Art, in der der ausländische Direktinvestor in dem Gastland agiert.

2.4.1 Zur Politik der Herkunftsländer von Direktinvestitionen

Den wichtigsten Beitrag, den Herkunftsländer von Investitionen leisten können, ist eine Politik der offenen Märkte, die die engen Beziehungen zwischen internationalem Handel und Investitionen nutzbar macht, insbesondere wenn in Osteuropa eine stabile Produktion für den Export aufgebaut werden kann. So sind z. B. entsprechende Beziehungen zwischen Osteuropa und der EU eine entscheidende Größe für Umfang und regionale Verteilung ausländischer Direktinvestitionen.

Durch den Abschluß diverser bi- und multilateraler Abkommen mit mittel- und osteuropäischen Übergangsökonomien konnten Fortschritte erzielt werden. Häufig allerdings wird der Marktzugang unter Berücksichtigung eines mehr oder weniger akzeptablen Anpassungsdrucks auf die eigene Wirtschaft geregelt. Auf der anderen Seite wird oft bezweifelt, ob die Übergangsökonomien sich wirklich an faire Wettbewerbsbedingungen halten, während sie größeren Marktzutritt anstreben (OECD 1994).

Herkunftsländer und multilaterale Institutionen haben zusätzlich Instrumente entwickelt, die direkt auf Investitionsprogramme multinationaler Unternehmen ausgerichtet sind, wie z. B. die Finanzierung von Machbarkeitsstudien oder die Vorfinanzierung von Investitionen in harter Währung, die durch heimische Währungen zurückgezahlt wird. Zur Förderung ausländischer Direktinvestitionen auch durch kleinere und mittlere Betriebe wurden spezielle Programme entwickelt, die bei der Identifikation interessanter Investitionsobjekte Hilfestellung leisten.

Mehr Raum sollte dem Ausbau – und auch der besseren Koordination – bilateraler Garantieprogramme gegeben werden. Abgewartet werden muß allerdings, ob multilaterale Vereinbarungen den Anforderungen Osteuropas und der neuen GUS-Republiken genügen.

Aus- und Weiterbildung wurden als eine der wichtigsten Anforderungen der Herkunftsländer von Direktinvestitionen an die Übergangsökonomien genannt. Sie tragen entscheidend zum sozialen und kulturellen Wandel der Gesellschaft und der Ökonomie bei. Die Herkunftsländer der Auslandsinvestitionen könnten durch den Austausch von Staatsbediensteten zum Aufbau einer effektiven staatlichen Verwaltung beitragen – ein entscheidender Teilbeitrag für die Restrukturierung der Übergangsökonomien. Internationale Organisationen könnten die Bemühungen um die Ausweitung ihres Ausbildungsbeitrags zur Entwicklung des Privatsektors im weitesten Sinne verstärken. Herkunftsländer und multinationale Organisationen könnten gemeinsam private Unternehmen fördern, die Ausbildungs- und Qualifikationsmöglichkeiten für die Arbeitnehmer im Osten zur Verfügung stellen. Die Förderung betriebsorientierter Qualifikation und Ausbildung kann in mannigfaltiger Weise erfolgen. Ein Ansatz, der in den industrialisierten westlichen Ländern praktiziert wird, ist die von allen Unternehmen geförderte überbetriebliche Aus- und Weiterbildung.

Die Regierungen der Herkunftsländer sollten Abkommen zum Investitionsschutz und zur Vermeidung von Doppelbesteuerung anstreben. Bilaterale Investitionsabkommen haben eine große Verbreitung zwischen den OECD-Ländern und auch zwischen Nicht-Mitgliedstaaten gefunden. Sie schützen ausländische Direktinvestitionen und bieten damit einen Anreiz für ausländisches Investitionskapital, sind rechtlich verpflichtend und regeln Rechte und Pflichten sowohl für den ausländischen Investor als auch für das Gastland. Sie sind schließlich die Voraussetzung für eine finanzielle Unterstützung des Investors durch das Herkunftsland.

2.4.2 Ausländische Investoren

Ausländischen Direktinvestitionen in Übergangsökonomien sind weit mehr als das unternehmerische und finanzielle Engagement eines Einzelinvestors. Als Vertreter des marktwirtschaftlichen Systems trägt der ausländische Investor zur Entfaltung einer unternehmerischen Geschäftskultur bei und prägt damit das Verhalten einer Bevölkerung, die noch bis vor kurzem keinen engen Kontakt zur internationalen Wirtschaft hatte. Diese spezifische Herausforderung bedeutet natürlich zugleich auch eine gewisse Verantwortung.

Multinationale Unternehmen sollten sich daher den Prinzipien eines guten Unternehmensverhaltens verpflichtet fühlen, wie sie in der OECD-Richtlinie für multinationale Unternehmen niedergeschrieben sind. Sie verpflichten ein Unternehmen auf Respekt gegenüber den Zielen der Politik des Gastlandes (bei Beachtung der Beziehungen der Sozialpartner), zu fairem Wettbewerb, Steuerehrlichkeit und Umweltschutz.

Ein Kapitel der OECD-Richtlinie von wesentlicher Bedeutung ist dem Arbeitsmarkt und den Arbeitsbeziehungen gewidmet. Multinationale Unternehmen sind angehalten:

– die Rechte ihrer Arbeitnehmer auf gewerkschaftliche Vertretung zu respektieren;

– Kollektivverhandlungen nicht unfair zu beeinflussen und gegen das Koalitionsrecht zu verstoßen;

– die Arbeitnehmervertretungen umfassend und wahrheitsgemäß über die wirtschaftliche Entwicklung des Unternehmens zu informieren;

– unaufgefordert über beabsichtigte Veränderungen zu informieren, die entscheidende Auswirkungen auf die Beschäftigung haben, um über die Abmilderung negativer Folgen zu beraten.

Die Erfahrung hat gezeigt, daß diese Richtlinie zu einem offenen Klima für ausländische Direktinvestitionen in den OECD-Ländern beigetragen hat: Multinationale Unternehmen sollten daher nicht gegen Buchstabe oder Geist der Richtlinie verstoßen, auch wenn sie glauben, daß es in der Periode des Übergangs in den MOE-Staaten und der GUS von Vorteil wäre.

Es muß dem Einzelfall überlassen bleiben, wie der Konsultationsmechanismus zwischen dem Gastland und den Institutionen des Privatsektors am besten ausgestaltet wird. Eine Mindestanforderung ist jedoch, daß eine faire Vertretung aller Investoren garantiert ist. Ausländische Investoren könnten auch eine intensivere Zusammenarbeit mit den Regierungen der Gastländer suchen. Die Gründung von Wirtschaftsvereinigungen und -verbänden von heimischen und ausländischen Investoren ist eine wesentliche Voraussetzung eines Politikdialogs.

2.5 Zusammenfassung und Ausblick

Bisher haben ausländische Direktinvestitionen noch nicht völlig ihre Rolle als Katalysator für die Förderung des Privatsektors in den Übergangsökonomien eingenommen. Trotz bemerkenswerter Zuflüsse ausländischer Direktinvestitionen in einigen Übergangsökonomien bleibt die Gesamtwirkung enttäuschend. Die Verantwortung für eine Verbesserung der Situation liegt vor allem bei den Regierungen der Zielländer der ausländischen Direktinvestitionen. Sie müssen mehr dafür tun, daß das Investitionsklima sowohl für heimische als auch für ausländische Investoren verbessert wird. Trotzdem können sowohl die Länder der Investoren als auch die ausländischen Investoren selbst wichtige Beiträge liefern.

Die relativ schwachen Zuflüsse ausländischer Direktinvestitionen lassen jene Befürchtungen, die zu Beginn der Übergangsprozesse in den Herkunfts- und Zielländern laut wurden, als ungerechtfertigt erscheinen:

- Selbst in Übergangsökonomien mit einem hohen Anteil an ausländischen Direktinvestitionen kann von einem Souveränitätsverlust keine Rede sein.

- Ein Export von Arbeitsplätzen von West nach Ost, speziell von Westeuropa in die Übergangsökonomien, hat so gut wie nicht stattgefunden.

- Eine Umleitung ausländischer Direktinvestitionen ist ebenfalls nicht festzustellen.

Selbst bei einem höheren Volumen ausländischer Direktinvestitionen wären die erwarteten negativen Auswirkungen kaum eingetreten.

Auf der anderen Seite hat die Erfahrung der Jahre seit 1990 mit der Übernahme von Staatsunternehmen durch ausländische Investoren Anlaß zur Kritik gegeben, die die Ausdünnung von Belegschaften mit dem Ziel der Produktivitätssteigerung betrifft. Jedoch scheint es, daß sich einheimische Eigentümer privatisierter Betriebe, die dem internationalen Konkurrenzdruck ausgesetzt sind, ähnlich verhalten. Dagegen haben internationale Investitionen in neu errichteten Anlagen Arbeitsplätze geschaffen und zumindest teilweise ein höheres Lohnniveau und neue Management- und Personalführungstechniken mit sich gebracht. Institutionelle Formen der Arbeitnehmerbeteiligung werden sich mit den Jahren sicherlich auch abhängig von der nationalen Gesetzgebung verfestigen.

Der Beitrag ausländischer Direktinvestitionen bei der Schaffung des Privatsektors könnte noch vergrößert werden, wenn eine angemessene nationale Politik die politischen, ökonomischen, rechtlichen und institutionellen Rahmenbedingungen für Investitionen – einheimische und ausländische – verbessern würde. Über die zwei zentralen Faktoren der politischen und makroökonomischen Stabilität hinaus, die von allen Regierungen, denen an ausländischem Investitionskapital gelegen ist, beeinflußt werden müssen, besteht noch erheblicher Handlungsbedarf bei den Investitions- und Steuergesetzen sowie der Privatisierungspolitik. Nur unter verbesserten Bedingungen werden global gesehen die MOE-Staaten und die GUS im internationalen Wettbewerb um Direktinvestitionen mithalten können. Es wird sich zeigen, ob sich zukünftig die Verteilungsmuster ausländischer Direktinvestitionen auf bestimmte Länder konzentrieren werden und ob die führenden Ökonomien ihre dominante Stellung beibehalten können.

Der entscheidende Faktor für ein Anwachsen ausländischer Direktinvestitionen ist jedoch die gesamtwirtschaftliche Erholung der OECD-Länder. Sie vergrößert die finanziellen Ressourcen, über die potentielle westliche Investoren in Osteuropa verfügen. Sie trägt auch zu einer Steigerung der westlichen Importnachfrage bei, welche die Profitabilität vieler Projekte im Osten positiv beeinflussen dürfte. Viele Anzeichen sprechen dafür, daß sich global der Fluß ausländischer Direktinvestitionen wieder verstärkt. Osteuropa und die GUS-Staaten sollten davon profitieren.

Literatur:

Alter, R., 1991: Industrial Restructering and Employment in Central and Eastern Europe, TUAC, Schwerin

Alter, R., 1994: Investing in Eastern Europe, in: The OECD Observer, 186, Februar/März

Arva, L., 1994: Direct Investment: Some Theoretical and Practical Issues. NBH Workshop Studies 1, Budapest

EBRD, 1995: Transition Report

Economic Review, 1993: Annual Economic Outlook, September

FTRI, 1994: Foreign Investments in Poland, Warschau

Hammid, Chr., 1994: Les investissements direct étrangers dans les pays d'Europe centrale et orientale, Université de Paris, Januar

Huang, D./Shirai, S., 1994: Information Externalities Affecting the Dynamic Pattern of FDI: The Case of China, in: IMF WP/94/44, April

Kasriel, K., 1993: Western firms seeking labour code revision: wage dispute at GM's Szentgotthard plant (englische Übersetzung eines Artikels in der Tageszeitung Magyar Hirlap, 9. 6.)

Köllo, J., 1993: Flows of labour, employment and wages in the private sector in Hungary (Manuskript für den Second Workshop of the World Bank Research Project on »The Labour Market in Transitional Socialist Economies«, Stirin, April)

Lado, M., 1993: Wages, incomes policy and industrial relations, in: OECD, Structural Change in Central and Eastern Europe: Labour Market and Social Policy Implications, Paris

OECD, 1995a (im Erscheinen): Investment Patterns in Transition Economies

OECD, 1995b: Labour Market and Social Policy in Hungary

OECD, 1994: Market Access – FDI/Trade Linkages in Eastern Europe, Paris, GD (94), 70

Szanyi, M., 1994: Experiences with FDI in Hungary. Institute for World Economics, Working Paper 32, Budapest

UNCTAD, 1994: Transnational Corporations, Employment and the Workplace, World Investment Report

3. Tripartismus in Mittel- und Osteuropa

Lajos Hethy

Inmitten der politischen und wirtschaftlichen Umgestaltung, die sich in den vergangenen Jahren in Mittel- und Osteuropa vollzogen hat, erschienen immer mehr tripartite Institutionen auf der Bildfläche. Konsultationen zwischen den Regierungen, den Gewerkschaften und den Arbeitgebern gehören inzwischen zum politischen Alltag. In Ungarn wurde 1988 noch von der Nemeth-Regierung der Landesrat zur Interessenabstimmung (OET) geschaffen. Diesem Beispiel folgte nach der »samtenen Revolution« die Tschechoslowakei, wo 1990 sowohl auf der Ebene der Föderation als auch der Republiken der Rat zur wirtschaftlich-sozialen Übereinkunft ins Leben gerufen wurde. 1992, nach der Trennung der beiden Teilstaaten, wurde der Tripartismus in beiden Ländern beibehalten. Zu einer ähnlichen Praxis kam es 1990 auch in Bulgarien. In Polen wurde – nach Jahren des Bipartismus – der Vertrag über die staatlichen Unternehmen unterzeichnet. Dieser visierte eine Art Tripartismus an, konnte jedoch wegen der politischen Verhältnisse erst wieder 1994 auf die Tagesordnung gesetzt werden.

Die vorliegende Analyse versucht, auf die Frage eine Antwort zu finden, was der Tripartismus eigentlich für die Region bedeutet, welche politischen sowie wirtschaftlichen Möglichkeiten und Zwänge zu seiner Entstehung geführt haben bzw. die Grenzen seines Wirkens festlegen.

3.1 Das politische und wirtschaftliche Umfeld

Der Tripartismus, diese besondere Form von Beziehungen zwischen Staat, Gewerkschaften und Arbeitgebern wird von den politischen und wirtschaftlichen Rahmenbedingungen maßgeblich bestimmt.

Die Ziele der wirtschaftlichen Umgestaltung in den einzelnen mittel- und osteuropäischen Ländern sind nahezu identisch: Aufbau von pluralistischen parlamentarischen Demokratien und effizienten Marktwirtschaften. Entsprechend der jeweiligen Traditionen und den aktuellen Gegebenheiten versuchen die Länder sich auf unterschiedlichen Wegen diesen Zielen zu nähern. In der Tschechoslowakei bewirkten die auf die Straße gegangenen Massen den Sturz des alten Systems. In Polen beruhte der schrittweise Übergang auf Verhandlungen zwischen dem Jaruzelski-Regime und der Solidarnosc. In Ungarn nahm der Systemwechsel seinen Ausgang ebenfalls am »Runden Tisch«. Zu einer ähnlich friedlichen Form des Übergangs kam es auch in Bulgarien. Es gehört zu den Eigenheiten der Situation, daß in Ungarn, Polen und Bulgarien die Institutionen und Akteure des alten Regimes an ihren Plätzen blieben, während sie in der Tschechoslowakei vom Gang der Ereignisse davongespült wurden: Der alte Gewerkschaftsbund wurde aufgelöst und statt dessen gründeten sich neue Gewerkschaften. Das hat zur Folge, daß die Arbeitsbeziehungen in den erstgenannten Ländern eine gewisse Kontinuität bewahrt haben, während es in der Tschechoslowakei zu einem Bruch gekommen ist.

Die Aufgaben einer marktwirtschaftlichen Umgestaltung und makroökonomischen Stabilisierung erschienen in den meisten Ländern gleichzeitig auf der Tagesordnung. Die Länder suchten sie mit unterschiedlichen Wirtschafts- und Sozialprogrammen zu lösen.

In Polen entstand beispielsweise das ursprüngliche Wirtschaftsprogramm der Mazowieczki-Regierung (bzw. von Finanzminister Balcerowicz) als sog. »Schocktherapie«: Es versprach eine schnelle Umgestaltung sowie Stabilisierung und stellte für die vorübergehend hohen Opfer der Bevölkerung eine baldige Verbesserung der Lage in Aussicht. In Ungarn wurde demgegenüber von der Nemeth-Regierung (und später von der Antall-Regierung) das Gewicht auf schrittweise Reformen gelegt. Es war beabsichtigt, die allmählich zunehmende Belastung der Bevölkerung durch ein »soziales Schutznetz« abzufedern, das die Opfer der wirtschaftlichen Umgestaltungsprozesse auffangen sollte. Die erste Strategie basiert auf der Philosophie der neoliberalen, letztere auf der der sozialen Marktwirtschaft.

Obwohl das Wirtschaftsprogramm in der Tschechoslowakei unter Einfluß von neoliberalen Ökonomen (beispielsweise des damaligen Finanzministers Klaus) entstand, war es – auch in Hinsicht auf das Drehbuch der sozialen Reformen – eher mit der ungarischen Strategie des allmählichen Übergangs als mit der polnischen Schocktherapie vergleichbar.

Die Wahl zwischen den beiden Alternativen ist aber keine abstrakte philosophische Frage: Eine akute, schwere wirtschaftliche Krise macht beispielsweise eher eine Schocktherapie notwendig. Daß sie aber überhaupt in

Angriff genommen werden kann, setzt eine starke gesellschaftliche Unterstützung voraus: Beides war im Polen des Jahres 1990 gegeben, fehlte aber in den beiden anderen Ländern nahezu völlig. Seitdem machten jedoch die anfangs noch recht klaren Alternativen zahlreiche Wandlungen durch, und die Grenzen zwischen ihnen haben sich in vielerlei Hinsicht verschoben.

3.2 Voraussetzungen und Rahmenbedingungen des Tripartismus

Was veranlaßte die Länder der Region – bzw. ihre Regierungen, Gewerkschaften und Arbeitgeber – dazu, sich auf den Weg eines landesweiten Tripartismus zu begeben? Für diese Entscheidung sprachen zumindest in der Übergangszeit weniger philosophische, als vielmehr pragmatische Argumente.

Wie die Erfahrungen zeigen, die andere Länder mit entwickelter Marktwirtschaft nach dem Zweiten Weltkrieg, aber vor allem in den siebziger Jahren gemacht haben, erfüllt der Tripartismus bei der Stärkung der Zusammenarbeit zwischen Wirtschaft und Gesellschaft sowie bei der Bewahrung des gesellschaftlichen Friedens eine wichtige Rolle. Für die konkrete Durchsetzung der wirtschaftlichen und politischen Umgestaltung war er, wie das Beispiel Spanien zeigt, ein integraler Bestandteil der Regierungspolitik.

Die aus unterschiedlichen Gründen kritisierten Wirtschaftsprogramme waren in Osteuropa in mancherlei Hinsicht erfolgreich (Verbesserung des Gleichgewichtes der Wirtschaft, Bremsen der Inflation etc.). Gleichzeitig führten sie aber auch zu einem Rückgang der Wirtschaftsleistung und der Industrieproduktion, zu einer weiteren Verschlechterung der Produktivität, zu einem Absinken der Reallöhne und des Lebensstandards sowie zu einer Zunahme der Armut und der Arbeitslosigkeit. All das birgt die Gefahr wachsender sozialer Spannungen und im Extremfall gar einer gesellschaftlichen Explosion.

Der Tripartismus versprach allen Beteiligten eine gegenseitige Stärkung ihrer Legitimation und gesellschaftlichen Akzeptanz. Die Hauptakteure in den sich entfaltenden Marktwirtschaften und parlamentarischen Demokratien leiden alle unter einem Mangel an Legitimität und gesellschaftlicher Unterstützung. Das ergibt sich aus den Umständen der Umgestaltung. Die Akteure, die den Systemwechsel überlebt haben (traditionelle Gewerkschaften und Arbeitgeberorganisationen), müssen ihre Legitimation und die Unterstützung durch ihre Mitglieder erst »beweisen«. Unter diesem Gesichtspunkt ist das Verhältnis zwischen der Regierung und den Gewerkschaften besonders interessant. Die Bedeutung der Gewerkschaften scheint vor allem aus zwei Gründen zu wachsen: zum einen, weil gerade die Teile der Bevölkerung zu ihren Mitgliedern gehören, die die schwersten Lasten der wirtschaftlichen Umgestaltung zu tragen haben, und zum anderen, weil die Gewerkschaften den Charakter einer Massenorganisation bewahrt haben. Demgegenüber verfügen die neuen politischen Parteien über eine Mitgliedschaft von nur wenigen zehntausend Anhängern.

Die Gewerkschaftslandschaft ist heute sehr vielfältig. Zum einen entstanden in sämtlichen Ländern der Region im Vorfeld des Systemwechsels bzw. in dessen Anfangsphase freie oder alternative Arbeitnehmerorganisationen. Diese orientierten sich an der polnischen Solidarnosc und stützten sich voll auf ihre Mitglieder (in Ungarn: die in der Liga vereinigten Gewerkschaften sowie die Arbeiterräte; in Bulgarien: die Podkrepa). Andererseits blieben in sämtlichen Ländern – mit Ausnahme der Tschechoslowakei – die früheren Gewerkschaften bestehen. Diese definierten ihre Funktion inzwischen neu: Die Vertretung der Interessen der Arbeitnehmer wurde wieder als vorrangiges Ziel anerkannt. Außerdem deklarierten sie ihre Unabhängigkeit von den Parteien, dezentralisierten und demokratisierten ihre Organisationsstrukturen und geben sich pluralistisch.

Dieser Entwicklungsprozeß führte (wieder mit Ausnahme von Tschechien und der Slowakei) zu äußerst komplexen Verhältnissen. In Ungarn gibt es insgesamt acht Gewerkschaftskonföderationen. Sechs von ihnen vertreten die Arbeitnehmerseite bei den Verhandlungen des Interessenabstimmungsrates (ET). Dabei wurde unter ihnen ab 1993 der MSZOSZ zur dominierenden Kraft. In Polen wird die Interessenvertretung der Arbeitnehmer von Solidarnosc und der ehemals offiziellen OPZZ bestimmt. In Bulgarien geben die Podkrepa und die gewendete alte Gewerkschaft (CITUB) den Ton an. Die Koexistenz von alten und neuen Gewerkschaften birgt bei allem Pluralismus doch auch das Element der Spaltung in sich. Zwischen der Solidarnosc und der OPZZ gibt es so gut wie keinen Dialog. In Ungarn wurde das Verhältnis zwischen dem MSZOSZ, der Liga und den Arbeiterräten in den Jahren von 1991 bis 1992 von zahlreichen scharfen Konflikten geprägt. Vor allem Fragen der Legitimität und Repräsentativität spielten dabei eine Rolle. Außerdem wirkte sich auch die lange ungelöste Frage der Aufteilung des ehemaligen Gewerkschaftsvermögens negativ auf das Verhältnis zwischen den Gewerkschaften aus. Dieses Problem wurde einzig in der Tschechoslowakei sofort gelöst.

In den osteuropäischen Ländern hat eine unter dem politischen Druck der alten Regimes praktizierte bipartite Zusammenarbeit zwischen der Regierung und den Gewerkschaften eine lange Tradition. Dort, wo Arbeitgeberorganisationen bereits früher den Weg der Selbständigkeit eingeschlagen haben, führte dieser gradlinig in Richtung einer jetzt nicht mehr zwangsweise, sondern freiwillig angestrebten Kooperation.

Die in der Region aktiven und eine immer wichtigere Rolle spielenden internationalen Organisationen (ILO, Weltbank, EU) haben dem Tripartismus schon recht früh eine große Bedeutung eingeräumt und es scheint, daß ihnen seine Entwicklung besonders am Herzen liegt.

All diese Argumente beziehen sich nicht in gleicher Weise auf alle Länder der Region. 1990 übernahm in Ungarn die Antall-Regierung und in Bulgarien die Regierung der Union der Demokratischen Kräfte schon als Teil ihres Erbes eine tripartite Struktur. Es tauchte lediglich die Frage auf, ob man sie erhalten und stärken oder lieber beschränken und gegebenenfalls liquidieren solle. Die ungarische Antwort darauf war eher positiv, während man in Bulgarien vorübergehend eine starke Beschränkung des Tripartismus anstrebte. In der Tschechoslowakei wurden 1990–1992 die an der Macht befindlichen politischen Kräfte von der Idee des Tripartismus angesteckt, als die jungen Gewerkschaften des neuen politischen Systems im Herbst 1990 mit der ebenfalls neuen Regierung und dem Parlament in Konflikt gerieten. Die Besonderheit Polens besteht darin, daß die Solidarnosc – die Gewerkschaft und politische Bewegung war – in den Jahren 1988/90 einerseits das Parlament und die Regierung »besetzte«, während sie andererseits neben dem traditionellen OPZZ einer der beiden großen Gewerkschaftsverbände blieb. Der Tripartismus schien in dieser Situation keinerlei Vorteile zu bieten. Zwar tauchte die Idee eines Sozialpaktes auf, es wurden aber keine drittelparitätischen Organe geschaffen. Erst 1992, nachdem die Solidarnosc ihre politische Macht verloren hatte, kam es dazu.

3.3 Handlungsfelder und Wirkungsmöglichkeiten

In den Ländern der Region, in denen drittelparitätische Räte seit 1990 oder davor bestanden (Ungarn, Tschechoslowakei, Bulgarien), trugen diese zur Deregulierung der Arbeitsbeziehungen und zur Herausbildung neuer Institutionen und rechtlicher Rahmenbedingungen bei. Dabei eröffneten sich dem Tripartismus auf folgenden Feldern Wirkungsmöglichkeiten:

– Mitwirkung an der Umgestaltung der institutionellen und rechtlichen Rahmenbedingungen von Arbeitsbeziehungen sowie – auf dem Gebiet der

Wirtschaftspolitik – an der Beseitigung von Hindernissen, die der Herausbildung marktwirtschaftlicher Strukturen im Weg stehen,

– Mitwirkung an der Erarbeitung und gesellschaftlichen Durchsetzung von Maßnahmen der Regierung, vor allem in den Bereichen der Einkommens-, Lohn-, Sozial- und Beschäftigungspolitik,

– Mitwirkung an der Beilegung von landesweiten gesellschaftlichen und Arbeitskonflikten.

In Ungarn wurde 1988 von der Nemeth-Regierung der OET (Landesrat zur Interessenabstimmung) gegründet. Die Hauptaufgabe dieser Institution bestand in einer landesweiten Lohnabsprache, und ein Teil der Kompetenzen der Regierung auf dem Gebiet der Lohnsteuerung wurde dieser Körperschaft übertragen. Der OET konnte den nationalen Mindestlohn festlegen und bezüglich der durchschnittlichen minimalen Nominallohnsteigerungen – auf der Ebene der Volkswirtschaft wie auch der einzelnen Unternehmen – Empfehlungen aussprechen. Obwohl die staatliche Lohnsteuerung vorübergehend (1989–91) weiter fortbestand, war die neue Regelung (im Vergleich zu den anderen Ländern der Region) bereits sehr liberal. 1992 wurde die staatliche Lohnsteuerung aufgrund einer Vereinbarung des ET (Interessenabstimmungsrat) zunächst gestoppt und dann 1993 nach einer erneuten Vereinbarung aufgegeben. Obwohl der Tripartismus auch bei den Lohnverhandlungen in den anderen Ländern eine Rolle zu spielen begann, besteht eine überwiegende staatliche Lohnsteuerung in den meisten Ländern noch bis heute (so z. B. in Bulgarien und Polen).

Kernbereich freier Kollektivverhandlungen ist in Marktwirtschaften die Frage des Lohns. Die Beseitigung rechtlicher Hindernisse für freie Tarifverhandlungen wurde in den Ländern der Region vollzogen: 1990 in der Tschechoslowakei, 1991 in Polen, 1992 in Ungarn und 1993 in Bulgarien. Ein wichtiger Aspekt des neuen Systems der Kollektivverhandlungen ist die Anerkennung des Streikrechts und damit dessen Legalisierung. Das erste Streikrecht der Region wurde 1982 in Polen erlassen. Es folgten 1989 Ungarn sowie 1990 Bulgarien und die Tschechoslowakei. Solange die staatliche Lohnsteuerung weiterbesteht, stellt sich allerdings die Frage, ob das derart eingeschränkte neue Instrument freier Kollektivverhandlungen ausreicht, um die Interessen der Mitglieder erfolgreich zu vertreten.

Der ungarische ET, der 1990 von der Antall-Regierung gestärkt und organisatorisch weiterentwickelt wurde, verfügt heute über wesentlich weitreichendere Kompetenzen als sein Vorgänger. Das Arbeitsgesetzbuch, das 1992 die rechtlichen Grundlagen des Tripartismus festlegte, schreibt folgendes

271

vor: »In Fragen von Landesbedeutung, die die Arbeitsbeziehungen und das Arbeitsverhältnis berühren, wird im Rahmen des Rates zur Interessenabstimmung unter Einbeziehung der Regierung sowie der landesweiten Organisationen der Arbeitnehmer und Arbeitgeber versucht, eine Übereinkunft zu finden.« Der ET war sowohl an der Ausarbeitung des Beschäftigungsgesetzes (1991) als auch der neuen Arbeitsgesetzgebung (1992) beteiligt. In der Tschechoslowakei legte die tripartite Allgemeine Vereinbarung aus dem Jahre 1991 fest, daß derartige Gesetzesneuerungen vorher in den tripartiten Körperschaften zu diskutieren seien. Auch in Bulgarien spielte der Tripartismus bei der Erarbeitung des neuen Arbeitsgesetzbuches (1993) eine Rolle.

In den Diskussionen um die Institutionen der Arbeitsbeziehungen und die Schaffung entsprechender rechtlicher Rahmenbedingungen ging es im Grunde darum, wie sich in Zukunft die Rolle der Gewerkschaften gegenüber den Arbeitgebern und der Regierung entwickeln sollte. Dabei spielten in den verschiedenen Ländern der Region folgende Fragen eine Rolle: Welche Befugnisse, welcher Schutz und welche Betätigungsmöglichkeiten sollen den Gewerkschaften innerhalb der Unternehmen eingeräumt werden? Sind die Institutionen der Mitbestimmung, also die von den Gewerkschaften unabhängigen Interessenvertretungen der Arbeitnehmer (z. B. die ungarischen Unternehmensräte oder die polnischen Arbeitnehmerräte), aufzulösen oder beizubehalten; bzw. im Fall ihres Fortbestehens, über welche Befugnisse sollen sie verfügen? Wer soll Kollektivverhandlungen führen, Vereinbarungen abschließen können, die Gewerkschaft(en) oder (eventuell) andere Vertreter der Arbeitnehmer? Die letzte Frage macht deutlich, worum es eigentlich geht: Verlieren die Gewerkschaften das Recht zum Abschluß eines Kollektivvertrages, verlieren sie im Prinzip ihre Existenzgrundlage.

Die Antworten auf diese Fragen weichen von Land zu Land voneinander ab. Die Gewerkschaften konnten ihre Rolle bei den Kollektivverhandlungen wahren, jedoch wurden ihre früheren Mitspracherechte eingeschränkt. Das wird im allgemeinen mit den Bedingungen begründet, die die sich ausbreitende Marktwirtschaft schafft. Eine Beibehaltung der früheren Befugnisse würde nämlich die Eigentümerrechte der Arbeitgeber begrenzen. Man kann weiterhin klar erkennen, daß die früheren weiterreichenden Mitsprachemöglichkeiten der Gewerkschaften eigentlich nur die Absicht verfolgten, den Mangel an freien Kollektivverhandlungen zu kompensieren. In Polen und Ungarn gingen die Gewerkschaften innerhalb der einzelnen Unternehmen wie auch deren Mitwirkungsmöglichkeiten mit relativ geringen Veränderungen aus der Umgestaltung der Spielregeln hervor. In der Tschechoslowakei wurde hingegen die Idee verworfen, Institutionen der Mitbestimmung auf Unternehmensebene zu schaffen. Gleichzeitig steht aber außer Zweifel, daß der sinkende Einfluß der Gewerkschaften und insgesamt der Arbeitnehmer in vielerlei Hinsicht von den tripartistischen Gremien auf nationaler Ebene kompensiert wird.

Wahrscheinlich wird es für die Institutionen, die auf dem Gebiet der Einkommens-, Sozial- und Beschäftigungspolitik entstehen, die dringlichste Aufgabe sein, die Beziehungen zwischen Arbeitnehmern, Arbeitgebern und den Regierungen eindeutig zu regeln.

Die erzielten Vereinbarungen (in Tschechien und der Slowakei die Allgemeinen Vereinbarungen aus den Jahren 1991–93, in Ungarn die ET-Vereinbarungen der Jahre 1991–93) weisen gemeinsame Züge auf:

- Die Vereinbarungen beziehen sich nicht auf die gesamte Politik und Strategie der Regierung, sondern immer nur auf einzelne Teilbereiche (z. B. die Arbeitslosenunterstützung oder die Festsetzung der Mindestlöhne).

- Die Vereinbarungen sind kurzfristig. In der Regel gelten sie für ein Jahr oder für einen noch kürzeren Zeitraum. Sie können daher als tripartiter »Anhang« zum jährlichen Haushaltsplan betrachtet werden. Sie sind so lange in Kraft, bis eine neue Vereinbarung auf dem Tisch ist oder eine gesetzliche Regelung die entsprechende Frage klärt.

- Aus der Sicht der Arbeitnehmer stellen die Vereinbarungen eine Art Kompromiß zwischen positiven und negativen Aspekten dar. Im großen und ganzen wurden die Vereinbarungen im Sinne des »kleinsten noch annehmbaren Schlechten« getroffen.

Festzuhalten bleibt, daß die Vereinbarungen letztlich kaum Einfluß auf die Entscheidungen der Regierung nehmen konnten. Sie dienten oft zur tripartiten Absegnung der Regierungspolitik. Es ist also nicht weiter verwunderlich, daß der ungarische ET regelmäßig – allerdings mit geringer Wirkung – die Regierung dazu drängt, ihre Entscheidungen vor dem Beschluß auch einmal zu diskutieren.

Nicht strittig ist trotz allem, daß der gesellschaftliche Dialog – auch wenn er nur in gewissen Teilbereichen zu positiven Ergebnissen führt – Spannungen lösen und zur Bewahrung des gesellschaftlichen Friedens beitragen kann. Die Angst vor sozialen Spannungen und landesweiten Arbeitskonflikten bzw. das Streben der Regierungen, diese im Vorfeld zu vermeiden, sind daher ein konstitutives Element der drittelparitätischen Gremien in der Region.

Obwohl die Schlichtung von Konflikten laut Statut nicht zu den Aufgaben des ungarischen ET gehört, spielte er im Oktober 1990 bei der Lösung des Konfliktes, der unter dem Namen Taxiblockade bekannt geworden ist, eine entscheidende Rolle. Die Bedeutung dieses Ereignisses für den ungarischen Tripartismus ist nach wie vor umstritten. Tatsache ist jedoch, daß die Arbeit des ET ab diesem Datum immer erfolgreicher wurde. Die Taxiblockade trug auch dazu bei, daß die Regierung in der benachbarten Tschechoslowakei, nachdem auch sie mit ihren eigenen Gewerkschaften konfrontiert worden war, tripartite Strukturen schuf und im Januar 1991 in Windeseile die erste Allgemeine Vereinbarung unterschriftsreif hatte. Im Statut des tschechoslowakischen Rates zur wirtschaftlichen und sozialen Abstimmung wird unter anderem erwähnt, daß die Schlichtung von größeren kollektiven Konflikten mit zu den Aufgaben dieses Rates gehört. In der Praxis ist das allerdings bisher noch nicht notwendig geworden. Die bulgarische Popov-Regierung, die sich, um weitere Darlehen zu bekommen, zu einer Liberalisierung der Preise entschlossen hatte, unterschrieb im Januar 1991 die »Vereinbarung über den gesellschaftlichen Frieden«. Damit sollten etwaige landesweite Streiks vermieden werden. In Polen begann die Regierung 1991–92 unter dem Druck von Streiks Verhandlungen mit der Solidarnosc, um die im staatlichen Sektor entstandenen Konflikte zu lösen. Damit wurde auch hier der Weg für den Tripartismus frei.

In den osteuropäischen Ländern ist es heute üblich, mit ein wenig Übertreibung von »Sozialverträgen« oder »Sozialpakten« zu sprechen. Mit Sicherheit kann man aber behaupten, daß trotz erfreulicher Ansätze davon noch nicht die Rede sein kann. In seiner ursprünglichen Form beinhaltet der Begriff nämlich eine globale Vereinbarung zwischen den wichtigsten politischen Kräften, die darauf abzielt, Lösungen für die im Verlaufe der Umgestaltung entstehenden sozialen Probleme zu finden. Wenn man diese Interpretation des Begriffes zugrunde legt, kann man weder im Fall der Rundtisch-Verhandlungen (Ungarn und Polen) noch der Vereinbarungen der tripartiten Institutionen in gewissen Teilbereichen der Politik von einem »Sozialpakt« sprechen. Die Wirtschaftsprogramme wurden in der Tschechoslowakei und Ungarn von Expertengruppen der Regierung ausgearbeitet und vom Parlament angenommen. Das Fehlen einer solchen globalen Vereinbarung ist einer der Faktoren, die den Tripartismus instabil werden lassen. Der Gedanke einer umfassenden gesellschaftlich-wirtschaftlichen Vereinbarung tauchte jüngst in Ungarn in den Kreisen der Wahlsieger erneut auf.

Der Tripartismus ist also gleichzeitg »Produkt« und »Katalysator« der politischen und wirtschaftlichen Umgestaltung. Er unterstützt die Konsolidierung der Akteure und Institutionen der Arbeitsbeziehungen, trägt zugleich zur Steigerung der sozialen Sensibilität der regierenden Parteien und damit – vermutlich – zur Verminderung von sozialen Spannungen bei.

3.4 Defizite und Grenzen der Akteure

Der bisher in Osteuropa entstandene Tripartismus ist instabil und verletzlich. Es fehlen größtenteils die Bedingungen dafür, ihn auf lange Sicht lebensfähig zu halten.

Inmitten der makroökonomischen Stabilisierung haben die Regierungen nur einen geringen Spielraum, um die Arbeitnehmer und Arbeitgeber durch Konzessionen an den Verhandlungstisch zu zwingen. In Bulgarien, in Ungarn und auch in Polen waren die Regierungen in den letzten Jahren voll damit beschäftigt, ihr Budgetdefizit auf das vorgegebene Niveau herunterzudrücken. Aus dieser Situation ergibt sich eine Besonderheit dieser tripartiten Vereinbarungen: Sie waren fast ausnahmslos »negativ«, d. h. die Sozialpartner gaben letztlich nur ihren Segen zur Annahme der »am wenigsten schlechten Variante«. Diese Situation ist für die Sozialpartner auf lange Sicht unhaltbar. Das Prestige der Gewerkschaften ist in allen drei Visegrad-Ländern schon jetzt niedrig. Wenn sie ihren Mitgliedern in substantiellen Fragen nicht bald Ergebnisse vorlegen können, dann kann es sein, daß sie das zaghaft gekeimte Vertrauen ihrer Mitglieder wieder verlieren.

Die Sozialpartner sind schwache Glieder des Tripartismus. Zwei Hauptaufgaben stehen heute in Osteuropa ganz oben auf der Tagesordnung: Etablierung der Sozialpartner und des dazu gehörenden institutionellen Rahmens. Dabei wird die Schaffung der entsprechenden Institutionen vermutlich die einfachere der beiden Aufgaben sein. Doch das allein garantiert noch keinesfalls, daß damit auch automatisch die zum Tripartismus notwendigen Akteure auf der Bildfläche erscheinen. Im Moment suchen diese jedenfalls noch nach ihrer Identität, ihrer Rolle in der Gesellschaft und nach Spielregeln für die Kooperation.

Ein funktionierender Tripartismus setzt eine starke und einheitliche Interessenvertretung der Arbeitnehmer voraus; Gewerkschaften, die überzeugend als Vertreter ihrer Mitglieder auftreten und in der Lage sind, die Akzeptanz und Einhaltung von getroffenen Vereinbarungen zu garantieren. Die gleiche Forderung besteht auch gegenüber den Arbeitgebern und deren Interessenvertretungen.

Es ist heute schwer zu sagen, welches Gewicht die Gewerkschaften in der Region haben. Ihr Organisationsgrad ist im Vergleich zu den früheren künstlichen 95 % gewaltig gesunken. Abgesehen vom Wegfall der Zwangsmitgliedschaft liegt der Rückgang an den Veränderungen, die sich in der Wirtschaft vollziehen (Zunahme des privaten Sektors und des Anteils der kleinen und mittelständischen Unternehmen, Arbeitslosigkeit, Privatisierung u. a.). Dennoch sind selbst die heutigen Mitgliederzahlen im Vergleich mit den entwickelten Marktwirtschaften immer noch hoch. Der Organisationsgrad der Arbeitnehmer betrug 1992 in Polen fast 40 %, in Ungarn ungefähr 40–60 % und in der Tschechoslowakei lag er sogar noch höher. Die Diskussionen um die Legitimität ebben ab, die starke Spaltung geht zurück.

Wir wissen aber wenig über die wirkliche Kraft der Gewerkschaften, inwieweit sie tatsächlich in der Lage sind, ihre Mitglieder beispielsweise zu Streiks und anderen Aktionen zu mobilisieren. In Bulgarien und Polen kam es nach der Wende zu größeren Streiks. Die größte landesweite Aktion in Ungarn – die Taxiblockade – kam nicht auf Initiative der Gewerkschaften zustande. Der Erfolg der vom MSZOSZ in den letzten Jahren mehrfach organisierten landesweiten Aktionen ist umstritten. In der Tschechoslowakei ist es nach der Wende bis 1994 zu keinen größeren Streiks gekommen.

Die Organisationen der Arbeitgeber sind wesentlich flexibler als die Gewerkschaften. Im Verlauf der Umgestaltung entstanden in allen Ländern Verbände der Arbeitgeber des Privatsektors bzw. landesweite Verbände. Gleichzeitig ist aber die Gruppe der Arbeitgeber in der Anfangsphase nach der Privatisierung äußerst heterogen und entspricht kaum dem, was wir aus entwickelten Marktwirtschaften kennen. In Ungarn wird im ET die Seite der Arbeitgeber beispielsweise von Vertretern der Staatsunternehmen, von Genossenschaften, Kleinhändlern, Kleinindustriellen etc. repräsentiert. Gleichzeitig ist der Staat nach wie vor der größte Arbeitgeber des Landes. Die Offenheit der Situation wird dadurch gut charakterisiert, daß sich in einigen Ländern (z. B. in Bulgarien) die Gewerkschaften selbst für die Gründung von Arbeitgeberorganisationen eingesetzt haben, um damit die Grundlage für die Schaffung tripartiter Strukturen zu legen.

Der Tripartismus paßt auch nur schlecht zu der im Verlauf des Umbruchs dominierenden Wirtschaftsphilosophie der Regierungen. Er hat kaum Platz in den stark neoliberalen Konzeptionen in Polen und der Tschechoslowakei, könnte aber in den Ansatz der sozialen Marktwirtschaft integriert werden. Ein größeres Gewicht als abstrakte politische Philosophien hat in den Ländern der Region inzwischen der politische Pragmatismus. Dieser geht von den realen Problemen und Kräfteverhältnissen aus und strebt Lösungen an, die akzeptabel und lebensfähig sind. Aber auch der Pragmatismus war nicht in der Lage, die tiefe Kluft zu überwinden, die sich seit Beginn der neunziger Jahre zwischen den Ansichten der vielfach rechtskonservativen oder liberalen Regierungen und den politischen Positionen der in der Mehrzahl linken (sozialistischen, sozialdemokratischen oder kommunistisch verwurzelten) Gewerkschaften auftut. Die dieser Polarisierung entspringende Politisierung der Arbeitsbeziehungen stellt für die Zukunft des Tripartismus eine ernstzunehmende Gefahr dar.

3.5 Schwachstellen und Perspektiven des Tripartismus

Der Tripartismus ist politisch sehr zerbrechlich, was an zahlreichen Ereignissen sichtbar wird:

- Die Tätigkeit tripartitischer Gremien ist von einem Wechsel zwischen Konfrontation und Kooperation der Akteure gekennzeichnet. In der Tschechoslowakei gab es in den Jahren 1991–92 scharfe Diskussionen um die Senkung des Reallohns und die Ermittlung des Mindestlohns. Die Gewerkschaften in der Slowakei setzten im März 1993 ihre Teilnahme am Rat zur wirtschaftlichen und gesellschaftlichen Übereinkunft aus, da es die Regierung versäumt hatte, diesem rechtzeitig einen wichtigen Gesetzesentwurf zur Sozialversicherung vorzulegen. In Ungarn war in den Jahren 1989–92 eher ein Konfrontationskurs mit Streikdrohungen und Warnstreiks typisch. In Bulgarien, wo sich in den vergangenen Jahren die Regierungen häufig abwechselten, schwankte die Karriere des Tripartismus zwischen einer Schlüsselrolle bei der Formulierung der Wirtschaftsstrategie und der völligen Liquidierung. Diese Beispiele veranschaulichen die politische Verletzbarkeit des Tripartismus.

- Der Tripartismus ist in der Tschechoslowakei und in Ungarn auf die Diskussion und Durchsetzung von einkommens-, sozial- und beschäftigungspolitischen Teilmaßnahmen beschränkt. Sein Einfluß auf die politische Strategie der Regierung ist äußerst gering, ebenso auf die grundlegenden Prozesse der Umgestaltung, wie z. B. die Privatisierung. Eine Ausnahme bildet Polen, wo im Vertrag über die staatlichen Unternehmen die Rolle der Gewerkschaften bei der Privatisierung genau festgeschrieben ist. Ebenso bekamen die bulgarischen Gewerkschaften unter der Koalitionsregierung von Popov vorübergehend einen großen Einfluß auf die Gestaltung der Strategie der wirtschaftlichen und sozialen Umgestaltung.

- Die tripartiten Vereinbarungen sind nicht verbindlich. Damit sie umgesetzt werden, bedarf es erst der Zustimmung durch das Parlament. Wenn sich die Regierungen auf satte Mehrheiten stützen können, ist dieser Weg völlig unproblematisch. Gleichzeitig gibt eine solche Situation den Regierungen in der Praxis jedoch einen Spielraum, um nachträglich Korrekturen anzubringen. Das Verhältnis zwischen Tripartismus und Legislative ist kaum geregelt. Es drängt sich der Eindruck auf, daß die Existenz des Tripartismus eine Bedrohung der Souveränität des Parlaments darstellt.

- Trotz der beachtlichen Entwicklung des Tripartismus – wofür Ungarn vielleicht das beste Beispiel ist – verfügt er nicht über die Organisationsstruktur und Informationsbasis, die eine wirksame Koordination zwischen der nationalen und den regionalen Ebenen gewährleisten würde.

Der Tripartismus ist ein neues interessantes Element der Veränderungen, die sich in Osteuropa auf dem Gebiet der Arbeitsbeziehungen vollziehen. Er kann bei der Entwicklung der Identität und der Kompetenz der neuen sozialen Akteure sowie bei der Schaffung der dafür notwendigen rechtlichen und institutionellen Rahmenbedingungen eine wichtige Rolle spielen. Hinzu kommt seine Bedeutung auf dem Gebiet der Umsetzung von Sozialprogrammen. Gleichzeitig sollte aber klar sein, daß der Tripartismus unter den gegebenen Bedingungen äußerst instabil und zerbrechlich ist. Seine Stärkung kann auf lange Sicht nur durch eine Konsolidierung der wirtschaftlichen und politischen Verhältnisse erfolgen.

4. Migration am Beispiel Polens

Edward Marek

4.1 Allgemeine Charakteristik der Wanderungsprozesse

Auslandswanderungen der Bevölkerung bedeuten – verkürzt und vereinfacht ausgedrückt – Änderung des Aufenthaltsortes (Wohnsitzes, Anmeldung) auf die Dauer bzw. für eine (eher längere) Zeit. Sie bedeuten, daß
einzelne oder ganze Gruppen in ein anderes Land ziehen. Der Begriff
»Wanderung« umfaßt zwei Prozesse mit unterschiedlichen Ausrichtungen:
Auswanderung oder das Verlassen der Heimat und Einwanderung oder die
Ankunft im Hoheitsgebiet eines anderen Staates. Die Wanderung kann vom
Standpunkt des Herkunftslandes bzw. des Aufnahmelandes der Migranten
(oder dieser beiden Länder zugleich) betrachtet werden. Die Wanderungs-
probleme können selbstverständlich auf der Ebene mehrerer Staaten, Weltregionen oder global erörtert werden.

Auf die Auslandswanderungen wirken sich unterschiedliche Faktoren,
Begebenheiten und Umstände aus, wie beispielsweise demographische
Entwicklung des Heimatlandes, Verlauf der wirtschaftlichen Konjunktur, Arbeitsmarktlage, sozialpolitische Situation sowie öffentliche Sicherheit, Niveau materieller und kultureller Lebensbedingungen der Bevölkerung und
die persönliche und familiäre Lage der Bürger.

Es werden mehrere Kriterien bzw. Determinanten unterschieden, nach denen einzelne Wanderungsarten und -formen klassifiziert werden (Hönekopp 1991):

– Zeitdauer: zeitweilig, langfristig, auf Dauer;

– Entfernung: regionale, grenznahe, kontinentale, nach Übersee;

– verwaltungsrechtliche Regelungen: freiwillig (zur Definition siehe Mangalam 1968), legal, illegal, Ansiedlung, Aussiedlung, Ausweisung, Verban-
nung, Rückwanderung;

- sozialpolitische Gegebenheiten: Auswanderung wegen Verfolgung oder politischer Repressalien, Fremdenhasses bzw. ethnisch, rassistisch und religiös bedingter Verfolgungen, wegen innerer oder zwischenstaatlicher bewaffneter Konflikte;

- Wanderung bedingt durch Überbevölkerung, Arbeitsmangel, Mißernte, Hungersnot, Umweltkatastrophen;

- Wanderung bedingt durch persönliche und familiäre Umstände sowie berufliche Lage: Studienaufnahme, Aufenthalt zu wissenschaftlichen Zwecken, Eheschließung mit dem Bürger eines fremden Staates, Familienzusammenführung, Aufnahme einer gewerblichen Tätigkeit oder der Ausübung eines freien Berufes in einem fremden Staat, Wanderung im Zusammenhang mit der Anwerbung und Aufnahme einer unselbständigen Arbeit im Ausland, Entsendung zur Arbeit in internationalen Organisationen und Institutionen.

Es können noch andere Wanderungstypen (Arten) unterschieden werden, wie z. B. Transitwanderung (Benutzung des Hoheitsgebietes eines bzw. mehrerer Staaten, um ein Zielland zu erreichen), Lotteriewanderung. Dabei wird binnen einer festgesetzten Zeit ein Einwanderungsantrag per Post gestellt, um die grüne Karte für den Aufenthalt in den USA zu bekommen. Dank der Verlosung konnten etwa 20 000 Polen jährlich in die Vereinigten Staaten auswandern. Vor kurzem haben amerikanische Behörden begrenzte Kontingente festgelegt, die im Rahmen dieser Verlosung auf einzelne Nationalitäten entfallen. Es gibt auch Autoren, die Migranten – Quasiflüchtlinge, Wirtschaftsflüchtlinge und in der letzten Zeit ziemlich oft auch die sogenannten unfreiwilligen Migranten (involuntary migrants) – unterscheiden.

Es ist bemerkenswert, daß sich die charakteristischen Merkmale bzw. Kriterien einzelner Wanderungsformen in den letzten Jahren verwischt haben. Die Grenzen zwischen ihnen werden fließend (z. B. die Form der saisonbedingten angeworbenen Ausreise verwandelt sich in eine mehrjährige Aufenthaltsmigration; illegale Einwanderung wird nach Erlangung der Aufenthaltsgenehmigung legal usw.). Heutzutage fällt es in vielen Fällen schwer, das tatsächliche Motiv und den wirklichen Wanderungscharakter treffend zu bestimmen.

Unter den verschiedenen Arten von Wanderungen stellen die wirtschaftsbedingten Migranten die zahlenmäßig größte Gruppe. Dabei kann man unterscheiden:

- Auswanderer »auf der Suche nach Brot«: Der wichtigste »push factor« ist in diesem Falle die schlechte materielle Lage, Armut, Suche nach Arbeits-

und Überlebensmöglichkeiten, um auf diese Weise die Existenz für sich und die Familie zu verbessern;

• mobile Auswanderer: Hier sind unter anderem Mitarbeiter von Firmen zu nennen, die Aufgaben in anderen Staaten ausführen, Mitarbeiter von transnationalen Unternehmen (z. B. Kreditinstitute, Versicherungsgesellschaften, Investmentgesellschaften, Transport- und Bauunternehmen, Dienstleistungsbetriebe im Bereich des Umweltschutzes) sowie Wissenschaftler und Künstler. Auswanderungsmotiv ist meistens der Wille, entsprechend hohe Einnahmen zu erzielen bzw. sich gute Bedingungen für wissenschaftliche Forschung und schöpferische Tätigkeit zu sichern.

Obwohl der Status und die Arbeitsbedingungen dieser beiden Gruppen von Migranten stark voneinander abweichen, können die Unterschiede zwischen einzelnen Kategorien mittlerweile verschwimmen, und es kann ein Transfer von einer Gruppe in die andere erfolgen.

Viele Aufnahmeländer bevorzugen in ihrer Einwanderungspolitik deutlich den »Import« hochqualifizierter Mitarbeiter (z. B. Kanada, Großbritannien, Australien). Migrationen von hochqualifizierten Arbeitskräften reagieren auf Arbeitsmarktkrisen und Konjunkturschwankungen weniger sensibel. Natürlich können selbst höchstqualifizierte Spezialisten in Zeiten der Krise und der anhaltenden Depression Schwierigkeiten haben, im Ausland geeignete Arbeit zu bekommen. Sie können arbeitslos werden oder gezwungen sein, minderwertige Arbeiten auszuführen. Meistens überstehen sie aber diese schwierigen Perioden besser.

Zahlreiche Länder stoppen bei einer schlechten Konjunkturlage und wirtschaftlichen Flaute die Anwerbung ausländischer unselbständiger Arbeitskräfte, schicken die Ausländer in ihre Heimatländer zurück, betreiben eine protektionistische Schutzpolitik der Arbeitsplätze für eigene Arbeitnehmer oder errichten administrative Barrieren gegenüber dem Import von Arbeitskraft. Solch eine Politik wird im Westen u. a. im Bereich der Bekleidungs-, Schuh- und Stahlindustrie betrieben. Beispiele für einen »Schutzeingriff« des Staates können z. B. sein: die Reduzierung des Beschäftigungskontingents im Rahmen der Dienstleistungsverträge für Bürger mittel- und osteuropäischer Staaten durch die Bundesrepublik oder die Entscheidung über die Beschränkung der Zahl der Saisonarbeiter (auf 180 000 insgesamt oder um 15 % weniger als im Vorjahr) sowie die Festlegung eines Zeitlimits der Arbeitsgenehmigung für Grenzgänger auf ein Jahr (dies betrifft nicht EU-Bürger). Die Arbeitslosenrate ausländischer Arbeitnehmer ist in den meisten westlichen Ländern höher als diejenige der einheimischen Arbeitnehmer.

In Europa bewegten sich Ende der fünfziger und in den sechziger Jahren Ströme von Erwerbsauswanderern vom Süden in den Norden (aus Italien, Jugoslawien, Griechenland). Später kamen solche aus der Türkei und von der Iberischen Halbinsel (Spanien und Portugal) sowie der Mittelmeerküste Afrikas hinzu. Der Zufluß der Arbeitskräfte vollzog sich weitgehend auf eine organisierte Art und Weise, im Wege der Anwerbung. Die damalige Begründung: Die Wanderungen würden einen Beitrag zur Übertragung der wirtschaftlichen Entwicklung leisten und eine günstige Grundlage für die wirtschaftliche Zusammenarbeit und die Erhöhung der Einkommen bilden.

Nach der ersten Ölkrise wurde die sogenannte Politik des Anwerbestopps verkündet. Trotz zahlreicher Ermunterungen kehrte nur ein geringer Teil der Einwanderer in ihre Heimatländer zurück. Es stieg dagegen die Zahl der Ausländer, die im Rahmen der Familienzusammenführung (achtziger Jahre) nach Europa kamen. An Bedeutung und Aktualität gewann eine aus der liberalen Tradition stammende These:»Öffnung des Handels, Transfer des Kapitals, Änderungen der Standorte der Investitionen können eine Alternative für Wanderungen darstellen oder sich zumindest auf die Neigung zur Auswanderung moderierend (hemmend) auswirken, besonders in Ländern mit einem geringen Einkommensniveau und einer beträchtlichen Arbeitslosigkeit. Entwicklungshilfe kann zur Abschwächung der Auswanderungstendenzen beitragen.« (Tapinos 1993, 162)

Hin und wieder wird die Diskussion wiederaufgenommen, ob die Einwanderung der Arbeitskräfte für das Aufnahmeland günstig sei. So wird die Frage der Belastungen im Zusammenhang mit der Beschäftigung ausländischer Arbeiter und dem Aufenthalt ihrer Familienangehörigen erhoben. Es steht außer Zweifel, daß die Bevölkerung des Aufnahmelandes und das Aufnahmeland selbst in diesem Zusammenhang gewisse Kosten zu tragen haben, besonders in der ersten Zeit nach der Ankunft der Arbeitnehmer. Dies betrifft beispielsweise die Bereitstellung einer entsprechenden kommunalen Infrastruktur, der Wohnungen, der Leistungen des Gesundheitswesens und der Sozialdienste sowie der Spezialschulen. Es können auch Probleme mit der Anpassung und dem Zusammenleben der einheimischen Bevölkerung mit den Einwanderern, Spannungen, Fälle von Abneigung und Fremdenhaß gegen die Ausländer vorkommen. Eines der schwierigeren Probleme ist die Ausarbeitung einer umfassenden Integrationspolitik, einer Politik der Achtung der Tradition, der Sitten und der Toleranz. Schwierig ist es auch, das Verständnis für diese Politik und die Unterstützung dafür bei der eigenen Bevölkerung zu gewinnen.

Die Ankunft ausländischer Arbeitskräfte bringt aber auch dem Aufnahmeland einen eindeutigen Nutzen. Es braucht – zumindest für die erste Einwanderergeneration – keine Erziehungs- und Ausbildungskosten zu tragen. Angeworbene Arbeitskräfte sind meistens auch mobiler als die einheimischen und können binnen kurzer Zeit Lücken und Mängel des inländischen Arbeitsmarktes schließen. Die Einwanderer verwenden einen Teil ihres Einkommens für laufende Konsumzwecke und tragen somit zur Steigerung der Nachfrage sowie zur Erhöhung der Umsätze im Bereich des Handels und der Dienstleistungen bei.

Die Einwanderer mit festem Wohnsitz in der Bundesrepublik Deutschland entrichteten z. B. im Jahre 1993 an Sozialversicherungsbeiträgen eine Summe von 50 Mrd. DM und trugen folglich zur Funktionsfähigkeit dieser Versicherungen bei, während die Leistungen der Sozialversicherungen für diese Gruppe der Versicherungsnehmer 16 Mrd. DM ausmachten (Weidenfeld/Hillebrand 1994).

Einwanderer (weitgehend junge Menschen oder in ihrem besten Erwerbsalter) tragen auch zu positiven Veränderungen der demographischen Struktur bei, was im Falle der alternden Gesellschaften von wesentlicher Bedeutung ist. Auf diese Weise kann die Bevölkerungszahl des jeweiligen Landes steigen. Heutzutage würden in einer Reihe westlicher Länder einige wichtige Wirtschaftszweige sowie manche Industrie- und Verarbeitungsbranchen (z. B. Kommunalwirtschaft, Bauwesen, Hotel- und Gaststättengewerbe, Automobilindustrie, Textilindustrie, Fischverarbeitung, Wein- und Gemüseanbau usw.) ohne Migranten nicht funktionieren.

Der Nutzen, aber auch die Kosten der Wanderungen sind selbstverständlich unterschiedlich für das entsendende und das aufnehmende Land. Meistens wandern junge, aktive und flexible Menschen aus, die oftmals gute Qualifikationen besitzen. Dadurch wird das Qualifikationspotential der im Herkunftsland verbliebenen Arbeitsressourcen geschwächt und dies kann sich auf die wirtschaftliche Entwicklung negativ auswirken. Ein Auslandsaufenthalt, besonders von langer Dauer und in ein vom Heimatland entferntes Gebiet, kann Streß, Spannungen und zurückgehende familiäre Kontakte zur Folge haben.

Von der anderen Seite her betrachtet, stellt die Auswanderung zu Erwerbszwecken eine wichtige Einnahme- und Devisenquelle besonders für arme Länder dar. Durch Geldüberweisungen auf inländische Konten im Ausland berufstätiger Arbeitnehmer kann das entsendende Land einfacher sein Defizit in der Zahlungsbilanz ausgleichen. Bedeutung und Ausmaß dieser Überweisungen können zum Beispiel Angaben der Weltbank für 1990 entnommen werden, nach denen die globale Summe der Überweisungen (Netto-Transfers) an Entwicklungsländer 37 Mrd. US $ betragen hat. Allerdings kann der Zufluß dieser Mittel eine Ursache für die Inflation sein bzw. diese verstärken.

Unter den Nutzen des entsendenden Landes zählen auch die von den Migranten im Ausland gesammelten Erfahrungen im Bereich der Produktion, Technik und Organisation, der Erwerb von Berufsqualifikationen und Fremdsprachen. Diese Fähigkeiten und Kenntnisse können nach der Rückkehr der Migranten in ihr Heimatland verwertet werden.

Die Frage nach Nutzen und Risiken im Zusammenhang mit den Wanderungen kann nicht auf eine einseitig abstrakte Weise erörtert werden. Es gilt, sie vor dem Hintergrund konkreter Begebenheiten und konkreter Ergebnisse auf beiden Seiten zu betrachten und zu sehen, daß die Gewinn- und Verlustrechnung vom Standpunkt des entsendenden und des Aufnahmelandes aus gemacht werden muß. Schließlich sei noch hinzugefügt, daß das Spiel meist nicht zwischen zwei gleichberechtigten Partnern ausgetragen wird.

4.2 Ost-West-Wanderungen

Unmittelbar nach dem 2. Weltkrieg fanden infolge neuer Grenzziehungen in Europa große Bevölkerungsbewegungen statt, besonders aus Mittel- und Südosteuropa in den Westen. Z. B. waren deutsche Staatsangehörige aus den nördlichen und westlichen Regionen des heutigen Polen, aus der Tschechoslowakei und anderen europäischen Staaten betroffen. Durch Aus- und Umsiedlungsaktionen wurden Polen aus den Gebieten betroffen, die heute Bestandteil der Ukraine, Weißrußlands, Litauens oder Rußlands sind. Ethnische Umsiedlungen ließen auch Rumänien, Bulgarien, Ungarn, Griechenland und andere Länder nicht unversehrt. Nach Polen, in die Tschechoslowakei und andere Länder kehrten Menschen zurück, die während des Krieges im Westen meist als Zwangsarbeiter verstreut gelebt hatten. Diese Um- und Aussiedlungen hatten zahlreiche politische, wirtschaftliche und soziale Folgen. Sie gestalteten die Landkarte mit der geographischen Verteilung der Nationalitäten im Nachkriegseuropa neu.

Seit den fünfziger Jahren blieb die Einreise der Bürger aus den ehemaligen sozialistischen Ländern nach Westeuropa auf einem relativ niedrigen Niveau. Dies war hauptsächlich ein Ergebnis der Abschottungspolitik der Ostblockstaaten, der Restriktionen bei der Ausstellung von Reisepässen, der polizeilichen Aufsicht und Kontrolle über Reisen ins und aus dem Ausland. In dieser Zeit hielt (mit Unterbrechungen) der Prozeß der Familienzusammenführung an (z. B. Ausreisen Deutscher zu ihren Familien nach Westdeutschland oder Heimkehr polnischer Umsiedler aus Sibirien). Verhältnismäßig wenige Bürger mittel- und osteuropäischer Staaten nahmen damals eine Arbeit in den westlichen Ländern auf, häufiger dafür in den Mitgliedsländern des Rates für gegenseitige Wirtschaftshilfe oder in einigen arabischen Staaten.

Gegen Ende der sechziger Jahre und nach 1981 kam es zu einer verstärkten Auswanderung von Polen aus politischen Gründen nach Österreich, Schweden, Deutschland, Italien und Israel. Die meisten Polen, die in die Bundesrepublik Deutschland auswanderten, bekamen von deutschen Behörden den Flüchtlingsstatus oder den eines geduldeten Aufenthalts zuerkannt. Ein Teil dieser Auswanderer siedelte anschließend in andere Länder über (insbesondere in die USA, nach Kanada, Großbritannien und Australien).

Als Ergebnis grundlegender politischer und sozial-wirtschaftlicher Änderungen, die durch Polen eingeleitet worden waren, liberalisierte der Ostblock die Bestimmungen der Paßpolitik und hob restriktive Ausreisebestimmungen auf. In den RGW-Ländern wurden marktwirtschaftliche Reformprogramme eingeleitet. Diese Prozesse begleitete ein mehr oder weniger tiefer Rückgang des Bruttoinlandsprodukts und das bisher unbekannte Phänomen der Arbeitslosigkeit (relativ am niedrigsten in der Tschechischen Republik). Die Reallöhne und -einkommen der Bevölkerung sowie Sozialleistungen der Unternehmen für ihre Mitarbeiter sind stark zurückgegangen, das Realniveau der Renten und Ruhegehälter ist gesunken.

Unter solchen Umständen stieg die Neigung zur vor allem wirtschaftsbedingten Auswanderung zwecks Arbeitsaufnahme. Dieser Trend wurde besonders unter den Jugendlichen sichtbar und hält auch in dieser Gruppe weiterhin an (Golinowska/Marek 1995).

In den meisten mittel- und insbesondere in den osteuropäischen Ländern bildete sich ein relativ hohes Migrationspotential heraus. Die geographischen Präferenzen potentieller und tatsächlicher Migranten aus dieser Region sind folgende: Westeuropa, Skandinavien, Israel, Vereinigte Staaten, Kanada und – in einem geringeren Maße – Australien. Diesen Wanderungsdruck bekamen vor allem Deutschland, Österreich, Schweden und Israel zu spüren.

Gegen Ende der achtziger Jahre wurden in der westlichen Presse und anderen Medien Stimmen laut, die vor der Gefahr einer Masseneinwanderung ausländischer Bevölkerung, darunter einem Exodus der Ost- und

Mitteleuropäer, warnten. Die tatsächlichen Prozesse (in bezug auf die Bundesrepublik Deutschland) zeigen die Daten der folgenden Tabelle:

Tabelle 1:

Nettoauswanderung aus Mittel- und Osteuropa nach Westdeutschland
(Angaben für die Jahre 1989, 1990, 1992 in Tsd.)

	1989	1990	1992
Osteuropa (insgesamt)	460,6	501,3	298,6
darunter: Deutsche	297,3	348,1	193,2
Ausländer	163,2	153,2	105,4

Quelle: Statistisches Bundesamt; Bundesministerium des Inneren; zitiert nach Hönekopp, 1994

Unter den Einwanderern aus dem Osten, die in dem genannten Zeitraum nach Westdeutschland kamen, überwiegt also eindeutig die deutschstämmige Bevölkerung bei einem deutlich niedrigeren und stetig sinkenden Niveau der Bürger mittel- und osteuropäischer Staaten.

Interessant ist das Ausmaß der Beschäftigung von Bürgern mittel- und osteuropäischer Staaten im Vergleich Österreichs mit Westdeutschland. Er zeigt, daß Österreich prozentual wesentlich mehr Arbeitnehmer aus den MOE-Staaten beschäftigt als Deutschland:

Tabelle 2:

**Beschäftigung von Ausländern aus mittel- und osteuropäischen Ländern
in Österreich und Deutschland**
(Angaben für die Jahre 1990, 1991, 1992)

	1990	1991	1992
Österreich (in Tsd.)	31,1	40,1	42,0
Anteil an der Beschäftigung in Österreich insgesamt (in %)	1,1	1,3	1,4
Deutschland (in Tsd.)	72,0	100,0	142,1
Anteil an der Beschäftigung in Deutschland insgesamt (in %)	0,3	0,4	0,6

Quelle: Hönekopp, 1994. Die Angaben beziehen sich auf Staatsbürger Bulgariens, der Tschechoslowakei, Ungarns, Polens, Rumäniens und der Sowjetunion

In der Tabelle 2 werden Arbeitnehmer, die zeitweilig mit der Durchführung von Werkverträgen beschäftigt sind, sowie der größere Teil der Saisonarbeiter nicht berücksichtigt. Würden diese beiden Gruppen einbezogen, erhöhte sich 1992 die Beschäftigtenzahl um jeweils mindestens 140 000 Personen. Auf der Grundlage der hier wiedergegebenen Daten kann festgehalten werden, daß alarmierende Informationen über Wanderungen aus dem Osten und über die Gefahr einer Zerstörung des Arbeitsmarktes in den westlichen Ländern übertrieben sind.

Die Problematik grenzüberschreitender Wanderungen ist in den letzten Jahren Gegenstand zahlreicher wissenschaftlicher Konferenzen und Symposien, an denen auch Wissenschaftler aus Mittel- und Osteuropa teilnehmen. Dank dieser Konferenzen sind die Prozesse heutzutage besser erkannt und untersucht. Dies betrifft vor allem demographische, wirtschaftliche, soziale, versicherungspolitische und rechtliche Probleme. Abschließend untersucht sind sie allerdings noch nicht.

Die westlichen Staaten (insbesondere die Bundesrepublik Deutschland) haben durch den Abschluß von Verträgen und Vereinbarungen mit mittel- und osteuropäischen Staaten Bemühungen unternommen, Formen und Dimension der Beschäftigung der Migranten zu regeln.

So betrugen die Kontingente für die drei Staaten Polen, Tschechoslowakei und Ungarn zusammen bei einzelnen Beschäftigungsarten im Jahr 1993:

– Beschäftigung im Rahmen der Durchführung von Werkverträgen: 34 000,

– Saisonbeschäftigung: etwa 200 000,

– Beschäftigung als Gastarbeiter: ca. 6 000,

– Beschäftigung als Grenzgänger: ca. 5 000–6 000.

Die Ausführung der Verträge wird systematisch analysiert und überprüft, und das gewährte Limit und Kontingent entsprechend der Arbeitsmarktlage in Deutschland jeweils aktualisiert (Rudolph 1993).

4.3 Polnische Auswanderung

Polen verlassen seit mehr als drei Jahrhunderten zahlreiche Auswanderer. In dieser Hinsicht ist Polen ein klassisches Beispiel für ein europäisches Auswanderungsland. Neben der politischen Auswanderung nach der Niederschlagung nationaler Befreiungsaufstände (1830, 1863) wanderten im 19. Jahrhundert mehrere zehntausend Polen in die Nachbarländer, aber auch nach Übersee (Vereinigte Staaten, Brasilien, Argentinien, Kanada) aus. Gegen Ende des 19. Jahrhunderts und in den ersten Jahrzehnten des 20. Jahrhunderts wanderten mehrere tausend polnischer Familien nach

Westfalen, ins Ruhrgebiet, nach Dänemark, in die Bergbaugebiete Nordfrankreichs und nach Belgien aus. Alljährlich nahmen etwa 100 000 polnische Landarbeiter und -arbeiterinnen Saisonarbeit in Deutschland und Lettland auf. Es wird geschätzt, daß in der Zwischenkriegszeit etwa 2,1 Millionen Bürger Polen verlassen haben. Fast ausschließlich handelte es sich dabei um wirtschaftsbedingte Auswanderung (Marek 1991). Während der Weltwirtschaftskrise (1929–1933) kehrte ein beachtlicher Teil dieser Auswanderer nach Polen zurück.

Bei Umsiedlungsaktionen in den Jahren nach dem 2. Weltkrieg blieben Auswanderung und Einwanderung auf einem relativ niedrigen Niveau, nach wie vor fiel der Saldo der Wanderungen für Polen aber negativ aus. Nach den offiziellen Statistiken verließen Polen in den Jahren 1981–1988 222 000 Personen. Das tatsächliche Ausmaß dieser Auswanderung war aber größer, obwohl es schwerfällt, es präzise zu bestimmen. Viele Touristen oder Dienstreisende ließen ihren Aufenthalt in den westlichen Ländern verlängern (mitunter um ganz beachtliche Zeiträume). Manche nahmen dann eine Arbeit auf. Es wird geschätzt, daß die Zahl solcher informellen Einwanderer (für mehr als 3 Monate) etwa 550 000 Personen betragen hat. Ein Teil von ihnen kehrte später nach Polen zurück, ein Teil versuchte, den Aufenthalt zu legalisieren, und andere wiederum beantragten die Anerkennung als politische Flüchtlinge (Okolski 1993, Marek 1992).

In der zweiten Hälfte der achtziger Jahre (als Folge der Liberalisierung der Paßpolitik) und zu Beginn der neunziger Jahre stiegen die Möglichkeiten der Auslandsreisen für polnische Staatsbürger beachtlich. Polen trat dem Schengener Abkommen bei, und die innere Konvertibilität des polnischen Zloty wurde eingeführt. Die Wanderungsbewegungen polnischer Bevölkerung in den Jahren 1990–1993 zeigt die folgende Tabelle:

Tabelle 3:

Auslandswanderungen polnischer Bevölkerung
(Angaben für die Jahre 1990–1993 in Tsd.)

	1990	1991	1992	1993
Einwanderung	2,6	5,0	6,5	6,0
Auswanderung	18,4	21,0	18,1	21,0
Saldo	−15,8	−16,0	−11,6	−15,0

Quelle: Statistisches Hauptamt (GUS). In der Tabelle sind die sogenannten Aus- und Einreisen auf Dauer erfaßt, die in den Meldeämtern bestätigt worden sind. In den polnischen Statistiken werden manche Wanderungsbewegungen, z. B. deutscher Spätaussiedler und Auslandseinsätze bei Saisonarbeiten, nicht erfaßt.

Laut den Angaben des Statistischen Hauptamtes veränderte sich die Geschlechtsstruktur der Auswanderer in der vorgenannten Periode: in den achtziger Jahren überwogen Frauen, heute Männer.

Den Angaben für die Jahre 1990–1992 kann entnommen werden, daß die meisten Auswanderer in europäische Länder ausreisen (78,4 %). Den ersten Platz nimmt die Bundesrepublik Deutschland (67,88 %) ein, gefolgt von Schweden, Frankreich, Österreich, Italien, Großbritannien und Überseeländer – die USA (11,49 % der Gesamtzahl der Auswanderer), Kanada, Australien und Ozeanien. Auf allen Kontinenten lebt eine zahlreiche polnische Diaspora, die auf 15 Millionen Personen geschätzt wird. Es handelt sich dabei um Nachkommen (in zweiter oder dritter Generation) polnischer Emigranten; den größten Anteil in dieser Gruppe stellen aber jene, die Polen unmittelbar nach dem 2. Weltkrieg und in den letzten Jahren verlassen haben.

Eine landesweite Stichprobenuntersuchung des Statistischen Hauptamtes über die wirtschaftliche Aktivität polnischer Bevölkerung ergibt, daß sich im August 1993 insgesamt 199 300 polnische Staatsbürger (bis zu einem Jahr: 82 700 und länger als ein Jahr: 116 600) im Ausland aufgehalten haben.

Bemerkenswert ist auch die allmähliche Rückkehr polnischer Staatsbürger nach Polen, die früher ausgewandert waren und eine längere Zeit (manchmal einige Jahre lang) im Ausland gelebt haben. Die Gruppe der Heimkehrer wird auf etwa 300 000 Personen geschätzt. Am häufigsten kommen sie aus der Republik Südafrika, den USA und den EU-Ländern zurück.

Ein neues, bisher unbekanntes Phänomen sind Flüchtlinge, die nach Polen kommen. Polen hat das Genfer Abkommen von 1951 und das New Yorker Protokoll von 1967 ratifiziert und bemüht sich, die sich daraus ergebenden Aufgaben zu meistern. Das Land hörte in der letzten Zeit auf, ein ausschließliches Auswanderungsland zu sein. Seit etwa 4 Jahren kommen hierher zahlreiche Ausländer, vorwiegend aus dem Osten (Ukraine, Weißrußland, Litauen, Rußland), aus Rumänien, Bulgarien, Vietnam, der Mongolei und China sowie aus manchen afrikanischen und asiatischen Ländern. Viele von ihnen wollen weiter in den Westen, meistens nach Deutschland oder Schweden ziehen. Polen ist für sie ein Transitland. Ein Teil dieser Emigranten läßt sich aber auch hier nieder. Viele von ihnen gehen einer legalen Beschäftigung nach, vorwiegend in der Landwirtschaft, im Bauwesen, Handel, Gaststättengewerbe. Die meisten aber finden eine Arbeit im informellen Sektor (Gemüsebau, Obstbau, Kleinhandwerk).

4.4 Erwerbsreisen polnischer Arbeitnehmer

In den ersten Jahren nach dem 2. Weltkrieg arbeiteten verhältnismäßig wenige polnische Staatsbürger im Ausland. Aber bereits in den siebziger und achtziger Jahren stieg allmählich die Zahl der Erwerbsreisen polnischer Arbeitnehmer in andere Länder. Besonders bei den Exporten von Baudienstleistungen stieg diese Beschäftigung beachtlich. Polnische Bauteams arbeiteten an der Errichtung von Öl- und Gasleitungen, Kraftwerken, Stein- und Braunkohlegruben, Maschinenbaufabriken, Zuckerwerken, Schwefelsäurefabriken, Schleusen, Straßen, Hotels, Wohnsiedlungen und landwirtschaftlichen Betrieben, bei der Schädlingsbekämpfung aus der Luft in landwirtschaftlichen Großbetrieben, bei der Renovierung von Bau- und Kulturdenkmälern; polnische Seeleute fuhren auf Schiffen unter fremder Flagge; zahlreiche polnische Ärzte arbeiteten in ausländischen Krankenhäusern, polnische Professoren lehrten an ausländischen Hochschulen. Die höchste Zahl von legal im Ausland beschäftigten Polen wurde 1989 verzeichnet, sie betrug 148 000 Personen.

Tiefgreifende Änderungen sowohl in der Zahlenstärke als auch der geographischen Verteilung polnischer Staatsbürger, die im Ausland einer Erwerbstätigkeit nachgingen, vollzogen sich in den Jahren 1990 und 1991. Sie hingen mit den politischen und wirtschaftlichen Reformprozessen in Mittel- und Osteuropa eng zusammen. Einen großen negativen Einfluß auf die Dimension polnischer Beschäftigung im Ausland hatte zur damaligen Zeit der Golfkrieg; alle in der Golfregion beschäftigten Arbeiterteams wurden nach Polen zurückgeholt (Marek 1992).

Seit einigen Jahren steigt die Zahl der Polen, die in den Mitgliedsländern der Europäischen Union und der EFTA beschäftigt werden. Polen hat mit einigen Ländern bilaterale Abkommen unterzeichnet, u. a. mit folgenden Ländern:

Bundesrepublik Deutschland:

– Abkommen zwischen der Regierung der Republik Polen und der Regierung der Bundesrepublik Deutschland über die Entsendung von Arbeitnehmern aus polnischen Unternehmen zwecks der Ausführung von Werkverträgen, unterzeichnet am 31. 1. 1990, geändert am 8. 12. 1990, teilweise geändert im Jahre 1993;

– Abkommen zwischen der Regierung der Republik Polen und der Regierung der Bundesrepublik Deutschland über die Beschäftigung von Arbeitnehmern zwecks Erhöhung ihrer beruflichen Qualifikationen und der Fremdsprachenkenntnisse (betrifft die sogenannten Gastarbeiter), unterzeichnet am 7. 6. 1990;

– Vereinbarung zwischen dem Minister für Arbeit und Sozialpolitik der Republik Polen und dem Bundesminister für Arbeit der Bundesrepublik Deutschland über generelle Grundsätze der Beschäftigung polnischer Staatsbürger in Deutschland im Rahmen der gegenseitigen Zusammenarbeit, unterzeichnet am 7. 6. 1990.

Königreich Belgien:

– Abkommen zwischen der Regierung der Republik Polen und der Regierung des Königreichs Belgien über die Beschäftigung von Praktikanten, unterzeichnet am 4. 10. 1990.

Frankreich:

– Abkommen zwischen der Regierung der Republik Polen und der Regierung der Französischen Republik über den Austausch von Berufspraktika, unterzeichnet am 29. 9. 1990;

– Abkommen zwischen der Regierung der Republik Polen und der Regierung der Französischen Republik über die Beschäftigung polnischer Saisonarbeiter in Frankreich, unterzeichnet am 20. 5. 1992.

Schweiz:

– Abkommen zwischen der Regierung der Republik Polen und des Bundesrats der Schweizerischen Eidgenossenschaft vom 11. 6. 1993 über den Austausch von Berufspraktika.

Entsprechende Abkommen wurden auch mit der Tschechoslowakei und der Ukraine geschlossen; fortgeschritten sind Verhandlungen über diesbezügliche Verträge u. a. mit Rußland und Litauen.

Polnische Arbeitnehmer arbeiten gegenwärtig in einer Reihe westlicher Länder, wie z. B. in Frankreich, Belgien, Großbritannien, Schweden, Norwegen, Österreich, der Schweiz, Italien, Griechenland. Die meisten von ihnen arbeiten in der Bundesrepublik Deutschland. Deutschland ist aktuell der größte wirtschaftliche Partner Polens und hat den größten Anteil an polnischen Ein- und Ausfuhren. Mit diesem Land hat Polen bisher auch die größte Zahl bilateraler Regierungsverträge über die Beschäftigung von Arbeitnehmern geschlossen.

Eine wichtige Form der Ausführung dieser Abkommen sind die Werkverträge im Bereich des Bauwesens und anderer Dienstleistungen für westdeutsche Bauherren. In der ersten Phase wurde im Abkommen ein Beschäftigungskontingent von 35 170 Personen festgelegt. 1991 verlief die Durchführung des Abkommens in der Regel ordnungsgemäß und einwandfrei, aber 1992 gab es einen ziemlich stürmischen Zuwachs. Das festgelegte globale Limit wurde überschritten, was zur Folge hatte, daß die deutsche Seite neue Verträge (im August 1992) gestoppt hat. Schwierigkeiten gab es auch 1993. Die deutsche Seite führte zahlreiche Restriktionen ein. Beispielsweise mußte die Anzahl der beschäftigten Ausländer in einem bestimmten Verhältnis zu der Zahl der in der jeweiligen Firma beschäftigten deutschen Staatsangehörigen stehen, Löhne und Gehälter mußten nach den in Deutschland geltenden Tarifverträgen gezahlt und zusätzliche Gebühren für die Arbeitserlaubnis pro polnischen Arbeitnehmer (1 200–2 000 DM) gezahlt werden. Nach Ansicht der Polnischen Wirtschaftskammer der Exporteure von Bau- und technischen Dienstleistungen verteuern die Auflagen der deutschen Seite die Kosten polnischer Firmen so sehr, daß sich viele von ihnen aus dem deutschen Markt zurückziehen. Erträge aus der Tätigkeit polnischer Bauunternehmen, die ein wichtiger Bestandteil der wirtschaftlichen Zusammenarbeit mit der Bundesrepublik sind, waren und sind aber ein wichtiger Faktor zum Ausgleich der Handelsbilanz. Niedrigere Einnahmen aus der Erbringung polnischer Dienstleistungen in Deutschland bedeuten auch geringere Einfuhren aus Deutschland nach Polen. Polnische Unternehmer weisen darauf hin, daß deutsche Firmen, die heute in Polen tätig sind, sowie Firmen mit Beteiligung deutschen Kapitals (es sind etwa 2 900) weder solchen verschärften Kontrollen noch Restriktionen bei der Gestaltung der Löhne und Gehälter für ihre Mitarbeiter unterliegen. Ein Beweis für eine beachtliche Verschlechterung wirtschaftlicher Bedingungen bei der Ausführung von Werkverträgen ist u. a. der einschneidende Rückgang der hierbei beschäftigten Zahl polnischer Arbeitnehmer in der Bundesrepublik Deutschland auf nur noch 13 000 Personen im April 1994.

Die meisten Polen werden in der Bundesrepublik im Rahmen von dreimonatigen Saisonarbeiten beschäftigt, 1992 waren es 131 000 Personen, 1993 148 600. Mehr als die Hälfte von ihnen (1993 81 700) sind in der Landwirtschaft beschäftigt; 22 800 bei der Ausführung von saisonbedingten Arbeiten im Bauwesen; 16 300 beim Weinbau; 4 000 in der Forstwirtschaft; 3 600 im Hotel- und Gaststättengewerbe; 1 300 bei Ausstellungen und Messen; der Rest (etwa 18 500) bei verschiedenen anderen Saisonarbeiten.

In der ersten Jahreshälfte 1994 sind 90 900 Polen bei Saisonarbeiten beschäftigt. Die Arbeit polnischer Saisonarbeiter in Deutschland (ähnlich wie in Frankreich, der Schweiz, Norwegen) wird fast allgemein positiv bewertet, besonders von den Landwirten, Gärtnern und Gemüseanbauern sowie Weinbauern.

Gemäß dem Abkommen von 1990 fährt jedes Jahr eine gewisse Zahl polnischer Staatsbürger als Gastarbeiter nach Deutschland, um dort ihre beruflichen Qualifikationen und Deutschkenntnisse zu erhöhen (1991 waren es 404 Personen, 1992 841, 1993 fast 1000). Ungeachtet der Lage am deutschen Arbeitsmarkt erhalten diese Arbeitnehmer keine Arbeitserlaubnis, sondern nur eine Einwilligung zur Ausübung ihrer Tätigkeit. Um das Bild der Erwerbstätigkeit polnischer Staatsbürger in Deutschland abzurunden, gilt es hinzuzufügen: Etwa 1 500–2 000 tägliche Pendler im sogenannten grenznahen Verkehr (bis zu 50 km ins Landesinnere) und zahlreiche Studenten während der Sommerferien runden das Bild der Erwerbstätigkeit polnischer Staatsbürger in Deutschland ab.

Die Erwerbsmigration polnischer Staatsbürger in die Bundesrepublik in den vergangenen vier Jahren läßt sich – unabhängig von den ab und zu auftauchenden Problemen – generell positiv bewerten. Neben der wirtschaftlichen Bedeutung, die ohne Zweifel vorhanden ist, und einer auf diese Weise erfolgenden Erweiterung der gegenseitigen wirtschaftlichen Zusammenarbeit können auf diesem Wege wertvolle Erfahrungen gesammelt werden, um Methoden und Instrumente kennenzulernen, die später in den Verhandlungen und in der Kooperation Polens mit anderen Mitgliedsländern der Europäischen Union und der EFTA nützlich sind.

Insgesamt gehen etwa 300 000 polnische Staatsbürger einer legalen Beschäftigung im Ausland nach. Unter den Ausländern, die besonders in den westlichen Ländern ohne einen geregelten Status (ohne formelle Aufenthalts- und Arbeitserlaubnis) arbeiten, gibt es auch polnische Staatsbürger, deren genaue Zahl unbekannt ist. Es läßt sich lediglich vermuten, daß sie den Bürgern anderer Staaten zahlenmäßig unterlegen sind. Dies kann auch durch die Tatsache bedingt sein, daß Polen auf diesen Märkten später als andere aktiv geworden sind.

4.5 Perspektiven der Migration

Im letzten Jahrzehnt vergrößerte sich sowohl das Gebiet, auf dem sich die grenzüberschreitenden Wanderungen vollziehen, als auch die Zahlenstärke der beteiligten Bevölkerung. Insbesondere nahmen die Flüchtlingsströme zu. Die Zahl der Asylbewerber stieg in den westlichen Ländern dramatisch; es gelang aber, diese abrupte Zunahme durch eine Verschärfung der Vorschriften und des Asylverfahrens zu stoppen.

Die Staaten sind einzeln nicht in der Lage, diese asylpolitische Herausforderung zu meistern. Dazu ist das Zusammenwirken mehrerer Länder und internationaler Organisationen bei entsprechender Stärkung der Rolle und der Erhöhung der Mittel des UNHCR erforderlich. In Zukunft gilt es, das Augenmerk auf die Vorbeugung und Beseitigung der Ursache von Flüchtlingsströmen zu richten.

Viele Aufnahmeländer ergreifen Maßnahmen, die auf die Beschränkung der Zahl der Arbeitnehmer aus dem Ausland abzielen, verringern Kontingente, führen zahlreiche Kontrollen durch und verhängen Sanktionen gegen illegale Arbeit. Sie sind aber nicht in der Lage, sich total vor den Ausländern abzuschotten. Dies zeigen die im Grunde genommen bescheidenen Ergebnisse der Anwerbestopp-Politik und die Tatsache, daß die Zahl der Ausländer, die in diesen Ländern leben, im letzten Jahrzehnt trotz mannigfaltiger Beschränkungen gestiegen ist. Marktwirtschaftliche Kräfte und die Wechselbeziehungen zwischen Angebot und Nachfrage nach Arbeitskräften in den Aufnahmeländern hatten einen dominierenden Einfluß auf die Gestaltung der tatsächlichen Wanderungsprozesse.

Unter den jetzigen Umständen ist die Arbeit der Ausländer ein unerläßlicher Faktor für die Funktionsfähigkeit zahlreicher Wirtschaftszweige in den westlichen Ländern. Manche Länder werden deshalb zur Aufnahme ausländischer Arbeitskräfte »verurteilt« sein. Es scheint, daß gute Erfahrungen mit Verträgen über die Beschäftigung von Ausländern, darunter den Staatsbürgern aus mitteleuropäischen Ländern, fortgeführt und auf diese Art und Weise die Dimension und Struktur der Arbeitnehmerströme aus diesen Ländern reguliert werden könnten.

Die mittel- und osteuropäischen Länder haben einen Prozeß tiefgreifender wirtschaftlicher und gesellschaftlicher Transformationen eingeleitet und mit der Durchführung von grundlegenden Strukturumwandlungsprogrammen begonnen. Der Transformationsprozeß des Wirtschaftssystems bringt in der ersten Phase große soziale Kosten mit sich, darunter Rezession und Arbeitslosigkeit. Die internen Mittel dieser Länder reichen für ein erwünschtes Niveau der Investitionen und die Schaffung einer genügenden Zahl von Arbeitsplätzen nicht aus. Angesichts eines beachtlichen Überschusses an Arbeitskräften entstehen Auswanderungsbestrebungen, die an Stärke zunehmen.

Bei deutlich niedrigeren (im Vergleich zu westlichen Ländern) Arbeitskosten können der Zufluß von ausländischem Kapital sowie die Ausführung von Projekten und Programmen zur Bildung neuer Arbeitsplätze in den Staaten Mittel- und Osteuropas eine Alternative darstellen und den Druck auf die wirtschaftsbedingte Auswanderung der Bevölkerung insbesondere nach Westeuropa, in die USA und nach Kanada bremsen.

In den letzten Jahren kam in zahlreichen Staaten eine Stimmung der Abneigung gegen die Ausländer oder gar Fremdenhaß auf. Die eingeleitete Integrationspolitik, welche ein komplexer Bestandteil der Ausländerpolitik ist, bringt bisher nicht die erwarteten Ergebnisse. Sie müßte um die Betonung des Beitrags der ausländischen Arbeitnehmer zum Wirtschaftswachstum der Aufnahmeländer ergänzt, das gesellschaftlich-politische Spektrum um die Mitwirkung am Leben der Gesellschaft (z. B. auf der lokalen und regionalen Ebene) erweitert werden, um so der Marginalisierung und Entfremdung ausländischer Familien entgegenzuwirken.

Auch von seiten der Einwanderer und – gegebenenfalls – ihrer Organisationen sind Maßnahmen zur Förderung der Integration, eine aktivere Beteiligung an Anpassungsprozessen, des Kennenlernens der Kultur und der Sitten der einheimischen Bevölkerung vonnöten.

Man darf vermuten, daß die Nachfrage nach ausländischen Arbeitskräften in einer mittleren Frist von 10–20 Jahren in den meisten EU-Ländern angesichts der sich bereits deutlich abzeichnenden demographischen Trends steigen wird. Die voraussichtliche Vergrößerung des Anteils der Frauen an der Beschäftigung in diesen Ländern sowie die allmähliche Erhöhung des Rentenalters werden die Lücken im Potential der arbeitsfähigen Bevölkerung (besonders in der Gruppe des jüngeren arbeitsfähigen Alters) nicht zu schließen vermögen.

Die Erwerbsauswanderung wird in der nächsten Zeit in großem Maße auf den eingefahrenen Wegen und in den Richtungen, die bereits seit Anfang dieses Jahrhunderts und insbesondere in seiner zweiten Hälfte traditionell wurden, weiterlaufen. In zahlreichen Ländern, die Arbeitnehmer von außerhalb angeworben haben, findet nun der Generationswechsel unter den Einwanderern statt. Struktur und Charakter der Nachfrage nach ausländischen Arbeitskräften ändern sich ebenfalls. Der Bedarf an hochqualifizierten Arbeitnehmern und Spezialisten nimmt zu und diese Tendenz wird noch deutlicher werden.

Es gibt aber auch neue Regionen und neue Trends in der Nachfrage nach Arbeit ausländischer Arbeitnehmer (Bedarf haben z. B. Malaysia, Singapur und andere ostasiatische Staaten, Dubai und die Vereinigten Arabischen Emirate). Dies trägt sicherlich zu einem gewissen Ausgleich des Einwanderungsdruckes zwischen Süden und Norden bei.

Gegen Ende des 20. Jahrhunderts ist nach wie vor ein beachtliches Migrationspotential vorhanden, und zu rechnen ist mit einer neuen Welle der Bevölkerungswanderungen, besonders aus den dicht bevölkerten Gebieten des Südens in den Norden und aus unterentwickelten Ländern, die über keine ausreichenden Vorräte an Nahrungsmitteln verfügen. Man darf wohl kaum eine Abschwächung des Druckes bei wirtschaftsbedingter Auswanderung (Emigration nach Arbeit und Brot) erwarten, da sich ihre wichtigsten Ursachen kurzfristig nicht beseitigen lassen. Eine Lösung dieses Knotens – jetzt und in absehbarer Zukunft – ist schwierig, weil das potentielle Angebot an freien Arbeitskräften, die zu Erwerbszwecken auswandern möchten, die Nachfrage nach ausländischen Arbeitskräften in den Aufnahmeländern übersteigt. Aus diesem Grunde sind bilaterale Maßnahmen und internationale Programme zu einer ausgeglicheneren wirtschaftlich-gesellschaftlichen sowie demographischen Entwicklung in einzelnen Regionen der Welt von enormer Bedeutung.

Literatur:

Golinowska, S./Marek, E., 1995: Migrationsprozesse vor dem Hintergrund der wirtschaftlichen und arbeitsmarktpolitischen Entwicklung in Polen in den Jahren 1989–1993, im Erscheinen

Golinowska, S., 1993: The Cross Road of East-West Migration, AISS, Stockholm

Hönekopp, E., 1991: Ost-West-Wanderungen: Ursachen und Entwicklungstendenzen. Bundesrepublik Deutschland und Österreich, Mitteilungen aus der Arbeitsmarkt- und Berufsforschung, Nürnberg, Heft 1

Hönekopp, E., 1992: Migration in Central and Eastern Europe: The Case of Hungary, Poland and the Czech and Slovak Republic; Contribution for SOPEMI 92, long version OECD-SOPEMI, Paris

Hönekopp, E., 1994: Migracje Wschód-Zachód; czy nowa europejska wedrówka ludów?, in: Studia o procesach migracji zagranicznych, tom I, Instytut Pracy i Spraw Socjalnych, Warszawa, Studia i Materialy, Zeszyt 3/393

Lohrmann, R./Manfrass, K., 1974: Ausländerbeschäftigung und internationale Politik, München/Wien

Mangalam, J. J., 1968: Human Migration, A Guide to Migration Literature in English 1955–1962, State University of Kentucky Press, Lexington

Marek, E., 1991: Zatrudnienie pracownikow polskich za granica, Instytut Pracy i Spraw Socjalnych, Studia i Materialy, Heft 6, S. 346

Marek, E., 1992: Auswanderung aus Polen, Institut für Arbeit und Sozialangelegenheiten und Friedrich-Ebert-Stiftung, Vertretung in Polen, Warschau

Mehrländer, U., 1987: Ausländerforschung 1965–1980. Fragestellungen, theoretische Ansätze, empirische Ergebnisse, Bonn

Mehrländer, U./Schulze, G., 1992: Einwanderungskonzept für die Bundesrepublik Deutschland, Reihe Gesprächskreis Arbeit und Soziales, Nr. 7, Bonn

Okolski, M., 1993: Emerging Migration System in Poland, Conference organised by the OECD, Canada and Spain: Migration and International Co-operation: Challenges for OECD Countries, Madrid, 29.–31. 3. 1993

Rudolph, H.,1993: German Co-operation with Emigration Countries via Labour Migration, Conference organised by the OECD, Canada and Spain, Madrid, 29.–31. 3. 1993, OECD/Paris

Straubhar, Th./Zimmermann, K. T., 1991: Towards a European Migration Policy, Münchener Wirtschaftliche Beiträge, Nr. 92–02

Tapinos, G., 1993: La cooperation Internationale peut elle constituer une alternative á l'emigration des travailleurs?, in: Migration Internationales: Le tournant, OCDE/Paris

Weidenfeld, W./Hillebrand, O., 1994: EG-Einwanderungspolitik. Herausforderungen – Optionen – Folgen, Politik und Gesellschaft, herausgegeben von der Friedrich-Ebert-Stiftung, Bonn, Heft 1

5. Statt Sozialdumping: Eine Strategie für den »Standort Europa«

Michael Dauderstädt / Jörg Meyer-Stamer

5.1 Wettbewerb zwischen Hoch- und Niedriglohnregionen

Da wagen es doch tschechische Arbeiter, für ein dünn bestrichenes Butterbrot die gleiche Arbeit zu leisten, für die ein deutscher Arbeiter in langjährigen Kämpfen eine erkleckliche Entlohnung durchgesetzt hat. Ist das erlaubt? Ist das nicht Sozialdumping? Müßte man nicht die Tschechische Republik mit Sonderzöllen dafür bestrafen, daß sie ihren Arbeitern keine hohen Löhne gönnt und damit den Lebensstandard niedrig hält? Wäre es nicht sogar eine gute Tat, auf diese Weise den Lebensstandard in der Tschechischen Republik erhöhen zu helfen?

Deutsche Produkte sind zu teuer, und nicht nur das. Deutsche Unternehmen sind auch zu langsam, ihr traditioneller Qualitätsvorsprung ist in vielen Bereichen ins Wanken geraten, und auch der technologische Vorsprung ist geringer geworden – Unternehmen aus alten und neuen Industrieländern haben aufgeholt. Kurzum: Die Wettbewerbsfähigkeit der deutschen Industrie ist weit schlechter als sie sein müßte, um das erreichte Wohlstandsniveau im Lande halten zu können. Dies ist das Problem und nicht das »Sozialdumping« aus der Tschechischen Republik oder anderen östlichen Nachbarstaaten.

Zwei ganz unterschiedliche Sichtweisen auf das gleiche Problem: das eklatante Lohngefälle zwischen Industrieländern, die auf den ersten Blick ganz unterschiedliche »Entwicklungsstufen« bzw. nationale Rahmenbedingungen aufweisen, deren Unternehmen aber trotzdem in bestimmten Produktmärkten gegeneinander konkurrieren und die somit »Standortkonkurrenten« sind. Der Kern des Problems: ein Entwicklungsgefälle und unterschiedliche Entwicklungsgeschwindigkeiten. Ein reiches Industrieland wie Deutschland hat (mit der Ausnahme des Beitrittsgebiets) die Zeit der hohen Wachstumsraten hinter sich. Hohes Wirtschaftswachstum (sagen wir, real über 5 % pro Jahr) gab es in diesem Jahrhundert insbesondere dann, wenn ein Land einen erfolgreichen »nachholenden« Industrialisierungsprozeß organisierte. In allen Fällen wurde dies von den jeweiligen »alten« Industrieländern mit gemischten Gefühlen gesehen: Zwar konnte man in solchen Ländern viel verkaufen, doch züchtete man sich damit zugleich eine neue Konkurrenz heran – eine Konkurrenz, die typischerweise etwas schlechtere Qualität zu weit niedrigeren Preisen anbot. Dies war in den sechziger Jahren mit Japan so. Es war im Grunde auch mit der Bundesrepublik so, denn die Wettbewerbsfähigkeit deutscher Unternehmen hing immer auch damit zusammen, daß die D-Mark lange Zeit unterbewertet und deutsche Exporte damit künstlich verbilligt waren, und es war in den achtziger Jahren mit den ostasiatischen Schwellenländern (Korea, Taiwan, Hongkong, Singapur) so.

In vielen dieser Fälle hat irgendwann der Vorwurf des Sozialdumping im Raum gestanden. Japanische Unternehmen, so vermuteten westliche Beobachter lange Zeit, waren vor allem deshalb so wettbewerbsfähig, weil sie ihre Arbeiter ausquetschten und unglaublich lange arbeiten ließen. Es dauerte – gerade in Deutschland – ziemlich lange, bis man begriff, daß dies zwar stimmte, daß es aber noch eine andere, wichtigere Erklärung für die japanische Überlegenheit gab: ein betriebliches Organisationsmuster, das dem westlichen in vielerlei Hinsicht überlegen war. Unternehmen aus den Schwellenländern standen ebenfalls im Verdacht, in erster Linie durch Überausbeutung der Arbeiter Kostenvorteile zu erlangen. In diesem Fall ist es so, daß sich die Nachricht von den rasch steigenden Reallöhnen bei gleichzeitig dauerhaft hoher Wettbewerbsfähigkeit noch nicht zu uns herumgesprochen hat. Auch hier gibt es offenbar noch andere Gründe für den Erfolg.

Gibt es überhaupt Sozialdumping? Oder genauer: Ist Sozialdumping erstens eine gezielte Strategie, und läßt sie sich zweitens mit Aussicht auf Erfolg über längere Zeit durchhalten? Die Antwort ist beidemal nein. Was uns als Sozialdumping erscheint, ist eine typische Begleiterscheinung kapitalistischer Entwicklung. Auch in Deutschland gab es erst einen dynamischen Industrialisierungsprozeß und erst später, als sich die Machtverhältnisse und die Verhandlungspositionen geändert hatten, hohe Löhne und Sozialstandards – diese fallen nicht vom Himmel, sondern werden von den Arbeitnehmern und ihren Gewerkschaften erstritten. Sie lassen sich dann erstreiten, wenn erstens die politischen Rahmenbedingungen die Organisationsfreiheit ermöglichen und wenn zweitens die Arbeitnehmer nicht ohne weiteres ersetzbar sind. Die erste Bedingung ist häufig erst relativ spät in Entwicklungsprozessen gegeben – gerade in Ostasien läßt sich beobachten, daß nicht nur die Beschäftigten hohe Löhne, sondern auch die

Bevölkerung insgesamt demokratische Teilhabe erstreiten muß – und daß zwischen beiden Kämpfen ein enges Wechselverhältnis besteht. Die zweite Bedingung ist ebenfalls erst in einer späten Phase des Industrialisierungsprozesses gegeben – dann nämlich, wenn nicht mehr arbeitsintensive Branchen mit geringen Anforderungen an die Qualifikation der Beschäftigten vorherrschen, sondern solche Industriezweige, in denen hochqualifizierte Arbeitskräfte zu einem zentralen Faktor von betrieblicher Wettbewerbsfähigkeit werden. Was also von außen als Sozialdumping erscheint, ist – historisch gesehen – stets das Ergebnis einer bestimmten Phase nationaler kapitalistischer Entwicklung gewesen. Und eigentlich in allen Ländern, in denen dieses Modell zum Entstehen einer wettbewerbsfähigen Industrie geführt hat, haben sich die Verteilungsspielräume und die Verhandlungsmacht der Arbeitnehmer erhöht, so daß niedrige Löhne kein dauerhaftes Phänomen blieben.

Wird dies auch in Mittel- und Osteuropa (MOE) so sein? Aus den Erfahrungen mit dem Nord-Süd-Verhältnis lassen sich drei – sicher zugespitzte – Szenarien ableiten, die die Chancen und Risiken unterschiedlicher Entwicklungsperspektiven verdeutlichen:

• MOE als asiatischer »Tiger« würde sich rasch entwickeln. Hohe Wachstumsraten gingen bald mit Exportüberschüssen einher. Sozial und politisch relativ stabil wäre es aber ein gefährlicher wirtschaftlicher Konkurrent, vor allem für Westeuropa.

• Eine »Lateinamerikanisierung« MOEs würde eine langsamere Entwicklung bedeuten, die von strukturellen Verzerrungen geprägt wäre. Außenverschuldung, Leistungsbilanzdefizite, Inflations-Abwertungs-Spiralen, eine auf Niedriglöhnen beruhende punktuelle Wettbewerbsfähigkeit (Typ mexikanische maquiladora), ein großer Staatssektor würden das wirtschaftliche Bild kennzeichnen. Ihm entspräche in der Politik Populismus, Klientelismus und eine schwache Demokratie. In der Gesellschaft prägten Unterschiede zwischen Arm und Reich, Instabilität und Mafiawesen das Bild.

• Eine »Afrikanisierung« MOEs hieße: Stagnation oder gar sinkende Einkommen, Verschuldung, Abhängigkeit von Hilfe, praktisch keine wettbewerbsfähige Industrie, sondern Konzentration auf Rohstoffexporte. Politisch dominierten autoritäre Regime, Bürgerkriege und zwischenstaatliche Konflikte würden eine häufige Bedrohung darstellen. Hohe Einkommensunterschiede und informelle Netze würden die Gesellschaft prägen.

Diese Szenarien werden sich zeitlich und regional differenziert sowie kaum in Reinform verwirklichen. Schon jetzt ist absehbar, daß nur wenige Länder – vielleicht Tschechien und Slowenien – sich zu »Tigern« entwickeln können. Eine Lateinamerikanisierung deutet sich dagegen in unterschiedlicher Intensität in vielen Ländern an. Elemente afrikanischer Zustände sind wiederum nur fallweise und in bestimmten Aspekten (z. B. kriegerische Verwicklungen) am Südrand der GUS oder im ehemaligen Jugoslawien zu beobachten.

Die Auswirkungen auf die EU unterscheiden sich erheblich. Die Standortkonkurrenz nimmt über die drei Szenarien ab, aber auch die Exportchancen vermindern sich. Mit der Wettbewerbsfähigkeit sinkt zugleich die Attraktivität für Investoren und die Importkonkurrenz. Die neuen Märkte in MOE muß sich die EU mit anderen Anbietern teilen. Inwieweit die EU diese Exportchancen nutzen kann, hängt von ihrer Marktposition in MOE ab. Migrationsdruck und sicherheitspolitische Risiken nähmen dagegen von Szenario zu Szenario zu.

5.2 Auslandsinvestitionen in Mittel- und Osteuropa

Wie sich die Arbeitsteilung zwischen West- und Osteuropa entwickelt, hängt in erster Linie von der Entwicklung in MOE selbst ab. Von ihr machen auch Westinvestoren ihre Standortentscheidungen abhängig. Bisher zeigen diese Entscheidungen eine große Lücke zwischen der Sozialdumping-Rhetorik und dem Abwanderungs-Gerede einerseits und den harten Fakten andererseits.

Wie Alter und Tergeist in diesem Band nachweisen, haben die ausländischen Investitionen in MOE bisher und voraussichtlich auch weiterhin nur einen geringen volkswirtschaftlichen Effekt. Sie sind – von einigen Ländern abgesehen – in der Gesamtsumme und pro Einzelinvestition zu gering. Sie sind oft »Pseudoinvestitionen« – als Umweg zum Erwerb von Immobilien, verkleidete Handelsgeschäfte, Mitnahme von Fördermitteln etc. Sie zielen meist auf lokale Märkte, und weltmarktorientierte Fabriken sind die Ausnahme.

Diese Investitionszurückhaltung spiegelt nicht allein die Unsicherheit über die wirtschaftlichen, politischen und rechtlichen Rahmenbedingungen wider (die im übrigen zumindest in den Visegrad-Ländern Polen, Tschechische Republik, Slowakei und Ungarn sowie in Slowenien gar nicht so schlecht sind). Sie reflektiert vielmehr auch die begrenzte Attraktivität Osteuropas als Investitionsstandort. Die Attraktivität eines Standorts wird eben nicht in erster Linie durch das durchschnittliche lokale Lohnniveau bestimmt. Abgesehen von der Arbeitsproduktivität ist für einen Investor entscheidend, daß ein Betrieb in ein kundenorientiertes Produktionsmuster paßt, daß die Transportkosten akzeptabel sind und daß die Transaktionskosten nicht zu hoch liegen. Maßgeblich für die Qualität eines Standorts sind mithin folgende Faktoren:

Die lokale Industriestruktur: Vieles deutet darauf hin, daß die Zeit der weithin verstreuten »verlängerten Werkbänke« im wesentlichen vorüber ist. In einer Zeit, in der Schnelligkeit ein entscheidender Wettbewerbsfaktor ist, kann sich kaum noch ein Unternehmen europa- oder weltweiten Komponententourismus leisten. Genausowenig ist eine hohe Fertigungstiefe eine ernsthafte Option; überall sind Unternehmen dabei, ihre Fertigungstiefe zu reduzieren. Daher sind solche Standorte für ausländische Investoren interessant, an denen qualifizierte Zulieferer zur Verfügung stehen. Dies gilt für die Industrie genauso wie für verschiedene Dienstleistungsbereiche, z. B. die Tourismusbranche. Qualifiziert heißt: Der Zulieferer muß in der Lage sein, preislich wettbewerbsfähige Vorprodukte mit gleichmäßig guter Qualität zuverlässig in einem festen oder auch variablen Rhythmus zu liefern. Dazu wird er häufig durch direkte Unterstützung von seiten des Auftraggebers in die Lage versetzt. Diese Unterstützung fußt auf engen und regelmäßigen, häufig informellen Kontakten; dies setzt räumliche Nähe voraus.

Die lokale Technologie- und Ausbildungsinfrastruktur: Die externen Effekte von Einrichtungen, die spezifische technologische Dienstleistungen anbieten, und von beruflichen Bildungseinrichtungen sind hoch. Eigeninvestitionen durch Unternehmen (z. B. interne Qualifizierungsmaßnahmen) sind nur eine zweitbeste Wahl. Zwar mögen Unternehmen daran interessiert sein, mit der Ausbildung auch die Inhalte (insbesondere den »heimlichen Lehrplan«, d. h. die Sozialisierungsfunktion der Ausbildung) bestimmen zu können. Gleichwohl zeigen viele Erfahrungen, daß die Firmen eine enge Zusammenarbeit mit selbständigen, staatlich oder privat getragenen Einrichtungen der unternehmensinternen Aktivität vorziehen.

Die lokale Dienstleistungsstruktur: Die Wettbewerbsfähigkeit von Unternehmen hängt davon ab, daß leistungsfähige Logistikunternehmen und andere Anbieter produktionsbezogener Dienstleistungen (Versicherungen, Finanzdienstleistungen, Computersoftwareerstellung und -wartung, Anwaltbüros) zur Verfügung stehen.

Die Infrastruktur: Nicht die geographische Entfernung, sondern der zeitliche Aufwand für die Überwindung einer bestimmten Entfernung bestimmt die »Nähe« eines Standorts. Eine funktionsfähige Verkehrsinfrastruktur ist daher ein wichtiger Faktor, wobei ein beschleunigter Ausbau des Fernstraßennetzes nicht notwendigerweise die beste Lösung ist. Aufgrund der geringen Energieeffizienz des Lastwagentransports wird die Attraktivität von Standorten, die über keine leistungsfähigen Eisenbahn- und Seetransportanbindungen verfügen, im Fall der Einführung höherer Energiesteuern rasch abnehmen. Wichtig ist darüber hinaus eine leistungsfähige, moderne Telekommunikationsinfrastruktur, die die Voraussetzung für den electronic data interchange (EDI) ist, der den Schriftverkehr zwischen Unternehmen ersetzt.

Die Relation zwischen der Arbeitsproduktivität und den Löhnen mit spezifischen Qualifikationen: Für ein ausländisches Unternehmen ist die Frage nach dem Durchschnittslohn uninteressant. Entscheidend ist, wieviel das Unternehmen zahlen muß, um spezifisch qualifizierte Arbeitskräfte unter den Arbeitslosen zu finden, aus der Schattenwirtschaft anzulocken oder von anderen Industrieunternehmen abzuwerben. Dieser Betrag wird im allgemeinen höher sein als der Durchschnittslohn.

Daß es diese Faktoren sind, die Investoren anlocken, hat eine Studie der OECD über Direktinvestitionen in Westeuropa bestätigt (Vet 1993). Ihr Ergebnis: Investitionen konzentrieren sich nicht etwa dort, wo die Löhne am niedrigsten oder die Subventionen am höchsten sind, sondern dort, wo die wirtschaftlichen Strukturen am leistungsfähigsten sind. Auf weniger entwickelte Regionen angewandt heißt dies: Dynamische Entwicklung ist nicht die Folge von ausländischen Investitionen, sondern es ist umgekehrt – ausländische Investoren werden von Standorten angezogen, in denen ein dynamischer Entwicklungsprozeß schon eingeleitet ist.

5.3 Mittel- und Osteuropa auf dem Weg in die Peripherisierung

Die bislang vorherrschenden Politikmuster lassen eine dynamische wirtschaftliche Entwicklung allerdings eher unwahrscheinlich erscheinen. Geht man von den Erfahrungen der Länder aus, die sich erfolgreich nachholend industrialisierten, so müßte MOE ein Politikbündel verfolgen, das Maßnahmen einschließt, die den (kurzfristigen) Wirtschaftsinteressen des Westens eher zuwiderlaufen. Dazu zählen:

- »Währungsmerkantilismus« (Lüken 1994; Herr/Westphal 1993) als Politik einer starken, aber eher unterbewerteten Währung, deren Vertrauenswürdigkeit durch hohe Devisenreserven zu sichern ist, die ihrerseits Exportüberschüsse voraussetzen;

- Protektionismus plus Exportförderung – eine Handelspolitik, die eigene Industrien übergangsweise und selektiv vor Importen schützt und den Export massiv fördert;

- aktive und kreative Standortpolitik im Sinne der gesellschaftlich koordinierten Erzeugung von »systemischer Wettbewerbsfähigkeit«, die die Leistungsfähigkeit von Unternehmen nicht nur als Ergebnis betrieblicher, sondern auch sektoraler, regionaler und gesamtwirtschaftlicher Politiken und Strukturen versteht – und zwar von Strukturen, die in einer gemeinsamen Anstrengung von Staat und gesellschaftlichen Akteuren entworfen und geschaffen werden (Eßer u. a. 1994; Porter 1990);

- Außenwirtschaftsdiplomatie, um massiveren Abwehrmaßnahmen der von den merkantilistischen Politiken betroffenen Länder vorzubeugen.

Tatsächlich verfolgen die meisten MOE-Staaten bislang jedoch eine ganz andere Strategie: Aus den Erfahrungen mit Planwirtschaft und Parteidiktatur rührt eine tiefsitzende Skepsis gegenüber jedem staatlichen Handeln. Sie begünstigt eine ideologische Borniertheit, die sich in einem bedingungslosen Vertrauen in die generelle Überlegenheit von marktvermittelter Steuerung ausdrückt und zum Verzicht auf eine selektive Handelspolitik und aktive Standortpolitik führt (Amsden u. a. 1995). Ergebnis ist eine Erosion der industriellen Basis, die wiederum eine solide Finanzpolitik unmöglich macht, so daß die Grundlage für einen Währungsmerkantilismus nicht gegeben ist. Dies wird noch verschärft durch eine Außenwirtschaftsdiplomatie, die statt der Montagspraxis die Sonntagsreden westlicher Politiker ernstnimmt und daher gegen die harte Interessenpolitik, die in der EU vorherrscht, nicht gewappnet ist.

Eines der wenigen Länder, die erfolgreich dem Peripherisierungsdruck standzuhalten scheinen, ist die Tschechische Republik. Nachdem sie mit der Slowakei geschickt ihre innere Peripherie losgeworden ist, verbindet die liberal-konservative Regierung unter Premier Klaus marktwirtschaftliche Radikalrhetorik mit einer Strategie, die vor allem eines der oben genannten Elemente aufgreift: die systematische Unterbewertung. Die CSFR wertete die Krone Ende 1990/Anfang 1991 um ca. 50 % ab. Zwar führten Abwertung, Preisliberalisierung und Steuerreform (Einführung der Mehrwertsteuer) zu einem starken Preisanstieg, aber es gelang, den Wechselkurs nominal stabil zu halten. Das wertete die Krone zwar real wieder auf, aber trotzdem blieben die Löhne im Vergleich zu Deutschland extrem niedrig. Sie werden es auch voraussichtlich bleiben, da Tschechien die Inflation inzwischen unter Kontrolle hat (Havlik 1994).

Damit scheint Tschechien das Hauptproblem der makroökonomischen Strategie gelöst zu haben: Stabilität bei Unterbewertung. Zu diesem Zweck verfolgt die Regierung eine harte Geld- und Fiskalpolitik mit ausgeglichenem Staatshaushalt sowie eine restriktive Lohnpolitik, die von Strafsteuern bei Abweichung von den »Lohnleitlinien« über die neokorporativistische Einbindung der Gewerkschaften bis zur Preispolitik reichen. So kontrolliert der tschechische Staat in seiner »Marktwirtschaft ohne Adjektive« nicht nur Löhne, sondern auch nach wie vor Mieten, Tarife des öffentlichen Nahverkehrs, Energiepreise etc., um die Lebenshaltungskosten noch halbwegs mit den Löhnen verträglich zu halten.

Aber mit dieser einstweilen funktionierenden Globalsteuerung steht Tschechien in MOE fast allein da – auch wenn einige Politikelemente aus anderen Ländern bekannt sind, z. B. die Strafsteuer bei starken Lohnerhöhungen in Polen (»Popiwek«-Steuer). Ebenso schwer wiegt aber, daß die volkswirtschaftlichen Rahmenbedingungen nicht automatisch die Industriestruktur modernisieren – und da hapert es auch in Tschechien noch erheblich. Modernisierung ist aber unverzichtbar, um die Peripherisierung aufzuhalten.

Ohne gezielte Interventionen ist nicht nur vorstellbar, sondern angesichts der aktuellen Trends sogar wahrscheinlich, daß sich zwischen West- und Osteuropa eine industrielle Arbeitsteilung herausbildet, die durch drei Elemente gekennzeichnet ist:

- Westeuropäische, insbesondere deutsche Unternehmen besetzen die Märkte in Osteuropa, vorzugsweise durch den Erwerb von nationalen Unternehmen, die marktbeherrschende Stellungen einnehmen.

- Eine begrenzte Zahl von westeuropäischen Unternehmen investiert an diversen Standorten im Osten in den Aufbau von Betrieben, die stark exportorientiert sind.

- Zwischen Deutschland und den grenznahen Regionen in Polen und der Tschechischen Republik entwickelt sich eine »Zwillingsbetriebsstruktur« (twin-plant-Struktur), die der maquiladora-Industrie im Grenzgebiet zwischen den USA und Mexiko ähnelt, wo amerikanische Unternehmen die einfachen Produktionsschritte auf der mexikanischen Seite und die komplizierteren sowie Entwicklung und Verwaltung auf der US-Seite ansiedeln.

Diese Struktur weist gravierende Nachteile auf:

• Die dominante Rolle ausländischer Unternehmen in vielen Produktmärkten (und erst recht in vielen Dienstleistungsbereichen, z. B. im Pressewesen und in der Versicherungsbranche) stimuliert – zumal dann, wenn die Engagements mit Entlassungen einhergehen und keine deutliche Verbesserung der wirtschaftlichen Lage erkennbar ist – nationalistische Ressentiments.

• Die begrenzte Zahl exportorientierter Engagements impliziert, daß sich eine zentrale Hoffnung, die sich mit Anziehung ausländischer Investoren verbindet, nicht realisieren wird – nämlich der Zugang zu internationalen Vermarktungsnetzen. Dies wird die Abneigung gegenüber ausländischen Firmen weiter verstärken.

• Eine sich unreguliert entwickelnde twin-plant-Struktur kann leicht ähnliche Formen annehmen, wie sie aus der maquiladora-Industrie bekannt sind: extrem niedrige Löhne, schlechte Arbeitsbedingungen, große gesundheitliche Gefährdungen für Arbeiter/innen, hohe Umweltbelastungen (Welzmüller 1992).

Eine solche Peripherisierung würde in den MOE-Ländern zur Verschärfung wirtschaftlicher und sozialer Probleme führen. Europa schüfe sich damit politische und soziale Brennpunkte direkt vor seiner Haustür. Dies kann nicht im Interesse der westeuropäischen Länder, insbesondere Deutschlands, sein.

5.4 Strategie für die Wohlstandsinsel Westeuropa: Standort sichern statt Liegeplatz verteidigen

Die EU steht allerdings vor dem Dilemma, daß es – bei der Abwägung zwischen verschiedenen Szenarien – immer Verlierer in Westeuropa geben wird, die mit großer Wahrscheinlichkeit lautstarken Widerstand gegen jede Anpassung leisten werden. Die Position und Handlungsmöglichkeiten der EU sind dabei in vielfältiger Weise beschränkt:

Wirtschaft: Die Unternehmen und die Haushalte der EU werden die ökonomischen Chancen nutzen, die sich aus Umbruch und Öffnung in MOE ergeben. Weder die nationale noch die Wirtschaftspolitik der Gemeinschaft kann daran allzuviel ändern. Größere Interventionen gegen die Marktlogik wie die EU-Agrarpolitik kommen sehr teuer und/oder sind wenig wirksam.

Gesellschaft: Die Gewinner und – vor allem – die Verlierer der neuen Arbeitsteilung werden die EU und die nationalen Regierungen drängen, ihre Interessen zu schützen. Die schwächeren Unternehmen der Branchen, die der Konkurrenz am stärksten ausgesetzt sind, erwarten Subventionen oder Protektionismus, um ihren Bankrott und die damit verbundenen Arbeitsplatzverluste zu vermeiden. Die weniger qualifizierten Arbeitnehmer wehren sich gegen eine Verarmung, die ein Absinken der Löhne auf ein marktfähiges Niveau mit sich brächte. Die bisher für die einfachen, lohnintensiven Produktionen attraktiven Standorte an der EU-Peripherie danken nicht widerstandslos zugunsten MOEs ab.

Politik: Die Außenpolitik bestimmt sich nicht nur als Ergebnis des wirtschaftlichen und gesellschaftlichen Interessendrucks, sondern auch durch national- und sicherheitspolitische Motive. So fürchten westliche und südliche Mitgliedsländer eine Osterweiterung der EU, weil sie eine Verschiebung des Zentrums der Union nach Deutschland bedeuten würde.

Kooperationsphilosophische Blockierungen: Die institutionell verfestigte Kooperationsphilosophie der EU empfiehlt gegenüber MOE in guter Absicht einige Politiken, deren Wirkungen eher zweifelhaft sind. Sie ignoriert die Interessengegensätze zwischen Gebern und Empfängern, Metropole und Peripherie. Ihre liberale Variante empfiehlt Freihandel, der allen Beteiligten nütze; Kapitaltransfers stellten im Idealfall eine bessere Allokation her, da der Grenzertrag im kapitalarmen Empfängerland höher sei. In ihrer keynesianischen Variante schaffen Leistungsbilanzüberschüsse Beschäftigung im Geberland; die dadurch ermöglichten Kapitalexporte trügen zum Wachstum im Empfängerland bei.

Im Rahmen dieser ihrer Möglichkeiten könnte und wird die EU versuchen, die sich herausbildende Arbeitsteilung mit MOE zu beeinflussen. Zwei grundsätzliche Optionen wären denkbar:

– Abwehr durch Protektionismus sowie Kontrollen des Personen- und Kapitalverkehrs;

– Förderung durch Freihandel, Osterweiterung und flankierende Maßnahmen, um die Benachteiligten zu entschädigen.

Gegen ein Taiwan vor der Haustür kann sich die EU nur um einen hohen Preis wehren. Ein Teil des hohen Preises könnte sein, MOE einen möglichen Aufstieg à la Asien zu verwehren und dann mit den Folgen seiner Lateinamerikanisierung oder Afrikanisierung leben zu müssen. Gegen ein Afrika braucht die EU zwar keinen Schutz vor Niedriglohnkonkurrenz, aber vor Armutsmigration und außenpolitischen Risiken.

Doch auch die absehbaren Kosten der Arbeitsteilung mit einem erfolgreichen MOE sind nicht zu übersehen: Subsektoren und/oder Teilproduktionsprozesse, in denen wenig qualifizierte Arbeit eine große Rolle spielt, wandern nach MOE als Folge von Verlagerungen oder Importkonkurrenz ab. Die entsprechenden Arbeitskräfte in der EU verlieren ihre Arbeitsplätze. Der Handel mit den Niedriglohnländern führt insgesamt zu direkten Beschäftigungsverlusten, die in einer ähnlichen Größenordnung wie die Verluste durch technische Rationalisierung liegen (Wood 1994, 161). Der Beitrag Mittel- und Osteuropas ist jedoch bislang gering, weil einstweilen das Investitions- und Handelsvolumen gering ist – es liegt etwa auf dem Niveau des Handels mit Schweden. Die Importkonkurrenz durch andere Niedriglohnstandorte, vor allem in Südost- und Ostasien ist weit bedeutsamer. So oder so können sich Produktionszweige, deren Arbeitsintensität hoch und Know-how-Intensität niedrig ist, in Westeuropa auf Dauer nicht halten.

Die ohnehin vorhandenen protektionistischen Neigungen der EU würden erheblich zunehmen, wenn sich die Gemeinschaft als Opfer einer merkantilistischen Strategie der MOE-Staaten sähe. Aber Protektionismus hätte mittel- und langfristig Nachteile, die die kurzfristigen wirtschaftlichen und vor allem politischen Vorteile mehr als aufwiegen würden:

• Die EU verschenkt mögliche terms-of-trade-Gewinne und damit Realeinkommenszuwächse, wenn sie billigere Importe verhindert.

• Jede Beschränkung der MOE-Exporte beschränkt auch die Kaufkraft MOEs für EU-Exporte. Es ist kaum vorstellbar, daß sich Importbarrieren so fein dosieren lassen, daß nur ein Leistungsbilanzüberschuß abgebaut wird.

• Die EU kann nur ihren eigenen Markt schützen. Auf Drittmärkten muß sie auf jeden Fall mit MOE konkurrieren.

• Protektionismus schädigt EU-Investoren, die von MOE-Standorten aus in die EU exportieren wollen.

• Protektionismus bremst den wirtschaftlichen Strukturwandel und konserviert überkomme, verkrustete und lernunfähige politische Strukturen.

Neben Barrieren gegen Importe von Agrar- und Industriegütern müßte die EU im Rahmen einer Abwehrstrategie auch den Personen- und Kapitalverkehr kontrollieren und steuern:

• Der Personenverkehr unterliegt ohnehin engen Beschränkungen, solange ein MOE-Staat nicht Vollmitglied der EU ist. Seine Liberalisierung dürfte – vor allem im Falle Polens – eine der Haupthürden für einen EU-Beitritt sein.

• Auf den Kapitalmärkten könnte die EU versuchen, eine Unterbewertungspolitik der MOE-Länder zu konterkarieren. Die EU kann aber kaum den Wechselkurs des ECU bzw. der europäischen Währungen gegenüber dem Rest der Welt von dem Verhältnis zu MOE bestimmen lassen.

• EU-Direktinvestitionen in MOE, die auf den EU-Markt zielen, lassen sich durch Handelsbarrieren seitens der EU beeinflussen. Investitionen, die von MOE aus auf Drittmärkte zielen, also eine Verlagerung von Exportproduktion für Drittmärkte aus der EU nach MOE darstellen, könnte die EU nur durch direkte Verbote verhindern.

Entscheidend für Westeuropas Haltung bleibt aber sein politisches Interesse an der Stabilisierung von MOE. In dem Maße, wie eine Abwehrstrategie die wirtschaftliche Entwicklung in MOE hemmt, gefährdet sie auch die Demokratisierung und bereitet den Boden für autoritäre Nationalisten. Um einer drohenden »Lateinamerikanisierung« MOEs vorzubeugen, muß Westeuropa eine merkantilistische Politik der MOE-Länder nicht nur hinnehmen, sondern sie sogar aktiv unterstützen, wenn nur diese langfristig den Entwicklungserfolg garantiert.

Nicht nur außenpolitische, auch wirtschaftliche Interessen sprechen für eine vertiefte Arbeitsteilung mit MOE, die Teil einer Strategie der Standortsicherung für die Hochlohnregion der EU sein kann. Gesamtproduktionen werden durch kostensenkende Teilverlagerung oder billigere Inputs international wettbewerbsfähig. Dies sichert die in der EU verbliebenen Arbeitsplätze. Die westlichen Volkswirtschaften als Ganzes machen Terms-of-trade-Gewinne, die das Realeinkommen erhöhen. Die Bezieher dieser höheren Realeinkommen können andere Güter und/oder Dienstleistungen nachfragen, bei deren Produktion die freigesetzten Arbeitskräfte theoretisch neue Arbeit finden könnten. Diese sektorale Umverteilung wird allerdings in Ländern wie Deutschland die Solidarität der Branchengewerkschaften auf eine harte Probe stellen.

Um diese Chancen wahrzunehmen, muß die Strategie der EU versuchen, Gegenkräfte sowohl in MOE als auch in der EU selbst zu überwinden. In der EU muß sie vor allem den Widerstand der durch die Arbeitsteilung benachteiligten Gruppen, Sektoren und Regionen schwächen, indem sie sie durch Umverteilung an den volkswirtschaftlichen Gewinnen teilhaben läßt. Darüber hinaus muß die EU versuchen, die wachsenden Märkte eines prosperierenden MOE zu erobern. Gegenwärtig profitiert die EU vom Handelsaustausch mit MOE. Wäre sie dagegen nur der Absatzmarkt der Niedriglohn-produkte aus MOE, ohne der Lieferant der Hochlohngüter zu sein, würde ihr ein wesentlicher Teil des potentiellen Nutzens entgehen. Andere Anbieter (z. B. USA oder Japan) hätten die Gewinne, wären aber dank geographischer Distanz eventuell kaum von der Niedriglohnkonkurrenz betroffen.

Interessanter ist es daher für die EU, das Handelsvolumen in beiden Richtungen zu steigern. Dazu sind zunächst die Hindernisse abzubauen: Handelspolitische Barrieren, Engpässe in der Verkehrs- und Kommunikationsinfrastruktur, Mangel an Handelsfinanzierung und -versicherung, Schwächen und Lücken in der Information über die jeweiligen Märkte. Entscheidend ist jedoch die Zusammenarbeit zwischen den Unternehmen. Auf Dauer angelegte Lieferbeziehungen sowie der Intrakonzernhandel prägen den Welthandel. Auch der Handel zwischen EU und MOE wird dann stark wachsen, wenn er einen Produktionsverbund widerspiegelt, in dem Firmen in Westen und Osten durch Zulieferstrukturen, Lizenzproduktion, Patentverträge, Subcontracting, Lohnveredelung, Direktinvestitionen, Unternehmensbeteiligungen usw. miteinander verknüpft sind. In einem solchen Produktionsverbund würde die EU die Kapitalgüter und viele Vorprodukte an die sich entwickelnde MOE-Industrie liefern. Dazu muß allerdings MOE zu einem attraktiven Standort für EU-Investoren werden.

Den Freihandel auf den Gütermärkten muß die EU durch eine entsprechende Politik für den Personen- und Kapitalverkehr ergänzen:

- Da aus den erfolgreichen MOE-Staaten kaum ein großer Auswanderungsdruck zu erwarten sein dürfte, kann die EU diesen gegenüber die Freizügigkeit rasch gewähren.

- Freie Bahn für Direktinvestitionen ist eine Grundvoraussetzung für den Produktionsverbund.

Einer sorgfältigeren Abwägung bedarf es in der Währungspolitik. Die EU könnte eine Unterbewertung kurz- bis mittelfristig hinnehmen. Sobald jedoch ein MOE-Land seine Währung nachhaltig stabilisiert und ein akzeptables Beschäftigungsniveau erreicht hat, sollte eine Angleichung erfolgen, um den Konkurrenzdruck und die Lohnunterschiede zu verringern.

Langfristig würde eine Osterweiterung der EU diesen Prozeß am besten absichern. Sie würde die MOE-Standorte fördern, indem sie ihnen die EU-Märkte völlig öffnet und dazu beiträgt, ihre Infrastruktur zu entwickeln. EU-Unternehmen hätten es in einer erweiterten EU leichter, am MOE-Aufschwung teilzuhaben als ihre Konkurrenten aus Drittländern. Nicht nur gäbe es für sie keine Zollschranken, sondern auch das System der Standards, der Rechtsordnung etc. wäre auf sie zugeschnitten. Eine gesamteuropäische Währungskooperation unter Einschluß stabiler MOE-Länder würde diese Effekte noch verstärken, indem sie Wechselkursrisiken abbaut und die Währungen entsprechend der Wettbewerbsfähigkeit der jeweiligen Länder bewertet.

5.5 Durch Umverteilung zur Arbeitsteilung

Eine solche Öffnung der Märkte und der Integration MOEs wird – zumindest vorübergehend – Arbeitsplätze im Westen kosten. Es ist kaum anzunehmen, daß die EU das Problem ihrer seit Jahren verschleppten Massenarbeitslosigkeit angesichts dieser neuen Herausforderung rasch lösen wird. Aber sie könnte die Vorteile einer neuen Arbeitsteilung partiell nutzen, um die durch sie Benachteiligten zu entschädigen. Die Vorteile fallen bei verschiedenen Gruppen an:

- Unternehmen erhöhen ihre Gewinne bzw. senken ihre Verluste, indem sie Teile der Produktion zu Billigstandorten auslagern. Im Regelfall erhöht dies die Steuereinnahmen, die dann für politische Maßnahmen zur Verfügung stehen.

- Billigere Produkte und billigere Dienstleistungen durch Einwanderer erhöhen die verfügbaren Einkommen der Konsumenten im Westen. Dies nimmt Forderungen nach Steuersenkungen die Spitze. Im Fall der Schwarzarbeit müßte über arbeitsmarkt- und steuerpolitische Maßnahmen versucht werden, durch maßvolle Belastung und Verregelung den Markt zu legalisieren und abgabenträchtig zu gestalten, ohne ihn auszutrocknen. Derartige Reformen des Arbeitsmarkts verlangen aber auch von den Gewerkschaften neue Konzepte im Problemfeld Niedriglohngruppen und Einstiegsentlohnung.

- Regional konzentriert sich dieser Nutzen vor allem in Deutschland und Österreich. Neben den nationalen bedarf es daher auch internationaler Ausgleichsmechanismen in der EU.

- Die beschäftigten »Billigarbeitnehmer« aus MOE tragen mit ihren Einkommenstransfers zur Dynamisierung der östlichen Volkswirtschaften bei und entlasten als Nicht-Arbeitslose die MOE-Sozialhaushalte.

Die höheren Einkommen von Unternehmen, Konsumenten und MOE-Beschäftigten können als zusätzliche Nachfrage Arbeitsplätze schaffen. Die

Wettbewerbspolitik sollte dazu beitragen, mit dem nötigen Konkurrenzdruck sicherzustellen, daß nicht nur Importeure und Monopolisten ihre Gewinne steigern.

Bei höheren Nominaleinkommen entstehen zusätzliche Steuereinnahmen automatisch, falls die Einkommensbezieher den Staat nicht betrügen. Bei gestiegenen Realeinkommen wären sie durch höhere Steuersätze zu erzwingen. Höhere Steuern führen freilich nur dann zu mehr Beschäftigung, wenn der Staat mit seinen zusätzlichen Ausgaben mehr Arbeitsplätze schafft, als es die Haushalte und Unternehmen getan hätten.

Aber auch der Umverteilung von Gewinnern zu Verlierern der neuen Arbeitsteilung sind Grenzen gesetzt. Werden den Gewinnern die Gewinne ganz entzogen, nehmen sie die Arbeitsteilung gar nicht erst vor, aus der die Gewinne entsprängen. Ein Arbeitgeber, dessen niedrigere Arbeitskosten durch höhere Steuern voll kompensiert werden, stellt auch keine Niedriglohnarbeiter ein. Es bedarf also einer Fiskalpolitik mit Augenmaß, die die Gans nicht schlachtet, die die goldenen Eier legen soll.

Die zusätzlichen Steuereinnahmen sollten zur sozialen Abfederung der Anpassungsprozesse verwandt werden. Regionen, Nationalstaaten und die EU selbst benötigen stärkere und effizientere Mechanismen zum Ausgleich zwischen Gewinnnern und Verlierern einer neuen Arbeitsteilung.

Sektoren: In manchen Fällen handelt es sich bei den abzubauenden Jobs ohnehin um hochsubventionierte Arbeitsplätze. Die öffentlichen Hände der EU könnten bei einer Aufgabe der weniger ertragreichen Segmente der Landwirtschaft, Stahl- und Kohleproduktion etc. auch noch Geld sparen, wenn die Subventionen höher als die Stillegungskosten (Abfindungen und Arbeitslosenunterstützung) liegen.

Regionen: Solche Einsparungen könnten eine aktive Standortpolitik in benachteiligten Regionen finanzieren. Gerade eine erweiterte EU braucht eine stärkere Kohäsionspolitik. Regionen wie Wales beweisen, daß durch eine intelligente Vernetzung privater und öffentlicher Akteure Entwicklungsrückstände aufgeholt werden können (Price u. a. 1994).

Qualifikationsgruppen: Damit die entlassenen Arbeiter und Bauern anderweitig Beschäftigung finden, müssen die üblichen, wenn auch nur beschränkt erfolgreichen arbeitsmarktpolitischen Maßnahmen ergriffen werden: Mobilitätsbeihilfen, Umschulung und Weiterbildung, Lohnsubventionierung oder Abgabenbefreiung bei Neuanstellung etc. Sie alle haben größere Erfolgschancen, wenn der Anpassungsprozeß zeitlich gestreckt wird.

Niedriglohnkonkurrenz ist eine normale Begleiterscheinung später Industrialisierungsprozesse. Dabei gibt es freilich Abstufungen: »Normale« Niedriglohnkonkurrenz ist etwas anderes als Billigkonkurrenz durch Zwangs- und Kinderarbeit oder gesundheitlich gefährliche Beschäftigungsverhältnisse. Die Sozialklauseldebatte aus dem Nord-Süd-Kontext hat daher für die Ost-West-Wirtschaftsbeziehungen kaum Bedeutung.

Zugleich muß eines betont werden: Gewerkschaftliche Organisationsfreiheit, wie sie die ILO vorsieht, ist nicht nur ein Menschenrecht, sondern auch eine Bedingung für die wünschenswerte Anpassung des Reallohnniveaus an die Produktivität. Die EU sollte im Rahmen der Assoziations- und Partnerschaftsverträge einen Politikdialog führen, an dem die Gewerkschaften auf beiden Seiten beteiligt sind. In diesen Gesprächen kann und sollte die EU auch eventuelle Verletzungen von ILO-Normen und Gewerkschaftsrechten anmahnen. Aber gerade im Falle MOEs ist ihre Durchsetzung auf absehbare Zeit kein Heilmittel gegen Niedriglohnkonkurrenz. Diese verschwindet nur im Zuge erfolgreicher volkswirtschaftlicher Entwicklung.

5.6 Plädoyer für eine neue europäische Arbeitsteilung

Jenseits dieser eher binnenorientierten Initiativen existiert eine Option, die allerdings anspruchsvoll ist (aber wodurch, wenn nicht durch herausragende politische Steuerungsleistungen, wollen wir unser Wohlstandsniveau begründen?) – die aktive Gestaltung einer neuen europäischen Arbeitsteilung zwischen den Industrien in Ost und West. Es ist dies eine Aufgabe, die über die Steuerungskapazität eines einzelnen Staates hinausgeht. Gleichwohl ist es eine Aufgabe, an deren Lösung insbesondere Deutschland ein großes Interesse haben muß, denn die deutsche Wirtschaft könnte in besonderer Weise von einer solchen Arbeitsteilung profitieren. Die Gestaltung setzt gezielte Politiken in den osteuropäischen Ländern sowie ihre Stimulierung und Flankierung durch Westeuropa voraus.

Ausgehend vom Sozialdumping-Argument läßt sich die Frage stellen, ob man die ganze Angelegenheit nicht auch genau andersherum sehen kann: Bietet die Existenz kostenmäßig günstiger Produktionsstandorte vor der Haustür vielleicht sogar eine Chance, die Wettbewerbsposition im weltweiten Wettbewerb zu verbessern? Lassen sich vielleicht sogar bestimmte Probleme – etwa der für die nächsten Jahre absehbare Facharbeitermangel – auf diese Weise lösen?

Auch wenn es nur ein relativ kleiner Absatzmarkt und mäßig attraktiver Standort ist, ist Osteuropa nicht notwendigerweise auf Jahre hinaus als Investitionsstandort uninteressant. Aus der Sicht deutscher (und anderer westeuropäischer) Unternehmen gibt es vor allem einen Grund, mit Investitionen dazu beizutragen, daß die Entwicklung in Osteuropa dynamisiert wird: Das »lean-Potential« von Standorten in Osteuropa ist hoch. Die bisherigen Erfahrungen deuten darauf hin, daß es prinzipiell möglich ist, in Osteuropa Fertigungsstätten aufzubauen, die den Anforderungen der »schlanken Produktion« entsprechen, d. h. flexibel sind, schnell reagieren können und mit einem geringen overhead auskommen. Dies ist deshalb ein interessanter Befund, weil das »lean-Potential« alter Standorte typischerweise geringer ist, weil tiefgreifende Veränderungen hier stets auf vielfältige Widerstände und Hindernisse treffen. In diesem Zusammenhang ist das niedrige Lohnniveau ein Faktor, der Standorte zusätzlich interessant machen kann. Wichtiger ist jedoch das Qualifikationsniveau der Beschäftigten, das für schlanke Produktion hoch sein muß, und deren Lernbereitschaft und Flexibilität. All dies scheint – das deuten z. B. die Erfahrungen bei Skoda an – hoch zu sein. Investitionen in Osteuropa können somit dazu beitragen, die internationale Wettbewerbsfähigkeit deutscher und anderer westeuropäischer Investoren zu verbessern.

Nimmt man all dies zusammen, so ist folgendes Bild vorstellbar: Es entwikkelt sich eine industrielle Arbeitsteilung zwischen West- und Osteuropa, in der Osteuropa weder eine umfassende Industriestruktur noch Niedriglohnsegmente in allen Industriezweigen und schon gar nicht nur »alte« Industrien aufweist. Es geht vielmehr darum, in den osteuropäischen Ländern – bzw. in verschiedenen Regionen in diesen Ländern – wettbewerbsfähige Industriekerne auf- bzw. umzubauen, die ein klares Spezialisierungsprofil haben und daher jene externen Effekte ermöglichen, die die Qualität eines Standorts ausmachen und ihn für ausländische Investoren interessant werden lassen.

Ein solches Spezialisierungsprofil bildet sich – entgegen den Erwartungen neoklassischer Ökonomen – nicht automatisch, etwa entsprechend der komparativen Vorteile, heraus. In Polen beispielsweise, wo empirische Untersuchungen vorliegen, hat der industrielle »Bereinigungsprozeß« in allen Branchen zu Schrumpfungsprozessen geführt, und diese sind in jenen Branchen, die zuvor näher am internationalen Kostenniveau lagen, nicht geringer ausgefallen (Brunner 1993). Es bedarf demnach politischer Interventionen, mit denen die Ausprägung eines Spezialisierungsprofils gefördert wird.

Natürlich ist die Vorstellung naiv, daß nationale Regierungen die Ausprägung eines Spezialisierungsprofils und der dazugehörigen Unternehmen planen können. Und es wäre vollkommen absurd, etwa der EU vorzuschlagen, einen Bauplan für eine gesamteuropäische Arbeitsteilung unter Einschluß Mittel- und Osteuropas zu entwerfen. Es geht eher darum, daß

– die nationalen Regierungen einen Subventionswettlauf zwischen verschiedenen Landesregionen, die identische Schwerpunktbereiche der industriellen Entwicklung fördern wollen, verhindern (etwa über die Androhung fiskalischer Repressionen);

– die nationalen Regierungen einzelne Regionen statt dessen anregen, industriepolitische Strategien zu entwickeln, und diese sowohl finanziell fördern als auch kritisch begleiten, d. h. durch kontinuierliches Monitoring Entgleisungen zu vermeiden suchen (z. B. die Konstruktion von Wolkenkuckucksheimen oder klientelistische Veranstaltungen);

– der Umbau der Technologie- und Ausbildungsinfrastruktur an entstehenden Spezialisierungsmustern ausgerichtet wird, d. h. gezielt solche Institutionen gestärkt werden, die direkten Kontakt mit einer nahegelegenen Gruppe von Unternehmen in einer bestimmten Branche aufbauen können;

– der Umbau bzw. die Rehabilitierung der materiellen Infrastruktur vorangetrieben wird, damit die geographische Nähe zu Westeuropa nicht durch lange Transportzeiten wertlos gemacht wird;

– das Entstehen von produktionsorientierten Dienstleistungen gezielt gefördert wird, etwa durch die Ausweitung entsprechender Ausbildungsgänge an den Universitäten oder die Einrichtung von Dienstleistungszentren, die durch die kostengünstige Bereitstellung gemeinsam genutzter Dienste die Markteintrittskosten senken und auch in diesem Bereich externe Effekte fördern.

Die Ausprägung einer industriellen Arbeitsteilung zwischen West- und Osteuropa stellt in erster Linie Anforderungen an die osteuropäischen Länder – sie müssen ihren Standortvorteil entwickeln. Eigenanstrengungen dieser Länder können auf keinen Fall durch Unterstützung von außen substituiert werden. Dies ist eine der zentralen Erfahrungen aus mehreren Dekaden der Zusammenarbeit mit Entwicklungsländern. Eigenanstrengungen setzen voraus, daß in den Ländern jenseits der Stabilisierung des Makrorahmens und an Stelle von Ad-hoc-Maßnahmen zur Behebung akuter Probleme des Transformationsprozesses mittel- und langfristige Strategien industrieller Entwicklung erarbeitet werden. Dabei geht es nicht um Planung wie im alten Modell, sondern um die Organisation von Dialogen, in denen Vertreter des Staates und gesellschaftliche Akteure Entwicklungskorridore bestimmen. Solche Maßnahmen finden bislang kaum statt, weil die Skepsis gegenüber jeder Form staatlicher Steuerung sehr groß ist; aber auch deshalb, weil sie von internationalen Organisationen wie dem IWF, die in der Steuerung der Transformation eine wichtige Rolle spielen, nicht für wichtig gehalten und daher nicht stimuliert werden.

Westeuropa kann hier in die Bresche springen, indem es die Erfahrungen mit regionaler Technologie- und Strukturpolitik (in Regionen wie Jütland, Wales, Nordrhein-Westfalen oder Emiglia-Romana) weitergibt. Dabei geht es nicht nur um das *Was*, d. h. die notwendigen Mesopolitiken zur Verbesserung der Standortqualität, sondern insbesondere auch um das *Wie*, d. h. die Methoden und Instrumente der Organisation solcher Dialoge.

Westeuropa kann darüber hinaus den Prozeß der industriellen Restrukturierung und Revitalisierung Osteuropas durch die Stimulierung einer neuen europäischen Arbeitsteilung dadurch unterstützen, daß es

– durch systematische Beobachtung das Informationsniveau über De- und Neoindustrialisierungsprozesse und die Entwicklung der Infrastruktur (im umfassenden Sinne) in Osteuropa anhebt, um potentiellen westlichen Investoren die Chance zu geben, sich herausbildende cluster zu identifizieren und dort gezielt zu investieren;

– solche Investitionen, die »Spezialisierungskriterien« genügen, durch die Einrichtung eines gezielten Versicherungsprogramms unterstützt;

– die technische Hilfe für Osteuropa, insbesondere die langfristige Kapitalhilfe, mit einer spezialisierungsorientierten Industriestrategie abstimmt;

– entstehende Verflechtungen zwischen ost- und westeuropäischen Unternehmen nicht durch spezifische protektionistische Maßnahmen stört.

Vor allem aber ist es wichtig, den osteuropäischen Ländern klare Signale zu geben, damit der Politikformulierungsprozeß in diesen Ländern von verläßlichen Rahmendaten ausgehen kann. Bislang empfangen die osteuropäischen Länder eher widersprüchliche, mitunter sogar erratische Signale aus dem Westen. Dabei kommt es insbesondere auch darauf an, die osteuropäischen Akteure in das westeuropäische Politiknetzwerk einzubinden, d. h. in jenen kontinuierlichen Kommunikationsprozeß zwischen EU-Bürokraten und anderen Akteuren, in dem Probleme definiert und Lösungen gesucht werden. Nicht wenige mittel- und osteuropäische Entscheidungsträger haben noch gar nicht wahrgenommen, daß dieses Netzwerk überhaupt existiert, geschweige denn seine Funktionsweise verstanden.

Literatur:

Amsden, A. H./Kochanowicz, J./Taylor, L., 1995: The Market meets its Match: Restructuring the Economies of Eastern Europe, Harvard University Press, Boston

Brunner, H. P., 1993: The Recreation of Entrepreneurship in Eastern Europe: Neither Magic nor Mirage, Wissenschaftszentrum, Berlin

Esser, K./Hillebrand, W./Messner, D./Meyer-Stamer, J., 1994: Systemische Wettbewerbsfähigkeit. Internationale Wettbewerbsfähigkeit der Unternehmen und Anforderungen an die Politik, Deutsches Institut für Entwicklungspolitik, Berlin

Havlik, P., 1994: The Influence of Exchange Rates and Wages on Export Competitiveness in Hungary, Poland and the former Czechoslovakia, Wiener Institut für Internationale Wirtschaftsvergleiche (WIIW), Wien, Ms.

Herr, H./Westphal, A. (Hrsg.), 1993: Transformation in Mitteleuropa. Makroökonomische Konzepte und Fallstudien, Frankfurt/New York

Lücken, genannt Klaßen, M., 1993: Währungskonkurrenz und Protektion. Peripherisierung und ihre Überwindung aus geldwirtschaftlicher Sicht, Marburg

Porter, M. E., 1990: The Competitive Advantage of Nations, New York

Price, A./Morgan, K./Cooke, P., 1994: The Welsh Renaissance: Inward Investment and Industrial Innovation, Cardiff

Vet, J. M., 1993: Globalisation and Local & Regional Competitiveness, in: STI Review, No. 13, S. 89–122

Welzmüller, R., 1992: Lebensfeindliche Armutsgrenzen an den Nahtstellen der Weltmarktregionen. Maquiladoras an der mexikanisch-amerikanischen Grenze, in: Gewerkschaftliche Monatshefte, Jg. 43, Nr. 11, S. 717–726

Wood, A., 1994: North-South Trade, Employment and Inequality. Changing Fortunes in a Skill-Driven World, Oxford

Teil 3

West–Ost: Positionen und Politik

1. Die Beziehungen der Europäischen Union und ihre Beziehungen zu Mittel- und Osteuropa und den GUS-Staaten[1]

Robert Jarrett

Bis in die späten achtziger Jahre hatte die Europäische Union (EU), die Europäische Gemeinschaft (EG), wie sie sich bis 1993 nannte, praktisch keine offiziellen Beziehungen zu den RGW-/Warschauer Pakt-Staaten, obwohl ihre Mitgliedsstaaten selbstverständlich eigene diplomatische, wirtschaftliche und kulturelle Abkommen abgeschlossen hatten. Über Jahrzehnte weigerte sich die Sowjetunion, die EG als rechtliche oder wirtschaftliche Person anzuerkennen. Einerseits weil sie diese im wesentlichen als wirtschaftlichen Arm der Nato betrachtete und andererseits, weil sie darauf bestand, daß alle offiziellen Beziehungen zwischen EG und RGW als Ganzem und nicht zwischen EG und einzelnen Mitgliedern des RGW aufgenommen wurden.

Die EU ist und bleibt eine Gemeinschaft von freien und gleichberechtigten Staaten, deren Ziel die Integration auf der Basis demokratischen Konsenses und von Rechtstaatlichkeit ist. Der RGW war dagegen in seiner Gesamtheit, sieht man einmal vom Namen ab, ein Herrschaftsbereich, in dem die Sowjetunion ihren Willen den Ratsmitgliedern aufzwang, in den meisten Fällen unfreiwillige Satellitenstaaten. Unter diesen Umständen verweigerte die Gemeinschaft jedwede Aufnahme von Beziehungen mit dem RGW, da das hätte bedeuten können, daß es sich um vergleichbare oder gleichwertige Organisationen handelte.

Die Veränderungen von Politik und Personen in der zweiten Hälfte der achtziger Jahre in der Sowjetunion führten unvermeidbar zu einem entscheidenden Wechsel der Haltung gegenüber Westeuropa im allgemeinen und der EG im besonderen. 1988 wurde eine gemeinsame Erklärung EG-

---

1 Die in diesem Beitrag geäußerte Meinung ist nicht unbedingt Auffassung der Kommission oder ihrer Mitglieder. Fehler bei der Darstellung von Fakten oder Fehleinschätzungen gehen allein zu Lasten des Verfassers. Der Text wurde im Mai 1994 erstellt.

RGW unterzeichnet. Dies wurde möglich, weil die Sowjetunion akzeptierte, daß die EG parallel zu der Entwicklung von Beziehungen zum RGW als Ganzem auch Beziehungen zu seinen einzelnen Mitgliedsstaaten entwikkeln konnte. In der Praxis führte die avisierte Entwicklung der EG-RGW-Beziehungen zu keinem weiteren Ergebnis, da der RGW kurz vor seinem Zusammenbruch stand und alle RGW-Mitglieder, wenn auch in unterschiedlicher Intensität, darauf brannten, bilaterale Vereinbarungen mit der EG abzuschließen.

Bereits vor der gemeinsamen Erklärung aus dem Jahre 1988 hatte die EG einige begrenzte Wirtschaftsabkommen in den Bereichen Textilien, Stahl und Fleisch mit einigen mittel- und osteuropäischen Ländern (MOE) abgeschlossen. Nur mit Rumänien wurde 1989 ein allgemeines Wirtschaftsabkommen abgeschlossen, das aber später eingefroren wurde. Tatsächlich schloß die EG 1970 das erste allgemeine Wirtschaftsabkommen mit dem früheren Jugoslawien ab.

1988 wurde ein erstes umfassendes »Handels- und Wirtschaftsabkommen« mit Ungarn unterschrieben, 1989 folgten Polen, die Tschechoslowakei und die Sowjetunion sowie 1991 Rumänien und Albanien. 1991 wurde die Unabhängigkeit der Baltischen Staaten von der EG anerkannt und 1992 wurden Abkommen mit jedem einzelnen unterschrieben. 1993 folgten Handels- und Wirtschaftsabkommens mit Slowenien sowie mit der Slovakischen und der Tschechischen Republik, die das 1989 mit der früheren Tschechoslowakei abgeschlossene Abkommen ersetzen.

Mit den Umwälzungen ab Ende 1989 in der östlichen Hälfte unseres Kontinents machte die EG den betroffenen Ländern einen Doppelvorschlag, anfänglich speziell auf Polen und Ungarn bezogen, also auf Länder, in denen der Reformprozeß früher als sonstwo im Osten begann. Die EG bot zugleich ein Programm finanzieller und technischer Unterstützung sowie Verhandlungen über eine engere Assoziierung an – allerdings nicht konditionslos. Die Unterstützungsprogramme setzten voraus, daß die Regierungen glaubhaft versichern mußten, daß ihre Politik auf dauerhafte ökonomische und politische Reform gerichtet ist. Der Abschluß solcher Vereinbarungen wurde von dem eindeutigen Nachweis abhängig gemacht, daß das Land den Reformweg betreten hat.

Das Interesse der EU, den Reformprozeß zu fördern und zu unterstützen, ist klar. Die Union hat ein überragendes Interesse daran, daß sich Stabilität an ihren östlichen Grenzen einstellt, sowohl politisch wie wirtschaftlich. Langfristig kann die eine ohne die andere Stabilität nicht existieren. Hilfestellung, die beide fördert, schafft sichere, freundschaftliche Nachbarn und neue Märkte. Aber es geht hier nicht nur um Interessen, sondern auch um die Verpflichtung, diesem Teil des Kontinents zu helfen, der so stark gelitten hat. Die Europäischen Verträge besagen deutlich, daß die Union für alle demokratischen Länder in Europa offensteht. Von daher ist es eine Verpflichtung, denen zu helfen, die sich in der Langzeitperspektive als Mitglieder der Union sehen, damit sie eines Tages die demokratischen und wirtschaftlichen Voraussetzungen für eine Mitgliedschaft erreichen können.

Allerdings erfolgt die Entwicklung der zukünftigen Beziehungen der EU zu den neuen Partnerländern in unterschiedlicher Weise und mit unterschiedlicher Geschwindigkeit. Insbesondere wird hier ein erster Unterschied gemacht zwischen den GUS-Staaten (frühere UdSSR ohne Baltische Staaten) und Mittel- und Osteuropa (MOE), das sich vom Baltikum bis zum Balkan erstreckt. Diese Unterscheidung reflektiert die Unterschiede der historischen Entwicklung, der Geographie, der wirtschaftlichen Entwicklung, politischer Traditionen sowie der vergangenen und zukünftigen Rolle in der Welt. Und zwischen den genannten zwei Gruppierungen sind eindeutige Unterschiede auszumachen.

1.1 Mittel- und Osteuropa

1.1.1 Unterstützungsprogramme

Das Hauptinstrument der finanziellen Zusammenarbeit mit MOE ist das Programm PHARE[2] der Kommission, das erstmals 1990 für Polen und Ungarn eingesetzt wurde, und das dann konsequenterweise auch für die anderen Länder der MOE-Region zur Anwendung kam, einschließlich der Baltischen Staaten, Slowenien und der früheren jugoslawischen Republik Makedonien, noch nicht eingeschlossen sind die anderen Staaten des früheren Jugoslawien.

Die Aufgabe von PHARE liegt in der Unterstützung des Prozesses der wirtschaftlichen Restrukturierung und demokratischen Reform. Es stellt den Nehmerländern technische, wirtschaftliche und infrastrukturelle Hilfen zur Verfügung. Ziel ist, diesen Ländern beim Aufbau einer auf freiem Handel,

---

2 »PHARE«, französisch: »Leuchtturm«, im Englischen Acrynom für »**P**oland and **H**ungary – **A**ssistance for **R**estructing the **E**conomy« (Polen und Ungarn – Unterstützungsprogramm zur Restrukturierung der Wirtschaft).

privater Initiative und demokratischen Entscheidungsprozessen beruhenden Marktwirtschaft Hilfestellung zu gewähren. Bis Ende 1993 hat PHARE 3,3 Mrd. ECU[3] für die wirtschaftliche Reformvorhaben in diese Länder überwiesen und weitere, fast 1 Mrd. ECU stehen für 1994 bereit. Diese Fördermittel wurden bisher vor allem für technische Hilfestellung und Qualifikationsmaßnahmen verwandt. Unterstützung in anderen Bereichen war damit aber nicht ausgeschlossen, und seit 1993 wächst der Anteil für Investitionsmaßnahmen. PHARE-Fördermittel konzentrieren sich jetzt auf vier Bereiche: wirtschaftliche Restrukturierung, Entwicklung von Human Resources, Konsolidierung des öffentlichen Sektors und Entwicklung von Infrastrukturnetzwerken. Humanitäre Hilfe, Nahrungsmittelunterstützung und Katastrophenhilfe für einige der GUS-Staaten wurden aus unterschiedlichen Quellen gewährt, u.a. auch durch PHARE.

Die Europäische Investment-Bank stellte bis Ende 1993 2 Mrd. ECU als Kredite zur Verfügung, und es wird erwartet, daß es in dem Zeitraum 1994–1996 weitere 3 Mrd. ECU sein werden. Vorrang haben Projekte im Bereich Transport, Telekommunikation, Energie und Industrie, speziell Joint-ventures mit EU-Partnern oder Direktinvestitionen durch EU-Unternehmen.

Die EU gewährt auch Kredite zur Unterstützung makroökonomischer Maßnahmen, vor allem Kredite zur Finanzierung von Leistungsbilanzdefiziten. Diese ergänzen Kredite des Internationalen Währungsfonds (IWF) und der Weltbank auf der Basis der Bedingungen des IWF. Bisher wurden zehn solcher Kredite mit einem Gesamtumfang von 2,5 Mrd. ECU genehmigt. Die Kommission koordiniert die Hilfsangebote der industrialisierten Länder der sogenannten 24er Gruppe (G 24)[4] für MOE.

1.1.2 Vereinbarungen

Mit den konkret feststellbaren Fortschritten auf dem Wege zu wirtschaftlichen und demokratischen Reformen führte die Bereitschaft der EU zu engeren Beziehungen mit den MOE-Staaten zu Assoziierungsabkommen, auch »Europa-Abkommen« gennant. Die ersten traten mit Polen und Ungarn im Februar 1994 in Kraft und reichen sehr viel weiter als die bisherige Wirtschafts- und Zusammenarbeitsabkommen, die sie ersetzen. Vergleich-

---

3 1 ECU = 1,93 DM (Mai 1994).
4 G 24 besteht aus den Ländern der EU und der EFTA sowie den USA, Japan, Kanada, Australien, Neuseeland und der Türkei.

bare Abkommen wurden mit der Tschechischen Republik, der Slowakei, Rumänien und Bulgarien unterzeichnet. Ihre Inkraftsetzung bedarf aber noch der Ratifizierung durch die nationalen Parlamente der zwölf EU-Staaten. In der Zwischenzeit wurden deren wirtschaftsbezogene Teile durch Interimsvereinbarungen wirksam. Sie bedürfen nur der Zustimmung der EU-Institution und nicht der nationalen Ratifizierung, die einen längeren Zeitvorlauf braucht. Gespräche über die Möglichkeit des Abschlusses einer Europavereinbarung hat es auch mit Slowenien gegeben. Die Baltischen Staaten und Albanien werden ebenfalls als potentielle Assoziierungsländer angesehen, allerdings muß der Reform- und Entwicklungsprozeß dafür weiter fortgeschritten sein. Jede Form einer Neudefinierung zukünftig möglicher Beziehungen der EU zu den Staaten des früheren Jugoslawien muß zuerst einmal die Einstellung aller Gewalttaten und die Wiederherstellung normaler internationaler Beziehungen abwarten.

Die Europa-Abkommen mit ihrer zeitlich unbegrenzten Gültigkeit eröffnen eine völlig neue Ebene der bilateralen Beziehungen zwischen der Gemeinschaft und MOE. Ihre Grundpfeiler sind eine gemeinsame Wertebasis und das übereinstimmende Verständnis von Gesellschaft. Zum ersten Mal umfassen EU-Abkommen zusätzlich zu den Bereichen Handels- und Wirtschaftskooperation die Dimensionen des politischen Dialogs und der gesellschaftlichen Kooperation (cultural cooperation). Europa-Abkommen dienen der graduellen Einführung von Freihandelszonen über einen Zeitraum von zehn Jahren. Sie sind auf die Möglichkeit einer zukünftigen Mitgliedschaft in der Gemeinschaft ausgerichtet. In der Präambel der Abkommen stimmen die vertragschließenden Parteien der Zielsetzung zu, daß die Assoziierung letztlich die Mitgliedschaft ansteuert und daß sie der Erreichung dieses Ziels dienen soll. Unbeschadet individueller Regelungen unterschiedlicher wirtschaftlicher Gegebenheiten und Probleme haben die Abkommen eine identische Struktur.

Die Abkommen begründen einen Assoziierungsrat, der sich mindestens einmal im Jahr auf Ministerebene trifft, um so sicherzustellen, daß das jeweilige Abkommen umgesetzt wird und daß gegebenenfalls für spezifische Ebenen Entscheidungen getroffen werden können, die für beide Parteien verbindlich sind. Zusätzlich besteht ein gemeinsamer Parlamentsausschuß mit Beratungsfunktion. Im Unterschied zu den ersten Europa-Abkommen enthalten die mit Bulgarien und Rumänien abgeschlossenen Verträge Menschenrechtsklauseln, und dies gilt auch für die nach der Spaltung der Tschechoslowakei mit der Tschechischen Republik und der Slowakei neu verhandelten Abkommen.

Da die Europa-Abkommen sowohl handels- und wirtschaftspolitische Zusammenarbeit – für die die EG zuständig ist – als auch politische und gesellschaftliche Kooperation – für die die EU-Mitgliedsstaaten verantwortlich sind – vereinbaren, sind sie als »Mischabkommen« zu betrachten und bedürfen nach ihrer Unterzeichnung nicht nur der Zustimmung des Europäischen Parlaments und des Parlaments des Kooperationspartners, sondern auch der Ratifikation durch die zwölf EU-Mitgliedsstaaten. Im Juni 1993 bestätigte der Europäische Rat, daß die assoziierten Länder Mitglieder der EU werden können, sofern sie die erforderlichen Voraussetzungen erfüllen. Er verlangte einen erweiterten multilateralen Dialog in Angelegenheiten von gemeinsamem Interesse, beschloß Maßnahmen zur Beschleunigung der Öffnung der Märkte und bot den assoziierten Ländern die Beteiligung an EU-Programmen an. Zugleich unterstrich er die Bedeutung der Angleichung von Gesetzen.

1.2 Gemeinschaft Unabhängiger Staaten (GUS)

Noch vor der Auflösung der Sowjetunion wurde deutlich, daß ein neues, fortgeschritteneres Rahmenabkommen erforderlich wurde, um das aus dem Jahre 1989 zu ersetzen. Bis 1989 waren die Handelsbeziehungen der UdSSR vorrangig auf die RGW-Mitglieder gerichtet, mit dem Zusammenbruch des Kommunismus in Osteuropa veränderten sich Richtung und Volumen des Handels dramatisch. Die EG wurde sehr schnell zum größten Handelspartner für fast alle Länder dieser Region, einschließlich der Länder der früheren Sowjetunion. Von daher war es nun erforderlich, die neu entstandene Situation der bilateralen EG-UdSSR-Beziehung vertraglich zu legalisieren und dabei die neuen Rahmenbedingungen zu berücksichtigen. Ende 1991 hörte die UdSSR auf zu existieren, und an ihre Stelle traten fünfzehn neue Staaten, die sich schließlich, mit Ausnahme der Baltischen Staaten, zur Gemeinschaft Unabhängiger Staaten (GUS) zusammenschlossen. Für die EU war es von daher zwingend erforderlich, die rechtlichen Bedingungen für die Aufnahme von Beziehungen mit diesen neuen Staaten zu definieren.

Während eines speziellen Treffens des EG-Ministerrats im Jahr 1991 wurden Richtlinien für die Anerkennung der neuen Staaten auf dem Gebiet der früheren Sowjetunion verabschiedet. Auf der Grundlage dieser Richtlinien erkannte die Gemeinschaft an, daß Rußland Rechtsnachfolgerin der ehemaligen UdSSR ist mit deren internationalen Rechten und Verpflichtungen einschließlich der aus der UN-Charta herrührenden. Im Hinblick auf die bilateralen Vertragsbeziehungen wurde mit der Russischen Föderation und den anderen Nachfolgestaaten der UdSSR vereinbart, daß das EG-UdSSR-Handels- und Wirtschaftsabkommen aus dem Jahre 1989 bis zur Unterzeichnung neuer bilateraler Übereinkommen weiterwirkt. Dieses Abkommen stellte die Grundlage für die Normalisierung der Austausch-, Handels- und Wirtschaftsbeziehungen zwischen der Gemeinschaft und der ehemaligen UdSSR dar.

1.2.1 Vereinbarungen

Im Frühjahr 1992 begann die Kommission Erkundungsgespräche mit der russischen Regierung und den Regierungen einiger der elf neuen unabhängigen Staaten auf dem Territorium der früheren UdSSR über die Möglichkeiten weiterreichender Vereinbarungen. Im Oktober des gleichen Jahres beschloß die EG das Konzept der »Partnerschafts- und Zusammenarbeitsvereinbarungen« (Partnership and Cooperation Agreements, PCA), das speziell für die zwölf Nachfolgestaaten der UdSSR konzipiert wurde. Absicht der PCAs war nicht nur einfach die Vereinbarung von an die neue Situation angepaßten Rechtsbeziehungen mit den neuen Staaten, sondern die Anhebung der Beziehungen mit der EG auf die Ebene »enger politischer und wirtschaftlicher Zusammenarbeit«. Mit anderen Worten, diese Staaten werden als enge und wichtige Partner angesehen, allerdings – zumindest für die absehbare Zukunft – nicht als potentielle Mitglieder der EU. Darin besteht die klare Unterscheidung der Vertragsbeziehungen zwischen den »Assoziationsabkommen« (mit MOE) und den PCAs (mit der GUS).

Die Ukraine war das erste Land der GUS, das die Unterzeichnung einer PCA beschloß. Sie wurde im März 1994 initiiert[5]. Eine PCA mit Kasachstan war zum Zeitpunkt der Niederschrift dieses Beitrags kurz vor dem Abschluß. Verhandlungen mit der Russischen Föderation begannen Ende 1992, aber zwei Problembereiche blieben bisher ungelöst: der Handel mit nuklearem Material und die Zusicherung eines angemessenen Zugangs ausländischer Finanzinstitutionen zum russischen Finanzmarkt.

Verhandlungen begannen auch mit Weißrußland, Moldawien und Kirgistan; Usbekistan hat offiziell um die Eröffnung von Verhandlungen ersucht. Arme-

---

5 Erwähnenswert ist, daß der ukrainische Präsident öffentlich erklärt hat, daß er hoffe, sein Land werde eines Tages Mitglied der EU.

nien und Georgien haben inoffiziell um den Eintritt in Verhandlungen gebeten, die EU hat aber darauf bestanden, daß sich vor der Eröffnung von Verhandlungen zuerst einmal die politische Situation in diesen Staaten zu stabilisieren habe und von den Regierungen Schritte in Richtung Wirtschaftsreform zu unternehmen seien.

Das PCA mit der Ukraine, das einzige, das zum Zeitpunkt der Niederschrift dieses Beitrag abgeschlossen war, unterstreicht die Bedeutung demokratischer Werte, den Respekt vor Menschenrechten und die Prinzipen der Marktwirtschaft als unabdingbare Voraussetzungen für die neue Partnerschaft mit der EU. Sie eröffnet die Aussicht auf eine zukünftige Freihandelszone – deren Fortschritte 1998 überprüft werden sollen – und umfaßt wirtschaftliche Zusammenarbeit auf den unterschiedlichsten Feldern. Die PCAs mit den anderen GUS-Staaten werden die jeweiligen Besonderheiten und speziellen Wünsche jedes Landes berücksichtigen, im Grundsatz wird der allgemeine Rahmen der Abkommen aber ähnlich sein.

1.2.2 Unterstützung

Das Programm der EU »Technische Unterstützung für die Gemeinschaft Unabhängiger Staaten«, TACIS[6], zielt auf die Beschleunigung der wirtschaftlichen und politischen Reform in den GUS-Staaten. Das Programm war ursprünglich verhandelt mit den Autoritäten der früheren UdSSR und wurde dann grundsätzlich jenen Veränderungen angepaßt, die aus dem Zerfall der UdSSR herrührten und in der Anerkennung der zwölf unabhängigen Staaten mündeten.

Das Programm will vor allem professionelles Wissen und Know-how transferieren und bietet Beratungsdienstleistungen an, um die zügige Integration der neuen unabhängigen Staaten in die Weltwirtschaft zu befördern. Die Hilfestellung im Rahmen von TACIS besteht aus vier Grundtypen: Politikberatung, Institutionenaufbau, Entwicklung eines Rahmenwerks von Gesetzen und Verordnungen sowie Berufsausbildung. Zusätzlich stehen Mittel zur Lieferung von Ausrüstungsgegenständen zur Verfügung, die für die Durchführung von TACIS-Projekten unverzichtbar sind. TACIS-Mittel, wie auch die Mittel des PHARE-Programms, werden in Form nicht rückzahlbarer Kredite gewährt. In den drei Jahren der Umsetzung (1991, 1992, 1993) wurden 1,3 Mrd. ECU ausgegeben. Für 1994 stehen ungefähr 470 Mio. ECU zur

---

6 **T**echnical **A**ssistance to the **C**ommonwealth of **I**ndependent **S**tates.

Verfügung. Für humanitäre Nothilfe-Sofortmaßnahmen hat die EU insgesamt 60 Mio. ECU für acht der zwölf Staaten der GUS zur Verfügung gestellt.

1.3 Der nächste Schritt: Die zukünftige Gestalt Europas

Die Europäische Gemeinschaft der Sechs wurde 1952 (Montanunion) geboren. Bis 1994 erweiterte sich die EU auf zwölf Staaten, 1995 auf fünfzehn. Über etwas mehr als 40 Jahre – in historischer Perspektive eine kurze Zeit – hat sich die EU also gewaltig entwickelt und ausgedehnt. Unbeschadet ihrer Probleme, ihrer Höhen und Tiefen, ist die Bilanz der EU beeindruckend, was durch die lange Warteliste jener europäischen Länder, die Mitglied werden möchten, zu belegen ist und auch durch die Einschätzung von Ländern auf anderen Kontinenten, die die EU als der Welt erfolgreichstes Modell für regionalwirtschaftliche und politische Integration bewerten.

Der Fortschritt der EU in den ersten 40 Jahren hatte zwei Richtungen, im Euro-Jargon: »Vertiefung« und »Erweiterung«. »Vertiefung« beinhaltet den Fortschritt des Prozesses der Integration, durch Effektivierung und Demokratisierung der Entscheidungsprozesse sowie Ausweitung der Zuständigkeiten der EU. Die Entwicklung reicht von der Montanunion des Jahres 1952 über die Europäische Gemeinschaft des Jahres 1958 und den einheitlichen Gemeinsamen Markt bis zur Europäischen Union des Jahres 1992, die durch den Vertrag von Maastricht geschaffen wurde. Die Union ist beteiligt an allen Bereichen der Wirtschafts- und Währungspolitik, und die Entwicklung zur vollen Wirtschafts- und Währungsunion zeichnet sich ab. Sie ist zuständig für viele Bereiche der Sozialpolitik (auch wenn es hier einigen Widerstand gibt, besonders tut sich hier die gegenwärtige britische Regierung hervor), und Maastricht bietet die politische und rechtliche Basis für die Entwicklung einer gemeinsamen Außen- und Sicherheitspolitik sowie der Zusammenarbeit in Fragen des Rechts und der Polizei. Parallel dazu haben sich die Prozesse der Entscheidungsfindung weiterentwickelt, zum einen in Richtung Mehrheitsentscheidung im Ministerrat und zum anderen durch die Übertragung von größeren Entscheidungsbefugnissen auf das Europäische Parlament.

»Erweiterung«, d.h. mehr Mitglieder der EU, ist ein weniger anspruchsvolles Konzept, wie die derzeitigen Neuzugänge zeigen. Die Erweiterung erfolgte wellenförmig: Eine erste Welle war 1973 eine nach Nordwest (Dänemark, Irland und Großbritannien), die zweite eine nach Süden (Griechenland

1981, Spanien und Portugal 1986), und die letzte Welle hat die drei EFTA-Staaten (Österreich, Finnland und Schweden) in die EU integriert. Über ein Dutzend weiterer Staaten an den EU-Rändern, die von Mittel- und Osteuropa bis zum europäischen Mittelmeerraum reichen, stehen in Warteposition, fünf davon (die Türkei, Zypern, Malta sowie kürzlich Ungarn und Polen) haben bereits offizielle Anträge auf Mitgliedschaft gestellt, und zumindest von der Tschechischen Republik und der Slowakei ist 1995 gleiches zu erwarten.

Die Debatte darüber, was zuerst kommen soll, weitere Vertiefung oder beschleunigte Erweiterung, ist heftig. Wenn es schon schwierig in einer Europäischen Union der zwölf oder sechzehn ist, schnelle und effiziente Entscheidungen bei korrekter demokratischer Kontrolle zu treffen und mit einer einheitlichen Stimme in der Welt zu sprechen, wie würde dies bei einer Union der zwanzig aussehen? Die Untersuchung dieser Frage ist für eine Konferenz der sechzehn Regierungen im Jahre 1996 geplant. Ursprünglich war dieser Termin reserviert für die Einschätzung der Umsetzung des Vertrags von Maastricht und inwieweit sich daraus neue Schlußfolgerungen ergeben. Praktisch muß dieses Vorhaben aber um die Gesamtfrage nach einer beschleunigten Erweiterung der EU und der Auswirkungen auf den Prozeß der Vertiefung ausgeweitet werden.

Gemäß dem Bericht der Kommission für den Europäischen Rat vom Juni 1993 müssen folgende Maßstäbe an alle Bewerberländer für eine Mitgliedschaft in der EU angelegt werden:

– Fähigkeiten und Ressourcen eines Landes, die Verpflichtungen für eine Mitgliedschaft zu erfüllen;

– Stabilität der demokratischen Institutionen, Rechtsstaatlichkeit, Beachtung der Menschenrechte und Respektierung von Minderheiten;

– Existenz einer funktionierenden Marktwirtschaft;

– Bereitschaft, die Ziele der politischen, wirtschaftlichen und währungspolitischen Vollintegration der EU zu akzeptieren;

– Fähigkeit, sich unter den Bedingungen von Wettbewerb und Marktkräften in der EU zu behaupten.

Auf seiten der EU muß zugleich die Fähigkeit vorhanden sein, neue Mitglieder aufzunehmen, ohne die Dynamik des Prozesses der europäischen Integration zu gefährden.

Diese Kriterien machen deutlich, daß die früheren kommunistischen Staaten, die noch im Anfangsstadium der Marktwirtschaft stehen – viele sind im Zustand der Armut –, Zeit brauchen, um Strukturen einer demokratischen Gesellschaft zu verankern. Damit ist es derzeit für sie schwierig, den genannten Anforderungen an eine Mitgliedschaft zu genügen. Und das ist der Hintergrund für den Gedanken, Erweiterung als Phasenmodell zu begreifen, abhängig davon, daß vor einer Mitgliedschaft die genannten Voraussetzungen gegeben sein müssen.

In dieser Situation wird für verschiedene Ideen geworben. Einige Beobachter schlagen vor, daß für eine mehr oder weniger lange Zeit – bis ins nächste Jahrtausend (was tatsächlich ja bereits in fünf Jahren erreicht wird) – Europa sich aus verschiedenen konzentrischen Ringen bilden solle. Die EU würde dabei den inneren Ring bilden, den Kern. Ein zweiter Ring würde eine erweiterte europäische Wirtschaftszone umfassen, mit der EU und ihren stärker (ökonomisch) entwickelten Nachbarn (sowohl die EFTA-Länder, die nicht Mitglieder der EU geworden sind, als auch einige MOE-Länder). Dies wäre mehr als die existierenden bilateralen Assoziierungen und Abkommen, da damit der Beginn einer Integration nicht nur mit der EU, sondern zwischen allen Partnerländern verbunden wäre. Ein äußerer Ring würde alle jene Länder umfassen, deren Entwicklungsniveau derzeit politisch und wirtschaftlich eine engere Beteiligung ausschließt. Sie würden ihre bilateralen Beziehungen zur EU beibehalten. Mit dem Fortschritt ihrer politischen und wirtschaftlichen Entwicklung könnten sie vom äußeren in den inneren Ring »aufsteigen«.

Die Rechtfertigung, die für diesen Vorschlag der konzentrischen Ringe angeführt wird, ist eine doppelte: Erstens findet dabei die Tatsache Berücksichtigung, daß einige MOE-Länder praktisch schon in den nächsten Jahren die Bedingungen für eine Vollmitgliedschaft in der EU erfüllen dürften. Würde die EU eine größere Zahl armer und überwiegend landwirtschaftlicher Länder als Vollmitglieder aufnehmen, würden zweitens die Aufwendungen für die EU und ihren Haushalt, insbesondere durch die gemeinsame Landwirtschaftspolitik und die Strukturfonds, die Transfers von den reicheren zu den ärmeren Ländern vorsehen, unbezahlbar werden. Das Argument lautet deshalb, daß massiver politischer Druck durch Interessengruppen in den Mitgliedsstaaten aus dem vorgenannten Grund jede Erweiterung blockieren würde. Deshalb ist es erforderlich, um die Ansprüche verfrühter EU-Mitgliedschaftsanträge zu befriedigen, eine Zwischenlösung zu finden, die die interessierten Länder zwar bereits in der EU verankert, sie für eine Vollmitgliedschaft vorbereitet, zugleich aber Probleme vermeidet, die durch eine zu frühe Mitgliedschaft sowohl für die EU als auch die neuen Länder entstehen würden.

Andere haben ein »Europa der verschiedenen Geschwindigkeiten« oder ein »Europa à la carte« mit existierenden und neuen Mitgliedern vorgeschlagen, die aus einem Menü diejenigen Zutaten auswählen, die sie leicht verdauen können. Das wäre eine Ausweitung der zwei Ausnahmen, der »opting outs«, die durch den Vertrag von Maastricht gestattet wurden: Großbritannien ist nicht an das Sozialprotokoll gebunden, und sowohl Dänemark als auch Großbritannien sind aus der Verpflichtung der vollen wirtschaftlichen und währungspolitischen Integration entlassen. Viele äußern aber gegen solche Freistellungen Bedenken: Eine solche Haltung sei eine potentielle Gefährdung des Integrationsprozesses, da die Vorzüge der europäischen Integration genossen werden könnten, ohne an den Kosten beteiligt zu sein.

Eine Variante könnte sein, daß die betroffenen MOE-Staaten schnell und eng mit der EU im Hinblick auf eine allgemeine Außen- und Sicherheitspolitik assoziiert würden, auch wenn die wirtschaftliche Integration noch eine längere Zeit der Entwicklung bräuchte. Der Druck für eine solche Option wächst in dem Maße, wie sich die MOE-Staaten durch die Instabilität Rußlands bedroht fühlen. Damit ist zugleich die Frage nach ihren Beziehungen zur NATO aufgeworfen und dem Programm »Partnerschaft für Fortschritt« sowie dem neuen »Europäischen Stabilitätspakt«, der die nationalen Grenzen und die Respektierung ethnischer und anderen Minoritäten garantieren soll.

Es ist deutlich, daß die Diskussion über die Erweiterung Hand in Hand mit der über die Zukunft der EU selbst geht. Zukünftige Beziehungen mit den neuen Partnern im Osten können nicht ohne eine Gesamtsicht festgelegt werden. Das Zusammentreffen der Regierungen der EU-Staaten im Zusammenhang mit dem Vertrag von Maastricht ist auf 1996 terminiert, um sich Rechenschaft über die breite, komplexe Entwicklung der EU geben zu können. Derzeit ist es ziemlich ungewiß, ob die Regierung bis 1996 einen klaren politischen Konsens zu den aufgeworfenen Fragen der Vertiefung und Erweiterung der EU finden werden. Eine breite öffentliche Diskussion, die all die genannten Probleme einschließt, wäre eine wichtige Vorbedingung, um einen Konsens zu erreichen.

2. Mittel- und Osteuropa: Perspektiven deutscher Gewerkschaften

Hardy Koch / Reinhard Reibsch

2.1 Historischer Vorlauf

Gewerkschaftliche Aufgabe in der Marktwirtschaft ist es, die Interessen der Arbeitnehmer in sozialen und gesellschaftlichen Fragen wahrzunehmen. Am Ende der einheitssozialistischen Regierungen in Mittel- und Osteuropa und der UdSSR konnte man weder von den bestehenden leninistischen Gewerkschaften noch von den neuen Gewerkschaften wie Solidarnosc erwarten, daß sie in der Lage sein würden, Arbeitnehmerinteressen in einer Marktwirtschaft (die ja auch erst als Absicht und Hoffnung existierte) zu vertreten. Neue Gewerkschaften waren in erster Linie Teile der Demokratisierungsbewegung und damit auf gesellschaftliche Ziele orientiert, die für freie Gewerkschaften existentielle Voraussetzung sind. Ihnen fehlte daher zwangsläufig in den Betrieben die organisatorische Grundlage zur Interessenvertretung. Die vorhandenen leninistischen Gewerkschaften waren aufgrund ihrer bisherigen Aufgaben und der engen Einbindung in die politische Hierarchie Teil des herrschenden Systems und zählten nicht zu den Trägern des Umbruchs.

Mit dem Umbau und der Privatisierung der Volkswirtschaften in den früheren Staatshandelsländern kamen auch die Ratgeber in Sachen Marktwirtschaft aus dem Westen. Private, staatliche, institutionelle oder internationale Kreditgeber waren mit Hilfe, Tips und Rezepten schnell vor Ort, um beim Gelingen des Umbaus behilflich zu sein. Die Gewerkschaften waren da schon in einer schwierigeren Situation. Einerseits bestanden zu den Gewerkschaften Mittel- und Osteuropas seitens der deutschen Gewerkschaften spätestens seit (und als Teil) der Entspannungspolitik Willy Brandts Kontakte. Diese hatten sich bei der vorsichtigen Öffnung, beispielsweise der Gewerkschaften Ungarns, immer öfter mit Themen befaßt, die aus deutscher Sicht klassische gewerkschaftliche Aufgaben sind, etwa mit Tarifpolitik. Mit dem Scheitern des real existierenden Sozialismus wurde diese Art der eher auf lange Sicht angelegten Kontakte praktisch über Nacht obsolet. Zu entscheiden war nun, vor allem dort wo mehrere Gewerkschaften bestanden, mit wem Zusammenarbeit stattfinden sollte. Gefordert waren Rat und Unterstützung bei der Umstellung auf die sich entwickelnden neuen Verhältnisse, von denen die Menschen hofften, daß sie ihnen möglichst schnell ähnliche Bedingungen bieten könnten wie in den fortgeschrittenen EU-Staaten. Aus der Sicht der unterschiedlichen Gewerkschaften waren eine erste Adresse – nicht nur aus historischen Gründen – die deutschen und die skandinavischen Gewerkschaften. Von ihnen wurde Unterstützung mindestens in konzeptioneller Hinsicht erwartet.

2.2 Die Schwierigkeiten der Deutschen mit ihrem Modell

Die Gründe für die Hoffnung auf Unterstützung und Beratung von den deutschen Gewerkschaften sind sehr verschieden. In erster Linie sind sie jedoch eine Folge des hohen Ansehens der deutschen Gewerkschaften im Ausland. Der hohe Lebensstandard, der (vermutete und reale) große gesellschaftliche Einfluß der DGB-Gewerkschaften, die organisatorische Stabilität und Geschlossenheit gelten als gewerkschaftliche Erfolge.

Die deutschen Gewerkschaften macht zusätzlich die jüngste deutsche Geschichte interessant: Die soziale Bewältigung des Übergangs in der ehemaligen DDR werden zu einem guten Teil den deutschen Gewerkschaften gutgeschrieben, und die Erfahrungen mit der Privatisierung der ehemaligen VEBs sind aufgrund anstehender Umwandlungen für Gewerkschaften in vielen Ländern Mittel- und Osteuropas interessant.

So groß die Bereitschaft der Deutschen ist, den Gewerkschaften in Mittel- und Osteuropa zu helfen, so groß ist auch die Angst, als Modell verstanden zu werden. Die Vorbehalte gegen eine zu einfache Übertragung von Erfahrungen und Strukturen sind berechtigt, wenn die kulturellen oder ökonomischen Unterschiede zwischen den jeweiligen Ländern nicht berücksichtigt werden. Gerade die Erfahrung mit der Privatisierung zeigt dies deutlich. Der Eigentumswandel in den neuen Bundesländern fand nach der Übertragung des kompletten Rechts- und Gesellschaftssystems aus den alten Bundesländern, und vor allem mit der finanziellen Unterstützung von dort aus, statt. Insbesondere diese Unterschiede müssen berücksichtigt werden, wenn es um die Erfahrungen mit dem Wandel in Deutschland geht. Dennoch ist die (ost)deutsche Privatisierungserfahrung der Problemlage der meisten Gewerkschaften in Mittel- und Osteuropa näher, als die Privatisierungserfahrung etwa der britischen Gewerkschaften.

Aber es bestehen auch Vorbehalte anderer Art, die mit dem »Kompromißcharakter« der sozialen Verhältnisse in Deutschland zusammenhängen. Ein Blick auf die Arbeitslosenstatistik, die Zahl der Obdachlosen oder den Abbau sozialer Leistungen zeigt eine Verschlechterung der sozialen Lage. Nur sind die in den letzten Jahren abgebauten Sozialleistungen, verglichen mit der sozialen Realität in Mittel- und Osteuropa, immer noch weit besser als die dortige Lage. Für die Kritik deutscher Kollegen an den Verhältnissen in Deutschland hat mancher Gewerkschafter im Osten deshalb wenig Verständnis. Dies macht die Kritik im eigenen Land keineswegs falsch oder überflüssig – in den Reformländern ist sie allerdings kaum nachvollziehbar.

2.3 Internationale Gewerkschaftszusammenarbeit vor neuen Herausforderungen

Es ist kein Geheimnis, daß die Kontakte der deutschen Gewerkschaften zu den Gewerkschaften in den Reformländern nicht erst mit dem dortigen gesellschaftlichen Wandel begannen. Kontakte und einen regelmäßigen Austausch von Delegationen, aber auch das eine oder andere gemeinsame Seminar, hat es zwischen den Gewerkschaften in den Staatshandelsländern und den DGB-Gewerkschaften seit den 70er Jahren gegeben. Zwar bestanden nicht zu allen Gewerkschaften ausgebaute und entwickelte Beziehungen. Sowohl der DGB als auch die Gewerkschaften haben ihre Kontakte so entwickelt, daß mit Gewerkschaften, bei denen ideologische Aspekte dominierendes Motiv für bilaterale Kontakte waren, mehr formale als reale Zusammenarbeit stattfand. 1990 bestanden dennoch genug Beziehungen, um nach dem Ende der dortigen Regime weitere Kontakte anzubahnen. Als neu gegründete freie Gewerkschaft bestand damals lediglich die polnische Solidarnosc – die Demokratische LIGA in Ungarn, PODKREPA in Bulgarien und FRATIA in Rumänien entstanden erst später.

Zu Solidarnosč gab es unterschiedlich entwickelte Beziehungen des DGB und seiner Mitgliedsgewerkschaften aufgrund des Aufbaus als Zentralorganisation. Der DGB, insbesondere der damalige Leiter der Internationalen Abteilung hatte einen sehr engen Kontakt zu Solidarnosč seit ihrer Gründung und auch in der Zeit ihrer Unterdrückung, in der ein Überleben nur als Zentralorganisation möglich war. Durch die fehlende Organisation auf der Branchenebene waren allerdings für die deutschen Industriegewerkschaften geregelte Kontakte nur schwierig möglich, wenn keine regionale Dominanz einer Branche vorhanden war (z. B. Werften oder Bergbau). Die Beziehungen seitens der deutschen Gewerkschaften zu den OPZZ-Gewerkschaften wurden nach dem Verbot der Solidarnosc abgebrochen. Hier gab es mehrere Jahre lang keine Kontakte.

Die skizzierten Beziehungen waren zunächst der Ausgangspunkt für die Kooperation mit den Gewerkschaften in Mittel- und Osteuropa. Der Charakter der Beziehungen änderte sich allerdings schnell. Anstelle der vorsichtig tastenden, oft von viel Geschick und Taktik geprägten Zusammenarbeit in der Zeit der Entspannungspolitik ging es nach dem Scheitern des Realsozialismus sehr schnell und direkt um konkrete Themen. Gewerkschaftliche Erfahrungen in der Marktwirtschaft wie Tarifverhandlungen, der Organisation sozialer Sicherungssysteme, Betriebsratstätigkeit und vieles mehr hatten Priorität und nicht mehr die Rolle der Gewerkschaften im Friedensprozeß. Adressaten der Zusammenarbeit waren im Prinzip alle bestehenden Gewerkschaften in den Reformländern – mit Ausnahme von OPZZ in Polen. Mit dem Entstehen weiterer neuer und freier Gewerkschaften in Mittel- und Osteuropa kamen Gewerkschaften in Ungarn, Bulgarien, Rumänien und später in den GUS-Staaten hinzu. Im Unterschied zu Gewerkschaften anderer Regionen haben sich allerdings weder der DGB noch seine Mitgliedsorganisationen finanziell aktiv an der Gründung neuer Gewerkschaften beteiligt.

Der Beginn dieser neuen Phase der Gewerkschaftsbeziehungen war, was die Auswahl der Kooperationspartner unter den »alten« Gewerkschaften anging, geprägt von der Überlegung, mit denjenigen Organisationen zu kooperieren, bei denen Veränderungen praktisch erkennbar waren. Da die Zusammenarbeit nicht alleine von den deutschen Gewerkschaften organisiert wurde, boten sich die internationalen Berufssekretariate als Forum für Erfahrungsaustausch und zur Entwicklung von Kooperationskriterien geradezu an. In der ersten Phase der Zusammenarbeit waren diese Kriterien primär die freie Wahl der Leitungen der Gewerkschaften und der Rückzug aus den WGB-Strukturen. Beides wurde relativ schnell realisiert. Delegiertenkonferenzen wählten neue Gewerkschaftsvorstände, die Mitgliedschaft in den IVGs (Internationale Vereinigung von Gewerkschaften) wurde vielfach als ungültig erklärt, da sie durch die Zentralräte der Gewerkschaften zustande gekommen war. Nach der Neukonstituierung der Gewerkschaften als selbständige Organisationen auf der Branchenebene und der Schaffung von Dachverbänden als freiwillige Zusammenschlüsse anstelle der Zentralräte wurde die Mitgliedschaft im WGB und seinen Untergliederungen als erledigt betrachtet. Eine weitere Mitarbeit in den WGB-Gliederungen fand nicht mehr statt.

Die neue Zusammenarbeit beschränkte sich nicht nur auf Seminare und Informationsaustausch. Die Frage der Verstetigung von Kooperationen, insbesondere auch die Möglichkeit einer Mitgliedschaft in den internationalen Berufssekretariaten spielte rasch eine wichtige Rolle. Maßstab für die meisten internationalen Berufssekretariate war, ob die zur Aufnahme bereiten Gewerkschaften als freie Gewerkschaften angesehen werden konnten. Bei der Bewertung der Kandidaten hat sich in den letzten 5 Jahren ein erheblicher Lernprozeß auf beiden Seiten vollzogen. Die Anforderungen haben sich dabei im Prinzip nicht geändert, die damit zusammenhängenden Probleme für die Gewerkschaften in den Reformstaaten sind allerdings deutlicher geworden.

In freien Gewerkschaften soll die Leitung durch Wahlen seitens der Mitglieder oder gewählter Delegierter bestimmt werden. Dies ist inzwischen weitgehend der Fall. Freie Gewerkschaften sollen unabhängig von der Einflußnahme staatlicher Stellen oder politischer Parteien sein: Die meisten Gewerkschaften in Mittel- und Osteuropa sind den Einfluß von Partei und Staat losgeworden. Die so empfundene Befreiung von Bevormundung durch die allwissende Massenpartei hat in den allermeisten Fällen allerdings zur Ablehnung jeglichen Engagements in Parteien geführt. Da dennoch klar ist, daß wichtige Entscheidungen auch in der Zukunft im Parlament getroffen werden, haben einige Gewerkschaften eigene Listen für Parlamentswahlen aufgestellt. Klarheit über die eigene Rolle in der Zukunft wird damit jedoch kaum erreicht.

Mitgliedschaft in den Gewerkschaften muß freiwillig sein, am demokratischsten wäre eine erneute Aufnahme aller Mitglieder in die Gewerkschaften, um die frühere Zwangsmitgliedschaft endgültig abzuschaffen. Hierfür fehlt aber den meisten Gewerkschaften sowohl der organisatorische Unterbau als auch die Informationsmöglichkeit gegenüber den Mitgliedern. Weiterhin sollen freie Gewerkschaften Pluralismus und innergewerkschaftliche Diskussion akzeptieren. Dabei besteht allerdings die Gefahr von Zersplitterung. In Ungarn gibt es gegenwärtig sechs bis acht Dachverbände, die auf die Dauer nicht lebensfähig sein dürften. Freie Gewerkschaften sollen gegnerfrei sein, d. h. für die Regionen Mittel- und Osteuropas: Die Kombinatsleiter und Unternehmensdirektoren gehören nicht in die Gewerkschaften oder dürfen zumindest keinen Einfluß in ihnen ausüben.

Die Auflistung der Probleme des Übergangs von früheren Staatsgewerkschaften zu freien Gewerkschaften ließe sich fortsetzen. Die dabei absehbaren Schwierigkeiten können allerdings keine Gründe für die Aufgabe des Anspruchs auf freie Gewerkschaften sein. Sie sind vielmehr ein Hinweis auf die Komplexität des Wandels in den Reformländern, der auch und gerade vor den Gewerkschaften nicht halt macht. Dabei sind die Gewerkschaften einer der wenigen stabilen Akteure in der Transformation. Kritik an der Reformfähigkeit der alten Gewerkschaften ist deshalb schwierig, weil es heute um existentielle Fragen geht, die nicht mit schnell neu gegründeten Organisationen gelöst werden können.

Dennoch, Veränderung und Reformprozesse kommen nicht von alleine voran und brauchen Unterstützung und Ermutigung. Neue freie Gewerkschaften sind für die bestehenden Gewerkschaften oftmals ein alltäglicher Anreiz und eine Ermunterung zur eigenen Weiterentwicklung. Dieser Aspekt kann auch im Rahmen internationaler Kooperation genutzt werden, solange von beiden Seiten ein gemeinsames Auftreten auf der internationalen Ebene akzeptiert wird. Die Erfahrungen mit den Gewerkschaften in Weißrußland und Bulgarien belegen dies.

Wo keine freien, neu gegründeten Gewerkschaften bestehen, gibt es zur Zusammenarbeit mit den bestehenden Gewerkschaften kaum eine Alternative. Die westlichen Branchengewerkschaften sind (anders als z. B. der IBFG) auf gewerkschaftliche Partner im Osten angewiesen, wenn es um die Verlagerung von Produktionen geht. In solchen Fällen ideologische Vorbehalte aufrechtzuerhalten, würde bedeuten, die Chance gewerkschaftlicher Einflußnahme auf die Arbeits- und Lebensbedingungen aufzugeben. Daran können die deutschen Gewerkschaften aufgrund ihrer historischen Erfahrung und ihrer aktuellen Situation kein Interesse haben. Gewerkschaftsfreie Belegschaften und schwache Interessenvertretungen halten wir für nicht erstrebenswert und vor allem nicht für hilfreich, um eine soziale Gestaltung der Marktwirtschaft zu erreichen.

2.4 Nicht nur im Osten ändert sich etwas

Sah es am Anfang der Veränderungen im Mittel- und Osteuropa und der GUS so aus, als würde sich der Wandel im wesentlichen auf die Herstellung anderer Eigentumsverhältnisse orientieren, so wissen wir heute, daß die dort stattfindenden Privatisierungen und Investitionen bei den am effektivsten organisierten und produzierenden Unternehmen, eingebunden in mindestens regionale, wenn nicht sogar globale Zusammenhänge erfolgen. Die einfache Vision, die Gewerkschaften in den Reformstaaten bräuchten zur

Entwicklung einer angemessenen Strategie und Praxis nur die Erfahrungen der westlichen Gewerkschaften mit der Marktwirtschaft (selbstverständlich unter Berücksichtigung der kulturellen Unterschiede und Traditionen) zu übernehmen, erweist sich zumindest in den stärker international geprägten Wirtschaftszweigen als zu kurzsichtig.

Gerade die deutsche Erfahrung in den neuen Bundesländern ist für diesen Prozeß und die damit einhergehenden Schwierigkeiten ein gutes Beispiel. In der chemischen Industrie war beispielsweise die Produktion auf wenige große Kombinate konzentriert. Im Rahmen der Privatisierung sind Bereiche, die nicht unmittelbar zur Chemie gehörten, ausgegliedert worden: Transport, Baubetriebe, die meisten Infrastrukturbetriebe. Dies war zu erwarten, es entsprach der bekannten industriellen Arbeitsteilung und Organisation auch in anderen Ländern. Die Hoffnung, daß sich nun ein Unternehmen finden würde, das bereit wäre, große Teile und zusammenhängende Produktionen zu übernehmen, ist indessen enttäuscht worden, weil die Unternehmen entsprechend ihrer globalen Produktionsplanung nur an den Betrieben innerhalb der Kombinate interessiert sind, die ins Konzept passen. Die Folge ist, daß innerhalb der ehemaligen Kombinate mittlerweile viele kleinere und mittlere Betriebe bestehen, mit weitreichenden Folgen für die gewerkschaftliche Arbeit.

Dies stellt auch die Gewerkschaften in Deutschland vor neue Probleme: mehrere Unternehmen auf einem Betriebsgelände, die möglicherweise in verschiedenen Arbeitgeberverbänden Mitglied sind, für deren Beschäftigte unterschiedliche Tarifverträge gelten und die in verschiedenen Gewerkschaften Mitglied sind. Welche Bedeutung diese Erscheinungen für die Gewerkschaften in der Zukunft haben werden, ist gegenwärtig in der Diskussion. Fest steht immerhin heute schon, daß neue Produktionskonzepte dieser Dimension nicht nur bei großen globalen Produzenten auf dem Vormarsch sind. Gerade kleinere und mittlere Unternehmen in einheimischem Besitz sind davon aufgrund ihrer Einbindung in Lieferbeziehungen und Arbeitsteilungen betroffen. In der Realität der industriellen Beziehungen auch bei uns wird sich manches ändern, wenn Teile der Produktion, beispielsweise in der Automobilindustrie, am Band direkt von den Zulieferern organisiert und durchgeführt werden. Die deutschen Gewerkschaften sammeln damit erste Erfahrungen und sind gerade dabei, dafür Organisationskonzepte zu entwickeln.

Für die Gewerkschaften in den Reformländern kommen solche Veränderungen zusätzlich zu den schon bestehenden Unklarheiten über die Folgen von Reformen und Besitzwandel. Da sie im Normalfall keine Kontakte zu den neu investierenden Unternehmen aus anderen Ländern hatten, ist die Betreuung von neuen Betrieben meistens nur schwierig zu bewerkstelligen. Handelt es sich um Betriebsteile bisheriger Kombinate, muß zum neuen Management ein Kontakt aufgebaut werden. Besonders mühevoll ist dies deshalb, weil im Unterschied zu den Veränderungen in Deutschland keine langjährige Tradition der Beziehung zwischen Management und Gewerkschaften bzw. Betriebsrat besteht. Die jeweiligen Privatisierungsinstitutionen der einzelnen Länder, aber auch die Regierungen halten ein gutes Verhältnis zwischen den neuen Investoren und den Gewerkschaften oder Betriebsräten nicht für eine vordringliche Sache.

Wenn dann durch eine solche Privatisierung noch die gewerkschaftliche Zuständigkeit wechselt, wird die Betreuung nochmals schwieriger – konkurrierende Gewerkschaften sorgen für zusätzliche Komplikationen.

Da vor allem Tochtergesellschaften internationaler Unternehmen aufgrund ihrer höheren Produktivität in der Lage sind, bessere Arbeitsbedingungen und Bezahlung als nationale Unternehmen zu bieten, scheint vielen Beschäftigten die Mitgliedschaft in Gewerkschaften überflüssig.

Diese Veränderungen sind aufgrund der internationalen Dimension, in der sie eingeführt werden, zweifelsohne ein Thema für die Gewerkschaften in Ost und West, auch wenn sie davon unterschiedlich betroffen sind. Für die Gewerkschaften in den Reformländern ist die Frage, ob sie künftig gerade in den neuen Betrieben vertreten sein werden, mittelfristig eine Frage des Einflusses auf die sozialen Verhältnisse in der Gesellschaft überhaupt: Wenn sie in den konkurrenzfähigsten Bereichen der Wirtschaft nicht vertreten sind, wird es ihnen kaum gelingen, selbst mit einer starken Mitgliedschaft in den übrigen Sektoren großen Einfluß auszuüben. Die Gewerkschaften werden dann als Organisationen, die Arbeitnehmer in den »Verliererbranchen« vertreten, immer weiter an Bedeutung verlieren.

Für die Gewerkschaften in den westlichen Ländern, insbesondere den EU-Staaten, ist die Entwicklung in Mittel- und Osteuropa deshalb von besonderer Bedeutung, weil die dortigen Produktionskosten (nicht nur die Lohnkosten!) niedrig sind sowie Produktionsverlagerungen und neue europäische regionale Arbeitsteilungen stattfinden werden. Wenn die Gewerkschaften in den Ländern Mittel- und Osteuropas schwach sind oder noch schwächer werden, als sie es gegenwärtig sind, wird der Druck auf die EU-Gewerkschaften in ihren eigenen Ländern weiter wachsen. Für die neuen Produktionskonzepte gilt ähnliches. Wenn diese Konzepte in Mittel- und Osteuropa umgesetzt werden, sind die Betriebsräte und Gewerkschaften in den EU-

Staaten bald mit den Erfolgen dort konfrontiert. Beides zusammen, neue Produktionskonzepte und niedrigere Produktionskosten machen eine Kooperation, gegenseitige Unterstützung und, darauf aufbauend, die Entwicklung einer gemeinsamen gewerkschaftlichen Perspektive unbedingt notwendig. Dies geht dann nur auf der Grundlage von gegenseitiger Akzeptanz in den Beziehungen – die Zeiten der Hilfeempfänger in Mittel- und Osteuropa sind bald vorbei.

2.5 Eine neue Rolle für den IBFG?

Zwar gibt es den Weltgewerkschaftsbund mit einigen wenigen Mitgliedsbünden noch, ebenso wie seine Untergliederungen in Branchen, die Internationalen Vereinigungen von Gewerkschaften. Ihre politische Bedeutung ist allerdings ebenso geschrumpft wie ihre Ressourcen und Mitgliedszahlen – fast alle Gewerkschaften aus den Reformländern sind längst ausgetreten. Neben dem IBFG, dem Internationalen Bund freier Gewerkschaften, besteht zwar noch der Weltverband der Arbeit als christliche Gewerkschaftsinternationale. Faktisch ist der IBFG aber inzwischen die einzige weltumfassende internationale Gewerkschaftsorganisation.

Der Niedergang des real existierenden Sozialismus hat den IBFG in eine in mehrfacher Hinsicht hoffnungsvolle Situation für die Zukunft gebracht. Der IBFG hat mehr als alle anderen internationalen Organisationen immer Unfreiheit und Unterdrückung in den Staatshandelsländern angeprangert und dagegen Position bezogen. Er setzt diese Politik dort fort, wo kommunistische Unrechtsregime weiterbestehen. Mit dem Ende der Sowjetunion und deren Satellitenregimen ist die seit der IBFG-Gründung bestehende und über Jahrzehnte aufrechterhaltene Forderung nach Demokratie und Freiheit für die Arbeitnehmer und ihre Gewerkschaften im Osten Wirklichkeit geworden.

Erfüllte Forderungen, wie die nach der Abschaffung von Unterdrückung und Unfreiheit in der UdSSR und Mittel- und Osteuropa, hinterlassen allerdings im politischen Profil des IBFG zunächst eine Lücke. Diese Lücke muß erst mit neuer Politik und Programmatik gefüllt werden, es sei denn, die Aufgabe der Organisation habe sich mit der Erfüllung dieser einen Forderung erledigt. Für die internationale Gewerkschaftsbewegung und ihren Dachverband ist dies nicht der Fall. Zu viele soziale Fragen sind bisher weder global noch national gelöst. Eine Lösung, bei der die Interessen der Arbeitnehmer berücksichtigt werden, ist ohne einen wirkungsvollen gewerkschaftlichen

Weltverband nicht vorstellbar, denn weder Arbeitgeber noch Regierungen werden diese von sich aus einbeziehen. Neben den richtigen Forderungen müßte hierzu auch der organisatorische »Unterbau« entwickelt werden. Der IBFG steht vor der Herausforderung, eine gewerkschaftliche Antwort auf die globale wirtschaftliche und politische Entwicklung zu finden.

2.6 Neue regionale Arbeitsteilungen

Auf den ersten Blick sind die Themen einer solchen gewerkschaftlichen Politik nicht einfach und schnell zu beschreiben. Die ungelösten Probleme der Nord-Süd-Beziehungen, die weltweit zunehmende Arbeitslosigkeit und Armut sind nur ein Teil der anstehenden Fragen. Die Veränderungen in den globalen Wirtschaftsbeziehungen, die soziale Lage in den neuen Wirtschaftsregionen in Südostasien oder Mittel- und Osteuropa sind nur einige der Themen. Einfache, einprägsame und global gültige Konzepte werden zu diesen Fragen kaum entwickelbar sein, schon alleine wegen der verschiedenen regionalen, wirtschaftlichen und sozialen Situationen, aber auch wegen der verschiedenen Traditionen und Einbindungen von Gewerkschaften in diese Prozesse. Die Entwicklung der europäischen Einigung ist hierfür sicher ein gutes Beispiel: Die Arbeit des EGB ist hier als kompetent und notwendig für den weiteren Einigungsprozeß akzeptiert. Auch wenn die Verbindlichkeit von Regelungen in anderen bestehenden oder entstehenden Wirtschaftsräumen sich von denen in der Europäischen Union unterscheidet, ist die Notwendigkeit einer gewerkschaftlichen Einflußnahme jenseits der nationalen Grenzen, aber auch unterhalb der globalen Ebene unverkennbar. Die Bedeutungszunahme der Regionen in der Weltpolitik wird in den nächsten Jahren steigen – anders lassen sich viele Fragen des Zusammenlebens auch gar nicht mehr regeln. Dies muß auch von der internationalen Gewerkschaftsbewegung akzeptiert werden, und darauf sind gewerkschaftliche Strategien und Strukturen hin zu entwickeln.

Dies ist auch ganz besonders in Mittel- und Osteuropa der Fall. 40 Jahre (Zwangs-)Wirtschaftsgemeinschaft im RGW haben eine Menge von gemeinsamen Problemen geschaffen, für die es zu einem wesentlichen Teil auch nur gemeinsame Antworten geben kann. Die starke Distanz zur Kooperation aufgrund der Bevormundung in der Vergangenheit darf nicht zum Argument für Abschottung gegenüber den Nachbarn werden. Im Gegenteil: Die zu einem guten Teil bestehenden kulturellen und historischen Bindungen und Verbindungen sind eine gute Grundlage für die Schaffung regionaler Wirtschaftskooperationen. Die Vereinbarung von Visegrad zwischen Polen, der Tschechoslowakei und Ungarn ist hierfür ebenso ein Beispiel wie die Zusammenarbeit der (moslemischen) turkmenischen und kaukasischen GUS-Staaten mit der Türkei und anderen kulturell naheliegenden Staaten.

Auch die Gewerkschaften und insbesondere der IBFG müssen dies zur Kenntnis nehmen und einbeziehen. Eine regionalbezogene, multilaterale Zusammenarbeit der Gewerkschaften in den Reformstaaten ist unbedingt notwendig, damit eine gewerkschaftliche Position zu den Veränderungen in diesen Ländern entwickelt werden kann. Der Versuch, Maßstäbe für die Bewertung der Gewerkschaften in dieser Region aus der globalen Sicht heraus zu entwickeln, muß zwangsläufig scheitern: Die Gewerkschaften werden insgesamt an Einfluß verlieren, da die vorhandenen Organisationen nur schwer in der Lage sein werden, von sich aus eine Vertretung regionaler Belange zu organisieren.

Die Entwicklung regionaler Strukturen und Kooperationen unter dem Dach des IBFG hat freilich einige Voraussetzungen. Nach dem Ende des Blockkonflikts hat die Weltorganisation der Arbeitnehmer keine ideologisierende Rolle mehr. Regionale Gewerkschaftsorganisationen erhalten damit die Möglichkeit, gewerkschaftliche Kooperationen anhand anstehender regionaler Fragen zu entwickeln.

Die Rolle des IBFG als ideologischem Sachwalter des Gedankens der freien Gewerkschaften spielt dabei eine immer geringere Rolle. Nach dem Wegfall der Konkurrenz mit dem WGB gibt es kaum noch Bedarf an Abgrenzung gegenüber einem »feindlichen« Verständnis gewerkschaftlicher Arbeit. Will der IBFG Sachwalter der Interessen aller Arbeitnehmer sein, so muß er sich mehr als in der Vergangenheit auf Dialogkonzepte und Arbeitsformen einlassen, die die Integration unterschiedlicher Konzeptionen gewerkschaftlicher Arbeit zum Ziel haben. Gewerkschaftsfreie Länder oder gar halbe Kontinente, nur um der ideologischen Richtigkeit der eigenen Überzeugung willen, schaden jedenfalls in der Zukunft mehr, als daß sie nützen.

Die Frage der Mitgliedschaft kann in der Zukunft als zentrales Kriterium für Kooperation und Unterstützung – vor allem aus der Sicht der Branchengewerkschaften – keine so zentrale Rolle mehr spielen wie in der Vergangenheit. Bei der Verlagerung von Produktionen in andere Länder wegen tatsächlich oder angeblich längerer Arbeitszeiten oder niedrigerer Lohnkosten fragen die Mitglieder in den Betrieben nicht danach, ob es den einen oder anderen ideologischen Unterschied zwischen den Gewerkschaften gibt, sondern danach, ob es den Gewerkschaften dort gelingen kann, die Arbeitsbedingungen so zu verbessern, daß die Arbeitnehmer nicht die »Zeche zahlen« müssen.

2.7 Die Aufgaben der Internationalen Berufssekretariate (IBS)

Die heutigen Berufssekretariate sind als Zusammenschluß nationaler Branchenorganisationen gegen Ende des letzten Jahrhunderts im wesentlichen aus europäischen Mitgliedsorganisationen entstanden. Ihre Zuständigkeiten sind zur gleichen Zeit abgesteckt worden – abgesehen von einigen Zusammenschlüssen gelten diese bis heute. Erste Aufgabe bei der Gründung der Berufssekretariate war der gegenseitige Beistand im Fall von Streiks und Aussperrungen, der solidarische Beistand also zur Durchsetzung von Mitgliederinteressen. Daran hat sich als eine wesentliche Aufgabe bis heute nichts geändert. Die Sekretariate haben sich zu globalen Organisationen entwickelt, mit Mitgliedern in fast allen Weltregionen.

Die Berufssekretariate verstehen sich als Teil der internationalen Gewerkschaftsbewegung ebenso wie der IBFG, sie sehen in ihm allerdings nicht ihren Dachverband, sondern den der nationalen Bünde. Die Folge ist, daß eine ausgesprochen geringe Verbindlichkeit bei Absprachen besteht: Dem IBFG wird lediglich eine Koordinationsfunktion zugestanden.

Mit den wirtschaftlichen Veränderungen der letzten Jahre zeigt sich, daß die Aufteilung der einzelnen Wirtschaftszweige auf die IBS und ihre nationalen Mitgliedsorganisationen mehr und mehr in Frage gestellt wird. Neue Branchen entstehen (siehe Umweltbereich), andere verlieren (zumindest in den Industrieländern) an Bedeutung (siehe Rohstoffindustrien), regionale Schwerpunkte verschieben sich (z. B. in Schwellenländer). Die Formen der Auseinandersetzungen haben sich in vielen Ländern durch den Wandel der Arbeitsbeziehungen ebenfalls verändert: In den meisten (west)europäischen Ländern sind Verhandlungen und gegenseitige Akzeptanz von Gewerkschaften und Arbeitgeberverbänden das dominierende Element – auch wenn dies die eine oder andere harte Auseinandersetzung nicht ausschließt.

Durch diesen Wandel gewinnen allerdings andere Aufgaben für die IBS an Bedeutung. Gegenseitige Information und Beratung, der schnelle Austausch von Informationen über Tarifverträge oder die wirtschaftliche Entwicklung von Branchen oder Unternehmen stehen im Zentrum des Interesses. Für die Gewerkschaften in Mittel- und Osteuropa ist diese Funktion von besonderer Bedeutung, vor allem aufgrund der fehlenden Erfahrung im Umgang mit internationalen Unternehmen. Die abstrakte Gestaltung der Sozialbeziehungen ist dabei weniger ein Thema als die Erfahrung, welche die eine oder andere Gewerkschaft mit einem Unternehmen gesammelt hat. Über Arbeitszeiten und Urlaubsdauer aufgrund tarifvertraglicher Regelungen oder Arbeitsbedingungen wird in den gut organisierten Industriebereichen per Tarifvertrag entschieden. Mindestens einige dieser Regelungen sind immer wieder als Orientierung für die Gewerkschaften in Mittel- und Osteuropa wichtig, wenn es um Verhandlungen mit privatisierten Unternehmen geht. Ebenso bedeutsam ist die Information über die ökonomischen Bedingungen, unter denen solche Regelungen zustande kommen und realisiert werden können. Hierzu ebenso wie zur Information über branchenspezifische Besonderheiten (z. B. beim Arbeitsschutz) können Brancheninformationen der IBS einen wichtigen Beitrag leisten.

Die Informationsfunktion der IBS ist gegenüber den Gewerkschaften in den Reformstaaten aber nicht nur in bezug auf die erreichten Standards von Bedeutung. Zu Beginn des Wandels in Mittel- und Osteuropa führte die »Euphorie auf beiden Seiten« bisweilen zu Hilfsaktionen und Unterstützung nach dem Prinzip des Kuckucks im Nest: Der lauteste Schreier bekam am häufigsten und gründlichsten (mit Unterstützungsleistungen) den Schnabel gestopft.

Weder die IBS noch ihre Mitgliedsgewerkschaften können ein Interesse an einem wenig effektiven Einsatz ihrer Mitgliedsbeiträge und Hilfsgelder haben. Nationale Organisationen sind jedoch nur in den wenigsten Fällen in der Lage zu überschauen, wo welche Unterstützung und Hilfe am wirksamsten angebracht wäre. Es muß Aufgabe der Internationalen Berufssekretariate sein, eine wirkungsvolle Koordinierung der Unterstützung für die Gewerkschaften in den Reformländern zu organisieren. Eine ähnliche Koordinierung wäre im übrigen auch gegenüber Programmen in Nord-Süd-Richtung längst fällig. Daß diese Frage nun eine so große Rolle spielt, hängt mit der Dimension der Veränderungen zusammen.

Bei der Entwicklung und Unterstützung der Zusammenarbeit mit den Gewerkschaften in den Reformstaaten sind die IBS erheblich stärker als der IBFG zu pragmatischer Vorgehensweise gezwungen. Ob es in den stark internationalisierten Branchen Mittel- und Osteuropas eine wirkungsvolle gewerkschaftliche Vertretung gibt, hat letztendlich auch Auswirkungen auf die klassischen Industrieländer und die Durchsetzungsfähigkeit der Gewerkschaften dort. Zusammenarbeit mit den Gewerkschaften in den Reformländern muß damit nicht zur prinzipienlosen Kooperation mit jedem werden. Zusammenarbeit im Vorfeld der Mitgliedschaft in der Bewegung der freien Gewerkschaften kann aber an den aktuellen Themen und Fragen der ökonomischen Entwicklung durchaus praktisch darstellen, welchen Beitrag freie Gewerkschaften zu leisten in der Lage sind, wenn es um die Interessen ihrer Mitglieder geht. Gerade die Einführung neuer Produktions-konzepte verlangt nach einer besseren Kooperation der Gewerkschaften auf regionaler und internationaler Ebene. Neben der Verbesserung der Kommunikations- und Informationsangebote wird die Entwicklung regiona-ler Zusammenarbeit eine immer stärkere Rolle als Unterbau der Weltorgani-sation spielen. Die IBSE haben die große Chance, diese Kooperation als praktisches Beispiel solidarischen Handelns zu entwickeln und auszu-bauen – jenseits ideologischer Zwänge und Fixiertheiten. Der Niedergang der (einen) großen Ideologie kann nicht mit der Aufrechterhaltung anderer beantwortet werden, sondern nur mit der Aufnahme der Auseinanderset-zung um eine bessere Zukunft.

3. Internationale Gewerkschaftsorganisationen in Mittel- und Osteuropa

3.1 Europäischer Gewerkschaftsbund (EGB)

Peter Seideneck

Der EGB hat in den Jahren der »osteuropäischen Wende«, insbesondere nach dem Fall der Berliner Mauer und im Zusammenhang mit dem deutschen Einigungsprozeß Kontakte mit den Gewerkschaften vor allem Polens (Solidarnosc), der CS KOS (CSFR), MSZOSZ, Liga und MOSZ (Arbeiterräte) aus Ungarn und danach zu den Gewerkschaftsbünden Bulgariens und Rumäniens aufgenommen. Die Kontakte wurden in vielen Fällen von EGB-Mitgliedsbünden vermittelt, aber vor allem auch von den ost- und mitteleuropäischen Gewerkschaften gesucht. Der ersten Phase der »Ostpolitik« des EGB lag keine »Strategie« zugrunde – sie war in erster Linie das Ergebnis einer Dynamik, die sich aus den rapiden und zunächst tiefgreifenden Änderungen in Osteuropa ergab. In dieser Phase wurden Informationen gesammelt, Möglichkeiten der Zusammenarbeit getestet und erste gemeinsame Projekte entwickelt. Angesichts des sich herausbildenden gewerkschaftlichen Pluralismus und der sich daraus ergebenden Konkurrenzsituation zwischen »alten« und »neuen« Gewerkschaften spielte die »internationale Anerkennung« eine erhebliche Rolle. Die neuen Gewerkschaften suchten darüber hinaus internationale Hilfe, da sie den postkommunistischen Gewerkschaften gegenüber in fast allen operationalen Hinsichten erheblich im Nachteil waren. Ein wichtiger Faktor für das große Interesse war die Anziehungskraft der Europäischen Gemeinschaft vor allem für die Länder Mitteleuropas, denen auch von westeuropäischen Politikern unter dem Eindruck der anfänglichen Aufbruchstimmung eine baldige Integration in Aussicht gestellt wurde.

Der EGB gründete im Jahre 1990 das »Europäische Gewerkschaftsforum«, das in seiner ersten Phase im Rahmen einiger größerer Konferenzen (Luxemburg und Prag) einen breiten informellen Rahmen für die zukünftige

Zusammenarbeit bot. Das Forum erweiterte sich zugweise, verzichtete auf eigene Strukturen und arbeitete bis Ende 1994 mit 28 Organisationen aus 15 Ländern. Unterschiedliche Einschätzungen bestanden von Anfang darüber, ob die postkommunistischen Gewerkschaften tatsächliche Reformen durchführen und sich demokratisieren könnten, aber auch über die neuen, alternativen Organisationen, die teilweise den Eindruck der intellektuellen Kopflastigkeit erweckten und Schwierigkeiten zu haben schienen, eine ausreichende Mitgliederbasis zu entwickeln. Die einseitige Politik der amerikanischen Gewerkschaften, die ausschließlich alternative Gewerkschaften unterstützten, in diese Kategorie allerdings auch die Nachfolgeorganisation des alten tschechoslowakischen Gewerkschaftsbundes ROH, den CS KOS, einreihten, stießen auf den Widerspruch der großen Mehrheit der EGB-Mitgliedsbünde. Die Mehrheit war der Auffassung, man müsse mit allen Komponenten der Gewerkschaftsbewegung Osteuropas zusammenarbeiten. Ohne die schnelle und tiefe Reform und lediglich mit alternativen Gewerkschaften sei keine handlungsfähige Gewerkschaftsbewegung aufzubauen. Dabei spielte auch die Tatsache eine Rolle, daß in fast allen Reformländern die Arbeiterschaft nicht die treibende Kraft der Veränderungen war. Polen war die wesentliche, große Ausnahme (bis heute unterhält kein Mitgliedsbund des EGB Beziehungen mit dem postkommunistischen Gewerkschaftsbund OPZZ).

Auf seinem 7. Kongreß 1991 in Luxemburg führte der EGB den Beobachterstatus in seine Satzung ein – ausschließlich mit Blick auf die veränderte Lage in Osteuropa. Dieser Schritt war der erste Ansatz einer Strategie – nämlich die spätere Erweiterung des EGB schrittweise und systematisch vorzubereiten. Die Zusammenarbeit mit den Gewerkschaften der Reformländer und die Annäherung der Reformländer an die Europäische Union sowie die vertragliche Bindung erhöhen die wirtschaftlichen und damit auch die sozialen Interdependenzen. Daraus ergibt sich die Notwendigkeit einer frühzeitigen Erweiterung des EGB um Gewerkschaften aus den Ländern, die auf dem – teilweise wohl auch langen – Weg in die Europäische Union sind.

Eine Koordinierung der Aktivitäten der Mitgliedsbünde in Mittel- und Osteuropa findet nicht statt. Indirekt wird sie über einen vom EGB vermittelten Informationsaustausch erleichtert und durch die zunehmende Zahl multilateraler Programme im Rahmen des »Forums für Zusammenarbeit und Integration« begünstigt. In einigen Fällen hat der EGB durch eigene Initiativen eine Koordinierung erreicht, insbesondere bei der Zusammenarbeit mit den Gewerkschaften der Nachfolgerepubliken Jugoslawiens.

Durch die beobachtende Mitgliedschaft im EGB wird derzeit neun Bünden die Möglichkeit der regelmäßigen Teilnahme an den Arbeiten des EGB-Führungsgremiums (Exekutive) und der Ständigen Ausschüsse ermöglicht. Gleichzeitig nehmen diese Bünde an der Arbeit des »Forums« teil (Seminare, Workshops, Expertisen, Beratung, Vermittlung und Finanzierung von Studienaufenthalten). Die Arbeitsinhalte des »Forums« werden von den Interessen der Partner in Mittel- und Osteuropa bestimmt. Dem Arbeitsprogramm des »Forums« fehlt aber nach wie vor strategische Systematik. Es dient eher der Vermittlung von Kontakten zu spezifischen Themen zwischen EGB-Mitgliedsorganisationen und Partnern aus Osteuropa. Der EGB sieht eine besondere Aufgabe dieser Arbeit darin, die informelle Vernetzung zu erleichtern und den Partnerkreis auf das gesamte Spektrum der EGB-Mitgliedsgewerkschaften auszuweiten. Die MOE-Partner sind seit Mai 1994 mit einem Assistenten in der Arbeitsstruktur des »Forums« vertreten, der maßgeblich an der Redaktion des neuen Informationsdienstes »forum facts« beteiligt ist (1. Ausgabe September 1994, vorerst unregelmäßige Erscheinungsweise).

Das »Forum« reagiert punktuell und unbürokratisch auf vielfältige Anfragen. Dabei stehen vor allem Probleme des Arbeitsrechts, der Privatisierung, der Beziehungen zwischen Gewerkschaften und Politik sowie nicht zuletzt der europäischen Integration im Mittelpunkt. Gemeinsam mit dem Europäischen Gewerkschaftsinstitut (EGI) und der Europäischen Gewerkschaftsakademie (EGA) baut der EGB derzeit eine Ad-hoc-Beratung für die Entwicklung von Projekten im Bereich des Programms »PHARE Demokratie« auf.

Das EGI setzt ein mehrjähriges Netzwerkprogramm mit Wissenschaftlern aus Mitteleuropa fort und hat die Absicht, gewerkschaftsnahe Forschung in Mittel- und Osteuropa zu einem seiner drei Arbeitsschwerpunkte zu machen. Der EGB ist einige Male als Vermittler in zwischengewerkschaftlichen Konfliktsituationen in Anspruch genommen worden (vor allem in Fragen der Aufteilung des gewerkschaftlichen Altvermögens).

Eine weitere, auch zukünftig besonders wichtige Aktivität ist die Hilfe beim Zugang zu den Institutionen der Europäischen Union. Damit werden die Gewerkschaften Mittel- und Osteuropas in die Lage versetzt, spezifische Interessen bei der Gestaltung der Beziehungen zwischen ihren Ländern und der Europäischen Union besser zu vertreten.

Ein Schwerpunkt der EGB-Politik liegt in der Zusammenarbeit mit den Gewerkschaften der Nachfolgerepubliken Jugoslawiens. In diesem Zusammenhang wurden bilaterale Kontakte aufgebaut (unter Einschluß aller Gewerkschaften mit Ausnahme der alten Gewerkschaften Serbiens und dem

Bund Rest-Jugoslawiens, aber bei Beteiligung der unabhängigen Gewerkschaften Serbiens und des montenegrinischen Bundes sowie der Gewerkschaften des Kosovo), die es dem EGB – mit Unterstützung der Friedrich-Ebert-Stiftung und der Hans-Böckler-Stiftung – ermöglichen, bei der Wiederherstellung von Gesprächskontakten zwischen den Gewerkschaften aus dem ehemaligen Jugoslawien mitzuhelfen. Der EGB wird sich in Zusammenarbeit mit dem Gewerkschaftsbund Bosnien-Herzegowinas am Modellprogramm der EU in Mostar mit einem eigenen gewerkschaftlichen Projekt beteiligen.

Über die Aufnahme von Gewerkschaftsbünden aus den MOE-Staaten wird der EGB nach dem Kongreß im Mai 1995 entscheiden. Zu erwarten ist zunächst eine Aufnahme von Bünden aus Staaten, die mit der EU Verträge abgeschlossen haben, deren Ziel die volle Integration in die EU ist (Visegrad-Staaten).

Die bisherigen Kriterien für die Aufnahme von Bünden aus Westeuropa (demokratische Struktur, Unabhängigkeit von Regierungen, Arbeitgebern und Parteien und anerkannte Repräsentativität bzw. Vertragsfähigkeit) können auch auf die Antragsteller aus Mittel- und Osteuropa angewandt werden. Mitgliedsorganisationen des EGB sind mindestens mit einem Sitz in der Exekutive des EGB vertreten. Zu erwarten ist auch, daß ein Bund aus den MOE-Ländern im Präsidium des EGB vertreten sein wird. Darüber hinaus zeigt der Stand der Diskussion, daß eine Erweiterung des Sekretariats um einen Sekretär (eine Sekretärin) wahrscheinlich ist. Unabhängig von der EGB- Erweiterung wird die Arbeit des »Forums« fortgesetzt werden.

Die Festlegung der Mitgliedsbeiträge stellt ein besonderes Problem dar. Die bisherige Diskussion im EGB, an der die Bünde mit Beobachterstatus beteiligt sind, hat zwei Ziele: Eine »zweitklassige« und diskriminierende Mitgliedschaft muß vermieden und eine realistische Lösung gefunden werden. Der Stand der Debatte läßt vermuten, daß eine Formel gefunden wird, die die Beiträge in Verbindung zu den realen Durchschnittseinkommen der MOE-Länder setzt und diese wiederum in ein Umrechnungsverhältnis zum belgischen Franc (Beitragswährung des EGB) gestellt werden. Für eine Übergangszeit errechnet sich aus dieser Formel ein Beitrag in Höhe von 10 bis 15 % des westeuropäischen Regelbeitrags. Damit würden die Bünde der MOE-Länder unter Berücksichtigung der realen Einkommensverhältnisse ihrer Mitglieder den im Verhältnis gleichen Beitrag entrichten wie die bisherigen Mitgliedsorganisationen.

Die Erweiterung des EGB wird seine politische Tagesordnung verändern und seine Arbeitsweise modifizieren. Die Zusammenarbeit mit den Gewerkschaften Mittel- und Osteuropas wird sich unter den Bedingungen von Gleichberechtigung und gemeinsamen Interessen entwickeln. Damit wird der gelegentlich »paternalistische« Hilfsansatz seine Bedeutung verlieren und die Perspektive zu einer antizipierten gewerkschaftlichen Integration im Rahmen des EGB eröffnet.

Nicht unbedingt abhängig von den Entwicklungen in Mittel- und Osteuropa hat der EGB seine »Westerweiterung« fortgesetzt. Die spanischen Arbeiterkommissionen gehören ihm seit 1993 an, die portugiesische Intersindical wurde im Dezember 1994 aufgenommen, während die Debatte um die Aufnahme der französischen CGT entscheidend davon abhängt, ob diese Organisation den Weltgewerkschaftsbund (WGB) verläßt.

Was das Verhältnis zwischen der Osteuropapolitik des EGB und den beiden ihm nahestehenden internationalen Gewerkschaftsorganisationen (IBFG und WVA) angeht, so stellt sich diese Frage nur bedingt. Der EGB ist nicht die Regionalorganisation einer internationalen Gewerkschaftsorganisation. Die große Mehrheit seiner Mitglieder gehört dem IBFG, ein kleinerer Teil dem WVA an, und eine »dritte Gruppe« ist international (noch) nicht organisiert. Der EGB wird seine Osteuropapolitik weiterhin mit den beiden Internationalen zu konzertieren versuchen, im nicht auszuschließenden Fall unterschiedlicher Interessen aber Entscheidungen zu treffen haben, die seinem Auftrag entsprechen. Insbesondere gilt das für Entscheidungen über die Aufnahme neuer Mitgliedsorganisationen. Die Mitgliedschaft im IBFG oder im WVA ist keine automatische Vorentscheidung über die Mitgliedschaft im EGB. Als Beispiel mag die Entscheidung der EGB-Exekutive vom Oktober 1994 dienen, die den Beobachterstatus des rumänischen Gewerkschaftsbundes CNSLR-Fratia suspendierte, weil begründete Zweifel an der Unabhängigkeit dieser Organisation gegenüber der rumänischen Regierung und der sie tragenden Partei bestanden. CNSLR-Fratia gehört dagegen weiterhin dem IBFG an.

3.2 Internationale Föderation der Chemie-, Energie- und Fabrikarbeiterverbände (ICEF)

Peter Schmitt

3.2.1 Neue Herausforderungen für die ICEF

In der Internationalen Föderation der Chemie-, Energie- und Fabrikarbeiterverbände (ICEF) sind Gewerkschaften aus den Bereichen Energie, Chemie, Kautschuk, Keramik, Glas, Papier, Umweltdienstleistungen sowie Fabrikarbeitergewerkschaften organisiert. Die ICEF hatte bis 1989 keine Mitgliedsorganisationen aus Mittel- und Osteuropa. Mit den politischen, gesellschaftlichen und ökonomischen Veränderungen seit 1989 wandelte sich auch die Gewerkschaftslandschaft, zunächst in Mitteleuropa und zwei Jahre später in den Republiken der ehemaligen Sowjetunion. Der Zusammenbruch der alten totalitären Systeme eröffnete für die Gewerkschaften eine neue Chance der Zusammenarbeit auf internationaler Ebene.

Seit 1989/90 verstärkten die ICEF und ihre westlichen Mitgliedsorganisationen die Kontakte zu den Gewerkschaften in den Ländern Mitteleuropas (zunächst in Ungarn und der Tschechoslowakei dann in Rumänien, Bulgarien, Polen, Slowenien und Kroatien). In erster Linie konzentrierten sich die Beziehungen auf die verschiedenen Branchengewerkschaften im Organisationsbereich der ICEF, unabhängig von ihrer Zugehörigkeit zu »alten reformierten« oder »neuen unabhängigen« Gewerkschaftskonföderationen.

ICEF sah in den Veränderungen in Mittel- und Osteuropa die Chance, Energie- und Chemiegewerkschaften frei von einer parteiideologisch, nationalistisch, ethnisch oder religiös orientierten Dominanz auf internationaler Ebene zusammenzuschließen. Deshalb ging es nicht um die Frage, ob die Mitglieder der »alten reformierten« oder der »neuen unabhängigen« Gewerkschaften bereits vor der politischen Wende Mitglieder der ehemaligen Staatsgewerkschaften waren oder ob sie »unbefleckt« von der Geschichte ihr gewerkschaftliches Engagement 1989 in Bürgerrechtsbewegungen oder Streikkomitees begannen.

Da die Gewerkschaften in den meisten Ländern Mittel- und Osteuropas sowohl die staatliche Sozialversicherung als auch die betrieblichen Sozialeinrichtungen verwalteten, war für die Beschäftigten die Mitgliedschaft in der Gewerkschaft eher eine Frage der »Tradition« und der praktischen Notwendigkeit, um Zugang zu diesen Leistungen zu erhalten, als das Ergebnis »freier« Entscheidung und politischer Willensbekundung. Hinzu kommt, daß sich auch in den »neuen unabhängigen« Gewerkschaften Funktionäre finden, die vor dem Umbruch in den staatlichen Zwangsgewerkschaften aktiv waren und sich dort mit ihrer (Oppositions-)Politik nicht durchsetzen konnten.

Für die Gewerkschaftsmitglieder stellt sich meist nicht die Frage, ob sie einer »neuen« oder »alten« Gewerkschaft angehören, sondern ob ihre Arbeitskolleginnen und -kollegen gewerkschaftlich organisiert sind oder nicht. Bei Betriebsbesuchen westlicher Delegationen in den Ländern der Region wurde wiederholt deutlich, daß die Beschäftigten nicht wußten, zu welcher Konföderation ihre Betriebsgewerkschaft gehört. Anders ist dies in Situationen, in denen sich »neue« Gewerkschaften in harten Auseinandersetzungen mit den »alten« Gewerkschaften, den Direktoren oder den Ministerien bewähren müssen. Dort wissen die Gewerkschaftsmitglieder sehr wohl, zu welcher Organisation sie gehören. Oft scheint jedoch die Einteilung in »alte reformierte« und »neue unabhängige« Gewerkschaften eher ein einfaches Hilfsmittel für nationale und internationale Gewerkschaftsstrategen zu sein, die sich nicht von vergangenen Zuordnungen und überlebten Kategorien lösen können.

3.2.2 Aufnahmepolitik und Kriterien für die Mitgliedschaft

In den Ländern Mitteleuropas wurden bereits recht schnell nach dem Umbruch westliche Unternehmen in den Chemie- und Energiebereichen aktiv. Es war einerseits im Sinne der westlichen Mitgliedsorganisationen der ICEF, in Mitteleuropa gewerkschaftliche Ansprechpartner zu haben. Andererseits wollten die mitteleuropäischen Gewerkschaften von ihren westlichen Kollegen erfahren, was mit den neuen Eigentümern aus dem Westen auf sie zukommt und wie sie adäquat darauf reagieren können.

Entscheidend für die ICEF, wenn es um die Bewertung von Aufnahmeanträgen geht, ist die Frage, ob die Gewerkschaften Mitteleuropas die Kriterien freier und demokratischer Gewerkschaften, wie sie für andere Gewerkschaften in der Welt auch gelten, erfüllen oder nicht. Dies bedeutet, daß die Mitgliedschaft in der Gewerkschaft freiwillig ist, daß die Gewerkschaft unabhängig von der Einflußnahme durch politische Parteien und staatliche Institutionen ist und die Repräsentanten der Gewerkschaft in freien und demokratischen Wahlen gewählt werden.

Auf dieser Grundlage wurden 1990 die tschechoslowakische und die ungarische Chemiegewerkschaft als erste Organisationen aus Mitteleuropa Vollmitglieder der ICEF. Bis Anfang 1995 hat sich die Zahl der Mitgliedsorganisationen aus Mitteleuropa auf 22 Branchengewerkschaften aus acht Ländern (Polen, Tschechische Republik, Slowakische Republik, Ungarn, Slowenien, Kroatien, Rumänien und Bulgarien) erhöht. Mit Ausnahme von Polen und Slowenien sind in den anderen Ländern mehr als eine Organisation Mitglied. In Rumänien gehörten die ICEF-Mitgliedsorganisationen vor der Bildung der Konföderation CNSLR-Fratia verschiedenen Konföderationen (Fratia, Alpha Cartel) an. In Kroatien, Ungarn und Bulgarien gehören die ICEF-Mitgliedsorganisationen zu verschiedenen nationalen Konföderationen.

Mit der Auflösung der Sowjetunion und dem Entstehen eigenständiger Republiken konstituierten sich auch die Gewerkschaften auf Republiksebene neu. Waren es früher die Branchenorganisationen der sowjetischen Gewerkschaften, die alleine die internationalen Außenkontakte organisieren konnten und die auch Mitglied der Internationalen Vereinigungen von Gewerkschaften (IVG) des Weltgewerkschaftsbundes (WGB) waren, sahen sich die Gewerkschaften, die sich in den neuen Republiken neu konstituierten, in einer besonderen Situation. Einerseits waren sie noch Mitglied der Nachfolgeorganisation der sowjetischen Branchengewerkschaften, die sich Interregionale Branchenorganisationen nennen, andererseits gaben sie sich Statuten, in denen sie sich als unabhängig von den Direktiven Dritter bezeichneten. Waren es früher die Vorsitzenden der sowjetischen Branchengewerkschaften, die durch ihren direkten Kontakt zu den jeweiligen Ministerien eine Machtposition verkörperten, so wurde den Branchengewerkschaften der neuen Republiken schnell klar, daß »Moskau weit weg ist« und sie mit ihren eigenen Ministerien Verträge aushandeln sowie auf die Anforderungen ihrer Mitgliedsorganisationen eingehen müssen.

1992 gab es erste offizielle Anfragen von Gewerkschaften aus Rußland und den baltischen Staaten nach einem Beobachterstatus in der ICEF. Da nach dem Statut der ICEF weder ein Beobachter-, noch ein anderer Nichtvollmitgliedsstatus existierte, aber gleichzeitig die Notwendigkeit wie auch die historische Chance einer neuen Zusammenarbeit deutlicher wurde, beschloß der Kongreß, das Statut zu ändern. Für die Gewerkschaften aus den Republiken der ehemaligen Sowjetunion wurde ein Übergangsstatus geschaffen. Dieser wurde als ein Angebot an die dortigen Gewerkschaften verstanden, die sich international neu orientieren wollten, sich in einem Übergangsprozeß befanden und die Kriterien der Vollmitgliedschaft noch nicht erfüllen. Gewerkschaften, die Mitglied im Übergangsstatus werden wollen, dürfen nicht Mitglied der IVG des Weltgewerkschaftsbundes sein. Sofern sie durch ihre Mitgliedschaft in einer Interregionalen Branchenorganisation Mitglied einer IVG sind, müssen sie dieser Interregionalen Branchenorganisation das Recht entziehen, ihre Interessen international zu vertreten. Gleiches gilt im Falle einer Mitgliedschaft in einem nationalen Dachverband, der Mitglied des WGB ist.

Der Übergangsstatus ist ein Angebot sowohl für »alte reformierte« wie auch für »neue unabhängige« Gewerkschaften. Er wird nach einem Jahr von der ICEF-Exekutive überprüft. Sie entscheidet darüber, ob eine Gewerkschaft Vollmitglied wird, ob sie noch weiter im Übergangsstatus bleibt oder ob ihr der Übergangsstatus aberkannt wird. So wurde z. B. eine russische Gewerkschaft, die in den Übergangsstatus aufgenommen wurde, aber die Mitgliedschaft in einer IVG des WGB nicht beenden wollte, wieder aus dem Übergangsstatus ausgeschlossen. Die Gewerkschaften mit Übergangsstatus erhalten die gleichen Informationen, Unterstützungen und Einladungen zu Veranstaltungen der ICEF wie die Vollmitglieder. Sie müssen jedoch für die Zeit der Übergangsmitgliedschaft keine Beiträge bezahlen, haben kein Stimmrecht auf dem Kongreß und können auch nicht in die Exekutive gewählt werden.

Anfang 1995 sind der ICEF 37 Branchengewerkschaften aus 13 Republiken der ehemaligen Sowjetunion (Estland, Lettland, Litauen, Weißrußland, Ukraine, Moldavien, Rußland, Aserbaidschan, Usbekistan, Turkmenistan, Kasachstan, Kirgisien und Tadschikistan) angeschlossen. Von diesen 37 Gewerkschaften waren bereits seit Ende 1994 sieben Gewerkschaften aus den drei baltischen Republiken Vollmitglieder der ICEF, da sie die Aufnahmekriterien erfüllten. Andere Mitgliedsorganisationen im Übergangsstatus sind dabei, neue Vorschläge für ihre Statuten zu erarbeiten, nach denen der Einfluß der Fabrikdirektoren weiter verringert werden, bzw. deren Mitgliedschaft in der Gewerkschaft nicht mehr möglich sein soll.

In der ICEF sind Anfang 1995 über 330 Branchengewerkschaften aus 102 Ländern organisiert, die über 15 Mio. Gewerkschaftsmitglieder vertreten. In Mitteleuropa und in den Republiken der ehemaligen Sowjetunion sind in 59 Mitgliedsorganisationen aus 21 Ländern über acht Mio. Mitglieder organisiert. 800 000 Mitglieder sind davon in 29 Gewerkschaften organisiert, die Vollmitglieder in der ICEF sind. Nach dem geltenden Statut muß pro Gewerkschaftsmitglied für 1995 ein Beitrag von ca. 2 DM gezahlt werden. Im Statut der ICEF gibt es keine festgeschriebenen gestaffelten Beiträge. Gewerkschaften, die den vollen Beitrag nicht leisten können, kann auf Antrag eine teilweise oder vollständige Beitragsbefreiung gewährt werden. Alle Gewerkschaften aus Mitteleuropa machen von der Möglichkeit der teilweisen Beitragsbefreiung Gebrauch. Die Beitragszahlung ist in der ICEF auch Berechnungsgrundlage für die Stimmenzahl einer Gewerkschaft bei dem ICEF-Kongreß. Eine Gewerkschaft erhält eine Stimme für jeweils 5000 Vollbeiträge. Der letzte Kongreß der ICEF beschloß 1992, daß jeweils ein Vertreter aus der Tschechoslowakei und aus Ungarn in der 33köpfigen Exekutive vertreten ist.

3.2.3 Aktivitäten der ICEF in Mittel- und Osteuropa

Mit der Aufnahme von Mitgliedsorganisationen in die ICEF und den damit verbundenen Anforderungen nach Unterstützung, ergab sich für die ICEF ein besonderer Koordinationsbedarf. 1991 wurde deshalb die Stelle eines

Koordinators für Mittel- und Osteuropa geschaffen. Dieser soll die Kontakte zu den Gewerkschaften in Mittel- und Osteuropa ausbauen und die Aktivitäten der ICEF und ihrer Mitgliedsorganisationen koordinieren. Ziel ist es, die Unterstützungsmaßnahmen (technische Unterstützung, Seminare, Material etc.) durch die westlichen Gewerkschaften möglichst allen neuen Mitgliedsorganisationen zugute kommen zu lassen.

Weiterhin wurde eine Koordinationsarbeitsgruppe für Mittel- und Osteuropa eingerichtet, in der die westlichen Gewerkschaften ihre bilateralen Maßnahmen innerhalb der ICEF absprechen. Die Arbeitsgruppe versucht die limitierten personellen und finanziellen Ressourcen so einzusetzen, daß die Mitgliedsorganisationen in Mittel- und Osteuropa davon den größtmöglichen Nutzen haben. In diesem Zusammenhang bildeten sich regionale Schwerpunktpartner heraus. So orientierten z. B. die skandinavischen Mitgliedsorganisationen ihre Aktivitäten verstärkt auf die baltischen Staaten und Rußland, die deutsche Mitgliedsorganisation arbeitete verstärkt mit Gewerkschaften aus Polen, Bulgarien, Weißrußland und Rußland zusammen. Die österreichischen Kollegen unterstützten die mitteleuropäischen Gewerkschaften in ihren Nachbarländern. Die französischen Kollegen aus dem Energiebereich organisierten Programme zur Arbeitssicherheit in Atomkraftwerken Mittel- und Osteuropas. Die türkischen Mitgliedsorganisationen konzentrierten sich auf die Arbeit mit den Gewerkschaften aus den zentralasiatischen und den Kaukasusrepubliken.

Neben diesen Schwerpunktaktivitäten entwickelte sich ein Netz von neuen bilateralen Kontakten zwischen den Gewerkschaften West-, Mittel- und Osteuropas.

Die seit 1989 von der ICEF und ihren Mitgliedsorganisationen durchgeführten Schulungsmaßnahmen zeigen eine große Bandbreite, vom Delegationsaustausch und von technischer Unterstützung (z. B. Büro- und Kommunikationseinrichtungen, Computer, Herstellung neuer Mitgliedsausweise) über die Durchführung von gewerkschaftlichen Grundseminaren bis hin zur Schulung und Ausbildung von Tarif-, Sozial-, Arbeits- und Umweltschutzexperten.

Um praktische Fragen zu thematisieren, ist die ICEF ihren Mitgliedsorganisationen bei deren Informations- und Erfahrungsaustausch behilflich. Es geht dabei nicht um die Übermittlung von mehr oder weniger wirksamen Konzepten aus dem Westen, sondern um die Organisation von Diskussions- und Reflektionsprozessen, die sich in erster Linie mit den praktischen Anforderungen vor Ort befassen.

In diesem Zusammenhang wurden auch mit Unterstützung der IG Chemie-Papier-Keramik Seminare und Arbeitstagungen durchgeführt, an denen sogenannte »alte« und »neue« Gewerkschaften aus verschiedenen Ländern gemeinsam teilnahmen. Dabei war es möglich, Verständigungsprozesse zwischen Gewerkschaften mit unterschiedlicher historischer Erfahrung und politischer Orientierung zu initiieren, indem erstmals direkt über die verschiedenen Positionen miteinander und nicht über die Medien oder andere Dritte diskutiert wurde.

3.2.3.1 Bilaterale und multilaterale Veranstaltungen

Die Aktivitäten in Mittel- und Osteuropa sind nicht nur als eine »West-Ost«-Hilfe zu verstehen. Die ICEF-Gewerkschaften in dieser Region haben auch ihre Kontakte untereinander ausgebaut. Hierzu einige Beispiele:

1992, als sich das Verhältnis zwischen den Regierungen Ungarns und Rumäniens wegen eines stärker werdenden Nationalismus in beiden Ländern verschlechterte (die Diskussion drehte sich in erster Linie um die jeweiligen ungarischen bzw. rumänischen Minderheiten), führte die ICEF erstmals ein ungarisch-rumänisches Seminar durch. Dieses Seminar fand in der Nähe der Grenze in Ungarn statt. An dem Seminar nahmen Vertreter der drei ungarischen und der drei rumänischen ICEF-Mitgliedsorganisationen teil. Das Seminar beschäftigte sich mit Fragen von Tarifverträgen sowie mit den geltenden sozialen Absicherungssystemen. In einem Nachfolgeseminar, das 1993 in Rumänien durchgeführt wurde, diskutierten die Gewerkschaften ihre Erfahrungen mit Privatisierungsstrategien und mit dem Komplex Arbeits- und Umweltschutz. Trotz der verschlechterten Beziehungen zwischen den beiden Ländern trugen diese Veranstaltungen zu einer besseren Verständigung der Gewerkschaften beider Länder bei.

Im Februar 1993 trafen sich die ICEF-Chemiegewerkschaften der Visegrad Staaten zu einer ersten Sitzung in Budapest und beschlossen eine engere Zusammenarbeit. Vereinbart wurde, zu folgenden Bereichen einen Erfahrungs- und Informationsaustausch durchzuführen:

– beschäftigungspolitische Konzepte und Arbeitsplatzsicherung, Absicherung von Arbeitslosen;

– Gestaltung der Lohntarifsysteme, Mindestlöhne, Lohnempfehlungen, Lohnverhandlungen;

– Kollektivverträge am Arbeitsplatz und Tarifverträge in den verschiedenen Branchen;

– Sozialvorsorge und Sozialversicherung, Versorgung der Familien, Gesundheitsversorgung, Unfallversicherung, Rentenversicherung;

– Umweltschutz und gewerkschaftliche Aktivitäten;

– Erfahrungen mit Privatisierung und Informationsaustausch über multinationale Unternehmen, die in den einzelnen Ländern aktiv werden.

Als die Privatisierung der Energiewirtschaft in Ungarn beschlossen wurde, organisierte die ICEF eine Konferenz und ein Seminar, an dem neben Vertretern der Energiegewerkschaften aus Polen, der tschechoslowakischen Republik, Österreich und Deutschland, auch Vertreter der ungarischen Treuhandanstalt und der zuständigen Ministerien teilnahmen. Ergebnis der Konferenz war, daß, entgegen der ursprünglichen Planung der Regierung, die Energiegewerkschaften in Ungarn an dem Umgestaltungsprozeß beteiligt wurden. Gleichzeitig wurde deutlich, daß die Gewerkschaften des Energiebereiches aus den anderen Ländern Mittel- und Osteuropas vor ähnliche Herausforderungen gestellt werden, da die Umgestaltung des Energiebereiches nicht nur ein isoliertes nationales Problem ist. Ein Ergebnis der Konferenz war daher auch, daß sich die Energiegewerkschaften der vier »Visegrad Länder« regelmäßig im Rahmen ihrer ICEF-Zusammenarbeit zu einem Erfahrungsaustausch und zur Diskussion gemeinsamer Strategien treffen.

In einer anderen Konferenz wurde die Bedeutung der »Europäischen Energiecharta« für die mittel- und osteuropäischen Länder diskutiert. Ergebnis der Tagung war die Verabschiedung einer »Sozialen Energiecharta«. Sie sieht u. a. den Aufbau eines Informationsnetzes, den Austausch von Experten sowie koordinierte Solidaritätsaktionen vor für den Fall, daß einzelne Regierungen oder Energieunternehmen die Beteiligung der Gewerkschaften bei der Umgestaltung der Energiewirtschaft ablehnen.

Als weiteres Element haben sich Regionalkonferenzen bewährt, auf denen folgende zentrale Themen der Transformation bearbeitet wurden:

– Umweltschutz und -politik,

– Bedeutung des Europäischen Binnenmarktes für Mittel- und Osteuropa,

– Regional- und Strukturpolitik, .

– soziale Dimensionen,

– Zukunftsszenario: Mittel- und Osteuropa 2000.

Insgesamt erwies sich das dichte Netz unterschiedlicher Veranstaltungen als leistungsfähiges Instrument, um über teils weitreichende politische und nationale Differenzen hinweg sachbezogene Problemlösungen zu diskutieren.

3.2.3.2 Das Resource-Center und die branchenübergreifende Zusammenarbeit

Die ICEF hat zusammen mit der Internationalen Föderation der Lebensmittelgewerkschaften (IUL) und dem Michael Harrington Center (England) in der Slowakischen Republik sowie in Ungarn und Rumänien sogenannte Resource-Center eingerichtet. Diese Projekte werden mitfinanziert durch das PHARE-Demokratie-Programm der Europäischen Union. Aufgabe der Resource-Center ist die Unterstützung der Gewerkschaften in den einzelnen Branchen durch die Organisation und Durchführung von Seminaren, die Erarbeitung von Bildungsmaterialien, die Übersetzung wichtiger Basisdokumente und Unternehmensinformationen, die Verbesserung der gewerkschaftlichen Öffentlichkeitsarbeit sowie die Diskussion von Themen unter Einbeziehung anderer Organisationen (z. B. Umweltgruppen, Frauenorganisationen, Menschenrechtsgruppen). An diesem Projekt sind auch der Internationale Bergarbeiterverband, mit dem sich die ICEF 1995 zu einem neuen Internationalen Berufssekretariat zusammenschließen wird, der Internationale Bund der Bau- und Holzarbeiter und die Internationale Föderation der Journalisten und ihre jeweiligen Mitgliedsorganisationen in den einzelnen Ländern beteiligt.

In den drei Ländern bedeutet dies, daß bis zu 10 verschiedene Branchengewerkschaften, die zu verschiedenen Konföderationen gehören, gemeinsam die Aktivitäten und Strukturen der Center planen und nutzen. Die Erfahrungen damit haben bis jetzt gezeigt, daß sich durch die praktische Zusammenarbeit Verständigungsprozesse entwickelt haben, die anfangs von Außenstehenden wegen der unterschiedlichen Konföderationszugehörigkeit der Gewerkschaften als nicht realisierbar eingeschätzt wurden.

3.2.3.3 Informationsnetzwerke

Einen weiteren wichtigen Beitrag zur Unterstützung der Gewerkschaften in Mittel- und Osteuropa stellen die Informationen dar, die die ICEF durch ihren Zugang zu internationalen Datenbanken den Gewerkschaften zur Verfügung stellt. Wenn z. B. ein westliches Unternehmen in einem Land der Region investiert, Unternehmen aufgekauft oder Joint-Ventures entstehen, fehlen den örtlichen Gewerkschaften in der Regel die Informationen. Es tauchen unverzüglich Fragen auf: Was ist das für ein Unternehmen? Welches sind die Ziele seiner Investition? Ist es ernsthaft bemüht, Arbeitsplätze zu sichern, oder geht es nur um die Marktanteile des Unternehmens, das aufgekauft werden soll? Wie ist die finanzielle Situation des Unternehmens? Welche Strategien verfolgt das Unternehmen in anderen Ländern? usw. Diese und ähnliche Fragen erreichen tagtäglich die ICEF und werden von einer eigenen Forschungsabteilung bearbeitet. Zur Beantwortung werden zum einen Informationen aus internationalen Datenbanken gekauft und den Mitgliedsorganisationen kostenlos zur Verfügung gestellt (die ICEF hat einen Zugang zu über 2000 Datenbanken weltweit). Zum anderen werden die im Tarifarchiv der ICEF vorhandenen Informationen und die direkten Kontakte zu den Mitgliedsorganisationen in den Ländern, in denen das Unternehmen tätig ist, genutzt, um weitere Informationen zur Verfügung zu stellen.

Diese Dienstleistungen des Berufssekretariats stellen eine konkrete und wichtige Hilfe für die Gewerkschaften dar, wenn es darum geht, bei Verhandlungen mit fundierten Kenntnissen gewerkschaftliche Kompetenz zu beweisen und eine entsprechende Interessenvertretung wahrzunehmen. Gerade in den Ländern Mittel- und Osteuropas, in denen früher Informationen in der Regel nur einer kleinen privilegierten Schicht vorbehalten waren und eine strategische Ressource darstellten, unterstützt ein offener und transparenter Umgang mit Informationen die Gewerkschaften.

In den vergangenen Jahren haben die Unternehmensanfragen aus Mittel- und Osteuropa sprunghaft zugenommen. Zur Übermittlung der Daten werden zunehmend die technischen Möglichkeiten von elektronischer Post und Mailboxsystemen genutzt, da sich auch verstärkt Gewerkschaften aus Mittel- und Osteuropa dieser elektronischen Kommunikationssysteme bedienen. Die Nutzung der neuen Kommunikationstechnologien gewährleistet, daß notwendige Informationen weltweit schnell übermittelt werden können. Dadurch werden auch die Möglichkeiten der Kommunikation zwischen den angeschlossenen Gewerkschaften erheblich verbessert.

3.2.4 Abschließende Bemerkungen

Die vergangenen fünf Jahre bedeuteten für die ICEF und ihre Mitgliedsorganisationen eine Neuorientierung sowohl im Westen wie im Osten. Im Rahmen dieser Neuorientierung wurden »Türen geöffnet« und »runde Tische« organisiert, um Verständigungsprozesse zu initiieren, die sich nicht an simplifizierenden Zuordnungspaaren wie »alt – neu« orientieren. Erfahrungsaustausch bedeutete in diesem Zusammenhang nicht, ein vermeintlich »besseres Modell« als Kopiervorlage zu präsentieren. Erfahrungsaustausch wird als ein Prozeß verstanden, der es ermöglicht, den eigenen gesellschaftlichen Entwicklungsstand und die gewerkschaftlichen Konzepte und Strategien zu überprüfen und gegebenenfalls anzupassen. Dabei zeigt sich, daß, je konkreter die Bezüge sind, es um so eher gelingt, Gemeinsamkeit bei der Lösung praktischer Fragestellungen herauszuarbeiten. Die politischen Zuordnungen zu verschiedenen Gewerkschaftskonföderationen verlieren dabei an Bedeutung.

Hinsichtlich der Lösung der zukünftigen Aufgabenstellungen der ICEF in Mittel- und Osteuropa kann auf den positiven Erfahrungen der Zusammenarbeit zwischen den Mitgliedsorganisationen auf bilateraler und multilateraler Ebene aufgebaut werden. Des weiteren haben sich die neu gebildeten ICEF-Koordinationskomitees in mehreren Ländern Mittel- und Osteuropas als Struktur der Zusammenarbeit zwischen verschiedenen Branchengewerkschaften bewährt. In den Komitees arbeiten die ICEF-Mitgliedsorganisationen eines Landes zusammen. Diese Gremien bieten die Möglichkeit der Erarbeitung branchenübergreifender industriepolitischer Konzepte und der Koordination gemeinsamer Aktivitäten.

Auch zukünftig wird es für die ICEF und ihre Mitgliedsorganisationen um praktische Fragestellungen gehen, die eine große Bandbreite umfassen: das Absicherungsniveau von (betrieblichen) Kollektiv- und Branchentarifverträgen, die Sensibilisierung der Beschäftigten für den betrieblichen Arbeits- und Gesundheitsschutz, die Verbesserung von Umweltschutzmaßnahmen, die Stärkung gewerkschaftlicher Interessenvertretung durch gezielte Qualifikationsmaßnahmen, Datenbeschaffung, Informationsmaterial und Organisationskampagnen, die Unterstützung der Gewerkschaften bei der Erarbeitung regional-, struktur-, und industriepolitischer Konzepte sowie bei arbeitsmarkt- und sozialpolitischen Vorschlägen.

Diese Aktivitäten sollen mit dazu beitragen, innerhalb der ICEF die internationale Zusammenarbeit zu verstärken, um im Rahmen praktischer gegenseitiger Unterstützung die Sachkompetenz der Gewerkschaften und ihre Durchsetzungsfähigkeiten zu stärken.

3.3 Internationaler Bund der Privatangestellten (FIET)

Jan Furstenberg

3.3.1 Aufnahmepolitik

Der Internationale Bund der Privatangestellten FIET hat mehr als elf Millionen Mitglieder in über 400 Gewerkschaften in 100 verschiedenen Ländern. Die dem FIET angeschlossenen Mitgliedsgewerkschaften vertreten Arbeitnehmer aus dem Groß- und Einzelhandel, der Finanz-, Versicherungs- und Immobilienwirtschaft sowie aus dem Dienstleistungssektor im gewerblichen Bereich, allgemein Büroangestellte der Privatwirtschaft sowie Akademiker, Fachpersonal und leitende Angestellte in der Industrie. Es ist kein Zufall, daß die ersten FIET-Mitglieder in Mittel- und Osteuropa aus den Reihen der neu gegründeten unabhängigen Gewerkschaften kamen. Im Februar 1990 traten als erste die Ungarische Demokratische Gewerkschaft der Demokratischen Wissenschaftler (TDDSZ) und bald danach Branchengewerkschaften der polnischen Solidarnosc, der rumänischen FRATIA und der bulgarischen PODKREPA bei.

Die Situation in der Tschechoslowakei stellte sich anders dar, weil eine interne Gewerkschaftsreform erfolgte. Im August 1991 traten einige CS-KOS-Gewerkschaften dem FIET bei. Nach der Teilung des Landes behielten die tschechischen und slowakischen Gewerkschaften ihre Mitgliedschaft bei. Auch in Ungarn durchliefen die früheren »offiziellen« Gewerkschaften in den FIET-Sektoren schnelle Umwandlungsprozesse, und die neuen Führungsgremien beantragten sehr schnell die FIET-Mitgliedschaft. In der Bundesrepublik Deutschland dehnten sich die bestehenden FIET-Mitgliedsgewerkschaften DGB, HBV und DAG in die neuen Bundesländer aus.

Der Beitritt der ersten Gewerkschaften aus der ehemaligen UdSSR in die FIET-Familie im Jahre 1992 stellte für die Arbeit des FIET in Mittel- und Osteuropa einen Meilenstein dar. Dabei handelte es sich um Gewerkschaften der kaufmännischen und Büroangestellten aus den baltischen Ländern Estland, Lettland und Litauen, die im Jahre 1991 nach fünfzigjähriger sowjetischer Herrschaft ihre Unabhängigkeit wiedererlangt hatten. 1994 traten die Gewerkschaften der kaufmännischen und Bankangestellten aus Kroatien und Slowenien dem FIET bei. Die ersten offiziellen Kontakte mit der Russischen Föderation wurden im Rahmen von in Moskau stattfindenden Gesprächen einer FIET-Delegation mit verschiedenen Gewerkschaften der FIET-Sektoren im Oktober 1992 aufgenommen. Diesem ersten Schritt folgte eine FIET-Konferenz auf höchster Ebene im August 1993, bei der es zu einem Treffen zwischen den russischen Gewerkschaften und führenden

Vertretern des EURO-FIET kam. Anläßlich des Treffens wurde deutlich, daß die Notwendigkeit für eine stärkere ständige Präsenz in Rußland und der Gemeinschaft Unabhängiger Staaten GUS bestand. Daraufhin wurde im Januar 1994 ein Büro in Moskau eingerichtet. Das Büro ist ebenfalls für die Kontakte mit Gewerkschaften in anderen Ländern der GUS zuständig.

FIET wollte die mittel- und osteuropäischen Gewerkschaften nicht zu einem schnellen Beitritt drängen. Statt dessen wurde beim Aufbau der Beziehungen mit den Gewerkschaften dieser Region Rücksicht auf die unterschiedlichen Bedingungen genommen. Man gab diesen Organisationen die Möglichkeit zur Teilnahme an Veranstaltungen und zur selbständigen Entscheidung über die eventuellen Vorteile eines Beitritts. Dieser Ansatz hat sich als erfolgreich erwiesen und hatte einen Beitritt von zahlreichen aktiven Mitgliedsgewerkschaften aus den neuen Marktwirtschaften in den FIET zur Folge. Heute verfügt die Region über eine stabile Vertretung auf allen Ebenen der Internationale einschließlich der Vorstände.

3.3.2 FIET-Sektoren als Vorreiter der Transformation

Der Umwandlungsprozeß ist für die Gewerkschaften in den Dienstleistungssektoren und ihre neue Generation von Gewerkschaftsführern mit schwierigen Herausforderungen verbunden. Sie mußten einerseits hart für den Erhalt der Arbeitsplätze ihrer Gewerkschaftsmitglieder kämpfen und andererseits gleichzeitig die unvermeidlichen strukturpolitischen Veränderungen akzeptieren, die mit der Zeit einen produktiveren Dienstleistungssektor zur Folge haben werden. Die dem FIET angeschlossenen Gewerkschaften in Mittel- und Osteuropa müssen sich immer stärker dem grundlegenden Interessenkonflikt zwischen Arbeitnehmer und Arbeitgeber zuwenden. Der von ihnen angebotene »Produktmix« ist neu und umfaßt Tarifverhandlungen, Handhabung von Beschwerden, soziale und wirtschaftliche Beratung, Rechtshilfe, Information und Bildung.

Viele FIET-Gewerkschaften sehen sich noch mit Problemen auf regionaler und lokaler Ebene konfrontiert. Früher wurden die Gewerkschaftsbeiträge hauptsächlich für soziale Zwecke auf lokaler oder Unternehmensebene eingesetzt. Auch heute noch bleiben zwischen 60 und 95 % aller eingenommenen Beiträge dort. Die zentrale Gewerkschaftsverwaltung, die zur Beschäftigung von Verhandlungsführern, Organisatoren, Pädagogen, Arbeitsrechtlern und weiterem Personal dringend Gelder benötigt, ist oft noch nicht einmal in der Lage, für die eigene grundlegende Verwaltung aufzukommen. Angesichts der Tatsache, daß viele lokale und regionale Gewerkschaftsstrukturen ihre Stellung beibehalten wollen und somit Reformen blockieren, sind Veränderungen schwer durchführbar.

Dabei haben die Gewerkschaften in den verschiedenen FIET-Subsektoren ihre spezifischen Probleme. Der Einzelhandel gehörte zu den ersten Wirtschaftszweigen, in denen die Privatisierung im großen Umfang erfolgte. In diesem Wirtschaftszweig kam es zu sehr vielen Unternehmensneugründungen. Überall in der Region macht sich eine »Basar-Mentalität« in der Wirtschaft breit, in der kleine, nicht regulierte Unternehmen ohne die Zahlung von Mehrwertsteuer oder anderen Steuern arbeiten, oft geschmuggelte oder gefälschte Ware verkaufen, Gesundheitsschutz und Arbeitssicherheit mißachten und die Zahlung von Sozialversicherungsbeiträgen für ihre Beschäftigten versäumen. Sie verkaufen zu niedrigen Preisen und erhalten damit im Vergleich zu etablierten und ernstzunehmenden Arbeitgebern einen unfairen Wettbewerbsvorteil. Kaufmännische Angestellte sehen sich einem großen Druck seitens der Arbeitgeber ausgesetzt, die auf eine Deregulierung und Kürzung der Löhne sowie sonstiger Leistungen abzielen. Die Wiederherstellung einer grundlegenden Ordnung im Einzelhandel ist für die kaufmännischen Angestellten deshalb von großer Wichtigkeit.

Die Situation der Gewerkschaften für Bank- und Versicherungsangestellte stellt sich anders dar. Im alten System existierte kein Finanzsektor im marktwirtschaftlichen Sinne. Die Aufgabe des Bankwesens bestand nicht in der Abwicklung von Finanzgeschäften, sondern in der Gewährung zinsgünstiger Kredite im Auftrag des Staates an Staatsunternehmen. Ob eine Rückzahlung erfolgte, war nicht von primärem Interesse. Die Rolle der Versicherungsunternehmen bestand in der Verteilung der vom Staat finanzierten Sozialleistungen. Die Zahl und Größe der Privatbanken und Versicherungsunternehmen wächst. Es erfolgte eine Privatisierung und Umorganisation staatlicher Banken. Multinationale Unternehmen sichern sich eine günstige Ausgangsposition durch die Gründung von Tochtergesellschaften und Joint Ventures. Überall in der Region wachsen die Beschäftigungszahlen im Finanzsektor.

Im Vergleich zu den äußerst niedrigen Lohnniveaus der Angestellten in den Staatsunternehmen und -institutionen ist die Bezahlung der Bank- und Versicherungsangestellten in Privatunternehmen oft verhältnismäßig gut. Es entwickelt sich dann ein Klima, in dem den Gewerkschaften das Gewinnen neuer Mitglieder schwerfällt. Unter den Arbeitgebern, von denen viele multinationale Unternehmen oder Joint-ventures sind, gibt es keine Bereitschaft zum Abschluß von Tarifverträgen oder auch nur zur Anerkennung der Gewerkschaften. Einige Banken und Versicherungsunternehmen sollen von ihren Mitarbeitern verlangt haben, den Gewerkschaften nicht beizutreten. Der schriftliche Beweis hierfür ist für die Gewerkschaften aber schwer zu erbringen.

3.3.3 Probleme einzelner Mitgliedergruppen

In den zentralen Planwirtschaften Mittel- und Osteuropas war geistige Arbeit weniger wert als körperliche Arbeit. Die Bezahlung von Akademikern und sonstigen Angestellten war niedriger als die der körperlich Arbeitenden. Auch heute noch liegt der Nettoverdienst von Akademikern und leitenden Angestellten, Wissenschaftlern und sonstigen Angestellten mit einer spezialisierten oder akademischen Ausbildung extrem niedrig. Viele der in wissenschaftlicher Forschung oder Produktentwicklung Tätigen arbeiten noch in großen, direkt vom Staatshaushalt abhängigen Institutionen, für die die Beibehaltung des früheren Personalbestandes aufgrund der schrumpfenden bewilligten Mittel schwierig ist. In Mittel- und Osteuropa gibt es daher ein ernstzunehmendes »brain-drain« Problem.

Die Probleme von Arbeitnehmerinnen ging man in anderer Weise als in den bestehenden europäischen freien Marktwirtschaften an. Frauen wurden im Arbeitsleben benötigt, aber ihre Mitwirkung führte nicht zu einer Umverteilung der Verantwortung in der Familie. Während die Mütter einer Arbeit nachgingen, kümmerte sich die Gesellschaft um die Kinder. Trotzdem wartete auf die Frauen ein zweiter Arbeitstag zu Hause in einer Umgebung, in der man für Lebensmittel Schlange stehen mußte und oft die grundlegenden Haushaltsgeräte nicht verfügbar waren. Wohnungen waren gewöhnlich klein und mußten mitunter mit anderen Familien geteilt werden. Auch in Mittel- und Osteuropa waren im übrigen in Bereichen mit einem hohen Prozentsatz von Arbeitnehmerinnen die Löhne niedrig.

Die aktuellen Veränderungen in Mittel- und Osteuropa haben einen starken Einfluß auf die skizzierte Lage der Frauen im Arbeitsleben und in der Gesellschaft insgesamt. Viele soziale Einrichtungen sind nicht mehr finanzierbar. Die Arbeitslosigkeit betrifft Frauen stärker als Männer. In den Familien tragen die Frauen die schwerste Last wachsender Armut, indem sie verzweifelt versuchen, mit den Einkünften auszukommen. Konservative Einstellungen aus den frühen Jahrzehnten dieses Jahrhunderts gewinnen wieder an Boden. Da in den meisten der FIET-Sektoren viele Arbeitnehmerinnen organisiert sind, stehen die Gewerkschaften beim Schutz und bei der Verbesserung der Arbeits- und Lebensbedingungen für Frauen in vorderster Linie. FIET vertritt die Ansicht, daß das Recht der Frauen auf Gleichbehandlung im Arbeitsleben und in der Gesellschaft ein Universalrecht ist, das den Menschenrechten entspricht. Dies in Mittel- und Osteuropa in der Transformationsphase zu vertreten ist schwierig.

3.3.4 Aktivitäten des FIET in Mittel- und Osteuropa

In den meisten Ländern Mittel- und Osteuropas benötigen die Gewerkschaften zur Entwicklung ihrer Strukturen und Aktivitäten Unterstützung. Für sie besteht die Notwendigkeit und der Wunsch, aus den Erfahrungen und dem Know-how, das sich in den Jahrzehnten der Gewerkschaftsentwicklung in den bestehenden Marktwirtschaften angesammelt hat, Nutzen zu ziehen. Es besteht ein Bedarf an Beratungshilfe und Unterstützung zur Entwicklung eigener Bildungsprogramme für Mitglieder. Die ärmsten Länder der Region brauchen außerdem materielle Unterstützung, um unabhängige Strukturen aufbauen zu können. Bei der Hilfe für diese Organisationen weiterhin eine Präsenz der Gewerkschaften in Mittel- und Osteuropa aufrechtzuerhalten, kommt dem FIET und seinen angeschlossenen Mitgliedsgewerkschaften in den Marktwirtschaften eine entscheidende Rolle zu.

In den dem FIET angeschlossenen Gewerkschaften in Mittel- und Osteuropa besteht kein Mangel an ausgebildeten und kompetenten Gewerkschaftsführern und -aktivisten. Es besteht jedoch ein Bedarf an speziellen Kenntnissen zur Behandlung von Problemen der Marktwirtschaft. Außerdem wird die Möglichkeit zu einem Erfahrungsaustausch der mittel- und osteuropäischen Gewerkschaften untereinander zusehends wichtiger. Als Reaktion auf diese Forderungen organisierte der FIET zahlreiche Veranstaltungen, um die mittel- und osteuropäischen Gewerkschaften in seine Aktivitäten zu integrieren. Die in der Region angeschlossenen Organisationen treffen sich zu jährlichen Beratungen, und regionale Seminare zu besonders wichtigen Themen werden regelmäßig abgehalten.

Aufgrund ihrer Mitwirkung in der FIET-Sektion Handel und an anderen Maßnahmen waren die Gewerkschaften Mittel- und Osteuropa besser in der Lage, sich den Herausforderungen der Privatisierung und des Zustroms multinationaler Unternehmen in die Arbeitsmärkte zu stellen. Zahlreiche bilaterale Bildungs- und Entwicklungsprojekte rief der FIET in den Bereichen ins Leben, in denen die Gewerkschaften Beratungsunterstützung aus dem Ausland benötigten. Hierbei leisteten westeuropäische Mitgliedsgewerkschaften und Organisationen aus anderen Marktwirtschaften wertvolle Hilfe.

3.3.5 Fazit

Die Gewerkschaften müssen sich nicht nur auf nationaler Ebene mit den Herausforderungen der Veränderungen auseinandersetzen. Die in den Unternehmen und am Arbeitsplatz stattfindenden Entwicklungen, wo die Privatisierung und die Entstehung vollkommen neuer privater Unternehmen zu einer für die Arbeitnehmer und ihre Gewerkschaftsvertreter bisher unbekannten Situation geführt haben, spielen eine immer wichtigere Rolle. Wegweisend für den Verlauf der Reformen auch in anderen Bereichen werden die FIET-Sektoren sein, weil diese Wirtschaftszweige als erste betroffen sind. Wenn in Bereichen wie Handel oder Banken und Versicherungen ein funktionierendes System der Arbeitgeber-Arbeitnehmer-Beziehungen mit einer starken und verantwortungsbewußten Gewerkschaftsbewegung, die mit gut unterrichteten Arbeitgebern Tarifverträge aushandelt, aufgebaut werden kann, wird dies einen weitreichenden Einfluß auf die gesamte Transformation der Gesellschaft haben. Immer mehr neue Unternehmen werden multinationale Unternehmen oder Joint-ventures mit ausländischen Betrieben sein, wodurch auch an der Gewerkschaftsbasis ein Bedarf an konkreter internationaler Gewerkschaftskooperation spürbar werden wird.

Die Veranstaltung von gemeinsamen Bildungsmaßnahmen ist ein Versuch von EURO-FIET zur Unterstützung der Gewerkschaften in Mittel- und Osteuropa als Reaktion auf diesen Bedarf. In Zusammenarbeit mit den nordischen Mitgliedsgewerkschaften werden zur Zeit Bildungs- und Organisationsentwicklungsprojekten in Estland, Lettland, Litauen, Polen, Rumänien und der Slowakei durchgeführt. Im Jahre 1994 wurde ein von der Europäischen Union finanziertes Bildungsprojekt in Estland, Lettland und Litauen begonnen. Zur bisherigen Arbeit in der Region liegen drei ausführliche Berichte vor.

3.4 Internationaler Bund der Bau- und Holzarbeiter (IBBH)

Andrew Fairclough/Marion Hellmann

In den vergangenen fünf Jahren wurden Bau-, Holz- und Forstgewerkschaften aus fast allen Ländern Mittel- und Osteuropas (MOE) und einer Reihe von Ländern der Gemeinschaft unabhängiger Staaten (GUS) in den Internationalen Bund der Bau- und Holzarbeiter (IBBH) als Mitglieder aufgenommen. Der IBBH hat nun Mitgliedsverbände in Rußland, Estland, Lettland, Litauen, Polen, der Tschechischen Republik, der Slowakei, Kroatien, Bulgarien, Moldawien, Rumänien und Ungarn.

Die Beziehungen des IBBH zu den Gewerkschaften in Mittel- und Osteuropa und in der Gemeinschaft unabhängiger Staaten war nie durch ein vorgefertigtes ideologisches oder politisches Raster bestimmt, sondern entwickelte und konkretisierte sich in den vergangenen Jahren durch die vielfältigen Kontakte mit ehrenamtlichen und hauptamtlichen Gewerkschaftern bei Delegationsbesuchen, auf Bildungsseminaren und Konferenzen, die nach dem Umbruch durchgeführt wurden, so zum Beispiel vom 10.–12. Februar 1992 eine Konferenz über den »Übergang der Gesellschaften in Mittel- und Osteuropa und die Auswirkungen auf die Bau-, Holz- und Forstwirtschaft« in Budapest, in Dänemark vom 13.–16. April 1993 eine Konferenz über Bildungsunterstützung in den MOE/GUS-Ländern und vom 6.–8. April 1994 eine über Gewerkschaftszusammenarbeit in der Ostseeregion. Dabei war und ist es die Aufgabe des IBBH, die Aktivitäten seiner Mitgliedsverbände zu koordinieren, um Doppelarbeit zu vermeiden und eine gemeinsame Herangehensweise zu entwickeln. Ziel unserer gemeinsamen Anstrengungen in Mittel- und Osteuropa und in der Gemeinschaft unabhängiger Staaten ist es zur Entwicklung von starken und demokratischen Gewerkschaften beizutragen. Sie sollen in der Lage sein, die Interessen der Bau-, Holz- und Forstarbeitnehmer im Prozeß der wirtschaftlichen und gesellschaftlichen Umgestaltung und beim Aufbau neuer politischer und sozialer Systeme wirkungsvoll zu vertreten.

3.4.1 Die Entwicklung der IBBH-Aktivitäten in Mittel- und Osteuropa

Nach dem Zusammenbruch der kommunistischen Regime nahm der IBBH erste Kontakte mit Bau-, Holz- und Forstgewerkschaften in einigen MOE-Ländern auf und sammelte Informationen über die dort bestehenden Organisationen und deren Gewerkschaftsführer. Dabei wurde auch auf bilaterale Kontakte der Mitgliedsverbände, den Internationalen Bund Freier Gewerkschaften (IBFG) und andere Berufssekretariate zurückgegriffen. Der IBBH hatte vor 1989 – mit Ausnahme zu der polnischen Gewerkschaft Solidarnosc – keine offiziellen Verbindungen mit den Gewerkschaften in diesen Ländern, wobei Kontakte von einigen nationalen Mitgliedsverbänden durchaus gepflegt wurden. Über diese bereits geknüpften Fäden mit IBBH-Mitgliedsverbänden, wurde der Wunsch vieler Gewerkschaften aus Mittel- und Osteuropa nach Kontakt an den IBBH herangetragen.

Vom 7.–9. November 1990 führte der IBBH eine Europakonferenz in Berlin durch. Im Zentrum standen Fragen der Gewerkschaftspolitik in der Europäischen Gemeinschaft und die weiteren Beziehungen des IBBH zu den Gewerkschaften in Mittel- und Osteuropa. Dazu wurden einige Gewerkschaftsvertreter aus Bulgarien, der Tschechoslowakei, aus Ungarn, Polen und Rumänien eingeladen. Mit Delegationsbesuchen haben IBBH-Sekretäre aus Genf und Vertreter von Mitgliedsverbänden in Westeuropa diese ersten persönlichen Kontakte nachbereitet, um somit ein rundes Bild und genügend Informationen über den Zustand der MOE-Gewerkschaften zu erhalten.

Am Anfang der Zusammenarbeit gab es eine starke Nachfrage nach Information, Beratung und Ausbildung. Die Gewerkschaften benötigten dringend Hilfestellung, um den Herausforderungen beim Übergang von der Planwirtschaft zur Marktwirtschaft begegnen zu können. Dabei kam es den Gewerkschaften vor allem darauf an, ihre neue Rolle als Organisation und Interessenvertretung von Arbeitnehmern zu finden und demokratische Arbeitsmethoden und Strukturen zu entwickeln, um die Mitglieder weiterhin an sich binden zu können. Um dem Bedürfnis nach Information nachzukommen, legte der IBBH in den Jahren 1990/1991 ein umfangreiches Bildungsprogramm auf. Über 50 Seminare für Gewerkschafter auf allen Organisationsebenen wurden in diesem Zeitraum durchgeführt.

Von Anfang an kamen die Mitgliedsverbände im IBBH überein, daß das IBBH-Sekretariat in Genf die Kurse und Referenten koordinieren sollte. Das verhinderte Doppelarbeit und Konkurrenzprogramme. Das IBBH-Sekretariat kümmerte sich um die Einstellung von Bedarfsanalysen, die Planung von Arbeitsprogrammen, die Auswahl von Referenten aus IBBH-Mitgliedsverbänden, die Organisation der Reise, die Einführung von Referenten und die Planung von Programmentwürfen für die Kurse. Die Aktivitäten wurden in der Regel gemeinsam von den beteiligten Gewerkschaften aus West- und Osteuropa und dem IBBH finanziert. Normalerweise zahlte die Gewerkschaft des entsendenden Referenten die Reisekosten und die Gewerkschaft vor Ort die Unterbringungskosten.

Ein großes Problem stellte die Bereitstellung von geeignetem Bildungsmaterial in der jeweiligen Landessprache dar. Daher gab der IBBH ein eigenes Gewerkschaftshandbuch für Gewerkschaften in den Ländern Mittel- und Osteuropas und der Gemeinschaft unabhängiger Staaten heraus, das in der Tschechischen Republik, der Slowakei, Bulgarien, Lettland, Litauen, Rumänien und Rußland verbreitet wurde. Das Buch gliedert sich in 10 Abschnitte zu Themen, die regelmäßig bei Kursen zur Sprache kamen: Übergang zur Marktwirtschaft, Gewerkschaften im Übergang, Gewerkschaften und ihre Mitglieder, Vertretung am Arbeitsplatz, Tarifverträge, Verhandlungstechniken, Frauen und Gewerkschaften, Arbeits- und Gesundheitsschutz und die Umwelt, Gewerkschaftsfinanzen, Internationale Gewerkschaftsarbeit.

Gewerkschaftliche Bildungsarbeit ist besonders wirkungsvoll und nachhaltig, wenn sie an den Problem- und Fragestellungen der Teilnehmer ansetzt und partizipative Arbeitsmethoden anwendet. Zu dieser Einschätzung gelangten Gewerkschaftsreferenten aus west- und osteuropäischen Ländern anläßlich der IBBH-Konferenz über Evaluierung und Planung von Programmen für die Bildungsarbeit in Mittel- und Osteuropa in Jahre 1993 in Dänemark. Von den Teilnehmern wurde kritisch angemerkt, daß diese problemorientierte und partizipative Bildungsarbeit in der Anfangsphase kaum zur Anwendung kam. In den meisten Fällen vermittelten die Kurse Informationen über die Gewerkschaftsarbeit in westeuropäischen Ländern. In einigen Kursen wurden auch Gruppenarbeit, Rollenspiele und andere mehr teilnehmerorientierte Methoden eingesetzt. Diese Teilnehmerorientierung war jedoch sehr begrenzt. Viele Kurse hatten 40 und mehr Teilnehmer, was eine partizipative Methode nur schwer ermöglichte. Einige Referenten hatten nicht genügend Erfahrung, um entsprechende Methoden wirkungsvoll einzusetzen. In einigen Fällen schienen die Teilnehmer die Arbeit in kleinen Arbeitsgruppen abzulehnen.

Um diese Defizite zu beheben, erarbeiteten der IBBH und seine Mitgliedsverbände eine langfristige Konzeption, die zum einem die Ad-hoc-Anforderungen der Gewerkschaften befriedigt und parallel dazu den Aufbau eigenständiger gewerkschaftlicher Bildungsstrukturen ermöglicht. Dabei griff der IBBH auch auf Erfahrungen zurück, die in der gewerkschaftlichen Bildungsarbeit in Asien, Afrika und Lateinamerika gesammelt werden konnten. Die ungenügende finanzielle Ausstattung des IBBH stellte ein erhebliches Hindernis für die Durchführung von Langzeitprogrammen dar. Mit Unterstützung der Europäischen Föderation der Bau- und Holzarbeiter (EFBH) wurden finanzielle Mittel für die Entwicklungsarbeit bei der Europäischen Union (EU) beantragt. Eine Reihe von Programmen, die von den Gewerkschaften in Mittel- und Osteuropa selbst entwickelt wurden, bildeten die Grundlage für einen erfolgreichen Antrag zum PHARE-Programm, der Ende 1994 für die IBBH-Mitgliedsgewerkschaften genehmigt wurde.

3.4.2 Die Aufnahme von Gewerkschaften aus MOE- und GUS-Ländern

Die Politik des IBBH bei der Aufnahme von Mitgliedsverbänden aus MOE- und GUS-Ländern orientierte sich an folgenden Kriterien:

- Die Gewerkschaft weist eine Repräsentativität in der Bau-, Holz- oder Forstwirtschaft auf und vertritt eine bedeutende Zahl von Arbeitnehmern in einem oder mehreren dieser Sektoren.

370

• Die Gewerkschaft unterstützt das Prinzip von demokratischen und unabhängigen Gewerkschaften. Sie hat eine demokratische Satzung, die Stimmrecht und freie Wahlen vorsieht. Die Gewerkschaft befindet sich eindeutig in einer Übergangsphase von »alten« Strukturen und Praktiken zu einem demokratischen Organisationsprinzip.

• Die Gewerkschaft unterstützt die Satzung und die Ziele des IBBH.

Der IBBH nahm keine Klassifizierung nach »Mitgliedskandidaten« vor, wie das bei einigen anderen Internationalen Berufssekretariaten der Fall war. Gewerkschaften, die die Aufnahmekriterien erfüllen, werden normalerweise als Mitglieder aufgenommen. Es muß jedoch hinzugefügt werden, daß das Stimmrecht nach der IBBH-Satzung (geändert im Jahre 1993) von der Bezahlung der Mitgliedsbeiträge abhängt. Die meisten neu aufgenommenen Verbände sind nicht in der Lage, die vollen satzungsgemäßen Beiträge zu bezahlen und ihr Stimmrecht ist dadurch entsprechend eingeschränkt.

Im November 1990 wurden die ersten Gewerkschaften aus Ungarn und der Tschechoslowakei als Mitglieder in den IBBH aufgenommen. Es folgten 1991 eine weitere tschechoslowakische Gewerkschaft, 1992 Gewerkschaften aus Estland, Lettland und Bulgarien und 1993 Gewerkschaften aus Rumänien, der Mongolei und eine weitere lettische Gewerkschaft. Im Jahre 1994 wurden die drei großen russischen, zwei kroatische, drei polnische Gewerkschaften sowie eine weitere bulgarische, ungarische und die Holzarbeitergewerkschaft aus Litauen Mitglieder. Anfang 1995 kam die Bau- und Holzarbeitergewerkschaft aus Moldawien hinzu.

Die Aufnahmekriterien wurden gleichermaßen für die »alten« und die »neuen« Gewerkschaften angewandt. In einigen Ländern, in denen die einzig vorhandenen Gewerkschaften aus den »alten« Strukturen hervorgingen oder keine anderen bedeutenden Gewerkschaften in den IBBH-Branchen tätig waren, gestaltete sich die Auswahl verhältnismäßig einfach.

• In Ungarn waren beide Gewerkschaften Mitglied im Gewerkschaftsdachverband MSZOSZ.

• In den baltischen Staaten haben alle Gewerkschaften ihre Ursprünge in den »alten« Strukturen.

• In der tschechischen und slowakischen Republik waren die Gewerkschaften zum Zeitpunkt ihres Beitritts Mitglied im neuen Dachverband CS-KOS.

• In Rußland sind alle drei Gewerkschaften Mitglied im FNPR.

• In der Mongolei sind beide Organisationen im Dachverband CMTU.

In Rumänien, Polen und Bulgarien verfolgt der IBBH die Politik, mit den »alten« und »neuen« Gewerkschaften zu arbeiten. Die Gründe hierfür sind vielfältig. Die Gewerkschaften aus den »alten« Strukturen verfügen trotz Mitgliederverlusten in den vergangenen Jahren immer noch über eine bedeutende Mitgliederzahl und gut ausgebaute Verwaltungsstrukturen. In den neu gegründeten Gewerkschaften gibt es viele fähige und engagierte Gewerkschafter, die als wertvolle Katalysatoren Druck auf einen schnelleren Schrittwechsel in der Gewerkschaftsbewegung des betreffenden Landes ausüben können. Schließlich will der IBBH die Zusammenarbeit der Verbände dadurch ermutigen, die gewerkschaftliche Einheit zu fördern.

In Rumänien kam die Holzarbeitergewerkschaft aus dem kommunistisch orientierten Dachverband CNSLR und die Bauarbeitergewerkschaft ist Mitglied in dem antikommunistisch orientierten Dachverband BNS. In diesem Land hielt sich der IBBH zurück, bestimmte kleinere regionale Organisationen zu unterstützen, die sich weigerten, mit den bestehenden Mitgliedsverbänden zusammenzuarbeiten. Dies verringerte die Gefahr der Aufsplitterung der Gewerkschaften in den IBBH-Bereichen, ermutigte die Zusammenarbeit und führte zu Zusammenschlüssen von Holz-, Forst- und Baugewerkschaften.

In Bulgarien nahm der IBBH zunächst die Gewerkschaft der Bauarbeiter und Designer in der PODKREPA als Mitglied auf, die sich als »neue« Gewerkschaft mit einem starken antikommunistischen Hintergrund versteht. Nach Kontakten mit der Bauarbeitergewerkschaft in der CITUB und weiteren Nachforschungen beschloß man, auch die Bauarbeitergewerkschaft in der CITUB aufzunehmen. Diese Aufnahme erfolgte gegen den Wunsch der PODKREPA, die diese als reformunwillige Gegner ansehen. Zur Zeit ist eine Zusammenarbeit der beiden Gewerkschaften schwer zu erreichen, obwohl dies sicherlich die Gewerkschaftsvertretung für Bau- und Holzarbeiter in Bulgarien wesentlich verstärken würde.

In Polen hat sich die Aufnahme des Bau- und Holzarbeitersekretariats der Solidarnosc aufgrund interner Diskussion verzögert. Im Oktober 1994 wurden schließlich Bau-, Holz- und Forstarbeitergewerkschaften der Solidarnosc und der OPZZ gemeinsam in den IBBH aufgenommen. Der IBBH erarbeitet zur Zeit zusammen mit allen Organisationen ein Arbeitsprogramm.

Im Falle von Albanien betrachtet der IBBH die Aufnahme von Organisationen, mit denen bisher Kontakt aufgenommen wurde, als noch zu verfrüht. In den zentralasiatischen Republiken ist noch viel Arbeit zu leisten, um Kontakte und Arbeitsbeziehungen mit Gewerkschaften zu entwickeln. In vielen Fällen ist dies durch die unstabile politische Situation erschwert. In den nächsten Jahren wird der IBBH daran arbeiten, die notwendigen Kontakte herzustellen. Besonders die Unterstützung der türkischen Mitgliedsverbände wird dabei hilfreich sein.

Durch die Aufnahme der oben genannten Gewerkschaften hat sich die Mitgliedschaft im IBBH erheblich vergrößert und insgesamt seit 1989 verdreifacht. Heute sind im IBBH 216 Gewerkschaften aus 100 Ländern mit einer Mitgliedschaft von 11,5 Millionen Mitgliedern vertreten. Im Januar 1995 sind 23 Mitgliedsverbände aus 12 Ländern Mittel- und Osteuropas und der GUS mit 5,9 Millionen Mitgliedern (Frauenanteil 15 %) im IBBH, wobei alleine die russischen Mitgliedsverbände 4,6 Millionen Mitglieder aufweisen.

Wenn die Zahl der neuen Mitglieder mit der ursprünglichen Mitgliederzahl verglichen wird, so ist es nur naheliegend, daß Befürchtungen über das »Gleichgewicht der Macht« in der Internationalen aufkommen. Durch die Aufnahme der Gewerkschaften aus Mittel- und Osteuropa und der Gemeinschaft unabhängiger Staaten kam es aber im politischen Willensbildungs- und Entscheidungsprozeß des IBBH zu keinen wesentlichen Veränderungen.

Die Mitgliedsverbände aus Mittel- und Osteuropa und der Gemeinschaft unabhängiger Staaten sind inzwischen fest in die tägliche Arbeit der Internationalen eingebunden. Auf dem 19. IBBH Weltkongreß in Den Haag im Jahre 1993 wurde die IBBH-Satzung geändert, damit sich die neuen Mitgliedsverbände in den politischen Entscheidungsstrukturen des IBBH wiederfinden. Das Ziel war, neue Formen der Vertretung der Mitgliedsverbände aus Mittel- und Osteuropa und der Gemeinschaft unabhängiger Staaten zu schaffen. Dies wurde durch die Bildung von »Ländergruppen« zur Wahl des Gesamtvorstandes erreicht. Die Gewerkschaften aus Mittel- und Osteuropa sind auch Mitglied im IBBH-Europaausschuß, der 1990 zur Koordinierung der IBBH-Arbeit in Mittel- und Osteuropa gegründet wurde.

Auf der Ebene des IBBH-Sekretariats wurde bisher keine neue Stelle geschaffen, um mit den zusätzlichen Aufgaben im Rahmen des Unterstützungsprogramms für die Mitgliedsverbände aus Mittel- und Osteuropa und der Gemeinschaft unabhängiger Staaten fertig zu werden. Dies wird jedoch erneut überprüft, soweit sich Geldgeber zur Verfügung stellen und mehr finanzielle Mittel für die Koordinierungsarbeit vorhanden sind.

Durch seine klare, offene und nicht ausgrenzende Aufnahmepoltik wird der IBBH mittel- und langfristig seine Mitgliedschaft auch in anderen Ländern ausbauen können. Potentielle Mitgliedsverbände sind in Europa, Afrika, Lateinamerika, Australien und Japan vorhanden. Einige dieser Verbände

haben noch Verbindungen mit dem kommunistisch orientierten Weltgewerkschaftsbund (WGB) oder sind sogar Mitglied. Da der WGB weltweit an
Einfluß verliert und seinen Mitgliedern keine Perspektive bieten kann, orientieren sich einige Gewerkschaften bereits um. Der IBBH hat in der Vergangenheit Kontakte mit einzelnen Gewerkschaften im Weltgewerkschaftsbund
unterhalten, wenn diese Zusammenarbeit und Unterstützung wünschten.
Diese Hilfe wurde zum Beispiel den Bauarbeitergewerkschaften in Chile,
Peru und Uruguay ohne jegliche Vorbedingung geleistet. Auf internationaler
Ebene hat der IBBH keine direkten Kontakte zum WGB und strebt auch
keine Zusammenarbeit mit ihm an.

3.4.3 Bilanz der gewerkschaftlichen Entwicklungshilfe des IBBH

Alle Berichte von Gewerkschaften aus den Ländern Mittel- und Osteuropas
und der Gemeinschaft unabhängiger Staaten bestätigen, daß Kontakte,
Informationen und Ausbildungsaktivitäten des IBBH im Prozeß des wirtschaftlichen und gesellschaftlichen Übergangs für sie wertvoll sind.

Im derzeit stattfindenden wirtschaftlichen und gesellschaftlichen Umstruktu-
rierungsprozeß, der mit der Privatisierung von Staatsunternehmen einher-
geht, ist es für die Gewerkschaften schwierig, ihren originären Aufgaben
nachzukommen: Tarifverhandlungsstrukturen zu entwickeln, Tarifverträge
abzuschließen und die Arbeitnehmer vor Entlassungen zu schützen. Die
zunehmende Arbeitslosigkeit untergräbt die gewerkschaftliche Verhandlungsmacht. Die Hauptleidtragenden dieses wirtschaftlichen Wandels sind
die Arbeitnehmer und vor allem weibliche Arbeitnehmer. Sie werden in der
Regel als erste entlassen oder werden gezwungen, zu Hause zu bleiben,
weil Kinderbetreuungsstätten eingestellt und staatliche Sozialleistungen
abgebaut werden. Die Gewerkschaften haben kaum Handlungsmöglichkeiten, um gegen diesen massiven Abbau von Sozialleistungen vorzugehen.
Erschwerend kommt hinzu, daß zahlreiche Regierungen eine feindselige
Haltung gegenüber Gewerkschaften einnehmen oder sie in dreigliedrige
Verhandlungskommissionen einbinden, in denen sei meist kein eigenstän-
diges gewerkschaftliches Profil entwickeln können.

Auch wenn über die künftige gewerkschaftliche Entwicklung in Mittel- und
Osteuropa und der Gemeinschaft unabhängiger Staaten allgemein nur
wenig Anlaß zu Optimismus besteht, so kann doch auf der Habenseite
Positives vermerkt werden. Durch seine nicht ausgrenzende Aufnahmepoli-
tik konnte der IBBH einer Aufsplitterung der Gewerkschaftsbewegung in
seinen Wirtschaftssektoren entgegenwirken. Mit der Aufnahme sog. alter

und neuer Gewerkschaften besteht mittel- und langfristig die Chance eines Zusammenschlusses und somit einer Bündelung der Kräfte im Interesse der Arbeitnehmer. Die bisher geleistete gewerkschaftliche Entwicklungshilfe- und Bildungsarbeit des IBBH und seiner Mitgliedsverbände hat dazu beigetragen, daß die vielbeschriebenen »gewerkschaftsfreien Zonen« in diesen Ländern in der Bau-, Holz- und Forstwirtschaft verhindert werden konnten. Es gibt einige Gewerkschaften, die ihre Mitgliederzahl stabilisieren konnten und die Tarifverträge erkämpft haben. Viele Gewerkschaften bauen ihre Organisationsstruktur aus, indem sie lokale und regionale Gewerkschaftsstrukturen einrichten und somit in der Zukunft besser in der Lage sind, ihre Mitglieder in die Gewerkschaftsarbeit einzubinden. Die Mitarbeit der neuen Mitgliedsverbände in der Internationalen führt nicht nur zu einer verstärkten Kooperation und zu gegenseitiger Hilfe und besserem Verständnis, sondern auch zu einem direkten und praktischen Erfahrungsaustausch im Rahmen einer demokratischen Gewerkschaftskultur, was wiederum für die eigene Gewerkschaftsarbeit nicht folgenlos bleibt. Schließlich wurde in den vergangenen Jahren vielen Gewerkschaften deutlich, daß sie Unabhängigkeit von fremder Hilfe und Selbständigkeit erreichen müssen, um erfolgreich im Interesse ihrer Mitglieder handeln zu können. Internationale Kontakte, Informationen und Bildung können eine wertvolle Hilfe sein, aber die Arbeit muß in den Ländern selbst geleistet werden, von den Gewerkschaftsmitgliedern und ihren gewählten Funktionären.

3.5 Internationaler Bergarbeiterverband (IBV)

Manfred Warda

3.5.1 Historischer Vorlauf

Der Internationale Bergarbeiterverband (IBV) hat bis 1989 außerhalb der Internationalen Arbeitsorganisation (IAO) in Genf keine Beziehungen zu den offiziellen Gewerkschaften Mittel- und Osteuropas unterhalten. Eine Reihe seiner Mitgliedsorganisationen, wie die deutsche Industriegewerkschaft Bergbau und Energie (IGBE), die britische National Union of Mineworkers (NUM) sowie die Bergarbeitergewerkschaften aus den skandinavischen Ländern und Belgien, die sich in den siebziger Jahren an gemeinsamen Konferenzen mit den mittel- und osteuropäischen Bergarbeitergewerkschaften zu Fragen der Arbeitssicherheit und des Gesundheitsschutzes im Bergbau beteiligt hatten, zogen sich wieder zurück, nachdem deren Ergebnisse aufgrund der mangelnden eigenständigen Handlungsfähigkeit der Gewerkschaften des Ostblocks wirkungslos geblieben waren. Weiterentwikkelt wurden jedoch bilaterale Kontakte, wie etwa der jährliche Referentenaustausch zwischen der IGBE und der sowjetischen Kohlegewerkschaft.

Nur Vertreter der britischen NUM beteiligten sich Anfang der achtziger Jahre wieder an multilateralen Konferenzen mit den mittel- und osteuropäischen Gewerkschaften zum Thema »Frieden und Abrüstung«. Die NUM, die 1982 aus dem IBV austrat, gründete 1985 gemeinsam mit den Bergarbeitergewerkschaften des Ostblocks die Internationale Bergarbeiterorganisation (IMO). Daß die von dieser erhoffte Entwicklung zu einer umfassenden »blockübergreifenden« Internationale ausblieb, lag vor allem auch an der klaren Absage des IBV gegenüber einer institutionellen Zusammenarbeit mit Gewerkschaften, die nicht den Nachweis innerer demokratischer Strukturen und unabhängiger Willensbildung erbringen konnten. Demgegenüber haben die westeuropäischen IBV-Mitglieder Anfang der achtziger Jahre ihre Möglichkeiten zur Unterstützung der polnischen Solidarnosc – insbesondere im Bereich des oberschlesischen Kohlereviers – eingesetzt.

Unter dem Eindruck der Ereignisse des Jahres 1989 befaßte sich der IBV erstmals im Januar 1990 in Washington mit der veränderten Situation in Mittel- und Osteuropa. Mit Ausnahme Polens hatten die Gewerkschaften im Bereich des Bergbaus in diesen Prozessen bis dahin keine besondere Rolle gepielt, sondern sind von den Entwicklungen eher überrollt worden. Mit unterschiedlichen Mitteln versuchten sie nun, die Lähmung zu überwinden.

3.5.2 Die Reform alter und die Entstehung neuer Gewerkschaften

Die sowjetische Kohlegewerkschaft, die sich allerdings schon seit Beginn der Perestroika einem erheblichen Druck zur Veränderung ihrer Strukturen und Politik ausgesetzt sah, hatte bereits um den Rat der deutschen IGBE nachgesucht. Mit deren Hilfe wurden schon 1989 zahlreiche Seminare und Informationsbegegnungen in Deutschland und in den sowjetischen Revieren über die Strukturen und Poltik der Gewerkschaften in einer demokratischen Gesellschaft und Marktwirtschaft durchgeführt. Auf einem Kongreß in Moskau sollte es dann im März 1990 zu einer Abrechnung mit dem gewerkschaftlichen Dachverband, der Gründung einer eigenständigen Industriegewerkschaft und einer weitgehenden personellen Erneuerung kommen. Doch konnte damit nicht verhindert werden, daß eine Gruppe von Vertretern der während des Streiks im Sommer 1989 in den Revieren gegründeten Streikkomitees den Kongreß verließ und noch im gleichen Jahr die Initiative zur Gründung der neuen Bergarbeitergewerkschaft NPG ergriff.

Auch die ungarische Bergarbeitergewerkschaft hatte sich nach einem Reformkongreß und der Wahl einer neuen Führung bereits im Herbst 1989 an die IGBE und die österreichische Gewerkschaft Metall-Bergbau-Energie (GMBE) um Unterstützung des Erneuerungsprozesses gewandt. Nach dem Beschluß über eine neue Satzung, die die Unabhängigkeit der Organisation begründete und eine innere demokratische Erneuerung möglich machen sollte sowie dem Austritt aus der IMO im Frühjahr 1990, schloß sie mit der IGBE und der GMBE Vereinbarungen zur gegenseitigen Beratung und Information ab.

Aus Streikaktionen im Jahre 1990, mit denen die Bergarbeiter einen Beitrag zur Unterstützung der demokratischen Veränderungen in ihren Ländern leisteten, gingen schließlich in Bulgarien die Bergarbeitergewerkschaften der PODKREPA und in Albanien die neue »Gewerkschaft der Bergarbeiter und Geologen Albaniens« hervor.

Als Ergebnis der Diskussion über die Entwicklung in Mittel- und Osteuropa gab es im IBV-Präsidium Übereinstimmung, daß die Ereignisse des Jahres 1989 erst eine Chance zur Schaffung von Freiheit und Demokratie, nicht aber schon deren Realisierung darstellten. Man mußte auch davon ausgehen, daß das von der Kommandowirtschaft hinterlassene Wirtschaftsdesaster und die von den neuen Regierungen angekündigte Austeritätspolitik den Arbeitnehmern überall große Opfer abverlangen würde. Deshalb sollte der IBV eine Herausforderung darin sehen, überall die Möglichkeiten für eine neue wirkungsvolle Vertretung der Interessen dieser Arbeitnehmer zu unterstützen.

3.5.3 Der Kooperationsansatz des IBV

Hilfen sollten sich zunächst besonders auf die polnische Solidarnosc konzentrieren, die auch für andere ein wichtiges Beispiel war, das nicht scheitern durfte. Im Bemühen darum, daß von möglichen Hilfen nicht die falschen Gruppen profitieren dürften, sollte aber auch der Kontakt zu denjenigen fortentwickelt werden, die sich im Eingeständnis früherer Versäumnisse sowie nunmehr offener Distanz zum nationalen gewerkschaftlichen Dachverband und gegenüber den alten internationalen Bindungen um den Rat des IBV bemühten. Maßstab für die Unterstützung sollte die Bereitschaft zum Aufbau einer wirklich unabhängigen gewerkschaftlichen Interessenvertretung und zur Unterstützung pluralistischer politischer Verhältnisse sein.

Neben einzelnen materiellen Hilfsaktionen (Büroausstattung, Fahrzeuge, finanzielle Unterstützung bei Arbeitskämpfen), an denen sich auch außereuropäische Mitgliedsorganisationen des IBV beteiligten und die sich zunächst vor allem auf die Solidarnosc sowie die neuen Gewerkschaften in Bulgarien und Albanien konzentrierten, bildeten Seminarveranstaltungen, Informationsbegegnungen und die Entsendung von gewerkschaftlichen Fachexperten den Schwerpunkt der Unterstützung durch den IBV. Dabei wurden mit Hilfe westeuropäischer Mitgliedsorganisationen des IBV (wie der IGBE, der GMBE, dem schwedischen GRUV, und den französischen Organisationen) insbesondere gewerkschaftliche Organisationsfragen, die betriebliche Interessenvertretung und Mitbestimmung, das Verhältnis von Gewerkschaften zu Parteien sowie zu Regierungen und Parlamenten, Tarifpolitik, die Systeme der sozialen Sicherung und Fragen der Arbeitssicherheit und des Gesundheitsschutzes behandelt.

Anzahl, Charakter und Erfolg dieser Veranstaltungen waren vom Vermögen der einzelnen Gewerkschaften in Mittel- und Osteuropa abhängig, den Kontakt zu den westlichen Gewerkschaften ihrerseits zu pflegen und die angebotenen Möglichkeiten im Rahmen der eigenen Strukturen effektiv umzusetzen. Besonders den neuen Gewerkschaftsorganisationen fiel dies nicht immer leicht, weshalb entsprechende Veranstaltungen zuweilen nur dann möglich waren, wenn eine westliche Nichtregierungsorganisation, wie z. B. die deutsche Friedrich-Ebert-Stiftung (FES), zum Kontakttransfer und zur organisatorischen Umsetzung beitrug. Im Falle der polnischen Solidarnosc, der bulgarischen PODKREPA und der russischen NPG standen zuweilen auch schwierige innerorganisatorische Entwicklungen oder fundamentale politische Vorbehalte wegen der gleichzeitigen Kontakte der westlichen Gewerkschaften zu den reformierten alten Gewerkschaften der vom IBV gewünschten kontinuierlichen und systematischen Entwicklung der Beziehungen im Wege. Die NPG-Rußland sieht dabei bis heute in der massiven Unterstützung durch den amerikanischen Gewerkschaftsbund AFL/CIO eine Alternative, der sie politisch den Vorzug gibt.

Insgesamt wurde durch internationale Kooperation ein wichtiger Beitrag zu innerorganisatorischen Stabilisierung und Stärkung des Einflusses der verschiedenen Gewerkschaften geleistet. Dies kam in ihrer Fähigkeit zur Verhandlung und Durchsetzung von Tarifverträgen, bei der Schaffung neuer Strukturen der betrieblichen Interessenvertretung sowie der Anerkennung als Partner im sozialen Dialog mit den Arbeitgebern und Regierungen in den einzelnen Ländern zum Ausdruck.

Der IBV, der die Entwicklung der Kontakte zwischen den westlichen Mitgliedsorganisationen und den Gewerkschaften in Mittel- und Osteuropa koordinierte, beteiligte sich darüber hinaus auf Anfrage direkt an deren Gesprächen mit den jeweiligen Regierungen über sozialpolitische Fragen und zur Umstrukturierung des Bergbaus. Mit der Entsendung führender Repräsentanten der westeuropäischen Mitgliedsorganisationen nutzte er insbesondere in der Ukraine und der Slowakei, in Rußland, Polen, Tschechien, Ungarn, Bulgarien, Albanien und Kasachstan sein Prestige, um zur Einbeziehung der Gewerkschaften in den nationalen Dialog über die industrielle Umstrukturierung und ihre soziale Bewältigung beizutragen.

3.5.4 Die Rolle des EBV

Das wichtigste Forum für den regelmäßigen Meinungsaustausch und die Entwicklung gemeinsamer Standpunkte zwischen den westeuropäischen Bergarbeitergewerkschaften und den Organisationen in Mittel- und Osteuropa sollte der Europäische Bergarbeiterverband (EBV) werden. Er ist nicht zufällig Ende Oktober 1991 im polnischen Kohlerevier Oberschlesien gegründet worden. Über den Gewerkschaftsbereich hinaus sollte damit ein Signal gesetzt werden, daß die Debatten über eine europäische Bergbau- und Energiepolitik nicht mehr ohne Beachtung der Veränderungen in Mittel- und Osteuropa geführt werden können. Einstimmig wählte die Konferenz, an der sich nahezu alle Bergarbeitergewerkschaften aus West- und Osteuropa beteiligten, den Vorsitzenden der Bergbaukommission der polnischen Solidarnosc und den Vorsitzenden der ungarischen Bergarbeitergewerkschaft zu Vizepräsidenten des EBV.

Die Debatten über die Umstrukturierung des Bergbaus hatten in den Ländern Mittel und Osteuropas und der früheren Sowjetunion begonnen, ohne daß die Gewerkschaften daran beteiligt waren. Ohne vorherige Analyse der energie-, sozial- und regionalpolitischen Zusammenhänge neigten die verschiedenen Regierungen dazu, Konzepten den Vorzug zu geben, die schon bald die Schließung der Mehrzahl der Bergwerke und die Entlassung des größeren Teils der Bergleute vorsahen. Unter Beachtung der gegebenen Handlungszwänge machte es sich der EBV zu seiner Aufgabe, den Mitgliedsorganisationen in diesen Ländern Unterstützung bei der Entwicklung eigener Bergbau- und Energiekonzepte zu geben, die soziale Aspekte ebenso berücksichtigen sollten wie wirtschaftliche. Grundlage dafür bildeten die Erfahrungen, die in Westeuropa bei der Bewältigung der Umstrukturierung und der Anpassung des Kohlebergbaus im Konsens mit Sozialpartnern und Regierungen gemacht wurden. Über die Kontakte zu den westeuropäischen Partnergewerkschaften hinaus vermittelten IBV und EBV dabei Gespräche mit den Institutionen der Europäischen Union, womit auch Informationsdefizite angesichts der Tätigkeit westeuropäischer Regierungs- und Unternehmensberater im mittel- und osteuropäischen Bergbau korrigiert werden sollten.

Von der Gründungskonferenz und von weiteren EBV-Konferenzen in Luxemburg, Prag und Brüssel wurde EBV beauftragt, die gemeinsamen Interessen der verschiedenen Gewerkschaften hinsichtlich der Umstrukturierungspläne, aber auch bezüglich der Beratungen über die sogenannte Europäische Energiecharta gegenüber den europäischen Institutionen sowie gegenüber Institutionen wie der Weltbank und dem Internationalen Währungsfonds wahrzunehmen. Erfolglos blieben zunächst alle Anstrengungen, im Rahmen der EU-PHARE-Programme auch gewerkschaftlichen Rat nutzen zu können. Dagegen gelang es dem EBV Ende 1994 schließlich, gemeinsam mit anderen Partnern in ein umfassendes Programm der EU-Kommission für Mittel- und Osteuropa zur Entwicklung einer »Strategie für saubere Kohle« einbezogen zu werden. Aufgrund von Interventionen des EBV hatte die EU-Kommission in den Richtlinien für das Projekt ausdrücklich festgelegt, daß soziale Aspekte bei der Untersuchung besondere Beachtung finden müßten. Unter anderem werden daran für den EBV eine Reihe von Sachverständigen der verschiedenen mittel- und osteuropäischen Bergarbeitergewerkschaften mitarbeiten. Außerdem gibt es jetzt Verhandlungen über die Einbeziehung des EBV in ein vergleichbares Projekt für die Länder der ehemaligen Sowjetunion.

3.5.5 Aufnahmepolitik gegenüber den Gewerkschaften aus Mittel- und Osteuropa

In der Erwartung, damit auch einen Beitrag zur Entwicklung und Festigung des für die nationalen Auseinandersetzungen notwendigen Ansehens der einzelnen Organisationen zu leisten, entschied sich der IBV bereits früh, MOE-Gewerkschaften als Mitgliedsorganisationen aufzunehmen. Voraussetzung waren allerdings der Nachweis der Übereinstimmung mit den Bestimmungen der IBV-Satzung und Besuche des IBV-Generalsekretärs und von Mitgliedern des Präsidiums bei den einzelnen Gewerkschaften.

Aufgrund eines einstimmigen Beschlusses der IBV-Exekutive – zu der es im übrigen auch bei allen künftigen Aufnahmen kam – wurde als erste Gewerkschaft Mittel- und Osteuropas im Frühjahr 1990 die Bergarbeitergewerkschaft der bulgarischen PODKREPA aufgenommen. Ihr folgte im Frühjahr

1991 die Solidarnosc, nachdem diese dafür mit der Gründung einer Landeskommission Bergbau die Voraussetzung geschaffen hatte. Außerdem wurden die neue albanische Bergarbeitergewerkschaft und die reformierte Bergarbeitergewerkschaft Ungarns affiliert. Angesichts des vom IBV bedauerten Trends zum Gewerkschaftspluralismus in diesen Ländern wurde gleichzeitig klargestellt, daß bereits affiliierte Organisationen – abweichend von der früheren Praxis in IBV – im Falle des Antrags einer zweiten repräsentativen Gewerkschaft aus dem gleichen Land zwar ein Konsultations- aber kein Vetorecht haben sollten.

1992 erfolgte die Aufnahme der Bergarbeitergewerkschaft der Tschechoslowakei (die nach der Teilung des Landes von den beiden Organisationen in Tschechien und in der Slowakei bestätigt wurde), 1994 die Aufnahme der Bergbau- und Energiearbeitergewerkschaft Sloweniens. Während des IBV-Kongresses im Mai 1993 in Budapest wurden außerdem die reformierte Bergarbeitergewerkschaft KNCB Bulgariens, die reformierten Gewerkschaften des Kohlebergbaus von Rußland und Kasachstan sowie die NPG der Ukraine und Rußlands aufgenommen. Zuvor war ein schon im Frühjahr 1991 vom reformierten Bund der Kohlegewerkschaften der Sowjetunion vorgelegter Aufnahmeantrag zurückgestellt worden. Zunächst sollte die dortige staatlich-territoriale Entwicklung weiter beobachtet werden; außerdem sollte die gleichzeitig angestebte Integration der NPG in den IBV nicht verbaut werden. Dieses Vorgehen konnte indes nicht verhindern, daß die NPG Rußlands – anders als die NPG der Ukraine – aus Protest gegen die gleichzeitige Aufnahme der reformierten früheren offiziellen Gewerkschaft ihre Mitgliedschaft im IBV bisher nicht wahrgenommen hat.

Engen Kontakt unterhält der IBV zur Gewerkschaft der Bergarbeiter im Kosovo und zu der inzwischen aus der OPZZ ausgetretenen reformierten polnischen Bergarbeitergewerkschaft. Informelle Verbindungen bestehen zur Bergarbeitergewerkschaft Estlands und zu gewerkschaftlichen Gruppen im Bergbau Rumäniens. Abgelehnt wurde die Aufnahme der ehemaligen offiziellen Bergarbeitergewerkschaft Albaniens. Kontakte mit der Führung der Gewerkschaft der Kohlebergarbeiter im rumänischen Schilltal ergaben, daß weitere Beziehungen zu dieser Organisation derzeit nicht sinnvoll sind. Die ehemalige offizielle Gewerkschaft des Bergbaus der Ukraine hat sich schließlich gegen Kontakte zum IBV und für die Fortsetzung ihrer Mitgliedschaft in der IMO entschieden.

Aus unterschiedlichen Gründen (schwierige Startbedingungen der neuen Organisationen, Auseinandersetzungen über die Aufteilung des alten Gewerkschaftsvermögens, hohe Mitgliederverluste, Währungsparitäten) fällt es allen IBV-Mitgliedsorganisationen in Mittel- und Osteuropa bisher schwer, regelmäßig den von der Satzung vorgesehenen Mitgliedsbeitrag zu leisten. Deshalb hat der IBV ein Verfahren vorgeschlagen, nach dem Teile der Beiträge auf ein in seinem Namen im Lande eingerichtetes Konto eingezahlt werden. Diese Mittel werden dafür genutzt, vor Ort größere IBV-Veranstaltungen durchzuführen. Das galt beispielsweise für Konferenzen in der ehemaligen Sowjetunion, in Polen und auch für den 47. Ordentlichen IBV-Kongreß, der im Mai 1993 in Budapest stattfand. Bei dieser Gelegenheit wurden 7 Vertreter aus unterschiedlichen Ländern der Region in die Führungsgremien des IBV gewählt.

Unter Einbeziehung der Gewerkschaften in Mittel- und Osteuropa und jetzt 70 Mitgliedsorganisationen in 57 verschiedenen Ländern mit insgesamt 4,2 Mio. Individualmitgliedern (Stand: Oktober 1994) ist der IBV inzwischen zu einer wirklich umfassenden internationalen Gewerkschaftsorganisation geworden. Dazu beigetragen hat auch die Entscheidung weiterer früherer Mitgliedsorganisationen der IMO (Australien, Chile, Spanien), diese zu verlassen und statt dessen dem IBV beizutreten. Seit 1990 haben sich dem IBV unter anderem außerdem die Gewerkschaften aus so wichtigen Bergbauländern wie Botswana, Kolumbien, Mosambik, Namibia, Zaire und Sambia neu dem IBV angeschlossen. Der IMO gehören dagegen heute (Ende 1994) außer der britischen NUM und der Bergarbeitergewerkschaft der französischen CGT als größere und wichtigere Bergarbeiterorganisationen nur noch die frühere offizielle Bergarbeitergewerkschaft der Ukraine, die der kommunistischen Partei Indiens nahestehende Bergarbeitergewerkschaft und einige arabische und nordafrikanische Gewerkschaften an.

Aufgrund des Mitgliederzuwachses seit 1989 hat der IBV auch seine Aktivitäten in den Entwicklungsländern verstärkt. Eine Ressourcenkonkurrenz hat es auch deshalb nicht gegeben, weil die westeuropäischen IBV-Mitgliedsorganisationen ihren Beitrag zu den IBV-Aktivitäten in Mittel- und Osteuropa mit erhöhten nationalen Eigenmitteln bestritten haben. Die neuen gewaltigen Herausforderungen überall in der Welt waren aber der wesentliche Anlaß für die Entscheidung des zurückliegenden IBV-Kongresses, eine Kooperation und künftige Fusion mit der Internationalen der Chemie-, Energie- und Fabrikarbeiterverbände (ICEF) zu suchen.

Anhang

Abkürzungsverzeichnis

ACSD	Allianz der demokratischen Gewerkschafts-konföderationen, Rumänien
AFL-CIO	Dachorganisation der US-amerikanischen Gewerkschaften
AISS	Internationale Vereinigung für Soziale Sicherheit
ALC-GA	Zivilpilotenvereinigung der Sowjetunion
ALPHA CARTEL	Christlich orientierter rumänischer Gewerkschafts-verband
BIP	Bruttoinlandsprodukt
BNB	Bulgarische Nationalbank
BSDP	Bulgarische Sozialdemokratische Partei
BSP	Bulgarische Sozialistische Partei
BVPE	Bulgarische Vereinigung der privaten Erzeuger
BWK	Bulgarische Wirtschaftskammer
CC.OO.	Comisiones Obreras, spanischer Gewerkschafts-dachverband
CCSN	Konvent der nicht gebundenen Gewerkschafts-konföderationen Rumäniens
CITUB	Konföderation der Unabhängigen Gewerkschaften Bulgariens
CMKOS	Böhmisch-Mährische Kammer der Gewerkschafts-verbände
CMTU	Dachverband der mongolischen Gewerkschaften
CNB	Tschechische Nationalbank
CNS	Alfa Cartel Nationale Gewerkschaftskonföderation Rumäniens Alfa Cartel
CNSLR/FRATIA	Rumänischer Gewerkschaftsbund
CR	Tschechische Republik

CS	Tschechoslowakei
CSDR	Demokratische Gewerkschaftskonföderation Rumäniens
CSFR	Ehemalige Tschechoslowakische Föderative Republik
CSK	Tschechoslowakische Krone
CS-KOS	Tschechoslowakischer Gewerkschaftsbund
CSNLR – Fratia	Freie nationale Gewerkschaftskonföderation Rumäniens – Fratia
CSU	Tschechisches Amt für Statistik
CZK	Tschechische Krone
DAG	Deutsche Angestellten-Gewerkschaften
DDR	Deutsche Demokratische Republik
DGB	Deutscher Gewerkschaftsbund
DPH	Mehrwertsteuer
EBRD	Europäische Bank für Wiederaufbau und Entwicklung
EBV	Europäischer Bergarbeiterverband
ECU	Europäische Zahlungseinheit
EDI	Elektronischer Datenaustausch
EFTA	Europäische Freihandelszone
EG	Europäische Gemeinschaft
EGB	Europäischer Gewerkschaftsbund
ESZT	Gewerkschaft der ungarischen Hochschullehrer
ET	Interessenabstimmungsrat in Ungarn
EU	Europäische Union
EURO-FIET	Europäischer Zweig des Internationalen Bundes der Privatangestellten
FES	Friedrich-Ebert-Stiftung
FIDESZ	Jungdemokraten in Ungarn
FIET	Internationaler Bund der Privatangestellten
FNPR	Föderation der Unabhängigen Gewerkschaften Rußlands
FPU	Gewerkschaftsföderation der Ukraine
FRATIA	Rumänischer Gewerkschaftsbund
FSZDL	Demokratische LIGA unabhängiger Gewerkschaften in Ungarn
FTR	Foreign Trade Research Institute (Warschau)

G 24	Länder der EU, der EFTA sowie den USA, Japan, Kanada, Australien, Neuseeland und Türkei
GATT	Allgemeines Zoll- und Handelsabkommen
GDP	Bruttoinlandsprodukt
GMBE	Gewerkschaft Metall-Bergbau-Energie in Großbritannien
GRUV	Bergarbeitergewerkschaft Schwedens
GTV	Generaltarifvereinbarung
GUS	Statistisches Hauptamt in Polen
GUS	Gemeinschaft Unabhängiger Staaten
HBV	Gewerkschaft Handel, Banken und Versicherungen
HIC	Assoziation ausländischer Firmen in Ungarn
IAO	Internationale Arbeitsorganisation
IBBH	Internationaler Bund der Bau- und Holzarbeiter
IBFG	Internationaler Bund freier Gewerkschaften
IBS	Internationales Berufssekretariat
IBV	Internationaler Bergarbeiterverband
ICEF	Internationale (Föderation) der Chemie-, Energie- und Fabrikarbeiterverbände
ICFTU	Internationaler Bund Freier Gewerkschaften
IGBE	Industriegewerkschaft Bergbau und Energie
IJF	Internationaler Journalistenverband
ILO	Internationale Arbeitsorganisation
IMF	Internationaler Währungsfonds
IMO	Internationale Bergarbeiterorganisation
IPiSS	Institut für Arbeit und Sozialangelegenheiten
IUL	Internationale Union der Lebens- und Genußmittel- arbeiter-Gewerkschaften
IVG	Internationale Vereinigungen der Branchen- gewerkschaften des Weltgewerkschaftsbundes
IWF	Internationaler Währungsfonds
KOZ SR	Konföderation der Gewerkschaftsverbände der Slowakischen Republik
KPdSU	Kommunistische Partei der Sowjetunion
KSPR	Konföderation der Freien Gewerkschaften Rußlands
KU	Konföderation der Arbeit in Bulgarien

KUK	Föderation für Kunst und Kultur in der Tschechischen Republik
KUGB	Konföderation der Unabhängigen Gewerkschaften Bulgariens
KV	Kollektivvertrag

MDF	Demokratisches Forum in Ungarn
MFASF SR	Ministerium für Arbeit, Soziales und Familie der Slowakischen Republik
Mill.	Million
MOE	Mittel- und osteuropäische Länder
MPiPS	Ministerium für Arbeit und Sozialpolitik in Polen
Mrd.	Milliarde
MSZOSZ	Landesverband der ungarischen Gewerkschaften
MSZP	Sozialistische Partei Ungarns

NATO	Nordatlantikpakt
NKOS	Unabhängige Christliche Gewerkschaften der Slowakei
NKPU	Nationaler Kongreß der Gewerkschaften der Ukraine
NKUI	Nationale Kommission für Übereinstimmung der Interessen in Bulgarien
NORP	Nationale Vereinigung russischer Gewerkschaften
NPG	Unabhängige russische Bergarbeitergewerkschaft
NPGU	Unabhängige Bergarbeitergewerkschaft der Ukraine
NPT	Unabhängige Textilarbeitergewerkschaft der Ukraine
NRSP	Nationaler Rat für Sozialpartnerschaft der Ukraine
NSI	Nationales statistisches Institut
NUM	National Union of Mineworkers in Großbritannien
NVWL	Nationale Vereinigung der Wirtschaftsleiter in Bulgarien

OBA	Organisation der Berufsverbände von Angestellten in Estland
OECD	Organisation für wirtschaftliche Zusammenarbeit und Entwicklung
OET	Landesrat zur Interessenabstimmung in Ungarn
OPZZ	Polnische Gewerkschaftsallianz
OWPSU	Vereinigung der Freien Eisenbahnergewerkschaften der Ukraine

PALS-GA	Gewerkschaftsvereinigung der ukrainischen Zivilpiloten
PCA	Partnership and Cooperation Agreements, speziell für die 12 Nachfolgestaaten der UdSSR konzipiert
PHARE	EG/EU-Unterstützungsprogramm zur Restrukturierung der Wirtschaft
PODKREPA	Bulgarischer Gewerkschaftsbund
PRUP	Gewerkschaft der Arbeitnehmer der russischen Kohleindustrie
RGW	Rat für gegenseitige Wirtschaftshilfe
RHSD	Rat für wirtschaftliche und soziale Einigung der Slowakei
ROH	Revolutionäre Gewerkschaftsbewegung der Tschechoslowakei
ROZ	Regionale Gewerkschaftsvereinigungen der Slowakei
SA SR	Statistisches Amt der Slowakischen Republik
SDKUI	Ständige Dreiparteikomission für Übereinstimmung der Interessen in Bulgarien
SOTSPROT	Soziale Gewerkschaften der Ukraine
Sozprof	Soziale Gewerkschaft Rußlands
SPE	Sozialdemokratische Partei Estlands
SR	Slowakische Republik
SZDSZ	Bund Freier Demokraten in Ungarn
SZEF	Kooperationsforum der Gewerkschaften in Ungarn
SZOT	Landesrat der ungarischen Gewerkschaften
TACIS	EG/EU-Unterstützungsprogramm zur Restrukturierung der Wirtschaft
TDDSZ	Demokratische Gewerkschaft der wissenschaftlich Tätigen in Ungarn
UdSSR	Union der Sozialistischen Sowjetrepubliken
UNCTAD	Welthandels- und Entwicklungskonferenz
UNHCR	Hoher Kommissar der Vereinten Nationen für Flüchtlinge
URK	Ukrainischer Karbowanez (Kupon)
USA	Vereinigte Staaten von Amerika
US $	US-Dollar

VDK	Vereinigung der demokratischen Kräfte Bulgariens
VEB	Volkseigener Betrieb
VPIB	Vereinigung für private Initiative der Bürger in Bulgarien
WB	Weltbank
WGB	Weltgewerkschaftsbund
WKP	GUS-Gewerkschaftsverband, Allgemeine russische Gewerkschaftsföderation
WOST	Allukrainische Vereinigung der Arbeitersolidarität
WPMU	Freie Lokomotivführergewerkschaft der Ukraine
WPU	Vereinigung der Freien Gewerkschaften der Ukraine
WZSPS	Allunionsrat der sowjetischen Gewerkschaften
ZGE	Zentralverband der Gewerkschaften Estlands
ZSSS	Bund Freier Gewerkschaften Sloweniens
ZUS	Sozialversicherungsanstalt
ZVPG	Zentralverband der Produktionsgenossenschaften Bulgariens

Herausgeber, Autorinnen und Autoren

Abadjiev, Emilian; Bulgarische Botschaft, Brüssel

Alter, Rolf; Direktorat für Finanz-, Fiskal- und Unternehmenspolitik, OECD, Paris

Chroscicki, Tadeusz; Direktor der Hauptabteilung Information und Prognosen des Zentralen Planungsamtes, Warschau

Dauderstädt, Michael; Friedrich-Ebert-Stiftung, Bonn

Fairclough, Andrew; Internationaler Bund der Bau- und Holzarbeiter, Genf

Fisera, Jan; Tschechisch-Mährische Gewerkschaftskammer, Prag

Furstenberg, Jan; Internationaler Bund der Privatangestellten, Genf

Galgoczi, Bela; Institut für Sozialforschung, Budapest

Golinowska, Stanislawa; Direktorin des Instituts für Arbeit und Sozialangelegenheiten, Warschau

Hellmann, Marion; Internationaler Bund der Bau- und Holzarbeiter, Genf

Hethy, Lajos; Staatssekretär im Arbeitsministerium, Budapest

Hoffer, Frank; Deutsche Botschaft, Moskau

Jarrett, Robert; Generaldirektion X der Europäischen Kommission, Brüssel

Koch, Hardy; Internationale Abteilung IG Metall, Frankfurt/Main

Kohl, Heribert; Büro für wissenschaftliche Publizistik und Politikberatung, Düsseldorf

Lecher, Wolfgang; Wirtschafts- und Sozialwissenschaftliches Institut in der HBS, Düsseldorf

Marek, Edward; Institut für Arbeit und Sozialangelegenheiten, Warschau

Meyer-Stamer, Jörg; Deutsches Institut für Entwicklungspolitik, Berlin

Ocenga, Edzard; Deutsche Botschaft, Bukarest

Optenhögel, Uwe; Friedrich-Ebert-Stiftung, Bonn

Reibsch, Reinhard; Leiter der Internationalen Abteilung der IG Chemie-Papier-Keramik, Hannover

Purga, Uelle; Institut für Forschung und Entwicklung des Zentralverbands der Gewerkschaften Estlands, Tallinn

Reti, Tamas; Freies wissenschaftliches Forschungsinstitut für Wirtschaft, Marketing und Informatik, Budapest

Rusnok, Jiri; Tschechisch-Mährische Gewerkschaftskammer, Prag

Schmitt, Peter; Internationale Föderation von Chemie-, Energie- und Fabrikarbeiterverbänden, Brüssel

Seideneck, Peter; Europäischer Gewerkschaftsbund, Brüssel

Spanik, Vlado; Büro der Friedrich-Ebert-Stiftung, Bratislava

Tergeist, Peter; Direktorat für Soziale Angelegenheiten, OECD, Paris

Vodovnik, Zvone; Direktor des Instituts für Arbeit an der Universität Ljubljana

Warda, Manfred; Leiter der Internationalen Abteilung IG Bergbau und Energie, Bochum

Wittkowsky, Andreas; Stipendiat der Friedrich-Ebert-Stiftung, Kiew